国家出版基金项目
NATIONAL PUBLICATION FOUNDATION

「禮學新論」叢書／楊華 主編

商周若干喪葬禮俗研究

要二峰 著

武漢大學出版社
WUHAN UNIVERSITY PRESS

本叢書爲國家社會科學基金重大項目
"中國傳統禮儀文化通史研究"（18ZDA021）階段性成果

目　　錄

緒　論

　　慎終追遠，民德乃厚，故先聖所重，民食之次，即爲喪、祭。從家庭角度來講，"死，葬之以禮，祭之以禮"與"生，事之以禮"同等重要；另一方面，喪葬和祭祀，對於强化國家、宗族體系，維持社會穩定，有積極有效的作用，即《左傳》隱公十一年所謂禮可以"經國家，定社稷，序民人"。因此，在我國古代社會，它們一直是最受重視的禮樂活動之一。研究喪祭活動，是理解我國歷史文化的必要途徑，本書即選定喪葬禮俗作爲研究對象。喪葬禮俗，包括自死者始死至下葬以及葬後祭祀時所舉行的一系列程式性活動。

　　先秦是中華文明的形成期，其時喪葬活動中形成的各種儀俗，對後世產生了深遠影響，當今中華文化圈内不少喪葬習俗，仍多見先秦基因的强勢表達。所以，有學者稱喪葬禮是"許多禮制中生命力最强的一種"①。

　　顯然，先秦喪葬禮俗持久而强烈的影響力，同其時禮典的"固化"——禮書，主要是《儀禮》《禮記》，以及《周禮》相關章節的撰作——並成爲經典密切相關。這些反映當時禮儀活動的著作，不斷被後世作爲制禮的藍本，促成了某些儀節一次次的再生。可以説先秦禮書，就是我國歷代喪葬禮俗的"軸心"。

　　目前來看，記載喪葬活動的禮書，撰作時代基本在東周，主要是東周禮俗的反映。如《儀禮》中的《士喪》《既夕》《士虞》及《喪服》幾篇，"寫成書本當在（魯）哀公末年至悼公初年"，即戰國初期②；《禮記》中論述喪禮之作，如《喪服小記》《雜記》《喪大記》《問喪》《服問》等九篇，以及禮古經《奔喪》的成篇年代，約在戰國中期③；《周禮》的成書時代大約也在戰國④。當然，禮俗是動態

---

　　①　錢玄：《三禮通論》，南京師範大學出版社 1996 年版，第 597 頁。

　　②　沈文倬：《略論禮典的實行和〈儀禮〉書本的撰作》，《宗周禮樂文明考論》，浙江大學出版社 1999 年版，第 24 頁。

　　③　王鍔：《〈禮記〉成書考》，中華書局 2007 年版，第 128~160、118~119 頁。

　　④　楊天宇：《略述〈周禮〉的成書時代與真僞》，《鄭州大學學報》（社會科學版）2000年第 4 期。沈長雲、李晶：《春秋官制與〈周禮〉比較研究》，《歷史研究》2004 年第 6 期。

的，有時間和空間的變化，尤其在"國异政，家殊俗"的東周之世①；但通過禮書這一"切片"，我們仍能對東周喪葬禮俗有個大致的瞭解。

　　文獻記載的東周喪葬儀節，頗爲繁縟，其應對進退、升降哭踊，以及衣服器用、赴弔賵賻等，事無巨細都有相應的規定。這些規定顯然並非一蹴而就，而是逐漸形成的，即東周因於西周禮制而有所損益，"周因於殷禮"而有所損益。禮典文本形成之前的商代和西周，我國的青銅文明日益發達，禮儀活動也相應呈現出系統性，"自殷至西周各種禮典次第實行，而禮書自春秋以後開始撰作"②，因此，商和西周是古代喪葬禮俗形成的關鍵期。商周喪葬禮俗的研究，自然成爲古代禮制研究題中應有之義。

　　同時，材料的不斷豐富與完善也使對此問題的討論恰逢其時。隨著"古史辨"派的興起及後學的研究，今人對古代文獻材料的時代及其可靠性有了比較科學的認識；近代以來考古、古文字等學科的發展，爲研究商周史提供了大量的一手材料和早期文獻，其中頗不乏反映喪葬制度的内容。

　　本書即試圖以上述材料爲主，討論商周時期的喪葬禮俗。當然，喪禮内容龐雜，形式多樣，絶非一二文章所能賅括。學力所限，特選取飯含、用牲、棺飾、毁兵等材料豐富、流布廣泛的葬俗作爲切入點。通過初步研究，期望達到下列目的：(1)描述各項葬俗興衰盛敗的演變軌迹，闡釋其中的基本規律；(2)在梳理經學文獻的過程中，對一些有争議的問題，提出新的見解。

一、研究内容及相關問題説明

　　《説文·示部》"禮，履也，所以事神致福也"③，則許慎以爲"禮"本指事神所行儀節④；"禮"也可泛指一切儀式性活動，如吉凶軍賓嘉諸禮；先秦時代廣義的禮，則可包括社會政治、經濟、文化各個方面的規章制度。對於

----

① 《漢書》卷 91《貨殖傳》，中華書局 1962 年版，第 3682 頁。

② 沈文倬：《略論禮典的實行和〈儀禮〉書本的撰作》，《宗周禮樂文明考論》，浙江大學出版社 1999 年版，第 7 頁。

③ 許慎撰，徐鉉校訂：《説文解字》，中華書局 2013 年影印本，第 1 頁。

④ 王國維以爲"禮"本盛玉以奉神人，奉神人之酒醴之"醴"及奉神人之事的"禮"由前者衍生。王國維：《釋禮》，《觀堂集林》卷 6，中華書局 1959 年版，第 290~291 頁。按："禮"當爲"豊"的後起分化字，本指醴酒，以豊敬獻鬼神長者的儀式因之名曰"豊"，後世特加"示"旁以示與醴酒之"豊"（"豊"則另加義符"酉"）區分，故有"禮"之出現。許慎與王國維的解釋不確。

"俗"的解釋，《説文・人部》"俗，習也"①，即習慣。禮與俗之間，本無嚴格界限，一般説來，一種習俗，如被特定階層或全體社會成員普遍遵守，即可稱爲"禮"。本書所論四個議題，均是商周時期具有一定普遍性的儀式性活動，爲喪葬禮俗的典型代表。

但諸議題間並無直接聯繫，我們的討論，前三依次爲飯含、用牲、棺飾——這同《儀禮・士喪》《既夕》所記喪葬儀節的次序（飯含、設喪奠、飾柩）一致；毀兵於文獻中無明文，但據《既夕》，飾柩後，"陳明器"一節即於祖廟陳列隨葬器物，其中包括弓矢類"用器"，以及甲（鎧）、胄（兜鍪）、干（楯）、笮（矢箙）等"役器"，墓内兵器與之類似，故將其列於最後。

給死者口中實以玉貝米等的飯含習俗，在東周秦漢文獻中不乏相關的記載。新石器時代墓葬中，就多有口含物的發現，商周飯含習俗流行程度頗高，東周以降的飯含是商周禮俗的直接繼承。

本書所謂的喪葬用牲制度，指喪葬活動（這裏限於棺木下葬、封土以前的儀節）中以動物或其部分肢體祭殉的制度。商周墓葬多有用人（人殉和人祭）、腰坑殉動物（主要是狗）的遺迹，部分填土或二層臺上殉狗也與腰坑殉狗關係密切②，此外一些高等級墓葬還另設車馬坑等，這些現象前人有豐富的論述，其性質與一般的用牲也有一定的區别，故特將其從研究對象中剔除。

"棺飾"一詞，最早見於《周禮・縫人》"喪，縫棺飾焉"，根據鄭玄對禮經的注釋，棺飾的作用是在送葬途中和墓壙内裝飾棺柩，以免衆人嫌惡；飾棺的方法是模擬生人居止於帷幕，並且添加各種裝飾物；飾棺之物主要有荒、帷、褚、池、翣，以及附屬在這些飾物上的貝、銅魚等。

所謂"毀兵"葬俗，是指"在死者入斂或下葬前，先將用於隨葬的青銅兵器如戈、戟、矛、劍等人爲地進行不同程度的毀壞，再有意識地放置在棺槨内或墓室内不同的位置"的喪葬習俗③，也有學者稱其爲"折兵"④。毀兵葬俗自早商萌芽，西周時期比較盛行，一直延續至戰國、兩漢，綿歷十多個世紀，並多次向外擴散，以至遠屆巴楚⑤。然而，文獻中却未見毀兵葬俗的影子，對其研

---

① 許慎撰，徐鉉校訂：《説文解字》，中華書局 2013 年影印本，第 163 頁。

② 李志鵬：《商文化墓葬中隨葬的狗牲研究二題》，《南方文物》2011 年第 2 期。

③ 井中偉：《西周墓中"毀兵"葬俗的考古學觀察》，《考古與文物》2006 年第 4 期。

④ 唐嘉弘：《西周燕國墓"折兵"之解——考古札記之一》，《中國文物報》，1992 年 5 月 17 日，第 3 版。黄鳳春、黄婧：《楚器名物研究》，湖北教育出版社 2012 年版，第 195~206 頁。

⑤ 朱世學：《巴楚墓葬中"毀兵"現象的考察及相關認識》，《長江師範學院學報》2015 年第 2 期。

究依靠的主要是墓葬考古材料。

上述喪葬禮俗的源流及其時代、族屬、等級等特徵，是我們討論的重點。在此，有兩個問題需要作一簡略説明。

1. "商周"的時間和空間界定

本書所謂的"商周"，在時間上，主要是指商代和西周，即自商王朝建立至周王室東遷這段時間；但爲了追溯源流，或略作延伸，兼及商以前或東周春秋。具體而言，參照《中國考古學·夏商卷》，將商代大致分爲早中晚三期，早商文化以偃師商城和鄭州商城爲代表，晚商以安陽殷墟爲代表，中商則在兩段之間①。商代早、中期自二里崗下層期始，其絕對年代約當成湯至武丁以前；晚期絕對年代約當武丁至帝辛時代②。西周也可分早中晚三期，早期包括武成康昭時期，中期自穆王至夷王，晚期主要是屬宣幽時期。先周本屬商代晚期，但爲文中叙述的連貫性，特將其置於"西周"相關節目討論；"毀兵"一章，因引出商代葬俗的需要，則於"商代"一節首先論及。

空間上的界定，主要是指商周王朝的統治區域，部分深受商周文化影響的部族也包括在内，當然這一範圍不會有确切的边界，並且是變動不居的，但總體上不出隴東關中及黃河中下游、長江中游地區。

2. 西周時期的"商系墓葬"

周人所謂"普天之下，莫非王土；率土之濱，莫非王臣"，周王的臣民，可以分爲周人、殷商遺民，以及其他部族。終西周之世，直到春秋時期，族屬一直是區分社會(群體或個體)成員身份的重要標準之一③。先秦文獻尤其是"三禮"中，也頗多雜行虞夏殷周諸禮的記載，這些同時實行的儀節，應來源於不同的部族。由此推測，西周時期族屬不同，其生活禮俗存在一定的差异。

---

① 中國社會科學院考古研究所編著：《中國考古學·夏商卷》，中國社會科學出版社 2003 年版，第 249 頁。

② 對商文化的分期，前人多有研究，參部向平：《商系墓葬研究》，科學出版社 2011 年版，第 13~15 頁。另殷墟四期晚段可能有部分墓葬的時代至西周時期，如文中涉及，則特別説明。

③ 如孔子商人後裔的身份屢被提及，《史記·孔子世家》記其十七歲的時候孟僖子稱其爲"聖人之後"，《集解》引服虔曰"聖人謂商湯"；孔子殁前謂子貢曰"夏人殯於東階，周人於西階，殷人兩柱間。昨暮予夢坐奠兩柱之間，予始殷人也"(《史記》卷 47，中華書局 2014 年版，第 2312~2313、2353 頁)。商人後裔建立的宋國雖被目爲先王之後受到禮遇，但其尚且自稱"天之弃商久矣"(《左傳》僖公二十二年)；楚王自稱"我蠻夷也"(《史記》卷 40《楚世家》，中華書局 2014 年版，第 2046 頁)以及魯人稱其"非我族類"(《左傳》成公四年)、秦人被中原國家夷狄視之，更是爲人所熟知的。

在西周時期考古發現中，商、周兩系的墓葬也確實可以區分開來。

　　西周時期的殷人墓，最早於 1952 年秋發掘洛陽東郊時發現，郭寶鈞、林壽晉指出，此次在擺駕路口、下窑村西區、東大寺區發掘的殷人墓有不同於殷墟的風格，其中下窑村西區的 12 座殷人墓中，隨葬陶器、蚌魚、玉魚等"形狀皆與殷制不同"，部分墓出石璋爲典型殷墓未見，存在覆斗形墓制，各墓缺少兵器、缺少觚、爵等酒器的隨葬，因此"推測此區殷墓地的埋葬，時代應在殷人已喪國後"①。

　　琉璃河西周燕國墓地發掘者，依據Ⅰ區墓葬陶器組合以及腰坑、殉狗殉人等埋葬習俗與殷人相同，出土銅器銘文包括商人族徽等現象，分析其"墓主很可能是殷的遺民，或是周人滅商前與商王朝有密切聯繫而生活在當地的燕人，後歸順周"②。曲阜魯國故城遺址至遲自西周中期始，終魯國滅亡，一直有居址、墓葬存在。遺址內共發掘了 129 座延續至戰國中期的墓葬，這些墓葬可以分爲時代大致相同、但各具特徵的兩組。乙組西周墓隨葬的陶器主要是仿銅的鬲、罐，不見豆、簋，同時不用腰坑，不殉狗，這些同滅商前周人葬俗一致；部分墓出土銅器銘文顯示墓主爲魯國宗室。西周時期的甲組墓早期用明器，晚期用實用器，流行豆簋而不見乙組墓的仿銅陶鬲，盛行腰坑殉狗：這些都與商人墓類似。因此，報告斷定前者爲周人墓，估計後者爲"當地原有住民的墓葬"，並指出，"直至戰國時期，這兩種不同類型的墓尚未融合爲一"③。

　　再回到洛陽地區，在張劍等人的基礎上，郜向平梳理了洛陽地區已發表的 9 個地點 400 餘座西周墓葬，指出他們"在形制、葬俗以及隨葬品等方面有著較大的共性"，但也存在明顯的差異。依據上述差異，這些墓葬可分爲甲乙丙三組，其中乙組葬俗、隨葬品延續殷人的特點，多爲中小型墓，隨葬品種類少且相對粗劣；甲組墓則與之相反，與琉璃河及曲阜魯故城遺址的周人墓一致，且銅器銘文多見姬姓周人。聯繫文獻中關於周初遷殷民於洛邑並營建成周的記載，"推定甲組墓和乙組墓應分別與周人和殷遺民有關"。乙組墓主要包括擺駕路口、老城東郊、鑄銅遺址、澗河下游、白馬寺墓葬等④。

① 郭寶鈞、林壽晉：《一九五二年秋季洛陽東郊發掘報告》，《考古學報》第 9 册，科學出版社 1955 年版。
② 北京市文物研究所編：《琉璃河西周燕國墓地：1973—1977》，文物出版社 1995 年版，第 128 頁。
③ 山東省文物考古研究所、山東省博物館等編：《曲阜魯國故城》，齊魯書社 1982 年版，第 214~215 頁。關於其居址、墓葬的年代問題，參看許宏：《先秦城市考古學研究》，北京燕山出版社 2000 年版，第 172~182 頁。
④ 郜向平：《洛陽地區西周墓葬研究》，吉林大學碩士學位論文，2003 年，第 56~58 頁。

　　豐鎬及周原地區也有類似的情況，張禮艷曾將豐鎬地區的墓葬分爲灃西A、B、C、D、E、F，以及灃東A、B、C、D十個墓區，著重分析灃西A、C兩墓區主要特徵的差異，並將其與典型的商人、周人墓作比較，指出灃西A區主要是周人墓葬，C區屬殷遺民墓區，灃西B區墓葬墓主則可能是古代羌族，其餘諸區是殷遺民墓區的可能性較大①。馬賽對周原遺址西周時期的墓葬作了與部向平類似的劃分，認爲“可以從總的特徵上分爲兩類。第一類墓地包括黃堆、賀家兩處；第二類包括雲塘、齊家、莊白、劉家、李家等地的墓地”，“第二類墓葬的特徵多與晚商時期的商人墓葬相似，其主人很可能是滅商以後遷居到周原的廣義的殷遺民；而第一類墓葬很多特徵與滅商以前的周人相似，應爲周人墓地”②。據作者統計，周原地區的先周墓葬20座，沒有一座有腰坑、殉人殉牲等情況，這一方面説明這些現象確實不是周人的葬俗，另一方面也反映出存在此類葬俗的部族是西周以後才遷入的，他們很可能是殷遺民③。

　　在殷故地，武王克商之後，沒有能力建立對殷的直接統治，因此“封紂子武庚禄父，以續殷祀”，同時命管叔、蔡叔相之，“殷民大悦”④。但這種平衡很快因武王的去世而被打破，成王即位後，管、蔡二叔不滿周公當國，因與禄父作亂。周公遂東征，平亂之後開始大規模的遷殷民、封諸侯活動。宗周、成周及燕、魯等諸侯國遺址所見商人葬俗的墓葬，其時代與周人墓葬多無二致，因此其中大部分可能就是此時從殷墟遷出的殷人之墓。此後，整個西周早期，殷墟地區基本廢弃，僅在兩處鑄銅遺址附近的劉家莊、孝民屯發現少量西周早期墓葬⑤。在此之前的殷墟文化四期5段，即武王滅商至周公東征之間的墓

　　① 張禮艷：《豐鎬地區西周墓葬研究》，社會科學文獻出版社2015年版，第163~215頁。
　　② 馬賽：《周原遺址西周時期人群構成情況研究》，北京大學中國考古學研究中心、北京大學震旦古代文明研究中心編：《古代文明》第8卷，文物出版社2010年版。
　　③ 馬賽：《周原遺址西周時期人群構成情況研究》，北京大學中國考古學研究中心、北京大學震旦古代文明研究中心編：《古代文明》第8卷，文物出版社2010年版，第114~145頁。
　　④ 《史記》卷3《殷本紀》、卷4《周本紀》，中華書局2014年版，第139、163頁。
　　⑤ 中國社會科學院考古研究所安陽工作隊：《河南安陽殷墟劉家莊北地殷墓與西周墓》，《考古》2005年第1期。殷墟孝民屯考古隊：《河南安陽市孝民屯遺址西周墓》，《考古》2014年第5期。張應橋認爲前者爲“克殷之後入住殷墟範圍的‘周人’墓葬”，張應橋：《河南地區西周墓葬研究》，鄭州大學博士學位論文，2006年，第100頁。

葬，也應屬西周時期的商系墓葬①。

曲阜稍南的滕州前掌大墓地，使用時間自商代晚期延續至西周早期，本地墓葬較多地保留著殉人、腰坑及二層臺殉狗等習俗②，可能本是商王朝東方方國的墓地。與之類似的，是鹿邑太清宫長子口墓，該墓"遠離商周王都，是商周中央王朝與東夷、淮夷勢力範圍的交匯地帶"，其年代"爲西周初年，不晚於成王時期"③。從葬俗上看，該墓也保留較多的商代遺風如腰坑、殉狗、殉人等，而銅禮器物組合則是以鼎、簋、觚、爵爲核心，同時出現了尊、卣組合，具有明顯的西周特徵。隨葬的青銅器"有些具有商代晚期的風格"，"有些器物的特徵却是西周時期所特有的"。發掘報告認爲墓主"在商爲高級貴族，與商王朝關係密切，在周仍有很高的社會地位，爲一地的封君"④。從墓葬等級看，長子口身份遠高於一般方國國君，從其所處重要戰略位置及强大的實力考慮，周人對其也必然要盡力拉攏争取。

上述兩處墓地，都是進入西周時代的商人方國，它們都不同程度地保留著濃厚的商文化烙印。與之時代相似而内容不同者，有高家堡墓地。該墓地位於陝西涇陽，時代在周人滅殷之際，上限可早到殷末帝乙、帝辛，即周文王時期，下限不晚於康王之世。以此推算，墓主部族至此地生活的時間不晚於武王伐紂。墓地出土有銘青銅器 26 件，其中有族氏銘文"戈"者 8 件，另有 5 件可確定爲戈族器物，據此，發掘報告徑將該墓地稱爲戈國墓地。戈族是一個古老的部族，甲骨文及傳世文獻對其均有記載，報告推測他們原居於距殷較近的東方，商末遷居至周人腹地。在葬俗上，他們仍保留有"若干殷人遺風，如墓底有腰坑，殉人殉狗和器物陳放在椁内棺前"；另一方面，"從隨葬器物的造型風格，紋飾藝術和銘文特徵，以及器物組合關係分析"，却又"不同於殷商，屬周文化的範疇"⑤。如此看來，高家堡墓地的墓主，可能是較早歸附周人的

① 唐際根、汪濤：《殷墟第四期文化年代辨微》，劉慶柱主編：《考古學集刊》第 15 輯，文物出版社 2004 年版，第 36~50 頁。

② 滕州市博物館：《滕州前掌大村南墓地發掘報告(1998—2001)》，山東省文物考古研究所編：《海岱考古》第 3 輯，科學出版社 2010 年版，第 524~528 頁。

③ 河南省文物考古研究所、周口市文化局編：《鹿邑太清宫長子口墓》，中州古籍出版社 2000 年版，第 199、208 頁。

④ 河南省文物考古研究所、周口市文化局編：《鹿邑太清宫長子口墓》，中州古籍出版社 2000 年版，第 210 頁。

⑤ 陝西省考古研究所編著：《高家堡戈國墓》，三秦出版社 1995 年版，第 118、121 頁。

異姓部族，同商人關係密切①。

事實上，在豐鎬地區，前人所謂殷遺民墓中，恐怕也有相當數量的墓主先周時即定居於此。如客省莊西南的 83SCKM1、張家坡東南的 83 灃毛 M1②，以及張家坡東的 67SCM89③ 等，基本可以確定其時代屬文王遷豐至武王伐紂間的先周晚期④。按照張禮艷的劃分，幾座墓"是殷遺民墓的可能性較大"。從墓葬本身看，上述幾座墓確實均爲東西向，都存在殉狗腰坑，多有殉人，表現出不同於周人的葬俗⑤，尤其客省莊墓出土的兩件銅戈，是典型的殷人兵器。從時代考慮，上述諸墓墓主可能是商末即奔周的殷人。如《史記》中就有伯夷、叔齊、辛甲等於文王時歸周的記載⑥。當然，他們也有可能是文武東征的過程中，戰敗後被迫遷至此地的商系部族。

上述諸商系墓葬的墓主，有先周時即歸順周人者，如豐鎬地區先周墓墓主及戈族；有武王克商後仍保留商人習俗的"殷頑民"，他們隨著興建洛邑及分封諸侯等活動被迫遷出殷地，與周人生活在一起；也有本爲商代方國，武王革命後臣屬周人，或暫時維持與其和平共處局面的部族，如長子口及前掌大墓地墓主。這些墓流行腰坑、殉狗、殉人，隨葬品組合等葬俗也具有鮮明特徵，爲我們判斷西周時期的商系墓提供了依據。

除了商系墓葬，還有一些文化面貌明顯與周人不同的墓葬，如上文提到的灃西 B 區的古代羌族墓地、寶雞竹園溝及紙坊頭強族墓地等。這些部族與周人、商遺民雜處，共同構成了西周多元一體的文化格局。對於這些墓葬的族

---

① 《史記·夏本紀》姒姓分封中有"戈氏"，則戈可能爲夏人後裔。甲骨卜辭又有"呼戈""令戈""以戈人伐舌方"的記載，可見戈族與商人保持密切的聯繫。陝西省考古研究所編著：《高家堡戈國墓》，三秦出版社 1995 年版，第 117~118 頁。

② 中國社會科學院考古研究所豐鎬發掘隊：《長安灃西早周墓葬發掘記略》，《考古》1984 年第 9 期。

③ 中國社會科學院考古研究所灃西隊：《1967 年張家坡西周墓葬的發掘》，《考古學報》1980 年第 4 期。

④ 張禮艷：《豐鎬地區西周墓葬分期研究》，《考古學報》2012 年第 1 期。中國社會科學院考古研究所、陝西省考古研究院、西安市周秦都城遺址保護管理中心編著：《豐鎬考古八十年》，科學出版社 2016 年版，第 43 頁。

⑤ 克商前豐鎬附近的老牛坡晚商遺址也有腰坑、殉狗、殉人喪葬習俗，雷興山曾將殷墟、老牛坡、豐鎬三地的腰坑等葬俗對比，認爲"豐鎬墓葬腰坑、殉狗、殉牲等特點幾乎全同於殷墟，而與老牛坡有別"，因此豐鎬墓葬的葬俗"應均來自殷墟商文化，至少這種可能性極大"。雷興山：《先周文化探索》，科學出版社 2010 年版，第 232 頁。

⑥ 《史記》卷 4《周本紀》，中華書局 2014 年版，第 151 頁。

屬，各隨文闡釋。

二、學術史回顧

商周禮俗是禮制研究的重點，經學昌明時代，禮學就是以“三禮”記載的“周禮”爲主要研究對象的。歷代經學家對文本的精耕細作，使文獻中的喪禮名物制度得到較爲合理的解釋，爲把握先秦喪葬禮俗提供了便利的途徑。

20世紀以來的考古發掘拓展了商周喪葬禮俗的研究範圍，新出材料吸引無數學者皓首其中，他們的研究推動了商周史的進步。下簡要介紹與本書論題相關的學術成果。

（一）飯含

含，本指實死者口之物，有時亦寫作“琀”，《説文·玉部》“琀，送死口中玉也”①。作爲喪葬儀節的飯含，《儀禮》並未直接記載對其稱謂。《士喪禮》“楔齒用角柶”，鄭注“爲將含，恐其口閉急也”②，是鄭玄稱其爲“含”；《左傳》襄公二十九年，“二月甲寅，（荀偃）卒而視，不可含”，則先秦典籍中有稱“含”者。《禮記·檀弓》“飯用米、貝”③，《雜記》“鑿巾以飯”④，則禮書也中有“飯”的稱呼。《周禮·天官·玉府》“大喪，共含玉、復衣裳、角枕、角柶”，鄭注引《士喪禮》“楔齒用角柶”曰“楔齒者，令可飯含”⑤，是鄭玄亦飯含聯用；《荀子》“始卒，沐浴、鬠體、飯唅，象生執也”⑥，也將飯含視爲同一儀節。

前人一般認爲飯含散言可通，對文則异。《周禮·春官·典瑞》“大喪，共飯玉、含玉、贈玉”，鄭注“飯玉，碎玉以雜米也。含玉，柱左右齻及在口中者”⑦，

---

① 許慎撰，徐鉉校訂：《説文解字》，中華書局2013年影印本，第7頁。
② 《儀禮注疏》卷35，阮元校刻：《十三經注疏》，中華書局1980年影印本，第1129頁。
③ 《禮記正義》卷9，阮元校刻：《十三經注疏》，中華書局1980年影印本，第1301頁。
④ 《禮記正義》卷42，阮元校刻：《十三經注疏》，中華書局1980年影印本，第1562頁。
⑤ 《周禮注疏》卷6，阮元校刻：《十三經注疏》，中華書局1980年影印本，第678頁。
⑥ 王先謙：《荀子集解》卷13《禮論篇》，中華書局1988年版，第366頁。
⑦ 《周禮注疏》卷20，阮元校刻：《十三經注疏》，中華書局1980年影印本，第778頁。

其於《春官·舍人》"喪紀共飯米"注謂"飯所以實口，不忍虛也。君用粱，大夫用稷，士用粱"①。鄭玄於"含玉"的解釋，實本於《儀禮·士喪》飯含"扱米實于右，三實一貝，左、中亦如之"②，及《既夕·記》"實貝，柱左齻右齻"③。則鄭意飯、含均實於口中而其形制、作用不同，飯玉、含玉用於高級貴族，含玉類似於士喪禮中的含貝。《禮記·雜記》孔疏引"戴禮説"謂"天子飯以珠，含以玉；諸侯飯以珠，含以璧；大夫士飯以珠，含以貝"④，與鄭注不同。何休注《公羊傳》云含"天子以珠，諸侯以玉，大夫以碧，士以貝，春秋之制也。文家加飯以稻米"⑤。清孔廣森以爲飯、含爲二事，大夫以上得含，皆用玉；飯則天子以玉，諸侯以珠，大夫以璧，士以貝⑥。黃以周認爲"士以米貝，天子諸侯以珠代米，《周官》飯玉，玉即珠，古者珠亦稱玉"⑦。後世學者也認爲，西周時期飯含的區別在於，"'飯'以食物爲主，'含'以玉貝爲主。可能當時既有'飯'俗，亦有'含'俗，只是物品不同而已，因而有的文獻'飯''含'混用"⑧。

以上是前人對文獻材料的分析，考古發現顯示商周時期飯含現象大量存在。

高去尋的《殷禮的含貝握貝》，是最早專文討論商周飯含的文章。民國時期，作爲中研院的工作人員，作者參與了殷墟地區的第十四次發掘，他詳細記錄了大司空、小屯村墓葬內貝的出土情況，指出兩村墓內死者的含貝握貝，是我國喪禮飯含與握物"所發現的一段最早的歷史"。他認爲殷人飯含用貝，"是一種出於巫術目的之喪禮"，含貝握貝"是給死者以生命力，可以保護尸體或

---

① 《周禮注疏》卷 16，阮元校刻：《十三經注疏》，中華書局 1980 年影印本，第 749 頁。

② 《儀禮注疏》卷 36，阮元校刻：《十三經注疏》，中華書局 1980 年影印本，第 1134 頁。

③ 《儀禮注疏》卷 40，阮元校刻：《十三經注疏》，中華書局 1980 年影印本，第 1158 頁。

④ 《禮記正義》卷 43，阮元校刻：《十三經注疏》，中華書局 1980 年影印本，第 1566 頁。

⑤ 《春秋公羊傳注疏》卷 13，阮元校刻：《十三經注疏》，中華書局 1980 年影印本，第 2268 頁。

⑥ 胡培翬：《儀禮正義》卷 26《士喪禮》，江蘇古籍出版社 1993 年版，第 1687 頁。孫詒讓：《周禮正義》卷 39，中華書局 1987 年版，第 1603 頁。

⑦ 黃以周：《禮書通故》第 10《喪禮通故》，中華書局 2007 年版，第 446 頁。

⑧ 胡金華：《我國史前及商周時代的"琀"略探》，《遠望集——陝西省考古研究所華誕四十周年紀念文集》，陝西人民美術出版社 1998 年版，第 370 頁。宋鎮豪也持有類似觀點："若以穀米食物，一般稱爲飯，若以貝玉，一般稱琀，但也可混用。"宋鎮豪：《商代社會生活與禮俗》，中國社會科學出版社 2010 年版，第 577 頁。

靈魂的長生或永久不滅”，也可能僅是“有益死者形體”，含珠玉與之類似①。

臺北“故宫博物院”藏有一件商代青銅柶，林巳奈夫以爲它是把米注入死者口中的喪禮之器②。如其説成立，則爲研究商代飯含習俗提供了重要實物資料。

李朝全“對口含物習俗的種類、含義或作用，口含物習俗的起源、發展及等級制度的演變進行了綜合的考察”。依據文獻材料，作者認爲給死者飯含，是爲了“充實死者之口，不忍令其虛空”；同時梳理考古發現指出，“口含習俗很可能是首先起源於東面的山東、蘇北地區，之後逐漸向西傳播，一直影響到先商文化區域”，“先商文化可能吸收了大汶口文化中已經出現的口含習俗，殷商所見的口含大約就是承此發展而來的”，西周則直接承襲了商代，商周的含貝、玉有等級區別③。日本學者近藤喬一也認爲，商人的含貝習慣，“可能是山東大汶口文化和山東龍山文化傳過來的”，不過他將商人含貝起始年代定在中商時期④。

胡金華專門討論史前及商周時代的“琀”，他提出，新石器時代墓葬“琀”的比例甚小；商代早期實例也較少，遷殷後才盛行此俗，“琀”的種類有玉、貝，後者更爲普遍；周人先周時期即發現含貝現象，西周發現“琀”的範圍較殷商進一步擴大，含貝的數量也有所增加，玉琀則多打碎；商周含玉、含貝並無等級區分。對於“琀”的含義，胡文認爲“不同部族或民族在一定地理環境下從事一定的經濟生活，進而形成的心理狀態也是不同的。特別是新石器時代，‘琀’的發現的不普遍性及口含物的不一致表明，其代表的意義可能是不盡相同的”；商周時代，“原始的樸素思想被賦予了許多禮制和宗教方面的含義”⑤。作者從考古材料出發，來考慮西周以前飯含的含義，是很有見地的。

李新城通過整理商周飯含的材料，發現商周間口含習俗的傳播規律是，“首先流行在商文化區域，西周早期開始擴展到周文化區域。西周中期以後一

①　高去尋：《殷禮的含貝握貝》，《“中央研究院”院刊》編輯委員會編：《“中央研究院”院刊》第 1 輯，臺灣“中央研究院”1954 年版，第 400～401 頁。

②　［日］林巳奈夫：《殷周時代青銅器の研究——殷周青銅器綜覽》，吉川弘文館 1984 年版，第 135 頁。轉引自宋鎮豪：《商代社會生活與禮俗》，中國社會科學出版社 2010 年版，第 578 頁。

③　李朝全：《口含物習俗研究》，《考古》1995 年第 8 期。

④　［日］近藤喬一：《商代海貝的研究》，中國社會科學院考古研究所編：《中國商文化國際學術討論會論文集》，中國大百科全書出版社 1998 年版，第 391 頁。

⑤　胡金華：《我國史前及商周時代的“琀”略探》，《遠望集——陝西省考古研究所華誕四十周年紀念文集》，陝西人民美術出版社 1998 年版，第 369 頁。

直到春秋時期，這種習俗繼續向其他的地區擴展"①。作者討論西周的墓葬時，注意區分其族屬，是紬繹商周間葬俗的傳播、討論商周關係的重要途徑。

郜向平梳理了商代含、握的產生和發展趨勢，並提出應重視含貝自西方傳播而來的可能性②。馬賽考察了周原地區作爲口含的玉貝的形制特徵，將口含玉石的形制分爲碎玉、玉石貝和可拼合的玉飾三類③。張琦以考古發現爲基本材料，"對商及西周時期口含材質、形態、組合等基本情況進行了整理和統計，分析了不同階段口含的分布、特徵以及不同地區口含的區域特點"④。該文運用考古學方法，完成了對此葬俗的分期分區討論，爲進一步研究提供了良好的基礎。

此外，宋鎮豪的《商代社會生活與禮俗》對商代飯含的習俗有所介紹⑤；鍾柏生曾對"史語所"藏殷墟海貝的種類、產地等作過鑒定探討，其中部分貝類屬飯含用貝⑥。張長壽、孫慶偉、徐海星等探討了西周含玉情況⑦；曹楠專文討論了北趙晉侯墓地包括含在內的葬玉⑧。石榮傳、李嬋，以及佘一兵、喬倩、程曉丹、孫海寧、楊雅書、劉慧穎等碩博士論文，也涉及商周飯含並各有所得⑨。

飯含是古代喪葬禮俗中較細小却分布廣泛的儀節，考古實物的發現爲研究

① 李新城：《試論先秦含貝習俗流行地域的變遷》，《中原文物》2007年第2期。
② 郜向平：《商系墓葬研究》，科學出版社2011年版，第242～246頁。
③ 馬賽：《聚落與社會——商周時期周原遺址的考古學研究》，北京大學博士學位論文，2009年，第303～305頁。
④ 張琦：《商周時期口含的初步研究》，中央民族大學碩士學位論文，2013年。
⑤ 宋鎮豪：《商代社會生活與禮俗》，中國社會科學出版社2010年版，第577～579頁。
⑥ 鍾柏生：《史語所藏殷墟海貝及其相關問題初探》，臺灣《"中央研究院"歷史語言研究所集刊》第64本第3分，臺灣"中央研究院"歷史語言研究所1993年版，第687～737頁。
⑦ 張長壽：《西周的葬玉》，《文物》1993年第9期。孫慶偉：《周代用玉制度研究》，上海古籍出版社2008年版，第245～252頁。徐海星：《從虢國墓地出土玉器談西周葬玉的使用特徵》，《中原文物》2005年第3期。
⑧ 曹楠：《試論晉侯墓地出土的葬玉》，《考古》2001年第4期。
⑨ 石榮傳：《三代至兩漢玉器分期及用玉制度》，山東大學博士學位論文，2005年。李嬋：《上古三代秦漢玉文化研究》，山東大學博士學位論文，2011年。佘一兵：《試論我國古代的喪葬玉》，中央民族大學碩士學位論文，2006年。喬倩：《西周—春秋時期晉國用玉制度研究》，山西大學碩士學位論文，2007年。程曉丹：《虢國墓地喪葬制度研究》，河南大學碩士學位論文，2011年。孫海寧：《應國墓地喪葬制度研究》，河南大學碩士學位論文，2013年。楊雅書：《芮國墓地喪葬制度研究》，河南大學碩士學位論文，2016年。劉慧穎：《強國墓地喪葬制度研究》，河南大學碩士學位論文，2016年。

商周飯含提供了新的材料。前人也取得了相當的成果，對含的起源、目的及流布傳承有了基本的瞭解。當然，有些問題，如商代含握的來源是討論的重點，但尚未取得一致意見；商周之間飯含葬俗的傳播形式和途徑，對於既有材料的梳理並不充分，因而得出的印象仍是模糊的；死者口內設含的目的，也無令人信服的答案。

(二) 喪葬用牲

古人事死如生，向死者進獻食物的祭奠活動，是喪葬儀節中最爲重要的環節之一。據文獻記載，自始死至下葬，祭奠要舉行百次以上①，其用牲數量也有數十上百之多。此外，有些墓葬還給墓主準備了各種殉牲。

對於先秦喪葬用牲記載最爲系統的，是《儀禮》的《士喪》《既夕》，據兩篇經文，自始死設奠，之後有小斂奠、大斂奠、朝夕奠、朔月奠、遷祖奠、祖奠、大遣奠等諸多儀節，除始死奠、朝夕奠之肉食脯醢爲日常所食用，其餘諸奠均需專門殺牲；下葬前，還要選取大遣奠部分牲體隨葬，即"苞牲"。歷代經學家對喪奠用牲的爭議，主要集中在大遣奠所用羊牲的割解方式以及苞牲上。前者又與後者有直接關係，因此，苞牲的方式方法是解決這一問題的關鍵。

而商周墓葬中恰多有動物遺骨發現。陳公柔結合上述文獻材料，認爲戰國早期墓中部分器物中豬、羊的骨頭，即遣奠所設，後以之隨葬的遺迹②；同時，作者以爲戰國及殷墓所出整隻的豬或羊腿，也"是取遣奠中羊、豕的下體苞起來送於壙內"的"苞牲"③。沈文倬同意陳文"苞牲"的說法，但他認爲"墓葬裏發現的'盛著豬、羊頭'的鼎，不是大遣奠的鼎"，而是兼有"鬼器"(即明器)、"人器"(即祭器)的大夫以上級別自造的祭器，"器物裏盛放著羊、豕等食物，如《既夕》明器中的'筲三：黍、稷、麥；甕三：醯、醢、屑'一樣"④。江奇艷則堅持陳文墓內含鼎實的祭器爲大遣奠所用祭器的說法⑤。

---

① 沈文倬：《對〈士喪禮、既夕禮中所記載的喪葬制度〉幾點意見》，《考古學報》第 2 冊，科學出版社 1958 年版。
② 陳公柔：《士喪禮、既夕禮中所記載的喪葬制度》，《考古學報》第 4 冊，科學出版社 1956 年版。
③ 陳公柔：《士喪禮、既夕禮中所記載的喪葬制度》，《考古學報》第 4 冊，科學出版社 1956 年版。
④ 沈文倬：《對〈士喪禮、既夕禮中所記載的喪葬制度〉幾點意見》，《考古學報》第 2 冊，科學出版社 1958 年版。
⑤ 江奇艷：《再論"葬日遣奠的奠器是否送於壙內"》，《中山大學學報論叢》2006 年第 8 期。

　　黃展岳將墓中隨葬動物分爲供墓主食用的"祭牲"，和爲死者服務的"殉牲"，後者如"駕車的馬，供警衛的狗，以及供玩賞的小鳥小獸"。作者認爲祭牲出現較早，殉牲則最早見於殷商時代，商代是殉牲、祭牲的鼎盛時期。他對殷墓的祭牲和殉牲作了區分，並指出"殷代並不存在按不同等級使用不同祭牲的情況"，"三禮中的禮制"與考古發現有諸多不合；殷商墓葬用牲都是家畜家禽，反映了殷人飼養業比較發達①。

　　沈文倬之後，衆多討論者幾乎均同意陳文"苞牲"的説法，韓巍則認爲"隨葬整條牲腿的習俗不能用'苞牲'來解釋"②。他系統考察了西周墓葬的殉人、殉牲習俗，並將晚商與之對比，認爲"西周墓葬的殉人、殉牲習俗並不是周人本身固有的傳統，而是繼承自商文化以及與商文化關係密切的東方族系文化"，"西周墓葬中採用腰坑殉狗、殉人和殉葬牲腿習俗者，多數屬'殷遺民'墓葬，同時不排除西周早期有部分周人受'殷遺民'影響也採用了這些葬俗"③。從用牲葬俗區分墓主所屬部族，取得很好的效果，爲前人"殷遺民墓"的猜想提供了又一有力證據。作者對商周祭牲的種類、殉埋方式等都作了細緻探討，爲後來的討論奠定了良好的基礎。

　　袁靖、楊夢菲對滕州前掌大遺址出土動物骨骼作了細緻研究，認爲墓地隨葬動物，除狗以外，"種類和數量沒有明確的規律"，但其"年齡似乎有一些規律可尋"；同時指出，隨葬動物前肢的現象十分明顯並呈現一定的規律，例如若是兩種以上動物前肢隨葬，其左右側必須相同④。其對墓葬動物遺骨的鑒定和探討，爲進一步研究提供了豐富準確的資料。此後，袁靖又討論了新石器至東周隨葬或埋葬動物的情況，強調了商周時期墓葬隨葬動物前肢現象的普遍性⑤。袁文商周墓葬重動物前肢、重其所屬側胖的發現，與文獻相合，充分説明了動物考古在發明考古材料方面的重要性。

　　此後，鄙向平對商代墓葬內殉牲和祭牲的放置、數量以及在不同等級墓葬

———————————

　　①　黃展岳：《殷商墓葬中人殉人牲的再考察——附論殉牲祭牲》，《考古》1983 年第 10 期。
　　②　韓巍：《西周墓葬的殉人與殉牲》，北京大學碩士學位論文，2003 年，第 32 頁。
　　③　韓巍：《西周墓葬的殉人與殉牲》，北京大學碩士學位論文，2003 年，第 39~40 頁。
　　④　袁靖、楊夢菲：《前掌大遺址出土動物骨骼研究》，中國社會科學院考古研究所編著：《滕州前掌大墓地》，文物出版社 2005 年版，第 760~766 頁。
　　⑤　袁靖：《中國動物考古學》，文物出版社 2015 年版，第 219~227 頁。

的出現情況作了探討①；李志鵬總結了殷墟範圍内墓葬用牲的種屬構成、種類組合、相對比例，隨葬牲體的方式、組合、部位選擇，以及隨葬動物的死亡年齡構成，指出商周禮制的延續性②。

以牲體前肢隨葬，恰與禮書"周人貴肩"，及遣奠苞牲"取下體"的記載相似。曹建墩舉以證明此即"苞牲"，他梳理了商至東周隨葬牲體的墓葬材料，認爲"周人苞牲體入壙禮非普遍現象"，兩周墓所奠動物骨骼的數目、牲體的數量，以及所出獸骨、魚骨等，均"與禮書記載不合"；"苞牲入壙禮乃周人對殷禮的承繼，爲周禮因於殷禮之證"③。謝肅研究了商墓隨葬動物腿骨的現象，發現晚商族墓地"同一墓組中二層臺所置犧牲的種類具有一致性；同一墓組中那些等級相對較高的墓葬的二層臺才有犧牲；犧牲種類的組合與墓葬的等級没有必然的關係"；這種現象"與文獻記載的'奠竁'禮（本文按，即遣奠苞牲）有相似的地方，但也有較大的差異"④。

此外，張明東討論了商周墓葬用牲的特徵及其差異⑤，包曙光對中國北方地區（包括西北地區甘肅、青海、寧夏，内蒙古中南部地區，晉中、陝北和晉北地區，燕山南北地區）夏至戰國時期的殉牲情況作了研究⑥；朱明月對商周時期動物隨葬進行了分類分型、分期分區的探討⑦；宋艷波分析了山東地區幾個周代墓地動物隨葬情況⑧。他們的討論對相關問題的研究也有助益。

由上可知，學界對考古發現商周動物隨葬的研究過程中，注意與文獻結合，以證明或證僞相關論述。如墓内隨葬牲腿與文獻中的遣奠"苞牲"有關，幾成定讞。不過該説尚有討論的必要；而隨著材料的豐富，商周動物隨葬的傳

---

① 郜向平：《商系墓葬研究》，科學出版社 2011 年版，第 132~138 頁。

② 李志鵬：《殷墟動物遺存研究》，中國社會科學院研究生院博士學位論文，2009年，第 87~104 頁。

③ 曹建墩：《略談考古發現與商周時期的牲體禮》，《中國文物報》，2005 年 4 月 15日，第 7 版。曹建墩：《殷周墓葬所奠牲體禮制的考察》，《先秦禮制探賾》，天津人民出版社 2010 年版，第 95~115 頁。

④ 謝肅：《商文化墓葬二層臺上放置動物腿骨現象與"竁奠"禮比較研究》，《華夏考古》2009 年第 2 期。

⑤ 張明東：《商周墓葬比較研究》，中國社會科學出版社 2016 年版，第 235~236 頁。

⑥ 包曙光：《中國北方地區夏至戰國時期的殉牲研究》，吉林大學博士學位論文，2014 年。

⑦ 朱明月：《商與西周時期的動物隨葬研究》，陝西師範大學碩士學位論文，2014年。

⑧ 宋艷波：《山東地區幾個周代墓葬隨葬動物分析》，《考古與文物》2011 年第 5 期。

承演變，也有了進一步分析的可能。

(三) 棺飾

《周禮·天官·縫人》"喪，縫棺飾焉"，鄭注："孝子既啓，見棺猶見親之身。既載，飾而以行，遂以葬，若存時居于帷幕而加文繡。《喪大記》曰：'飾棺：君龍帷，三池，振容；黼荒，火三列，黻三列；素錦褚，加僞荒；纁紐六；齊五采，五貝；黼翣二，黻翣二，畫翣二，皆戴圭；魚躍拂池；君纁戴六，纁披六。'"①所引《禮記·喪大記》經文原文鄭注："飾棺者，以華道路及壙中，不欲衆惡其親也。"②

棺飾又名"見"，《既夕》"藏器於旁，加見"，鄭注："見，棺飾也，更謂之見者，加此則棺柩不復見矣。"③《既夕》中棺飾由商祝負責："商祝飾柩，一池，紐前緅後緇，齊三采，無貝，設披，屬引。"鄭注："飾柩，爲設牆柳也……牆有布帷，柳有布荒。池者象宮室之承霤，以竹爲之，狀如小車等，衣以青布，一池，縣於柳前。士不揄絞。紐所以聯帷荒，前赤後黑，因以爲飾，左右面各有前後，齊居柳之中央，若今小車蓋上蕤矣，以三采繒爲之，上朱，中白，下蒼，著以絮。元士以上有貝。"④

依上經文及鄭注，飾棺之物主要有荒、帷、池、振容、褚、紐、齊、翣、戴、披，以及附屬在這些飾物上的貝、銅魚、揄絞等。經過前人的研究，今人對飾棺的基本內容及其程序大致的瞭解如下：

先以素錦加於棺上及四周，作爲襯裏，名曰褚，然後加棺飾。棺飾分上下兩部分，上曰柳，下曰牆。柳爲覆於棺上之木框，形如鼈甲，蒙布於柳上謂之荒。荒上畫黼、黻、火等文；其頂向上高起，如亭子頂，謂之齊。齊，用五色繒，上下分層縫合，上綴五貝，形圓，如瓜皮小帽。柳之底部，前、左、右三面有池，以竹爲之，如屋簷之霤，外裹青布。池下懸

---

① 鄭注"纁紐"原作"纁組"，據《喪大記》經文改。《周禮注疏》卷8，阮元校刻：《十三經注疏》，中華書局1980年影印本，第692頁。

② 《禮記正義》卷45，阮元校刻：《十三經注疏》，中華書局1980年影印本，第1584頁。

③ 《儀禮注疏》卷40，阮元校刻：《十三經注疏》，中華書局1980年影印本，第1157頁。

④ 《儀禮注疏》卷38，阮元校刻：《十三經注疏》，中華書局1980年影印本，第1148頁。

銅魚，並繫畫五彩雉之綢帶，名曰揄絞。車動揄絞動，如魚拂池，故又名振容。池之下部，在棺前、兩旁曰牆，蒙以布，謂之帷，君帷畫龍，曰龍帷。用六根小紅帶將上部之荒與下部之帷相結連，謂之紐。又用六根紅綢聯結柳與棺上之革束，使柳牢固，謂之戴。以六根紅綢，一頭繫於棺上之革束，一頭露於帷外，執之，防柩之傾側，謂之披。

以上爲諸侯之制，其他等級如大夫、士等內容基本相同而隆殺有別①。

鄭玄參照漢代制度，對喪禮翣制也作了論述。錢玄總結如下：

　　棺之兩側有翣。翣形如扇。以木爲框，廣三尺，高二尺四寸；上有兩角，戴以圭璧，有垂綏；包以白布，畫各種圖形。柄長五尺。柩車行，使人執翣以障車；葬則樹於壙。天子八翣，諸侯六，大夫四，士二。②
　　葬時，棺飾與翣均置於壙內。③

1975 年湖北江陵紀南城發掘了一座西漢初期的鳳凰山一六七號墓④，該墓出土"保存基本完好的棺飾，由裏外兩層細絹棺罩和中間一床編竹組成"，有學者將內外三層棺飾分別與"褚""池""帷荒"對應⑤。

由於自然條件的原因，目前戰國秦漢楚地墓葬棺飾保存下來的較多，因而研究相對也深入一些。如彭浩對照鳳凰山漢墓，把楚墓中所見的棺蓋或椁蓋上的竹簾稱作"池"，指出，士用的池結構簡單，鋪在棺蓋上，大夫以上則比較複雜，鋪在椁蓋上；它不見於其他地區墓葬，結構和使用與文獻記載都不盡一致⑥。高崇文則認爲楚多層棺墓不見池、荒帷等棺飾，它們可能被棺上的彩繪漆畫代替了⑦；後又認同棺蓋上的竹簾爲池之説⑧。胡雅麗把包山二號楚墓大

①　錢玄：《三禮通論》，南京師範大學出版社 1996 年版，第 301~302 頁。
②　錢玄：《三禮通論》，南京師範大學出版社 1996 年版，第 303~304 頁。
③　錢玄：《三禮通論》，南京師範大學出版社 1996 年版，第 304 頁。
④　鳳凰山一六七號漢墓發掘整理小組：《江陵鳳凰山一六七號漢墓發掘簡報》，《文物》1976 年第 10 期。
⑤　紀烈敏、張柏忠、陳雍：《鳳凰山一六七號墓所見漢初地主階級喪葬禮俗》，《文物》1976 年第 10 期。
⑥　彭浩：《楚墓葬制初論》，《中國考古學會第二次年會論文集》，文物出版社 1980 年版，第 33~40 頁。
⑦　高崇文：《淺談楚墓中的棺束》，《中原文物》1990 年第 1 期。
⑧　高崇文：《試論先秦兩漢喪葬禮俗的演變》，《考古學報》2006 年第 4 期。

棺之上的九層絲織物分別與文獻中的褚、紐、齊、采、振容等對應①；江奇艷
“將楚墓中出土的棺飾同周禮的相關記載進行比較研究後，認爲當時楚喪禮中
棺飾的製作方法、鋪設結構、等級制度等方面都不完全同於中原地區”，尤其
包山二號墓棺飾無法與禮書吻合，應當與地域、時代差異有關②。

　　戰國秦漢棺飾研究爲上溯商周奠定了基礎，隨著墓葬材料日益豐富，有學
者開始注意商周的棺飾制度。20 世紀 80 年代，在陝西灃西張家坡及河南平頂
山北滍村兩周墓地發掘過程中，出土了一些銅魚、蚌貝等，是較早發現的西周
的棺飾考古資料。平頂山墓地考古工作者即將 M1 出土的這些材料與棺飾聯繫
起來③。張長壽結合文獻與考古發現，認爲張家坡西周墓發現的銅魚和貝，以
及部分玉魚、蚌飾、蛤蜊等，是棺飾上殘存的遺物，即挂在池下的飾物；墓内
的牆柳和荒帷，則可能已經化爲灰塵④。孫華也將北趙晉侯墓地西周中期 M1、
M2 所出銅、石魚歸爲同類物品，同時以爲 M2 殘存大石圭爲“翣”上戴的圭；
進而提出“周人飾棺在西周早期就已存在，不過直到西周中期前段，周人飾棺
之具似乎尚未形成如同《禮記・喪大記》記載的飾棺制度”，“周人飾棺形成國
君棺罩池下懸魚、牆外立戴圭之翣這樣的制度，很可能已在西周中期後段即
懿、孝之際以後”⑤。孫氏還依據鄭注棺罩象宮室帳幄，結合古代建築學材料，
推導池下懸魚“也應當仿自生人宮室的懸魚”，振容則源於建築上象徵水草的
“惹草”；並進一步申述，“周人的喪葬制度在西周中期偏晚階段形成以後，到
了春秋中期已經開始出現變化的迹象了”⑥。孫慶偉討論了兩周棺飾用玉（主要
是玉石魚、貝、串珠等牆柳上的飾物）的時代、等級、性別、地域等特徵⑦。

　　以上主要是對懸魚、振容等飾物的討論，翣也是西周棺飾研究的重點之
一。上村嶺虢國墓地、平頂山應國墓地、北趙晉侯墓地、梁帶村芮國墓地，以

---

　　①　胡雅麗：《包山二號楚墓所見葬制葬俗考》，湖北省荆沙鐵路考古隊編：《包山楚
墓》，文物出版社 1991 年版，第 473~474 頁。

　　②　江奇艷：《戰國時期楚國喪禮中的棺束與棺飾》，《考古》2004 年第 6 期。楊華等：
《楚國儀禮制度研究》，湖北教育出版社 2012 年版，第 154~162 頁。

　　③　河南省文物研究所、平頂山市文管會：《平頂山市北滍村兩周墓地一號墓發掘簡
報》，《華夏考古》1988 年第 1 期。

　　④　張長壽：《牆柳與荒帷》，《文物》1992 年第 4 期。張長壽：《西周的葬玉》，《文
物》1993 年第 9 期。

　　⑤　孫華：《關於晉侯鞪組墓的幾個問題》，《文物》1995 年第 9 期。

　　⑥　孫華：《懸魚與振容》，《中國典籍與文化》2000 年第 1 期。孫華：《晉侯櫖/斷組墓
的幾個問題》，《文物》1997 年第 8 期。

　　⑦　孫慶偉：《周代用玉制度研究》，上海古籍出版社 2008 年版，第 230~236 頁。

及張家坡墓地的高等級墓葬多有山字形銅薄片出土，虢國墓地第二次發掘報告將其與"翣"聯繫起來①，之後墓地發掘者王龍正等撰文討論了這種"銅翣"的形制、用途、源流演變及其反映的周代禮制等問題，認爲翣是一種用於遮障棺柩的裝飾品，"同時也是一種標志貴族身份的禮儀性喪葬器物"，它可能由一種獸面具發展而來，周代銅翣"演變至少經歷了從張家坡西周墓地到虢國墓地、應國墓地，再到圓頂山秦國墓、西大莊莒國墓，直到中山王墓等四個發展階段或過渡形態"②。事實上，最早將考古發現與文獻中的"翣"聯繫起來的，當是日本學者林巳奈夫，他認爲"某些兩周時代的墓葬裏發現的一種青銅飾物，造型與《禮記》及鄭君所述的翣相像"，作者所云，正與虢國墓地報告所述爲同一器物③；上引孫華文，也以墓中石圭的發現作爲周代翣存在的證據④。此後孫氏又結合虢國墓地報告等，指出戰國中山王墓出土的"山"字形器也即翣，它"上面有豎立的三件圭形構件，就是從戴玉石圭的翣發展而來"⑤。王龍正不同意孫説，他認爲石圭並不是"翣"上的飾件，"所謂翣戴圭，是指銅翣上方豎立於中間或者兩側的圭形銅片"；張天恩則主張，翣"所戴之圭實際既可能爲銅質，也可能還有玉、石等質地，似不可過分呆板"⑥。井中偉等將安陽王古道村周墓 M1 出土 4 件圭形銅片定名爲翣，豐富了兩周之際翣的材料⑦。

經與文獻對比，許子濱認爲上説有誤，"其形制與所述的翣形制不合"⑧；另有學者推測山字形銅飾是半圓形羽扇的銅羽座⑨。然而兩説並不能提出有力

---

① 河南省文物考古研究所、三門峽市文物工作隊編著：《三門峽虢國墓》第 1 卷，文物出版社 1999 年版，第 536 頁。

② 王龍正、倪愛武、張方濤：《周代喪葬禮器銅翣考》，《考古》2006 年第 9 期。

③ ［日］林巳奈夫：《中國先秦時代の旗》，《史林》49 卷 2 號，1966 年。轉引自許子濱：《〈左傳〉所記齊莊公葬禮考釋》，（臺北）《漢學研究》第 28 卷第 3 期，2010 年。

④ 孫華：《關於晉侯𣪘組墓的幾個問題》，《文物》1995 年第 9 期。

⑤ 孫華：《中山王𰯼墓銅器四題》，《文物春秋》2003 年第 1 期。

⑥ 張天恩：《周代棺飾與銅翣淺識》，北京大學考古文博學院、北京大學中國考古學研究中心編：《考古學研究（八）》，科學出版社 2011 年版，第 303 頁。

⑦ 井中偉、和菲菲：《安陽王古道村周代貴族墓四題》，《考古與文物》2015 年第 5 期。

⑧ 許子濱：《〈左傳〉所記齊莊公葬禮考釋》，（臺北）《漢學研究》第 28 卷第 3 期，2010 年。

⑨ 胡健、王米佳：《周代喪葬禮器"翣"的再探討——關於"山"字形薄銅片的考證》，《中原文化研究》2015 年第 5 期。

的證據。

　　山西橫水西周墓地 M1 外棺蓋上的木結構痕迹、銅帳架構件的發現，以及棺椁間大面積絲織物的偶然存留①，證明張長壽對西周存在牆柳荒帷的推測是正確的，它爲研究西周的荒帷提供了極好的素材。墓地的發掘整理者撰文介紹了該墓荒帷的基本形制，並梳理考古所見荒帷材料，對其結構、使用時間、等級、族屬等有了基本認識②。高煒等對帷帳形棺飾源流作了討論，認爲褚或荒帷可以追溯到龍山陶寺文化時期③。另有科技考古工作者對橫水 M1 荒帷印痕和土樣進行了系統的測試和分析④。

　　此外，有些文章對先秦或西周的棺飾進行了綜合研究。如許衛紅梳理了先秦時期葬具的裝飾，認爲青海樂都柳灣新石器時代墓地出土的木質棺外框罩，可能是周代牆柳的雛形；指出葬具外加覆蓋物"萌芽在新石器時期；逐步完善在夏商；西周時期納入國家管理系統，被賦予了嚴格的等級觀念；至春秋戰國時期，隨著禮崩樂壞的社會大局面，不同地域的棺飾異彩紛呈，各不相同"⑤。曹建墩對兩周的翣、圭等飾物，荒帷，銅、玉蚌魚和貝飾作了探討⑥。上引張天恩文考察周代棺飾，認爲梁帶村芮國墓地及虢國墓地部分墓葬發現的棺外木質框架，就是文獻中的"池"，池高於且可能大於荒帷，不是荒柳的附屬物。但該説與文獻有明顯差距，可能性不是很大。吉琨璋即不同意張説，他認爲木質框架是支撐荒帷的；銅魚等綴飾之所以在没有木框架及荒帷的周圍出現，是因爲有些綴飾並非棺飾而是椁飾⑦。孫華考察了晉侯穌、邸組墓的棺飾制度，

---

　　①　山西省考古研究所、運城市文物工作站、絳縣文化局：《山西絳縣橫水西周墓地》，《考古》2006 年第 7 期。山西省考古研究所、運城市文物工作站、絳縣文化局：《山西絳縣橫水西周墓發掘簡報》，《文物》2006 年第 8 期。

　　②　吉琨璋、宋建忠、田建文：《山西橫水西周墓地研究三題》，《文物》2006 年第 8 期。吉琨璋：《西周椁棺裝飾研究》，陳光祖主編：《金玉交輝——商周考古藝術與文化論集》，臺灣"中央研究院"歷史語言研究所 2013 年版，第 522~525 頁。

　　③　高煒、王岩：《帷帳形棺飾溯源》，山西省考古研究所、山西省考古學會編：《鹿鳴集——李濟先生發掘西陰遺址八十周年·山西考古研究所侯馬工作站五十周年紀念文集》，科學出版社 2009 年版，第 254~260 頁。

　　④　馬穎等：《西周倗國墓地出土荒帷印痕的科技分析》，《中原文物》2009 年第 1 期。

　　⑤　許衛紅：《先秦時期葬具的裝飾》，《文博》2000 年第 5 期。

　　⑥　曹建墩：《先秦禮制探賾》，天津人民出版社 2010 年版，第 60~69 頁。

　　⑦　吉琨璋：《西周椁棺裝飾研究》，陳光祖主編：《金玉交輝——商周考古藝術與文化論集》，臺灣"中央研究院"歷史語言研究所 2013 年版，第 509~529 頁。

認爲符合其身份等級①。朱蔚以《儀禮》中的喪葬制度爲研究對象，臚列了考古發現的先秦棺飾，對其基本形制及發展規律作了探討，特別是作者使用漢代畫像石中的喪葬圖像，拓展了研究材料②；喬卓俊梳理了周人飾棺的發展脉絡，嘗試復原兩周中原地區周人的棺飾制度和飾棺儀程，並探討了其宗教内涵等③。另有衆多碩士學位論文對周代諸侯國的棺飾制度也有所討論，此不贅述。

相對而言，棺飾研究，更多的是涉及名物，即文獻與考古材料的對應，而文獻材料又過於簡略，所以對部分棺飾的定名及其含義存在爭議。隨著出土材料的豐富，只要參考後人注疏，細緻梳理早期文獻，通過戰國秦漢材料，來上溯商周棺飾制度，雖不中，當亦不遠矣。此外，商代的棺飾制度，目前未見專文討論者，是先秦棺飾探研的薄弱之處。

(四) 毁兵葬俗

由於商周時期戈矛等兵器銘文相對較少，故未能得到以“正經補史”爲主要旨趣、注重銘文的金石學的青睞。宋代金石學勃興之時，古代兵器就有不少發現，時人多有得“古刀、劍、矛、戟、矢、鏃之類”者④，然見於著録者則較少。王國維《宋代金文著録表》僅録戈四、刀一、弩機一共六件兵器⑤，占總六百四十三器的不足百分之一。這種處於研究邊緣的狀態，至清代略有改變，表現爲金文著録收兵器的比例有了較大提升，王國維《國朝金文著録表》收兵器除僞器外二百二十件，占總三千五百餘器的百分之六略强⑥。

晚清民國金石著録中，頗可見到西周因葬而毁的兵器，如于省吾《雙劍誃吉金圖録》收録出於河南(疑即濬縣衛國墓地)的一件饕餮銅戈，該戈鋒殘，且斷處可見彎折痕迹⑦。但商周尤其是西周兵器的異常損毁現象仍未被注意，這

---

① 孫華：《晉侯㛗/斷組墓的幾個問題》，《文物》1997 年第 8 期。

② 朱蔚：《〈儀禮·士喪禮〉、〈既夕禮〉所反映的喪葬制度研究》，廈門大學碩士學位論文，2008 年，第 9~22 頁。

③ 喬卓俊：《兩周時期中原地區的棺飾研究》，山東大學碩士學位論文，2009 年。

④ 黄伯思：《宋本東觀餘論》，中華書局 1988 年版，第 118 頁。

⑤ 王國維：《宋代金文著録表》，《王國維全集》第 4 卷，浙江教育出版社 2009 年版，第 297~298 頁。

⑥ 王國維：《國朝金文著録表》，《王國維全集》第 4 卷，浙江教育出版社 2009 年版，第 637、717 頁。

⑦ 于省吾：《雙劍誃吉金圖録》，中華書局 2009 年版，第 187 頁。

當然是因爲此時古代兵器的收藏著録依舊注重其品相、銘文的原因。毀兵葬俗的真正發現，是隨著我國考古學的誕生而實現的。

20 世紀 30 年代，在我國首次西周遺存——濬縣辛村衛國墓地的發掘整理過程中，郭寶鈞發現，該墓地所出數十柄戈，戈"之鋒内兩端，或折飛於東西兩階"，他推測爲《周禮》記載方相氏墓壙内"以戈擊四隅，毆（按《周禮》該字從區從攵①，當即'驅'字）方良"的毆墓之遺迹②。不過郭氏最終放弃了該猜想，這從其編寫的考古報告《濬縣辛村》中並未述及此説可以看出③。然而毆墓毀兵説仍爲部分考古報告襲用，如《張家坡西周墓地》《平頂山應國墓地》等④，《甘肅靈臺白草坡西周墓》也懷疑毀兵與此有關⑤。

同時，也有報告、論著對此葬俗提出其他解釋。發掘西周燕國墓地的琉璃河考古隊以爲被折去鋒尖或砸彎的戈、矛、戟等"可能是下葬時，因某種儀式而將這些兵器砸斷，然後分放於各臺的"⑥。《洛陽北窑西周墓》指出，該墓地"兵器多成堆隨葬，每堆兵器的下面都有布紋或席紋的印痕，可見兵器是先進行破壞，後再用布或席包裹起來隨葬"，"這是周人的一種普遍葬俗"，推測"周人認爲毀壞的兵器可以顯示戰功，也可以顯示富有"⑦。王恩田以爲毀兵葬俗是從武王克商後開始的，估計其與《荀子》所謂"偃五兵"有關⑧。

商周時期的墓葬中同時存在著將其他隨葬器物打碎毀壞即所謂"毀器"的現象，有的學者注意將二者結合起來考慮。較早如唐嘉弘，唐氏依據《禮記》的記載，提出琉璃河燕國墓地中的"毀物""折兵"現象，是周人的一種禮制觀念，"以爲死者也許有知、也許無知"，"所以既要隨葬器，又要和生人所用有

① 《周禮注疏》卷 31，阮元校刻：《十三經注疏》，中華書局 1980 年影印本，第 851 頁。

② 郭寶鈞：《濬縣辛村古殘墓之清理》，《田野考古報告》，商務印書館 1936 年版，第 177 頁。

③ 郭寶鈞：《濬縣辛村》，科學出版社 1964 年版。

④ 中國社會科學院考古研究所編著：《張家坡西周墓地》，中國大百科全書出版社 1999 年版，第 169 頁。河南省文物考古研究所、平頂山市文物管理局編：《平頂山應國墓地》第 1 卷，大象出版社 2012 年版，第 408~409 頁。

⑤ 甘肅省博物館文物隊：《甘肅靈臺白草坡西周墓》，《考古學報》1977 年第 2 期。

⑥ 中國社會科學院考古研究所琉璃河考古隊：《北京琉璃河 1193 號大墓發掘簡報》，《考古》1990 年第 1 期。

⑦ 洛陽市文物工作隊編著：《洛陽北窑西周墓》，文物出版社 1999 年版，第 368 頁。

⑧ 王恩田：《灃西發掘與武王克商》，北京大學考古文博學院編：《考古學研究（五）》，科學出版社 2003 年版，第 556 頁。

所區別”，其爲周人“隨葬器物要‘示民疑也’而‘尊禮尚施’觀念的又一種具體表現形式”；在此基礎上，他認爲“到列國並存，諸侯戰爭時期，‘僭禮’情況嚴重，不再受周禮約束，往往不用‘明器’而用‘人器’入葬”，故毀器折兵現象逐漸消失①。黃鳳春考察了東周楚國的毀器折兵現象，指出其與西周中原類似現象的形制是相同的，“其所反映的喪葬觀念無疑也應是一致的”，“將器物的有意損毀，其實就是將實用器而明器化，使人鬼之用器有別”②。楊華也認爲毀器折兵與古人的生死觀念有關，“古人既‘事死如生’，又將生、死區別甚嚴”；同時又結合戰國秦漢簡牘文書，提出“爲了防止死者返回陽間時持兵爲害，所以把兵器折斷、彎曲”的推測③。桑櫟等也懷疑西周的毀兵是毀器習俗的延續④。

　　井中偉反對將毀兵與毀器結合起來，他在歸納整理各地西周墓“毀兵”現象後指出，毀兵葬俗西周初年出現並迅速流行開來，中期開始逐漸衰退，晚期就很少見了，是西周時期獨特的葬俗，而仰韶文化早期即存在的毀器葬俗則延續非常久遠；同時與毀兵共出的其他隨葬品並無人爲破壞的迹象。他將毀兵的原因歸結爲周人“戢兵”或“偃五兵”思想在喪葬禮儀上的體現，葬前毀兵以示“禁暴”；另外他以爲也有可能是統治者爲了消除隨葬的兵器會被掘出進行武裝的隱患，而對全民灌輸的葬前毀兵的思想意識所致⑤。需要説明的是，前引唐嘉弘文引“或説”也從盜墓的角度考慮，云“親屬不願讓盜墓人取得完整器物和兵器”云云。郜向平也認爲“商人的毀器葬俗中通常是不毀金屬兵器的”⑥。

　　稍早於井氏，張東明也對商周時期的毀兵葬俗進行了全面考察，他分西周、晚商兩段，探討了該葬俗的毀兵種類、方式、地域分布及特點、時間變化等，指出“毀兵是周人的一種特殊葬俗”，“可能與下葬過程中的某種儀式有關”。他以此作爲商周墓葬的區別之一，“在原商文化分布範圍內若發現商周之際，難辨屬商代還是屬周代的墓葬時，若發現有毀兵現象，則一定屬周代，

---

① 唐嘉弘：《西周燕國墓“折兵”之解——考古札記之一》，《中國文物報》，1992 年 5 月 17 日，第 3 版。

② 黃鳳春、黃婧：《楚器名物研究》，湖北教育出版社 2012 年版，第 205 頁。

③ 楊華：《葉家山曾侯墓地所見西周早期喪葬禮制四則》，《江漢考古》2013 年第 4 期。

④ 桑櫟、陳國梁：《偃師商城幾種喪葬習俗的探討》，《考古》2017 年第 4 期。

⑤ 井中偉：《西周墓中“毀兵”葬俗的考古學觀察》，《考古與文物》2006 年第 4 期。

⑥ 郜向平：《商系墓葬研究》，科學出版社 2011 年版，第 261 頁。

此葬俗可作爲關東絕大部分地區商、周墓葬斷代的標準"①，這一觀點得到了廣泛認同。

　　日本學者田畑潤以天馬—曲村西周墓爲主要材料，將隨葬青銅戈按損毁方式分型分式，並討論了毁兵與兵器型式、墓向及陪葬規格等的關係②。

　　應當説，作爲一種特殊葬俗的毁兵現象，傳世文獻並没有確切記載，是中國考古學産生後提出的全新課題。以往的研究已取得一定的成果，並引起了學界的重視，但不免略有不足：側重對其成因的猜測，且多借助東周文獻中的一些泛論而得出結論，故多不能坐實；雖注意於現象本身的歸納和探討，但限於篇幅，仍有深入的必要。同時，隨著新材料的出土與相關研究的進展，毁兵葬俗也有了進一步討論的可能性。

　　總體而言，隨著材料的日益豐富和手段的進步，商周喪葬禮俗的學術田野也大有可爲。顧頡剛曾指出："究竟'三禮'中有多少是真的，多少是假的，這是一件極難斷定的事情。這種的分析，將來必須有人費了大功夫去做。其術，應當從甲骨文中歸納出真商禮，從金文、《詩》、《書》、《春秋》、《左傳》、《國語》中歸納出真周禮，《史記》、《漢書》中歸納出漢禮，而更以之與儒家及諸子所傳的禮書禮説相比較，庶幾可得有比較近真的結論。"③顧氏此論的目的是考辨"三禮"的時代及其真僞，而其提出的古代禮制研究的方法却是至論。

　　但正如《説文》於古文字研究，"三禮"等文獻及後人的注疏，是上溯商周禮俗的必由之階。參考東周秦漢墓葬，將出土材料與傳世文獻對讀，歸納總結，發現其中的規律，才能考得近乎其實的禮儀制度。

　　① 張明東：《略論商周墓葬的毁兵葬俗》，《中國歷史文物》2005 年第 4 期。
　　② ［日］田畑潤：《西周青銅戈毁兵行爲に関する研究》，［日］飯島武次編：《中華文明の考古學》，（東京）同成社 2014 年版，第 153~164 頁。
　　③ 顧頡剛：《古史辨第四册顧序》，羅根澤編著：《古史辨》第 4 册，上海古籍出版社1982 年版，第 8 頁。

第一章　飯　　含

飯含是喪禮中一個細小的儀節，但後世學者在解讀文獻的過程中，產生的分歧並不少。對於"飯"與"含"的差异，自漢代學者以至時賢，异説紛呈，然而並不能完全解決這個問題。名不正則言不順，本章首先從文獻入手，嘗試釐清飯、含的内涵，之後對飯含的程序等作一梳理，並討論商周口含物的主要内容；第二、三、四節闡述商周飯含的産生流變及其基本特徵。

第一節　飯含的基本程序與商周主要口含物

一、先秦文獻中的"飯"與"含"

緒論所引《周禮·春官·典瑞》"大喪，共飯玉、含玉、贈玉"，説明至少在戰國晚期部分人眼中，"飯"和"含"是有區别的；《荀子·禮論篇》"飯以生稻，唅以槁骨"①，也可作爲證明。

但前引鄭玄、孔廣森、孫希旦、黄以周及今人關於飯、含差别諸説，並不能兼容典籍中與飯含有關的論述。

東周文獻中頗見與喪葬活動"含"有關的記載，如：

(1) 王使榮叔歸含且賵。(《春秋》文公五年)②
(2) 二月甲寅，(荀偃)卒而視，不可含。(《左傳》襄公十九年)③

---

① 王先謙：《荀子集解》卷 13，中華書局 1988 年版，第 367 頁。
② 《春秋左傳正義》卷 19，阮元校刻：《十三經注疏》，中華書局 1980 年影印本，第 1842 頁。
③ 《春秋左傳正義》卷 34，阮元校刻：《十三經注疏》，中華書局 1980 年影印本，第 1968 頁。

(3)陳子行命其徒具含玉。(《左傳》哀公十一年)①

(4)邾婁考公之喪，徐君使容居來弔、含，曰："寡君使容居坐含，進侯玉，其使容居以含。"(《禮記·檀弓》)②

(5)弔者……含者執璧將命曰："寡君使某含。"相者入告，出曰："孤某須矣。"含者入，升堂致命，再拜稽顙。含者坐委于殯東南，有葦席；既葬，蒲席。降，出，反位。宰夫朝服，即喪屨，升自西階，西面坐取璧，降自西階，以東。襚者……上介賵……(《禮記·雜記》)③

(6)大喪，共含玉、復衣裳、角枕、角柶。(《周禮·天官·玉府》)④

(7)大喪，共飯玉、含玉、贈玉。(《周禮·春官·典瑞》)⑤

(8)《詩》固有之曰："青青之麥，生於陵陂。生不布施，死何含珠爲?"(《莊子·外物》)⑥

(9)始卒，沐浴、鬠體、飯唅，象生執也。(《荀子·禮論篇》)⑦

(10)飯以生稻，唅以槁骨。(《荀子·禮論篇》)⑧

關於"飯"的記載，除上(7)、(9)、(10)外，尚有如：

(11)子游曰："飯於牖下，小斂於戶內，大斂於阼，殯於客位。"(《禮記·檀弓》)⑨

(12)飯用米、貝，弗忍虛也。不以食道，用美焉爾……孔子曰……

---

① 《春秋左傳正義》卷58，阮元校刻：《十三經注疏》，中華書局1980年影印本，第2166頁。

② 《儀禮注疏》卷10，阮元校刻：《十三經注疏》，中華書局1980年影印本，第1314頁。

③ 《禮記正義》卷41，阮元校刻：《十三經注疏》，中華書局1980年影印本，第1557頁。

④ 《周禮注疏》卷6，阮元校刻：《十三經注疏》，中華書局1980年影印本，第678頁。

⑤ 《周禮注疏》卷20，阮元校刻：《十三經注疏》，中華書局1980年影印本，第778頁。

⑥ 郭慶藩：《莊子集釋》卷9，中華書局1961年版，第927~928頁。

⑦ 王先謙：《荀子集解》卷13，中華書局1988年版，第366頁。

⑧ 王先謙：《荀子集解》卷13，中華書局1988年版，第367頁。

⑨ 《禮記正義》卷7，阮元校刻：《十三經注疏》，中華書局1980年影印本，第1258頁。

(《禮記·檀弓》)①

（13）鑿巾以飯，公羊賈爲之也。(《禮記·雜記》)②

（14）天子飯九貝，諸侯七，大夫五，士三。(《禮記·雜記》)③

（15）喪紀共飯米。(《周禮·地官·舍人》)④

上述諸例中，（1）、（4）反映的是周王或諸侯向遭喪諸侯國助喪贈含的情況，而例（5）則展示了贈含的基本儀節。（4）、（5）顯示這類含是玉質的。贈含雖是喪葬禮俗，但更重要的是其外交、政治活動的屬性，這類贈玉不見得真正用於死者斂尸，這由例（5）"既葬"可知。

（2）、（3）則爲諸侯國卿大夫死後斂尸飯含的事例。（3）顯示所含之物包括玉。（6）中"大喪"玉府提供的喪具，除了含玉，還有始死招魂時所用衣裳、枕尸的角枕，以及含前用以楔齒的角柶——這些都是喪葬活動中所必須的。此處的含玉，自然是飯含儀節中所用之玉，與例（1）、（4）、（5）略有不同。

按《周禮》中，《典瑞》（7）與《玉府》（6）均有大喪即王親自參與的喪事中"共含玉"的文字，賈公彥以爲"蓋玉府主作之，此官（典瑞）主其成事而共之"⑤；江永疑"玉府共之於典瑞，而典瑞乃共之以含"⑥；孫詒讓同意江說，並以典瑞與玉府爲"太宰八法"之"官聯"⑦，即鄭玄所謂"國有大事，一官不能獨共，則六官共舉之"⑧。這種解釋當然可以將兩處彌合起來，但按《周禮》所叙，喪祭賓客朝覲會同等儀節多有用玉之處，典瑞玉府各有職司，其所供玉器皆不相同，何以含玉獨需二者共事，於理不合。

因此我們以爲，典瑞所供含玉，應與（1）、（4）、（5）同，爲弔喪賵贈時

---

①　《禮記正義》卷9，阮元校刻：《十三經注疏》，中華書局1980年影印本，第1301~1302頁。

②　《禮記正義》卷43，阮元校刻：《十三經注疏》，中華書局1980年影印本，第1562頁。

③　《禮記正義》卷43，阮元校刻：《十三經注疏》，中華書局1980年影印本，第1566頁。

④　《周禮注疏》卷16，阮元校刻：《十三經注疏》，中華書局1980年影印本，第749頁。

⑤　《周禮注疏》卷20，阮元校刻：《十三經注疏》，中華書局1980年影印本，第778頁。

⑥　孫詒讓：《周禮正義》卷12，中華書局1987年版，第457頁。

⑦　孫詒讓：《周禮正義》卷12，中華書局1987年版，第457頁。

⑧　孫詒讓：《周禮正義》卷12，中華書局1987年版，第62頁。

所歸之含。此説首先面對的問題，是對《典瑞》中“贈玉”的解釋。鄭玄注“贈玉，蓋璧也。贈有束帛。六幣，璧以帛”。按鄭注“贈有束帛”本於《儀禮·既夕》“既窆”後“贈用制幣，玄纁，束”①，即棺木落葬之後，墓中放置玄纁色的帛一束。又據《周禮·秋官·小行人》“合六幣”“璧以帛”②，推導出贈玉“蓋璧也”。又《周禮·天官·大宰》“大喪，贊贈玉、含玉”，鄭注“贈玉，既窆，所以送先王”③。因此可知，《典瑞》與《大宰》兩處贈玉，均是喪葬禮所準備的贈於死者之玉。

《既夕》中有所謂“知死者贈，知生者賻”，並記載了賓客、國君等人等贈的儀節。尤其是 a. 朝祖之後，以及發引到城門的時候，國君都會派人贈“玄纁束”，恰與窆後贈幣同；b. 國君兩次所贈幣，第一次被宰臨時收藏起來，第二次則被宰夫放在了棺蓋之上，而到墓地下棺於墓壙後，首先便是主人“贈”，然後才將其他隨葬器物及荒帷等置入，贈幣緊挨棺，與宰夫所放贈幣同；c. 同時，《儀禮》經文對各種禮儀中所用到的物品有詳細説明，卻無預備贈幣的記載，也未見對國君贈幣至墓地後的其他記述。所以，可以確定窆後贈幣即國君或賓客所贈之幣，將之理解爲喪主所贈，並不正確④。此外，如果是喪主贈送給墓主，其儀節在其他隨葬品安置完畢後舉行似乎更合道理。贈幣爲“既窆”之後首先進行的儀節，主要還是爲了尊君、賓以顯榮。總之，這裏的“贈幣”是國君或賓客等與死者有往來關係的人贈送的隨葬品。十數年前河北中部農村喪葬活動中仍流行給喪家贈送白布或黑布，或許就是傳承的這種禮俗。

這樣一來，《典瑞》中的“含玉”“贈玉”皆爲喪葬賵贈的禮玉，與《玉府》的

① 《儀禮注疏》卷 40，阮元校刻：《十三經注疏》，中華書局 1980 年影印本，第 1156 頁。

② 《周禮注疏》卷 37，阮元校刻：《十三經注疏》，中華書局 1980 年影印本，第 894 頁。

③ 《周禮注疏》卷 2，阮元校刻：《十三經注疏》，中華書局 1980 年影印本，第 650 頁。

④ 如敖繼公云：“此贈謂主人以幣贈死者於壙中也”，蔡德晉、盛世佐、胡培翬等人也持此類觀點。詳見胡培翬：《儀禮正義》卷 13，江蘇古籍出版社 1993 年版，第 1901~1902 頁。按敖氏等人立論依據，在於《檀弓》“既封，主人贈”，而《檀弓》原文“既封，主人贈而祝宿虞尸”，鄭注“贈，以幣送死者於壙也。於主人贈祝先歸”（《禮記正義》卷 9，阮元校刻：《十三經注疏》，中華書局 1980 年影印本，第 1302 頁）。這裏的“贈”，指行“贈”禮，即將賓客所贈置於棺頂。類似例子，如正文例(4)、(5)“使某含”，即派遣某行“含”禮。前人泥於經文，故生誤解。

"含玉"即可區別開來。《天官·小宰》中又有"喪荒,受其含、襚、幣、玉之事"①,"含"即含玉,"玉"包括贈玉,亦可作爲此説證據。

從另一個方面説,按《周禮》的設置,玉府從屬於天官冢宰,冢宰系統的屬官,多爲内官職屬,與王室的生活起居的關係更爲密切。所以,由其負責始死之後急需置辦的喪具,最爲便利。而典瑞隸於春官宗伯,宗伯的設置目的,在於"帥其屬而掌邦禮,以佐王和邦國"②,其職掌爲主吉凶軍賓嘉諸禮,包括"以喪禮哀死亡",鄭注"哀謂親者服焉,疏者含襚"③,鄭注的含,同襚一樣,也是爲喪主助喪所贈物品。觀其僚屬的設置,多爲參與各種禮儀活動的有司,典瑞負責爲含襚贈諸禮具玉,也頗爲合理。

此外,典瑞另有職掌"駔圭璋、璧琮、琥璜之渠眉,疏璧琮,以斂尸",鄭注"以斂尸者,於大斂焉加之也"④。較於始死飯含,大斂具玉則時間較爲優裕,所以將之歸於與王室起居關係較遠的典瑞負責,亦無不妥。尤其經文將含玉贈玉與斂尸之玉分開論述,且含玉位於斂尸玉器之後,更證明二者有相當區別。總之,東周時助喪贈含玉是存在的,按照《周禮》的記載,王室喪禮所用含玉由玉府負責製備,助喪含玉則由典瑞提供,而王室遭喪之後,各方送來的含玉則由天官屬下的小宰負責接收。

兩周文獻中的賵贈之含,均爲玉質,實口之含除《荀子》"枯骨"外,也舍玉無他,但見於史籍者,多爲高等級貴族;而"飯"的材料,除《典瑞》外,則多見其爲米、貝等。因此才有了前人以等級和質料來分析飯、含的做法,但其所據文字本多有抵牾,故結論亦不能令人信服。

如從歷時的角度考慮飯含的差異,則可發現一些端倪。

首先看上引"飯"諸條。(11)有"子游曰",(12)大段類似論述中攙入"孔子曰",則其時代不會早於春秋晚期;(13)公羊賈的時代不能確定,但經文上一句文字結構與之基本相同,内容都是寫禮儀變動的原因,應爲同時寫成,涉及人物時代也應相距不遠,文中有叔孫武叔,叔孫武叔見於《論語》等文獻,

---

① 《周禮注疏》卷 3,阮元校刻:《十三經注疏》,中華書局 1980 年影印本,第 655 頁。

② 《周禮注疏》卷 17,阮元校刻:《十三經注疏》,中華書局 1980 年影印本,第 752 頁。

③ 《周禮注疏》卷 18,阮元校刻:《十三經注疏》,中華書局 1980 年影印本,第 759 頁。

④ 《周禮注疏》卷 20,阮元校刻:《十三經注疏》,中華書局 1980 年影印本,第 778 頁。

生活時代與孔子同，所以(13)也不會早於春秋晚期；《周禮》成書約在戰國時期，作爲自成體系的一部著作，(7)、(15)兩條時代自然也當戰國時；《荀子》成書在戰國。而例(14)，從其整合天子諸侯大夫士的等級制度來看，也應是諸子蜂起、一統思想流行之後出現的，時間不會早於孔子之世。因此，可以說目前所見文獻中"飯"出現的時間，當不早於春秋晚期。之後出現雖較爲頻繁，但《周禮》《荀子》之前，也並未見飯、含同出者。

而"含"的使用，則較"飯"要早。《春秋》本身即魯國檔案材料，故例(1)即可證明春秋中期的文公時期就有"含"的稱呼，而這類含是形成制度的喪禮贈贈，所以口實稱含則還要早得多。在(4)、(5)外交環境中使用"含"這種稱謂，說明它更爲莊重正式，也側面反映了其由來已久。

因此，本書推測，商周時期斂尸實口之物，早期單稱"含"，實尸口的儀節也因之被稱作"含"，向喪家饋贈斂尸之含的儀節，也從之曰"含"；春秋中晚期，稱喪禮實口之物及含尸儀節爲"飯"的説法逐漸流行開來。含側重於動作，飯著意於質料，二者實無本質區別。到了戰國中晚期，二稱並行且多有不解其中意者，遂有將一禮强分爲二的現象出現，此即以《周禮》《荀子》爲開端。

如此一來，則文獻中的抵牾之處，基本可以疏通。僅《典瑞》"飯玉、含玉"需略作説明。

《周禮》並非實際實行而僅爲戰國學者構擬的一套系統，雖然可稱得上"體大思精"，但也有疏失之處。前文已經指出，《典瑞》中"含玉"指贈贈含襚之禮用玉，但因"含玉"也可指飯含用玉，可能作者或後來的整理者在讀至此段時，忘記《玉府》中已經有供飯含用玉的文字，而將此處的"含玉"誤解。同時，宥於當時飯、含二稱並行，故於"含玉"前特加"飯玉"以示完備。此二字乃形成自"戴禮説"迄今兩千餘年經學上的一個小癥結。

二、飯含的基本程序

出土材料呈現出來的，是禮儀活動結束時的最終物質形態，並不能系統地反映其實施過程，因此，文獻仍是瞭解古代禮俗最基礎的材料。《士喪禮》等文獻記載了東周飯含的基本程序，參照前人成果，下文對士級貴族含前準備及飯含程序略作陳述①。

---

① 本部分主要參考禮經注疏，以及錢玄《三禮通論》(南京師範大學出版社 1996 年版，第 597~600 頁)、楊天宇《儀禮譯注》(上海古籍出版社 2004 年版，第 343~352 頁)、楊華等《楚國禮儀制度研究》(湖北教育出版社 2012 年版，第 74~77 頁)相關論述。

　　士平日居於燕寢，病重則移居正寢。病人始死則招魂，而後遷尸，即將尸移至南窗下新設床上，頭南向。楔齒，即先用角柶放在逝者上下齒間，以免尸體僵硬後牙齒緊閉而不便飯含，角柶的形狀像車軛，楔齒的時候兩末端向上；綴足，即用燕几把脚卡住，以便於著屨。設奠、帷堂，派人向君長及親朋報喪。國君及賓客得知喪訊後，要弔、襚，弔即慰問家屬，襚即贈送裝斂死者的衣、被等，同時，根據上文論述高級貴族贈含玉禮節推測，士級貴族可能也有助喪贈含。設銘，掘坎，預備沐尸飯含之具及陳襲事即陳放死者所穿衣物。其中含時覆面的布巾長寬均爲二尺二寸，口部不開孔（"幎幅不鑿"），它與衣物同置於東房中；貝三枚，與沐巾、浴巾同放在笲裏，稻米一豆，盛在筐裏。笲、筐與放梳、篦的箪和盛浴衣的篋，按順序陳列在西序下。管人汲水供祝淘米，夏祝把淘洗過的米擇優盛於廢敦，放在貝北面，同時管人煮淘米水。外御用淘米水沐尸、剪指甲、修鬍鬚、整理頭髮，並給死者穿上明衣裳。之後便是飯含的環節。

　　主人即死者嫡長子從室內哭位出來，面朝南袒露左臂，在盆上洗手、洗貝，置貝於笲，執入於室。宰洗扱米用的柶，將其插在廢敦所盛的米中，執廢敦跟從主人。商祝執巾跟在宰後，到了尸南當窗的位置，面朝北，撤去死者頭下的枕頭，並在其面部覆巾（"設巾"），撤去楔齒的角柶，接過主人的貝放在尸西側。主人從死者足北繞到其西側，跪坐於尸床上，面朝東。祝又接過宰所執米放在貝的北側。宰跟從主人，站在床西主人右側。主人左手以柶扱米，置於尸口內右側，扱取三次後置貝一枚。口內左側和中部也是如此，左右兩側的貝要置於牙床最末端上下智齒之間（"實貝，柱右齻左齻"）。然後再扱米，至口中滿盈。飯含完成後，夏祝撤去飯尸餘米，主人穿好左臂衣袖，回到尸東哭位。

　　之後爲掩、瑱、設幎目等儀節，不再贅述。上述儀節都是在死者去世後一日之內完成的。

　　這裏有兩個問題需要討論。首先是對"實貝，柱右齻左齻"作用的理解。按本句出於《既夕·記》，鄭注"象齒堅"，諸家未疏，大概是認爲以左右兩側之貝模擬牙齒的堅利。賈公彥疏"經直云實貝於左、右及中，不言遠近，故記人辨之"①，即《記》記錄的是左右兩貝的放置位置以補經文之略。清代胡培翬以爲："初時楔齒用角柶，至實貝時，去角柶，恐口易閉，故先以貝柱兩齻，

---

　　① 《儀禮注疏》卷40，阮元校刻：《十三經注疏》，中華書局1980年影印本，第1158頁。

使口開易含也。"①錢玄用其説②。按胡氏此説似是而非，角柶楔齒目的是防止
逝者僵硬而牙齒緊閉，始含時方撤去角柶，含用時不長，死者口腔不至於迅速
閉合；縱爲防止口閉，當先以貝柱兩齫，而實際飯含則扱米先於置貝；從考古
發現來看，商周時期飯含貝玉早期多爲一枚，晚期則有多至數十枚及以上者，
這些含物大小並無一定之規，同墓出者也多不相同，難以實現其置於兩齫"使
口開易含"的功能③。對此理解當以賈疏爲是，蓋經文但云尸口中左、中、右
各置貝一枚，而兩側貝可置於牙床外側、内側及牙齒之上，其在口腔内深度也
不可知，故《記》特言其"柱兩齫"以明之。"柱兩齫"可以説是含貝位置最爲精
確的表述。這種含貝方式，左右兩貝置於口腔最外而又不於兩頰鼓脹。

　其次是大夫及以上貴族的飯含。其基本程序當與士類似，所不同者，據鄭
玄注，"士之子親含"，"大夫以上賓爲之含"。賈公彦以爲大夫以上飯含之賓
爲其臣④。按上例(2)荀偃卒後目張口閉，不能行飯含之禮，其時范宣子即士
匄"盥"而"撫之""復撫之"，"乃瞑，受含"，故其含者當即范宣子。宣子爲晉
卿，當然不會是荀偃之臣。賈説至少是不全面的。

　(4)、(5)饋含時有相應的辭令曰"寡君使某含"，其當本於賓爲尸含的習
俗。(5)含"委于殯東南"者，因使者遠來，多不及含尸之禮，故這種性質的饋
含徒具其儀。而按《士喪禮》中有國君弔、襚禮，其中襚者親"衣尸"，據(1)
王使歸含且賵，(4)使者弔、含禮同時進行，以及例(5)《雜記》饋含前後分别
是弔、襚賵之禮，推出大夫及以上貴族，可能國君在弔襚時，亦有歸含禮，
弔、襚這一系列禮節在含尸前，所以也有使者(《士喪禮》中代表國君弔、襚的
使者即"賓")爲尸含的可能。例(2)史事恰與此類似：其時晉與諸侯會盟，而
晉侯先歸，正卿荀偃繼續主持，後荀偃病重，"大夫先歸者皆返"即隨晉侯歸
國者又折返回來，士匄"請見"，又"請後"即詢問荀偃立誰爲宗族繼承人。世
卿世禄時代，正卿宗族繼承人的確立，對本國政治有直接影響，必然是要荀偃
和晉侯雙方意見統一的，因此士匄"請後"，可能是代表晉侯詢問的。所以士

① 胡培翬：《儀禮正義》卷 31，江蘇古籍出版社 1993 年版，第 1927 頁。
② 錢玄、錢興奇編著：《三禮辭典》，江蘇古籍出版社 1998 年版，第 1295 頁。
③ 高去尋在發掘大司空村墓葬時，發現 TSKM029 墓主"兩旁上下第二、第三白齒之
間各夾著一塊小方石塊"，"這兩小石塊並夾衛得相當穩固"(高去尋遺稿，杜正勝、李永迪
整理：《大司空村第二次發掘報告》，臺灣"中央研究院"歷史語言研究所 2008 年版，第 77
頁)，但這種情況少見，當屬於偶然情況，不能證明此類含有使口齒張開的功能。
④ 《儀禮注疏》卷 35，阮元校刻：《十三經注疏》，中華書局 1980 年影印本，第 1130
頁。

匄在荀偃臨終前後的一系列活動，可能都是受晉侯之命而行的。國君參與臣下的喪葬等活動，對於協調强化君臣關係，具有重要作用。

天子國君去世後的含者，經無明文。據例(1)推測，國君去世天子可派使者爲之含；不過天子使者遠道而來，自然是不及含尸的，因此含國君者可能是新任國君，或卿大夫一類貴族。據《大宰》"大喪贊贈玉、含玉"，鄭注"助王爲之也"，則爲天子飯含者，爲新即位的天子。推測王室重臣公卿等可能也有爲天子飯含的資格。

最後，按照鄭玄的解釋，士子親含與大夫以上賓含，所用布巾是不同的。《士喪禮》"環幅不鑿"，鄭注："環幅，廣袤等也。不鑿者，士之子親含，反其巾而已。大夫以上，賓爲之含，當口鑿之，嫌有惡。"①《禮記·雜記》："鑿巾以飯，公羊賈爲之也。"鄭注："記士失禮所由始也。士親飯，必發其巾。大夫以上，賓爲飯焉，則有鑿巾。"②則鄭意，士一級含禮所用布巾，本不得當口鑿穿，而應將其發覆以露出面部；大夫以上則爲避免尸面爲所含之賓憎穢，故特於口部穿孔。

由《士喪》及《雜記》可以推知，飯含之巾，有鑿有不鑿，早期布巾不鑿，後鑿巾出現，並且比較流行。錢玄認爲"子孫親自飯含，不得再用巾"③，按《士喪禮》經文直云"設巾"，故錢説非。設巾的目的，鄭云"爲飯之遺落米也"，則在於避免含時散落米粒，或新洗米具有水污及尸，不可能商祝剛剛設好即"發其巾"；且商祝設巾後方撤楔，故其口部必然未被覆蓋，即敖繼公所謂"既設巾，乃徹楔，是巾之所覆不逮於口矣"④：故鄭玄説也不成立。

從含禮向位考慮，主人位於尸西，面朝東；位於尸南的祝在主人坐定後，方從宰手裏接過米"奠于貝北"，其奠米時必不會越過主人，故米貝在尸西主人南。主人以栖扱米，至尸口中，其運動軌迹必然往復經過尸口左側。所以面部左側應即設巾覆蓋重點。所以此巾所覆雖"不逮於口"，但並非口以下皆不覆，其形當如鑿巾，僅露口而已。

考《士喪禮》記沐巾一、浴巾二皆不言其廣狹，大概當時的巾都有固定的形制。由此推測，鄭玄將"環幅"理解爲"廣袤等"即長寬皆爲一幅二尺二寸可

---

① 《儀禮注疏》卷 35，阮元校刻：《十三經注疏》，中華書局 1980 年影印本，第 1130 頁。

② 《禮記正義》卷 42，阮元校刻：《十三經注疏》，中華書局 1980 年影印本，第 1562 頁。

③ 錢玄：《三禮通論》，南京師範大學出版社 1996 年版，第 288 頁。

④ 胡培翬：《儀禮正義》卷 26，江蘇古籍出版社 1993 年版，第 1700 頁。

能有誤。按《禮記·儒行》"儒有一畝之宮，環堵之室"，鄭注："環堵，面一堵也，五版爲堵。"①其"環幅"的解釋當源於"環堵"。我們以爲，"幅"指布的側邊，如《儀禮·喪服·記》所謂"凡衰外削幅，裳内削幅"，即縫合布邊有向外與向内的不同。"環幅"可能表示，將幅即布巾的邊環繞起來，以爲尸口騰出空間。相對於鑿口的布巾，"環幅"不鑿者可能製作比較複雜，不便使用，故前者日益流行。

三、商周口含物的種類、形制和數量

上引先秦文獻記載的飯含種類，主要有玉、貝、米三種。戰國秦漢諸子在總結成説、整齊禮儀的過程中，又構擬了古代飯含的等級差異，對其種類和數量作了限制。除緒論引"戴禮説"(《禮記·檀弓》"飯用米貝"孔疏引《禮緯·稽命徵》内容與之同而文字略有區別②)、何休《公羊》注，以及例(14)外③，尚有《説苑·修文》"天子啥實以珠，諸侯以玉，大夫以璣，士以貝，庶人以穀實"④，《白虎通義·崩薨》"天子飯以玉，諸侯以珠，大夫以璧，士以貝"⑤，以及鄭玄《周禮·地官·舍人》注飯"君用粱，大夫用稷，士用粱，皆四升"，"唯盈"⑥等諸説。

以商代和西周的考古發現來看，時人飯含遠未達到後世構擬的複雜程度⑦。除商王和周天子情況不明外，上至諸侯公卿，下至别無葬品的平民，乃

---

① 《禮記正義》卷 59，阮元校刻：《十三經注疏》，中華書局 1980 年影印本，第 1670 頁。

② 《禮記正義》卷 9，阮元校刻：《十三經注疏》，中華書局 1980 年影印本，第 1301 頁。

③ 《春秋公羊注疏》卷 13，阮元校刻：《十三經注疏》，中華書局 1980 年影印本，第 2268 頁。

④ 向宗魯校證：《説苑校證》卷 19，中華書局 1987 年版，第 493 頁。

⑤ 陳立：《白虎通疏證》卷 11，中華書局 1994 年版，第 548 頁。

⑥ 《周禮注疏》卷 16，阮元校刻：《十三經注疏》，中華書局 1980 年影印本，第 749 頁。

⑦ 按據文獻記載，稻飯等爲死者基本的口含物，陝西鳳翔春秋早期秦公一號墓(秦景公墓)出玉含有肖麥粒形者，其"生長點十分逼真"，同出另有玉含蟬(劉雲輝：《陝西出土東周玉器》，文物出版社 2006 年版，第 123~124 頁)，以出土實物證明了先秦時期飯含用米。由此推測，商周時期，米也是最基本的飯含物品，且含米可能較玉、貝等常見。不過由於前者不易保存，而今僅餘玉貝等飯含材料，故後文的討論也只能局限於此，其實際情況可能要複雜得多。

至殉人，都有飯含的發現。由於飯米等不易保存，目前出土材料尚難得其情；而玉貝等則多有發現。總體而言，考古所見商周時期作爲飯含的材質，主要包括透閃石、蛇紋石、大理石、瑪瑙、水晶、鍾乳石、綠松石、礫石、方解石、花崗岩等玉石類，以及學名爲"貨貝"的海貝和少量蚌類的蚌貝類材質①，另有少量墓葬用骨製品作爲口含物。

形制上説，鄭玄注《典瑞》時，據例(5)"含者執璧將命"推測含"是璧形而小耳"，其所謂"小"，大概據其含於口中而得出，然則鄭意含玉多爲整玉。上引諸説並未云飯含用玉之完殘。目前發現的玉石含的器型多種多樣，有考古學意義上的璧、瑗、環、璜、圭、璋、琮、珠、玦、管、餅、柄形器，以及魚、蟬、蠶、鳥、龍、龜、貝、戈、鉞形象等②。它們有的被完整地置於死者口中，有的則被砸碎後，全部或部分作爲口含物，部分器物如玦，完整形態並不是很大，也是砸碎後隨葬的(這種現象西周時期比較常見)。這或許反映了鄭玄所謂"碎玉以雜米"説有所本。而例(5)"含者執璧將命"，不過是賵送含玉完整，如真正用其作含，也是要砸碎後方可使用的。

飯含玉石蚌器大部分是拿現成的器物來做的，有的則是製造玉器過程中產生的下脚料，甚或原始形態的小石子，如曲阜魯國故城西周墓出土的石含，大部分是自然圓石子③。貝大多數背部有穿孔或磨平，但從非含貝出土情況看，這種穿孔或磨平是爲便於携帶而普遍採用的手段，非爲含貝而特設。含貝，以及當時流行的握貝，多數應取自作爲一般等價物的貨幣，秦漢時期庶民以銅錢作爲口含手握物的習俗④，可能即由此流變而來。當然，以銅錢爲含，可能早已忘却了先民含貝的本意⑤。

從數量上考慮，商以及西周早期每位死者的口含物較少，多爲 1~2 枚，晚期部分墓主含物數量日益增加，有多至數十上百枚者，詳後文論述。

---

① 張琦：《商周時期口含的初步研究》，中央民族大學碩士學位論文，2013 年，第30~31 頁。

② 張琦：《商周時期口含的初步研究》，中央民族大學碩士學位論文，2013 年，第31~39 頁。

③ 山東省文物考古研究所、山東省博物館等編：《曲阜魯國故城》，齊魯書社 1982 年版，第 120 頁。

④ 甘肅省博物館：《甘肅酒泉漢代小孩墓清理》，《考古》1960 年第 6 期。

⑤ 孫慶偉承認含貝爲含銅錢的淵源，故認爲含貝是財富的象徵，因此"爲死者魂魄聚斂精氣"的含玉與含貝本質有所不同(孫慶偉：《周代用玉制度研究》，上海古籍出版社 2008 年版，第 251~252 頁)。該説以流例源，似有不妥。

　　《士喪禮》記士級貴族的飯含物爲米貝同用，考古發現中也多見同時含兩種及以上不同含物的情況。首先，可以是同爲玉石質而其形制、來源不同，如河南平頂山應國墓地西周穆王時期 M50，報告認爲墓主爲下大夫一級貴族，其口內含玉 14 枚，包括 4 個短圓形玉管珠和 3 個扁棱形珠組成的聯管珠組合玉含，以及可拼成一件玉戈的 7 塊碎玉①；約當恭王時期的應侯再墓 M84，出玉含 50 片，其中有柄形璋碎片 3 件、條形綴飾 2 件、爬獸形玉片 1 件（這些可能爲玉柄形器及其附屬物），另多爲製作玉器的邊角料②；陝西韓城梁帶村芮國墓地西周晚期 M502，墓主爲國君或略低，口含殘玉片 17 件，可辨器型有琮、環、餅、玦等③。這些玉含的原初器型，並無規律可尋，也反映出含的製作的隨意性，這可能跟墓主始死或病篤時才準備、時間比較倉促有關。

　　其次，不同材質的口含物同出，早中商時期的單墓出口含物材質，或爲玉石器、或爲貝，比較單純；至晚商殷墟，開始出現玉貝、玉石、石貝、石蚌等組合形式④。如殷墟小屯村北殷墟二期 77AXTM18，墓主口含物包括玉魚 1 件、海貝 4 枚⑤；1980 年於苗圃北地發掘的 M15，墓主含 5 枚貝，同時含兩件玉器，其一爲瑗形，另一爲小鑿形⑥；應國墓地 M231 時代屬西周早期晚段，墓主含貝 27 枚，可復原爲 6 件玉魚的碎玉片 25 片⑦。組合含是該習俗日趨繁複的表現之一。

　　本節討論了商周飯含的基本程序及主要口含物，下文從時間角度探研飯含在商周的演變。

---

　　① 河南省文物考古研究所、平頂山市文物管理局編：《平頂山應國墓地》第 1 卷，大象出版社 2012 年版，第 378 頁。

　　② 河南省文物考古研究所、平頂山市文物管理局編：《平頂山應國墓地》第 1 卷，大象出版社 2012 年版，第 626~627 頁。

　　③ 陝西省考古研究院、渭南市文物保護考古研究所、韓城市景區管理委員會編著：《梁帶村芮國墓地》，文物出版社 2010 年版，第 38~39 頁。

　　④ 張琦：《商周時期口含的初步研究》，中央民族大學碩士學位論文，2013 年，第 43 頁。

　　⑤ 中國社會科學院考古研究所安陽工作隊：《安陽小屯村北的兩座殷代墓》，《考古學報》1981 年第 4 期。

　　⑥ 中國社會科學院考古研究所安陽工作隊：《1980—1982 年安陽苗圃北地遺址發掘簡報》，《考古》1986 年第 2 期。

　　⑦ 河南省文物考古研究所、平頂山市文物管理局編：《平頂山應國墓地》第 1 卷，大象出版社 2012 年版，第 120 頁。

第二節　商代飯含及其淵源

直到商代晚期，飯含習俗才在黃河流域得到較爲廣泛的接受，蔚然成風。本節的主要目標，是釐清晚商飯含的淵源，揭示晚商及以前各階段飯含的基本特徵。

一、二里頭至商代早中期的飯含及其淵源

（一）二里頭文化時期的飯含

至遲到二里頭二期，居住在中原的先民已經開始以海貝和玉石器作爲陪葬品了。如二里頭遺址宮殿區發掘的 2002VM3，時代屬於二里頭文化二期晚段，出土隨葬品豐富，其中包括玉鳥形器、綠松石等，尤其是墓主頸椎骨上下出土海貝串飾 1 組①，這組海貝數量"逾 90 枚"②。河南伊川縣南寨墓地二里頭文化三期 M16，墓主頸部散置海貝一周③。1984 年二里頭發掘的四期 M9、M11，墓底中部也分別出貝 70、58 枚④。以大量海貝作爲隨葬品，表明它們在當時社會生活中有相當數量的存在。

但此時的飯含墓很少見。河南滎陽西史村遺址 M1，時代在二里頭三四期之間，該墓"墓壙長 2.2、寬 0.5~0.6 米"，主要隨葬品有陶爵、瓮、罐、盆、盉各 1 件，"胸部西邊四個海貝，中間放置一玉撥，玉撥柄含在口中"⑤。玉撥即玉柄形器，這類玉器在二里頭文化遺址中多有發現。該墓是目前所見最早的三代含玉墓。

---

①　中國社會科學院考古研究所編著：《二里頭（1999—2006）》，文物出版社 2014 年版，第 998~1006 頁。

②　中國社會科學院考古研究所二里頭工作隊：《河南偃師市二里頭遺址中心區的考古新發現》，《考古》2005 年第 7 期，第 18 頁。

③　河南省文物考古研究所：《河南伊川縣南寨二里頭文化墓葬發掘簡報》，《考古》1996 年第 12 期。

④　中國社會科學院考古研究所二里頭工作隊：《1984 年秋河南偃師二里頭遺址發現的幾座墓葬》，《考古》1986 年第 4 期。

⑤　鄭州市博物館：《河南滎陽西史村遺址試掘簡報》，文物編輯委員會編：《文物資料叢刊》第 5 輯，文物出版社 1981 年版，第 96 頁。

2004 年登封南窪發掘的二里頭時期 M22，墓口長 2.4 米，寬約 0.76~1 米，墓主爲一青年女性，口中含貝 1 枚。除頭骨下部兩側及右脚上部若干獸骨外，未見其他隨葬品①。

此外，二里頭遺址二期Ⅴ M22，隨葬陶容器 10 件，銅鈴 1 件，墓主口邊有貝 1 枚。但墓主頭骨朽爛，保存不好，因此不能確定貝是否爲含②。1987 年發掘的三期 M28 墓主下頜旁有貝 2 枚，也可能是飯含；該墓出陶盉、大口尊、圓腹罐、爵及漆器等③。兩墓隨葬貝均有穿孔。

從分布範圍看，當時飯含墓的發現僅限於鄭州、洛陽之間的二里頭文化中心地帶。

此時的飯含或貝或玉，種類單一，數量也不高。參照郜向平對商代墓葬等級的劃分④，上述幾墓墓主均不低於中小貴族。飯含用貝都是海貝，中原地區並不能生產，一般認爲這些海貝是從我國東南或南方沿海輸入的⑤。在生產力低下的條件下，海貝的獲取有一定難度，因而成爲貴族優先占有的資源。玉器與之類似。因此，早期的飯含必然有一定的階級特徵。

二里頭文化時期飯含墓頗少見，其時飯玉含貝之俗當處於濫觴期。當然，不排除飯米早已流行。

(二)早中商時期的飯含

與二里頭文化類似，商族人以玉貝隨葬的現象也很悠久。如河北磁縣南城遺址Ⅲ區 M3 爲先商時期墓葬，墓主頸部發現海貝串飾一組⑥。鄭州商城二里崗下層二期 C8M7 出有四件玉柄形器和兩件製作精緻的玉石戈，另有海貝一百多枚⑦。

---

① 鄭州大學歷史文化遺産保護研究中心編著：《登封南窪：2004—2006 年田野考古報告》，科學出版社 2014 年版，第 65~66、858 頁。

② 中國社會科學院考古研究所編著：《偃師二里頭——1959—1978 年考古發掘報告》，中國大百科全書出版社 1999 年版，第 124~125 頁。

③ 中國社會科學院考古研究所二里頭工作隊：《1987 年偃師二里頭遺址墓葬發掘簡報》，《考古》1992 年第 4 期。

④ 郜向平：《商系墓葬研究》，科學出版社 2011 年版，第 19 頁。

⑤ 中國社會科學院考古研究所編著：《殷墟的發現與研究》，科學出版社 1994 年版，第 403 頁。

⑥ 河北省文物研究所編著：《河北重要考古發現：1949—2009》，科學出版社 2009 年版，第 77 頁。

⑦ 河南省文物考古研究所編著：《鄭州商城：1953—1985 年考古發掘報告》，文物出版社 2001 年版，第 564~565 頁。

　　不過，早商及先商死者口中實以玉貝的墓葬，目前尚未發現。中商時期的飯含墓，則在河南安陽和河北中南部等地均有發現。

　　安陽洹北花園莊遺址三家莊東曾清理商代墓葬 8 座，其中 M1 墓主含玉塊 1 件，似玉環的一段，一頭殘，有一穿孔。另 M4 墓主含一件長方形玉塊（M4：8），比較完整①。該玉塊與同出腰坑的七件玉器中的兩件（M4：10、M4：13）形制類似，均爲"扁平長方形，正面有凸棱四道"，大小相次。推測這八件（或其中部分）當爲一套組玉飾（可能也是玉柄形器的附屬結構，柄形器和飯含似乎關係密切），除口含外，其餘本置於左胸側，尸骨腐爛後，落入腰坑中。如此説成立，則該墓口含與前文滎陽西史村遺址 M1 的來源十分似②，均取隨葬玉器之一部分填入死者口中。總之，早商及二里頭時期的飯含用玉均非特意製作。

　　河北藁城臺西商代遺址 112 座墓葬中，有 8 座墓出海貝，其中 M103 墓主含穿孔貝 1 枚③。邢臺糧庫遺址中商墓葬僅發現一座，即 I M38，墓主可能爲成年男性，其口中含有 1 枚穿孔貝④。

　　此外，陝西耀縣北村 I M1 墓主下顎右側海貝 1 枚，可能也是含貝⑤。

　　上述諸墓均屬於中小貴族墓⑥，表明飯含的等級差异依然明顯，平民階層無力用此葬俗。

　　從口含的數量和質量上看，海貝僅見含一枚者。含玉也均爲一塊，或完或殘。另含玉墓僅出於洹北遺址，可能跟此地政治文化發達、生產力先進有關。

　　從時間上看，雖然早商材料空白，但從飯含的種類、數量及含玉製作方式看，商人飯含應繼承自二里頭文化。

　　從分布範圍看，中商時期的飯含已由鄭洛之間擴展到冀中、甚至陝西地區，顯示此時中原文化有較強的輻射能力。

---

　　① 中國社會科學院考古研究所安陽工作隊：《安陽殷墟三家莊東的發掘》，《考古》1983 年第 2 期。

　　② 考古發現玉柄形器多有附屬玉飾，其形制與本組玉器其餘幾件略有形似。

　　③ 河北省文物研究所編：《藁城臺西商代遺址》，文物出版社 1985 年版，第 157、143、166 頁。

　　④ 河北省邢臺市文物管理處編著：《邢臺糧庫遺址》，科學出版社 2005 年版，第 86~88、138 頁。

　　⑤ 北京大學考古系商周組、陝西省考古研究所：《陝西耀縣北村遺址 1984 年發掘報告》，北京大學考古系編：《考古學研究（二）》，北京大學出版社 1994 年版，第 293~294 頁。

　　⑥ 郜向平：《商系墓葬研究》，科學出版社 2011 年版，第 17~20、243 頁。

(三)關於中原飯含習俗來源的推測

對於商代飯含習俗的來源，前人有多種説法，見緒論相關論述。本書從飯含的種類、數量和製作方式等角度出發，認爲二里頭文化是其直接來源。那麽，二里頭文化飯含習俗的淵源，就成爲另一個要解决的問題。下文試作推測。

目前發現的商以前死者口内含物的墓葬，前人多有搜羅總結①，見表 1-1。

表 1-1　新石器時代的口含物墓葬

遺址	墓號	時代	性別年齡	口含物及數量	備注
河南汝州中山寨遺址②	M5	裴李崗文化		榧螺 6	另隨葬楔蚌 2，榧螺 14
陝西寶鷄北首嶺③	77M13	仰韶文化	男 50 歲	口部附近榧螺 1，可能是飯含④。同期墓多有榧螺出土，如 77M9 墓主頭部
陝西臨潼姜寨⑤	M275	仰韶文化早期	男壯年	鑽孔貝 3	另隨葬鑽孔貝數枚
山東諸城呈子遺址⑥	M60	大汶口文化中期	男	石綴飾 1	該墓爲二人合葬墓
四川巫山大溪遺址⑦	M78	大溪文化	男 50 歲	魚	本遺址墓葬多有以魚隨葬者
	M93		女	魚	

---

① ［日］近藤喬一：《商代海貝的研究》，中國社會科學院考古研究所編：《中國商文化國際學術討論會論文集》，中國大百科全書出版社 1998 年版，第 391 頁。胡金華：《我國史前及商周時代的"玲"略探》，《遠望集——陝西省考古研究所華誕四十周年紀念文集》，陝西人民美術出版社 1998 年版，第 364~365 頁。

② 中國社會科學院考古所河南一隊：《河南汝州中山寨遺址》，《考古學報》1991 年第 1 期。

③ 中國社會科學院考古研究所編著：《寶鷄北首嶺》，文物出版社 1983 年版，第 84 頁。

④ ［日］近藤喬一：《商代海貝的研究》，中國社會科學院考古研究所編：《中國商文化國際學術討論會論文集》，中國大百科全書出版社 1998 年版，第 391 頁。

⑤ 西安半坡博物館、陝西省考古研究所、臨潼縣博物館：《姜寨——新石器時代遺址發掘報告》，文物出版社 1988 年版，第 59 頁。

⑥ 昌濰地區文物管理組、諸城縣博物館：《山東諸城呈子遺址發掘報告》，《考古學報》1980 年第 3 期。

⑦ 四川省博物館：《巫山大溪遺址第三次發掘》，《考古學報》1981 年第 4 期。

续表

遺址	墓號	時代	性別年齡	口含物及數量	備注
上海崧澤遺址①	M60	崧澤文化二期	女成年	扁平圓形玉1	一側穿一小孔
	M82	崧澤文化三期	男中年	壁形玉1	
	M92		中年	鷄心形玉1	中穿一大孔
上海青浦福泉山遺址②	T6M2	崧澤文化	男成年	玉含1	圓餅形，邊緣穿一小孔
	M139	良渚文化	男成年	瑪瑙含1	
	M145			玉含1	
江蘇南京北陰陽營③				瑪瑙石子部分置於死者口中	
山東膠縣三里河遺址④	M275	大汶口文化晚期(偏早)	男30~35歲	鏃形玉器1 大型骨針1	鏃形玉器也被用作裝飾品或握玉
	M2110		男55~60歲	鏃形玉器1	
	M229	大汶口文化晚期	女20歲		
	M249		男35歲		
	M279		男55~60歲		
	M288		男50~55歲		
	M295		女35歲		
	M296		男40~45歲		
	M2101		男35~40歲		
	M215	大汶口文化晚期(偏晚)	女40~45歲		
	M259		女45~50歲		
	M286		男35~40歲		
	M224	龍山文化	男35~40歲	殘鏃形玉器1	
	M118		女50~55歲	殘弧形玉器1	

① 上海市文物保管委員會:《崧澤——新石器時代遺址發掘報告》，文物出版社1987年版，第18、37、104~105頁。

② 上海市文物管理委員會:《青浦福泉山遺址崧澤文化遺存》，《考古學報》1990年第3期。黄宣佩:《福泉山遺址發現的文明迹象》，《考古》1993年第2期。

③ 南京博物院編著:《北陰陽營》，文物出版社1993年版，第23頁。

④ 中國社會科學院考古研究所編著:《膠縣三里河》，文物出版社1988年版，第33~35、89、148頁。

续表

遺址	墓號	時代	性別年齡	口含物及數量	備注
江蘇新沂花廳遺址①	M20	大汶口文化	男成年	長條形玉含 1	距今 5000 年
山東嘉祥長直集村②		新石器時代		(右側人骨含)綠松石飾 2	二人合葬墓。含均爲斧狀,上部穿一小孔
青海樂都柳灣遺址③	M1061		男 25~30 歲	綠松石 1	男女二人合葬墓
甘肅武威皇娘娘臺遺址④	M4	齊家文化		綠松石珠 2	
	M42		小孩	綠松石珠 6	
	M38		成人	綠松石珠各 3	男女二人合葬墓
甘肅玉門火燒溝遺址⑤				有些海貝放在死人口中	相當於齊家文化後期階段

另山東兗州王因遺址大汶口文化早期墓葬有 15 座墓墓主含陶、石球⑥,此現象也見於野店和蘇北大墩子遺址墓葬等⑦。但其爲時人生時口含石、陶球習俗的延伸⑧,與本處討論略有不同,故未列入表中。

———————————

　　① 南京博物院:《1987 年江蘇新沂花廳遺址的發掘》,《文物》1990 年第 2 期。
　　② 李衛星、賀福順:《山東嘉祥發現一座新石器時代墓葬》,《考古》1993 年第 2 期。
　　③ 青海省文物管理處考古隊、中國社會科學院考古研究所:《青海柳灣》,文物出版社 1984 年版,第 178、181、192 頁。
　　④ 甘肅省博物館:《甘肅武威皇娘娘臺遺址發掘報告》,《考古學報》1960 年第 2 期。甘肅省博物館:《武威皇娘娘臺遺址第四次發掘》,《考古學報》1978 年第 4 期。
　　⑤ 甘肅省博物館:《甘肅省文物考古工作三十年》,文物編輯委員會編:《文物考古工作三十年(1949—1979)》,文物出版社 1979 年版,第 143 頁。
　　⑥ 中國社會科學院考古研究所編著:《山東王因:新石器時代遺址發掘報告》,科學出版社 2000 年版,第 278 頁。
　　⑦ 韓康信、潘其風:《古代中國人種成分研究》,《考古學報》1984 年第 2 期。
　　⑧ 韓康信:《山東兗州王因新石器時代遺址人骨的鑒定報告》,中國社會科學院考古研究所編著:《山東王因:新石器時代遺址發掘報告》,科學出版社 2000 年版,第 400~402 頁。

　　從表 1-1 可以看出，至遲到新石器時代中期的裴李崗文化，就出現了葬前於死者口中置物的事例。新石器晚期這種現象在整個黃河、長江流域都有發現。這反映出當時社會對逝者愈加重視，喪葬活動日趨複雜。

　　胡金華曾指出，此時的口含物"質料、形制不一，但其在局部地區文化中又有一定的一致性"①。從廣泛的分布範圍及含物的質料差異看，各地死者含物現象來源當各有不同；同時考慮到部分地區含物墓比例極低，不排除其爲偶然現象。

　　但有的地區，含物已然成爲喪葬習俗。如膠縣三里河大汶口文化墓葬，該墓地共發掘墓葬 66 座，12 座含鏃形玉器的墓均出在 II 區，占總數 40 座的比例很高。且此類墓葬自早至晚均有出現，表明含玉葬有先後傳承。

　　該遺址稍晚的龍山文化與大汶口文化有直接的承繼關係，共發現墓葬 98 座，其中僅有 M224、M118 墓主口含殘玉器各一件；從含玉的形制上看，龍山文化墓葬使用損毀的玉器，與大汶口時期墓葬也不相同。報告以爲含玉風俗"龍山文化已不及大汶口文化，似處於衰落階段"②。然而正如報告指出的，"龍山文化的九十八座墓葬，都沒有發現葬具的痕迹，隨葬器物也不及大汶口文化的墓葬豐富"③。很可能是三里河遺址龍山文化時期較大汶口文化時期經濟水平有所下降，或此處發現的龍山文化墓葬的等級較低，因而含玉的現象比較少見。

　　總體而言，新石器時代口含物的質料，或爲食物，如巫山大溪文化的含魚，以及可能存在的含米；或爲外觀精美，具有裝飾作用——這從墓葬中多同出與含物同質的飾品或握，以及部分含物存在穿孔，本爲裝飾品，可以看出——的玉石貝類。從這個角度來説，無論是偶然爲之還是傳習葬俗，其初始目的，不外"事死如生"，"不忍虛其口"，避免死者在地下世界受餓，以及裝飾美化兩種原因。而口中裝飾物的出現，應在含食物習俗流行後產生——首先"不忍虛其口"而於死者口中置入稻米魚牲等食物，之後才以精玉美貝等攙入食物內以求美觀。討論飯含產生原因的其餘諸説，恐怕有以東周秦漢律上古、

---

① 胡金華：《我國史前及商周時代的"琀"略探》，《遠望集——陝西省考古研究所華誕四十周年紀念文集》，陝西人民美術出版社 1998 年版，第 365 頁。
② 中國社會科學院考古研究所編著：《膠縣三里河》，文物出版社 1988 年版，第 148 頁。
③ 中國社會科學院考古研究所編著：《膠縣三里河》，文物出版社 1988 年版，第 157 頁。

求之過深之嫌①。

"事死如生"這一觀念，在古代爲天下通例，所以口含物的出現也就帶有一定的必然性。新石器時代各地口含葬俗的來源並不相同，有原生者，有次生傳入者。表 1-1 顯示，在新石器時代，我國東部地區墓葬口含物以玉器爲多見，西部地區則貝殻類及綠松石含物的比重大。中原二里頭及後繼的商文化飯含則玉貝同時存在，應是輻輳之地吸收融合不同文化因素後形成的新風尚。

二、商代晚期飯含葬俗的發展

商代晚期是飯含習俗的擴張期，這一時期的考古材料比較豐富，下文擬分晚商早期(約當殷墟文化第一期、二期)、晚商晚期(約當殷墟文化第三期、四期)兩個階段論述。

(一)晚商早期飯含的初步發展與傳播

目前發現的晚商早期飯含墓葬情況見表 1-2。

表 1-2　晚商早期的飯含墓葬

墓地	墓號	時代	性別年齡	口含物及數量	含物説明	主要隨葬品
鄭州商城②	C7M10	殷墟一期③		貝 1	大多是未曾加工的海貝，個別也有帶孔的	陶豆，玉器 3
	C7M16					陶鬲簋豆
	C7M17					殘玉器 1
	C7M4					銅戈，陶豆等

① 如《喪禮飲食的象徵、通過意涵及教化功能》總結前人觀點，認爲"使用珠、玉、米、貝爲含物，最重要的意涵應與復活巫術相關。穀米用生，有別於生時之用熟，一方面凸顯出死者處於存在狀態改變的非常時期，另一方面用生穀意在保留穀種的生命力，並以此生命力滲透死者，使其復活。貝類於原始祭儀是重要的裝飾母題，學者認爲當與性的豐產儀式及女陰象徵密切相關。至於珠與玉，《國語·楚語下》提及玉與珠有禦水旱、庇蔭嘉穀的神秘功能。尤其玉在巫術儀式中被廣泛的運用，以玉爲璧、琮、蟬形亦皆與再生巫術相關。可見飯含具有濃重的巫術意涵，抵禦外邪的入侵，並冀望死者重新得回生命力"。林素娟：《喪禮飲食的象徵、通過意涵及教化功能——以禮書及漢代爲論述核心》，(臺北)《漢學研究》第 27 卷第 4 期，2009 年 12 月。

② 河南省文物考古研究所編著：《鄭州商城：1953—1985 年考古發掘報告》，文物出版社 2001 年版。

③ 報告將表中諸墓的時代定爲人民公園期，而人民公園期遺存的年代，報告前後文不協，朱光華等《試論鄭州人民公園期商代遺存與盤庚復亳問題》(《中原文物》2005 年第 2 期)以爲其"介於洹北商城商文化與殷墟大司空村一期之間"。今暫將其時代劃於殷墟一期。

续表

墓地	墓號	時代	性別年齡	口含物及數量	含物説明	主要隨葬品
安陽苗圃北地①	M98	殷墟一期		貝2	背穿孔	陶觚爵鬲
	M112			貝1		
	M19			玉塊1	長方形	銅戈4鈴3，陶觚爵，玉器3等
安陽小屯②	M11		兒童	玉魚6	質較差，頭部小孔，3件完整，3件略殘	10件玉器和一些綠松石片
安陽小屯村北③	M18	殷墟二期	女30~35歲	玉魚1、貝4	玉魚完整，頸有斜孔與口相通；海貝有琢孔，2件較大，2件略小	銅鼎2甗2簋1尊1罍1卣1斝2爵5觚5盤1，陶觚爵豆盆等
安陽花園莊東地④	M54		男35歲	玉管1（M54:479）	因長期使用，孔周緣磨蝕較甚	銅鼎6簋2觚9爵9
安陽殷墟王裕口1號樓⑤	M3			貝1	多數背有大小不等的穿孔	陶觚爵豆
	M4					

① 中國社會科學院考古研究所安陽工作隊：《1980—1982年安陽苗圃北地遺址發掘簡報》，《考古》1986年第2期。中國社會科學院考古研究所安陽隊：《1984年秋安陽苗圃北地殷墓發掘簡報》，《考古》1989年第2期。

② 中國社會科學院考古研究所：《安陽小屯》，世界圖書出版公司2002年版。

③ 中國社會科學院考古研究所安陽工作隊：《安陽小屯村北的兩座殷代墓》，《考古學報》1981年第4期。

④ 中國社會科學院考古研究所編著：《安陽殷墟花園莊東地商代墓葬》，科學出版社2007年版。

⑤ 安陽市文物考古研究所編著：《安陽殷墟徐家橋郭家莊商代墓葬：2004—2008年殷墟考古報告》，科學出版社2011年版。

续表

墓地	墓號	時代	性別年齡	口含物及數量	含物説明	主要隨葬品
安陽大司空①	M256			玉魚 1	頭部有一小圓孔，以象魚目	銅戈，陶簋豆觚爵等
安陽大司空②	M42		男			陶簋豆
	M46					陶觚爵
安陽大司空③	M420		女25~30歲			陶簋瓿豆
	M4					陶豆
	M62			貝 1		銅戈
	M108				背部一孔	銅戈，陶觚爵簋豆罍壺
	M174					陶豆
	M220					陶觚爵簋罐盤
	M444		男	緑松石管 1		銅觚爵方彝戈 5 鈴 4，玉 環 石 鏟等
安陽殷墟西區④	M610			貝 1	背穿一孔	陶觚爵豆

① 馬得志、周永珍、張雲鵬：《一九五三年安陽大司空村發掘報告》，《考古學報》第9册，科學出版社 1955 年版。

② 中國社會科學院考古研究所安陽工作隊：《1984—1988 年安陽大司空村北地殷代墓葬發掘報告》，《考古學報》1994 年第 4 期。

③ 中國社會科學院考古研究所編著：《安陽大司空：2004 年發掘報告》，文物出版社2014 年版。

④ 報告云"玉石器裝飾品多半含在口中，佩在身上，或握在手中"，按在可分期的697 座墓葬中，二期墓 74 座，其中 11 座（M13、M91、M130、M336、M362、M613、M619、M623、M627、M806、M991）出玉石類隨葬品 1~2 件，其中可能包括口含物。中國社會科學院考古研究所安陽工作隊：《1969—1977 年殷墟西區墓葬發掘報告》，《考古學報》1979年第 1 期。

續表

墓地	墓號	時代	性別年齡	口含物及數量	含物説明	主要隨葬品
安陽劉家莊南①	M59		男	貝 2	1 件背穿二孔，另 1 件殘破	銅瓿爵戈 2，陶豆，玉柄形器等
登封南窐	M16		男	貝 1		陶鬲
	M19		女青年			
	M32		男			
	M17		女			
濟南大辛莊遺址②	11M5			玉管 1	有使用磨蝕痕迹	銅瓿爵鼎戈，陶鬲盆，玉器 3

晚商一期飯含葬俗，並不十分流行：目前僅在安陽殷墟苗圃北地、商人故都鄭州商城見到，另滎陽西司馬墓地部分晚商早期及個別早商墓可能存在飯含習俗③；同一墓地内的普及程度也不高，如鄭州商城人民公園期墓葬共發現43 座，含貝墓僅約總數的 9.3%。

二期飯含墓在殷墟範圍内有較多的發現，幾乎遍布主要墓區，殷墟範圍内飯含葬俗普及開來。以 1984—1988 年安陽大司空北地發掘爲例，共 8 座墓，飯含墓即發現 2 座，占總數的 25%，此數據與鄭州商城雖不具有直接的可比性，但仍可略窺二期飯含的流行程度。同時，殷墟以外的登封，甚至黄河下游的濟南都有發現。河南登封南窐遺址的遺存"大多與殷墟遺址的文化面貌相似，但也有自身的一些文化特徵"，濟南大辛莊遺址同殷墟文化更有相當差距，表明商人飯含葬俗已經開始了向外傳播的歷史進程④。

---

① 安陽市博物館：《安陽鐵西劉家莊南殷代墓葬發掘簡報》，《中原文物》1986 年第 3 期。

② 山東大學歷史系考古專業、山東省文物考古研究所、濟南市博物館：《1984 年秋濟南大辛莊遺址試掘述要》，《文物》1995 年第 6 期。山東大學東方考古研究中心：《大辛莊遺址 1984 年秋試掘報告》，山東大學東方考古研究中心編：《東方考古》第 4 集，科學出版社 2008 年版。

③ 河南省文物考古研究院、鄭州市文物考古研究院、滎陽市文物保護管理中心編著：《滎陽西司馬墓地》，大象出版社 2016 年版。

④ 當然，大辛莊商文化含貝葬俗另有來源的可能性，也不能完全排除。

　　飯含在商族內的普及，一方面體現在含墓數量、比例增加，另一方面，飯含葬俗可能也出現了"下移"的迹象①。此前中原地區的飯含墓，基本都屬於中小貴族墓，此時部分平民墓也出現飯含習俗。鄭州商城的幾座墓，"墓主人生前很可能是小奴隸主與自由民"②；殷墟與南窪墓地不少墓僅隨葬一件陶器，其墓主不會是貴族階層成員。飯含葬俗的擴張和下移，根本原因還是生產力的進步和經濟的發展，使較低等級的階級具備了實施此類葬俗的能力。

　　從口含物的種類及數量看，等級較低的墓多含貝 1 枚。苗圃北地 M98 與劉家莊南 M59 兩墓各出貝 2 枚，從簡報綫圖看，是含貝的可能性很大。總體而言，殷墟二期，尤其是一期以前，中低等級墓葬飯含絕大多數是含貝 1 枚。含貝多有穿孔，與非口含出土貝並無差別，不過鄭州商城出土的貝多不帶孔，可能是尚未加工即被用來作爲喪葬用品。

　　等級較高的墓葬，如部分銅容器墓，除含貝外，含玉比較多見，綠松石也成爲商人飯含之物。含玉(及綠松石)數量仍以一枚爲主，但出現了多枚的現象。小屯村北 M18 出土 22 件青銅容器，屬於高級貴族墓，開玉貝組合飯含的先河，其貝的數量也突破了 1~2 枚的故例。含玉基本完整，未見故意損毀的現象，這同前此折取隨葬玉器置入口中者略有區別；但含玉多有穿孔，係選自舊有裝飾品，却是同以往一致的。由於部分報告過於簡略，表 1-2 的統計可能不能反映晚商早期含玉墓的全部情況。

　　含玉含貝數量的增加，也是經濟、交通發展的結果，商人生活區域的玉、貝數量較前大幅度增加。一些高級墓出土大量精美玉器，海貝數量甚至動輒數以千計，這是中商以前所未見的。

　　從現有材料看，墓主的性別、年齡與飯含與否，似無直接關係。不過除去等級較高安陽小屯 M11，兒童墓比較少見，可能飯含的主要對象還是成年人。

　　除去表 1-2 所列，隨葬貝但報告未介紹其出土位置的商墓，殷墟一期尚有大司空村 M264、M302③，二期墓包括安陽徐家橋村 M11、M17④，郭家莊

---

　　①　一般而言，所謂的"禮制下移"是指唐宋時期貴族或官方實行的禮制範圍擴大到民間的過程。本書借用"下移"這一概念，用來指習俗由較高等級向較低等級普及這一過程。

　　②　河南省文物考古研究所編著：《鄭州商城：1953—1985 年考古發掘報告》，文物出版社 2001 年版，第 951 頁。

　　③　中國社會科學院考古研究所編著：《安陽大司空：2004 年發掘報告》，文物出版社 2014 年版。

　　④　安陽市文物工作隊：《安陽徐家橋村殷代遺址發掘報告》，《華夏考古》1997 年第 2 期。

M63、M263、M273、M231（出貝 2 枚）、M57、M162（兩墓各出貝 3 枚）、M247（出貝 5 枚）①，劉家莊 M7、M10、M33②，劉家莊北地 M25（出貝 3 枚）③，苗圃北地 M17、M46、M134、M202、M211、M22、M42（後兩墓各出貝 2 枚）④，白家墳西 A 區 M23（出貝 2 枚）⑤，殷墟西區 1 區 M536，2 區 M78、M89、M130、M132、M84、M127（後兩墓各出貝 2 枚）、M71（出貝 3 枚），三區 M643、M323、M354、M623、M778（後四墓各出貝 2 枚）、M619（出貝 3 枚），六區 M164（出貝 2 枚），七區 M951⑥，花園莊東地 M93⑦，大司空村 M43、M79、M94、M98、M132、M375、M447、M7、M47、M73、M124（後四座墓各出土貝 2 枚）⑧，梯家口村 M28（出貝 2 枚）、M48⑨，太平村 M2⑩，以及邯鄲薛莊 M4、M19⑪ 等墓。這些墓葬，出貝以 1 枚或 2 枚爲主，少量出 3 枚，最多者 5 枚。這其中必然有相當數量的含貝。考慮到當時已經存在握貝及殉狗頸部系貝等現象，如表 1-2 中大司空村 M108 墓主含貝 1 枚的同時，握貝 2 枚，前文中低等級墓飯含以一枚爲主的結論，仍是站得住脚的。此外，邯鄲薛莊兩墓各隨葬貝 1 枚，如其爲含貝，可能是此地中商飯含習俗的延續。

---

① 中國社會科學院考古研究所編著：《安陽殷墟郭家莊商代墓葬：1982 年—1992 年考古發掘報告》，中國大百科全書出版社 1998 年版。

② 安陽市文物工作隊：《1983—1986 年安陽劉家莊殷代墓葬發掘報告》，《華夏考古》1997 年第 2 期。

③ 安陽市文物工作隊：《1995—1996 年安陽劉家莊殷代遺址發掘報告》，《華夏考古》1997 年第 2 期。

④ 中國社會科學院考古研究所編著：《殷墟發掘報告（1958—1961）》，文物出版社 1987 年版，第 339~340 頁。

⑤ 中國社會科學院考古研究所編著：《殷墟發掘報告（1958—1961）》，文物出版社 1987 年版，第 343 頁。

⑥ 中國社會科學院考古研究所安陽工作隊：《1969—1977 年殷墟西區墓葬發掘報告》，《考古學報》1979 年第 1 期。

⑦ 中國社會科學院考古研究所編著：《安陽殷墟花園莊東地商代墓葬》，科學出版社 2007 年版，第 65 頁。

⑧ 中國社會科學院考古研究所編著：《安陽大司空：2004 年發掘報告》，文物出版社 2014 年版，第 566~601 頁。

⑨ 安陽市文物工作隊、安陽市博物館：《安陽市梯家口村殷墓的發掘》，《華夏考古》1992 年第 1 期。

⑩ 安陽市文物工作隊：《安陽市殷代墓葬發掘簡報》，《華夏考古》1995 年第 1 期。

⑪ 吉林大學邊疆考古研究中心、河北省文物局：《河北邯鄲薛莊遺址發掘報告》，《考古學報》2014 年第 10 期。

　　總之，隨著經濟水平的變化，商人的飯含習俗也悄然發生改變。到了殷墟三、四期，蓬勃的商文化在其統治範圍内産生更廣泛、更深刻的變化，飯含習俗也不例外。

(二)晚商晚期(殷墟三、四期)飯含習俗的繁榮

　　與前期相比，晚商後期的飯含葬俗有明顯的發展。

　　首先，發現飯含墓的地域，較殷墟二期有很大擴展。此時主要商文化墓地，如河南鄭州黄河路 109 號院①、河北武安趙窑②、定州北莊子③、山西靈石旌介④、汾陽杏花村⑤、浮山橋北⑥、陝西西安老牛坡⑦、長武碾子坡⑧、扶風北吕⑨、山東滕州前掌大等商代墓地⑩，都發現了飯含葬俗的存在。此

---

　　①　鄭州市文物考古研究院：《鄭州黄河路 109 號院殷代墓葬發掘簡報》，《中原文物》2015 年第 3 期。

　　②　如殷墟三期 M10。河北省文物研究所、河北文化學院：《武安趙窑遺址發掘報告》，《考古學報》1992 年第 3 期。墓葬斷代參考李軒鵬：《冀中南地區商代墓葬研究》，吉林大學碩士學位論文，2015 年，第 25、28 頁。

　　③　如殷墟四期 M65。河北省文物研究所、保定地區文物管理所：《定州北莊子商墓發掘簡報》，《文物春秋》1992 年增刊。墓葬斷代參考李軒鵬：《冀中南地區商代墓葬研究》，吉林大學碩士學位論文，2015 年。

　　④　如 M5，其時代不能確定，從附近的 M1～M3 均當殷墟三四期推斷，該墓時代在晚商晚期。山西省考古研究所：《靈石旌介發現商周及漢代遺迹》，《文物》2004 年第 8 期。山西省考古研究所、海金樂、韓炳華編著：《靈石旌介商墓》，科學出版社 2006 年版。

　　⑤　如 M4。國家文物局、山西省考古研究所、吉林大學考古系編著：《晉中考古》，文物出版社 1998 年版。

　　⑥　M9 殉人口中含玉玦，該墓所屬的幾座大型墓爲"商代晚期以來的墓葬"，且早於西周早期晚段，從墓地啓用時間在商代推測，浮山橋北墓地的飯含葬俗應於商代即存在。橋北考古隊：《山西浮山橋北商周墓》，北京大學中國考古學研究中心、北京大學震旦古代文明研究中心編：《古代文明》第 5 卷，文物出版社 2006 年版，第 391 頁。

　　⑦　如殷墟三四期 M35、M36 含貝或石，M2、M5、M7、M8、M16、M25、M23、M41、M42、M43 等可能有含貝。劉士莪編著：《老牛坡——西北大學考古專業田野發掘報告》，陝西人民出版社 2002 年版。

　　⑧　中國社會科學院考古研究所編著：《南邠州・碾子坡》，世界圖書出版公司北京公司 2007 年版。

　　⑨　如ⅣM21。寶鷄市周原博物館：《北吕周人墓地》，西北大學出版社 1995 年版。

　　⑩　中國社會科學院考古研究所編著：《滕州前掌大墓地》，文物出版社 2005 年版。滕州市博物館：《滕州前掌大村南墓地發掘報告(1998—2001)》，山東省文物考古研究所編：《海岱考古》第 3 輯，科學出版社 2010 年版。

外，殷墟周邊八里莊、汽車站、郭家灣①，磁縣下七垣②等地，可能也實行了飯含習俗。

其次，核心地區飯含墓的比例繼續提高。由於墓葬保存條件不好，以及部分考古報告對隨葬玉貝等小件器物的注意不夠，大多數墓地的飯含比例已不能確知。可資參考的，仍是1984—1988年安陽大司空北地發掘的墓葬，在可確定時代的墓葬中，殷墟三期墓15座，含貝墓3座，約20%，低於二期的25%，這應跟樣本過少有關；四期墓24座，含貝者9座，約37.5%，則明顯高於二、三期。

再次，飯含葬俗的等級繼續下移。安陽後岡H321B屬於殷墟三期墓，在其西二層臺上殉一兒童，口中含綠松石1枚；帝乙帝辛時代的後岡祭祀坑內，用於祭祀的人牲，如第一層17號人架，口內即含貝3枚；另在殷墟"殷代的灰層或窖穴中經常發現人骨架和散亂的人骨，共達69具，大部分出於小屯西地。都沒有墓壙和葬具"，"隨葬品極少，僅兩具有陶鬲或陶罐各一件。此外也有用海貝二、三枚隨葬，貝或含於口內或握在手中。其餘的一無所有"。在正式發掘報告中，我們沒有完全找出簡報所云69具人骨，故不能確定含貝或握貝骨架的時代；不過從用貝數量看，當在殷墟二期以後，另小屯西地居址出現於二期，其左近的墓葬"除個別屬於Ⅱ期外，大部屬於Ⅲ期和Ⅳ期"，故灰層和窖穴中的人骨必然是在居址形成一定時間後置入的，因此可以推定其時代以三、四期爲主。滕州前掌大于屯村北墓地四期晚段M301，棺內殉人也含貝；浮山橋北商末至周初M9墓室填土中東南角殉人含玉玦1件。後岡祭祀坑報告以爲"坑內被害的人牲，無疑都是奴隸"；灰坑和窖穴中的人骨架也"當屬殷代奴隸的墓葬"；于屯M301殉人可能是墓主的侍妾或僕從：他們大多生活在社會最底層，有的甚至被用於祭祀或殉葬，連生存權都掌握在他人手中，卻可以口含玉貝，表明此時飯含玉貝的等級差別日益模糊，成爲社會普遍流行的習俗。

最後，口含物數量與組合的變化。飯含數量的變化，主要體現在中低等級墓葬含貝數量也開始突破1~2枚的限制。安陽大司空村2004年發掘的殷墟三期M166，隨葬銅鼎1件、戈2件、矛1件，陶容器有瓿、爵、簋、罐、盂各1件，墓主含貝8枚③。徐家橋2005年發掘的M11，出土陶瓿、爵、鬲、簋各1

① 安陽市文物工作隊：《安陽市殷代墓葬發掘簡報》，《華夏考古》1995年第1期。
② 河北省文物管理處：《磁縣下七垣遺址發掘報告》，《考古學報》1979年第2期。
③ 中國社會科學院考古研究所編著：《安陽大司空：2004年發掘報告》，文物出版社2014年版。

件，墓主含貝 13 枚①；王裕口 1 號樓 M6②、劉家莊北地 M121，墓主含貝 3 枚③；鄭州黃河路 109 號院 M12 墓主含貝 4 枚④：他們均爲三期墓。結合二期小屯 M18 考慮，含貝數量的增加，當是自上而下傳播的。不過總體而言，含貝數量仍以 1~3 枚爲主。根據 1987 年秋梅園莊南地殷墓發掘報告，該墓地 32 座出貝墓中，19 座墓出帶穿孔的貝，13 座墓出無穿孔貝⑤，二者截然分開，表示這些貝可能是分批運至中原，且流通時間或地域範圍略有不同。報告未詳述飯含用貝的情況，不過從鄭州商城殷墟一期墓含貝不穿孔來看，時人應該並不在意含貝穿孔與否。

含玉石也有新的變化。首先是含的數量，二期含玉除小屯 M11 外，均爲 1 件，三期多有含玉 2 件者，如王裕口南地 M79，墓主含石虎一對⑥；1957 年發掘的高樓莊 M8 出玉含 2 件，兩枚玉含形制不同⑦；中央研究院 1936 年在大司空村第二次發掘的 M29，墓主口內含小石塊也是 2 件⑧。組合型飯含中玉石器的數量也不再限於 1 枚。梅園莊西安陽鋼鐵廠西南發現的四期偏早 M1 墓主含貝、玉管和璜形水晶飾各 1 件⑨；苗圃北地 M15 墓主含貝 5 枚、小鑿形玉 1 件、玉瑗 1 件，玉貝皆爲多件，此墓隨葬陶容器有觚、爵、罐、罍、盂、鼎、簋各一件，不見銅容器，可能屬於中級貴族⑩。這些飯含玉石，除武安趙窯遺

---

①　安陽市文物考古研究所編著：《安陽殷墟徐家橋郭家莊商代墓葬：2004—2008 年殷墟考古報告》，科學出版社 2011 年版，第 4 頁。

②　安陽市文物考古研究所編著：《安陽殷墟徐家橋郭家莊商代墓葬：2004—2008 年殷墟考古報告》，科學出版社 2011 年版，第 145 頁。

③　中國社會科學院考古研究所安陽工作隊：《河南安陽殷墟劉家莊北地殷墓與西周墓》，《考古》2005 年第 1 期。

④　鄭州市文物考古研究院：《鄭州黃河路 109 號院殷代墓葬發掘簡報》，《中原文物》2015 年第 3 期。

⑤　中國社會科學院考古研究所安陽工作隊：《1987 年秋安陽梅園莊南地殷墓的發掘》，《考古》1991 年第 2 期。

⑥　中國社會科學院考古研究所安陽工作隊：《河南安陽市王裕口南地殷代遺址的發掘》，《考古》2004 年第 5 期。

⑦　周到、劉東亞：《1957 年秋安陽高樓莊殷代遺址發掘》，《考古》1963 年第 4 期。趙霞光：《安陽市西郊的殷代文化遺址》，《文物參考資料》1958 年第 12 期。

⑧　高去尋遺稿，杜正勝、李永迪整理：《大司空村第二次發掘報告》，臺灣"中央研究院"歷史語言研究所 2008 年版。

⑨　中國社會科學院考古研究所安陽工作隊：《河南安陽梅園莊西的一座殷墓》，《考古》1992 年第 2 期。

⑩　中國社會科學院考古研究所安陽工作隊：《1980—1982 年安陽苗圃北地遺址發掘簡報》，《考古》1986 年第 2 期。

址 M10 柄形器折爲兩段分出於墓主口内和腰坑，與滎陽西史村二里頭文化時期 M1 類似外，基本完整，未見故意損毀含玉的痕迹。2004 年大司空村 M126 含圓錐形玉下部殘損①，也不像是因飯含而故意破壞。

飯玉含貝葬俗的普及與演變，是生產發展、社會物質生活豐富的表現。在這一過程中，集中掌握社會資源的中上層社會成員不斷突破舊有的限制，使禮儀活動日益繁複；中下層民衆在有餘力的條件下，也模仿高等級人群的生活習慣，造成所謂禮俗的下移：這是禮俗演變的基本規律之一。

晚商晚期飯含還有一個重要特點，即周邊文化的這一葬俗開始出現一定的地方特色。與殷墟相比，周邊地區的組合飯含很少見，這可能因爲地方經濟文化相對落後；同時，有的地區呈現出與殷墟不同的特點。如武安趙窑 M10 含柄形器，可能是習自本地中商文化。再以老牛坡墓地爲例，該墓地在二里頭時期即有部分墓如 M6、M7 隨葬貝殼等，這些貝類散置於墓主骨架周圍，是作爲裝飾用的。其商代文化第四期，約當殷墟三期、四期，出現的飯含葬俗，當是從殷墟地區傳播而來。但 M36 墓主含大小不等的石含 34 枚，M35 墓主含貝 7 枚，兩墓均無其他隨葬品②，這種低等級墓含相當數量石、貝的現象，在同時期的殷墟地區則比較少見，它可能是西周平民大量飯含的先導。

第三節　西周飯含的流行

殷周鼎革之際，中原地區海貝數量繼續增加，其在社會生活中發揮日益重要的作用。這從社會中下層成員墓隨葬海貝數量增加可以看出。1988 年在安陽殷都故地的劉家莊北地，發掘了西周早期至中期偏早階段小型墓 26 座，其中 10 座墓出貝 123 枚，"每墓出土數量明顯多於殷墓。出土 5 枚以下的只有 5 座墓"③。這123 枚貝中有多少屬於含貝，簡報未詳述。不過孝民屯遺址發掘了時代相同的

① 該器物原號 T1417M235：1，然 M235 爲瓮棺葬墓，並無隨葬品，且《報告》將瓮棺葬與土坑墓分別置於不同章節介紹，因此可以確定報告對此玉含的歸屬有誤。經核對附表三《2004 年大司空遺址墓葬登記表》，可知該玉飾當出於 M126。中國社會科學院考古研究所編著：《安陽大司空：2004 年發掘報告》，文物出版社 2014 年版，第 41~42、382、574 頁。
② 劉士莪編著：《老牛坡——西北大學考古專業田野發掘報告》，陝西人民出版社 2002 年版，第 246~247 頁。
③ 中國社會科學院考古研究所安陽工作隊：《河南安陽殷墟劉家莊北地殷墓與西周墓》，《考古》2005 年第 1 期，第 20 頁。

低等級墓 9 座，除兩座被盜情況不明外，"其餘 7 座墓均有(貝)出土"，"出土貝的比例高於同遺址殷墟時期墓葬。單個墓出土的數量也多"。七墓除 M844 墓主無飯含，M788、M814 出貝位置未見説明外，餘分別含貝 14、6、5、19 枚①。數量均突破 3 枚，含貝墓葬比例也高於 44.44%，這表明進入周代後，殷墟地區飯含葬俗繼續向前發展。本節即討論西周時期飯含葬俗的演變，首先從先周墓説起②。

一、周人飯含的起源——先周時期

商代晚期至商末周初，居住在關中地區的姬姜等部族開始採用飯含葬俗，考古發現先周至商末周初飯含墓較少，見表 1-3。

表 1-3　先周時期的周人飯含墓葬

墓地	墓號	時代	性別年齡	含物及數量	含物説明	主要隨葬品
陝西長武碾子坡③	M163	先周晚期	男 50~55 歲	貝 1	無穿孔	陶鬲
	M170		男 20~25 歲			銅鏃
	M194		男成年			陶鬲
	M1103		女 35~40 歲	貝 2		陶鬲
	M1120		男 50~55 歲			陶鬲
陝西扶風北呂墓地④	ⅣM21			貝 3	背部穿孔	陶鬲尊盆
						銅戈，陶鬲
甘肅崇信于家灣⑤	M112	商末周初	男成年	貝 2		銅戈
	M58		少年	貝 3		
	M80		少年	貝 1		

_____

①　殷墟孝民屯考古隊：《河南安陽市孝民屯遺址西周墓》，《考古》2014 年第 5 期。

②　先周墓的分期和斷代，主要參考雷興山：《先周文化探索》，科學出版社 2010 年版。

③　中國社會科學院考古研究所編著：《南邠州·碾子坡》，世界圖書出版公司北京公司 2007 年版，第 374~383 頁。

④　另先周墓ⅣM19 出貝 2 枚，可能也出自墓主口中，該墓隨葬陶鬲 1 件。寶鷄市周原博物館：《北呂周人墓地》，西北大學出版社 1995 年版，第 67~68、163 頁。

⑤　另有 M9、M53、M60 等墓主頭部周圍有海貝出土，報告以爲可能是口含。甘肅省文物考古研究所編著：《崇信于家灣周墓》，文物出版社 2009 年版，第 28、38、41~42、48、56、58 頁。

　　此外，岐山賀家村發掘的周墓"個別的墓，墓主人口裹或手中有貝"①，賀家墓地部分墓葬時代可早至商及商周之際②，其中可能有含貝者。

　　另鳳翔南指揮西村 79M69（墓主爲一小孩，隨葬陶鬲、簋、瓿）、80M18（隨葬陶鬲、罐）、80M48（隨葬陶鬲）、80M149（隨葬陶鬲）四墓，時代可能在先周晚期，墓中均出貝 1 枚。根據簡報，本墓地 37 座墓出貝，"有 18 座墓之貝出於墓主口中"，故上述四墓中可能有含貝墓③。

　　從地域上看，至遲到商末周初，周人的核心活動區域，關中西部地區，多數墓地都發現了飯含葬俗。從時間上看，先周晚期是目前所見周人飯含墓出現的最早時間，這明顯晚於中原殷商部族，提示飯含葬俗可能是由中原傳播而來。賀家村含貝握貝同時出現，與殷墟相同，更說明周人該葬俗與殷墟有關。

　　上述諸墓中，墓主含貝或 1 枚，或 2~3 枚，同殷墟地區多數墓墓主含貝不超過 3 枚情況相同，也顯示周人含貝淵源有自。

　　此時該地區含貝墓墓室面積小，隨葬品數量較少，表明飯含葬俗愈加平民化。因高等級墓葬發現較少，故其飯含情況無由得知。

　　飯含比例，碾子坡先周晚期墓約 134 座，含貝墓 5 座，占總數的 3.73%；北呂墓地先周墓 20 座，飯含比例約爲 1/20 即 5%；于家灣墓地商末周初墓 24 座，含貝墓比例較高，爲 12.5%。同殷墟地區三期、四期墓葬比較，上述比例明顯偏低。這一方面可能受發掘材料限制，跟中高等級墓葬較少有關，另一方面可能此時飯含尚未在周族內大規模流行。

　　此外，表 1-3 顯示先周飯含對死者性別、年齡，以及含貝穿孔與否，也無嚴格規定。這同商人一脈相承。

　　目前尚未發現先周墓葬出含玉石等器物的例子，可能跟墓主身份多爲平民有關。

　　總之，先周晚期周人活動區域出現的飯含葬俗，同殷墟頗多一致，表明二者有直接的源流關係。

　　周人習得商人的含俗，未遑多變，商族飯含即如本節開篇所言，又有了新的發展。西周早期商周各部族更突破地域限制，雜居一處。因此，西周時期的飯含呈現出更爲複雜的面貌。下分時段對此進行討論。

---

①　徐錫臺：《岐山賀家村周墓發掘簡報》，《考古與文物》1980 年第 1 期。
②　雷興山：《先周文化探索》，科學出版社 2010 年版，第 178~184 頁。
③　雍城考古隊：《鳳翔南指揮西村周墓的發掘》，《考古與文物》1982 年第 4 期。

二、飯含葬俗的進一步擴張——西周早期

(一)西周早期早段的飯含

1. 關中及以西地區
(1)周族飯含。

早期早段約當周武成及康王早期，此時周人的飯含的區域有所擴大，關中及其西部地區周人飯含墓，可確定含物數量的，主要有表 1-4 所列諸例。

表 1-4　西周早期早段關中及以西地區的周人飯含墓葬

墓地	墓號	性別年齡	飯含物及數量	主要隨葬品	備註
陝西寶鷄峪泉①	M6		貝 3	銅鼎簋，陶鬲	
陝西扶風北呂②	Ⅲ M11		貝 5	陶鬲	
	Ⅲ M22	女中年	貝 1	陶鬲三足罐	
	Ⅳ M92		貝 2	銅車馬器等	被盜
	Ⅴ M34	女壯年	貝 5	陶鬲罐等	
甘肅崇信于家灣③	M54	女成年	貝 2	陶壺	
陝西西安少陵原④	M29	男	貝 10	陶鬲	
	M105		貝 2	陶鬲豆	
	M108		貝 1	陶鬲罐	
	M121	男成年	貝 3	陶鬲簋罐	

---

① 陝西省考古研究所、寶鷄市考古隊：《陝西省寶鷄市峪泉周墓》，《考古與文物》2000 年第 5 期。

② 寶鷄市周原博物館：《北呂周人墓地》，西北大學出版社 1995 年版，第 57、59、73、80 頁。

③ 甘肅省文物考古研究所編著：《崇信于家灣周墓》，文物出版社 2009 年版，第 56 頁。

④ 陝西省考古研究院編著：《少陵原西周墓地》，科學出版社 2009 年版，第 72、167、172、184、194、229、264、266、310、362、497、643、668 頁。

续表

墓地	墓號	性別年齡	飯含物及數量	主要隨葬品	備注
陝西西安少陵原	M131		貝 10	銅戈，陶鬲	
	M166		貝 7	陶鬲罐	
	M199	女 17 歲	貝 1	陶鬲銅泡	
	M202		貝 2	陶鬲罐	
	M234		貝 7	銅戈 3，陶鬲	
	M269	女成年	貝 1	陶罐豆	被盜
	M350	男老年	貝 13	陶鬲	
	M444		貝 4	陶鬲罐簋	
	M461		貝 3	陶罐	

　　從表 1-4 可以發現當時飯含的一些基本規律。首先從區域上看是含貝葬俗的拓展。少陵原墓地是周人向關中東部及中原挺進過程中形成的新墓地。

　　海貝仍是最主要的飯含物。無論是有青銅容器、車馬器隨葬的中等墓葬，還是僅僅以一件陶鬲或罐置於墓中，甚或無葬具的低等級墓，所見的飯含物都僅有海貝。目前不能排除會有中高等級含玉墓的出現，但其數量應遠低於含貝墓。

　　單墓含貝的數量不是很高。相對於殷遺或天馬—曲村墓地墓葬，此時該區周人含貝大部分在 5 枚以下。僅少陵原墓地 5 座墓分別爲 7、10、13 枚，這些含貝數目多的墓葬，其墓室面積相對略高，或許該墓地含貝數量同墓主社會地位有一定相關①。

　　總體而言，此時周人飯含葬俗，基本承襲了先周周人的習慣。

　　（2）殷遺民飯含。

　　該地區殷遺民飯含情況見表 1-5。

---

　　①　有學者認爲少陵原部分墓葬具有商文化因素（段雙龍：《少陵原墓地特徵試析》，《滄桑》2014 年第 1 期），故也有可能上述含貝較爲豐富的墓葬，跟殷遺民有一定的關係。

表 1-5 西周早期早段關中及以西地區的殷遺民飯含墓葬

墓地	墓號	性別年齡	飯含物及數量	主要隨葬品	備注
陝西灃西張家坡①	83 灃毛 M3		含貝 1	陶鬲罐	
陝西灃西②	M10		含貝，數量未知		被盜，含者爲二層臺女殉人
	M6			陶鬲 2 罐簋	
	M11			陶鬲	被擾
	M12			陶盆	
陝西灃西馬王村③	M4		含貝數枚	銅鼎爵觶，陶尊鬲簋 2 罐 3	
	M4		含貝 12	陶鬲 2 簋罐	
甘肅韓家灘廟嘴④		男中年	含貝 31	銅鼎瓠爵	腰坑殉狗
甘肅隴縣店子村⑤	M136	男 55~60 歲	含貝 1	陶鬲簋罐 2	矢國殷遺民
	M124	男 45 歲	含貝 1	陶鬲簋罐	

　　上述諸墓所在墓地多見腰坑殉狗，當爲商亡後被周人遷至豐鎬及西部諸侯國或采邑的殷遺民墓葬。

　　同周人含貝葬俗比較，表 1-5 諸例並無明顯不同。僅含貝數量上呈現一定

　　① 中國社會科學院考古研究所豐鎬發掘隊：《長安灃西早周墓葬發掘記略》，《考古》1984 年第 9 期。斷代參考張禮艷《豐鎬地區西周墓葬研究》(社會科學文獻出版社 2015 年版)。後文豐鎬地區西周墓葬的分期斷代，未注明依據者，除發掘報告外，皆據此書。
　　② 中國社會科學院考古研究所灃西發掘隊：《1984—85 年灃西西周遺址、墓葬發掘報告》，《考古》1987 年第 1 期。
　　③ 中國社會科學院考古研究所豐鎬工作隊：《1997 年灃西發掘報告》，《考古學報》2000 年第 2 期。
　　④ 慶陽地區博物館：《甘肅慶陽韓家灘廟嘴發現一座西周墓》，《考古》1985 年第 9 期。
　　⑤ 陝西省考古研究所寶中鐵路考古隊：《陝西隴縣店子村四座周墓發掘簡報》，《考古與文物》1995 年第 1 期。

的分化，這可能同樣本較少有關。表 1-5 中"灃西"諸例報告過於簡略，不過從平面圖看，M6 含貝數量至少在 5 枚以上。韓家灘廟嘴墓隨葬品有銅鼎、觚、爵，墓主含貝高達 31 枚，同其身份地位較高有關。

（3）其他部族。

張家坡灃西 B 區墓地①，該墓區共 21 座墓，與豐鎬地區其他墓葬相比，本區墓地具有相當特色："墓葬形制爲洞室墓，不使用腰坑；葬具不使用椁，以洞室充當椁室的作用；未見殉牲、殉人；陶器種類最少，只見有鬲、罐、瓶三種器類，不見陶簋、陶豆、陶盂；比較流行在墓葬中隨葬車馬器。"②墓主族屬明顯不同於典型的商、周部族，有學者以爲是古代羌族的一個支系③。他們可能是灭商過程中周人的新盟友，或是入周後被遷至此地的先代貴族。M284 隨葬容器有銅方鼎、簋及陶罐各 1 件，墓主含貝 35 枚④。

寶鷄竹園溝墓地成康時墓葬 M15、M16，墓主分別含貝 3、6 枚。葬具或爲單棺，或無棺，隨葬品也頗簡陋，顯然屬於中低等級墓葬⑤。該墓地屬弓魚族所有，出土銅器和陶器表現出"不同於中原地區周族的種種地方特徵"，葬俗與後者也多有區別。報告推測弓魚國"似爲氏羌的一支"，同中原地區周族有一定的差異⑥，但同時生活在周人勢力範圍內，並與其有婚姻關係，是周族的盟友之一。該例表明，在與商周部族雜處的過程中，周邊部落開始接受飯含葬俗。

甘肅靈臺百里洞山墓時代也屬於成康之世，墓內隨葬銅鼎 2 件、尊 1 件，其中一件鼎銘文爲"周壬"。董珊曾指出，西周金文中的"周"族不是姬姓，而是妘姓；妘姓周人是岐地土著，姬姓周人遷來後，二者保持了良好的關係，還有通婚的記録⑦。西周初年部分妘姓周人被封於百里洞山附近作爲王室屏藩。該墓墓主爲男性，含貝 1 枚，是西周飯含葬俗向西向北拓展的代表。

---

① 中國社會科學院考古研究所編著：《張家坡西周墓地》，中國大百科全書出版社 1999 年版。

② 張禮艷：《從墓葬材料看豐鎬地區西周時期的人群構成》，《華夏考古》2015 年第 2 期。

③ 梁星彭：《張家坡西周洞室墓淵源與族屬探討》，《考古》1996 年第 5 期。

④ 中國社會科學院考古研究所編著：《張家坡西周墓地》，中國大百科全書出版社 1999 年版，第 77 頁。

⑤ 盧連成、胡智生編著：《寶鷄弓魚國墓地》，文物出版社 1988 年版，第 207~210 頁。

⑥ 盧連成、胡智生編著：《寶鷄弓魚國墓地》，文物出版社 1988 年版，第 462 頁。

⑦ 董珊：《試論殷墟卜辭之"周"爲金文中的妘姓之璵》，《中國國家博物館館刊》2013 年第 7 期。

　　總體而言，早期早段關中及以西地區各部族間的飯含葬俗未見明顯差異。海貝是主要的飯含物，每墓含貝數量同墓主身份有相當關係，含貝多者其隨葬品相對豐富一些。早期早段含玉墓尚未發現，這可能同目前發現的墓葬等級相對較低有關。

　　2. 關中以東地區

　　關中以東，周初至早期早段飯含墓主要在河南安陽殷墟、西高平①、山西浮山橋北、天馬—曲村②，北京琉璃河③，以及山東滕州前掌大、膠縣西菴等墓地有發現④。口含物數目可以確定者，前掌大諸墓（M13、M34、M101、M110、M121）多爲5~7枚貝，車馬坑M132殉人含貝1；西菴M1墓主含玉1件，略殘，有穿孔。此外，琉璃河M1、M254均含貝數枚，這些墓均與商人有密切關係，其飯含也當是承商人餘緒。浮山橋北墓地屬於原商王朝管轄下的西北方國⑤，其平民墓M30墓主含1蚌片，是目前所見最早以蚌爲含者。

　　天馬—曲村發掘報告公布材料最爲詳悉，爲瞭解西周飯含提供了極大便利。該墓地西周早期早段（個別墓如M7128，時代可能早到先周時期⑥）飯含情況見表1-6。

表1-6　天馬—曲村墓地西周早期早段的飯含墓葬

墓號	性別年齡	口含物及數量	含物説明	隨葬主要容器
M6069	女	石玦3	皆殘	銅鼎3簋鬲甗觶卣
M6195	男30歲	貝20		銅鼎3簋2鬲甗

　　① 河南省文物考古研究所：《安陽市西高平遺址商周遺存發掘報告》，《華夏考古》2006年第4期。

　　② 橋北考古隊：《山西浮山橋北商周墓》，北京大學中國考古學研究中心、北京大學震旦古代文明研究中心編：《古代文明》第5卷，文物出版社2006年版。北京大學考古系商周組、山西省考古研究所編著：《天馬—曲村（1980—1989）》，科學出版社2000年版。

　　③ 北京市文物研究所：《琉璃河西周燕國墓地：1973—1977》，文物出版社1995年版。

　　④ 中國社會科學院考古研究所編著：《滕州前掌大墓地》，文物出版社2005年版。山東省昌濰地區文物管理組：《膠縣西菴遺址調查試掘簡報》，《文物》1977年第4期。

　　⑤ 橋北考古隊：《山西浮山橋北商周墓》，北京大學中國考古學研究中心、北京大學震旦古代文明研究中心編：《古代文明》第5卷，文物出版社2006年版，第393頁。

　　⑥ 北京大學考古系商周組、山西省考古研究所編著：《天馬—曲村（1980—1989）》，科學出版社2000年版，第1133頁。

续表

墓號	性別年齡	口含物及數量	含物説明	隨葬主要容器
M6080	女 14~15 歲	貝若干		銅鼎 2 簋 2 鬲, 陶鬲 3 簋豆 5 罐 3 大口尊
M6197	女 25~30 歲	玉片 20、貝 7	可對合成橢圓形器	銅鼎 2 簋 2 鬲 2, 陶鬲盆豆 4
M6504	女	貝 6		銅鼎簋, 陶罐
M6126	男 20~22 歲	貝 6, 毛蚶 28, 石含 3①	石含未加工	銅鼎, 陶鬲
M6127	男 30 歲	貝若干, 石含 5	石含爲天然石塊	銅鼎簋, 陶鬲 3 罐
M6131	女 45 歲	貝 28		銅鼎簋, 陶鬲 3 簋罐瓿
M6179	男 30 歲	貝 17, 碎玉璜 1		銅鼎, 陶鬲豆簋
M6190	女 40~45 歲	貝 25		銅鼎簋, 陶鬲 2 豆罐 2
M6204	男 56 歲	貝 4		銅鼎
M6235	女 30~35 歲	貝 25		銅鼎, 陶鬲 2 簋豆 2 罐
M6242	男 40 歲	貝 15		銅鼎, 陶鬲豆
M7004	男 35 歲	貝 15		銅鼎, 陶鬲
M7005	女 50 歲	貝 29		錫鼎簋, 陶鬲罐
M7161	女 25 歲	貝數量未知		銅簋, 錫簋盤, 陶鬲盆罐 2 大口尊
M6136	女 17~20 歲	貝 13		陶鬲 4 盆 1 豆 2 罐大口尊瓿三足瓮

---

①　該墓情況報告略有矛盾, 如毛蚶的出土位置, "隨葬品放置情況" 欄以爲 "含於墓主口中", 而介紹隨葬器物時則云 "出於墓主頭骨附近"; 石含文字叙述 "與漆盤同出", 而其編號與墓葬平面圖説明則顯示其出於墓主口中。根據他墓的情況, 本書推測毛蚶可能爲墓主項飾, 石含則爲墓主口含無疑。

续表

墓號	性別年齡	口含物及數量	含物説明	隨葬主要容器
M6208	女 56 歲	貝 10		陶鬲 2 盆豆罐 2
M6237	女 40 歲	貝 22		陶鬲 2 盆豆罐
M6520	女 45~50 歲	貝 7		陶鬲盆豆罐
M6150	女 25 歲	貝 5		陶鬲 2 簋豆 2 罐
M6156	女 20~22 歲	貝 6		陶鬲 2 簋豆 2 罐
M6375	女 40 歲	貝 38		陶鬲 2 簋豆罐 2
M6324	女 45~50 歲	貝 14		陶鬲 2 豆罐 2 大口尊筒形罐
M7008	女 20~22 歲	貝 38		陶鬲豆罐大口尊
M7104	女 45~50 歲	貝 20		陶鬲盆罐大口尊
M6491	男 35 歲	貝 17		陶鬲簋罐壺
M6078	男不詳	貝 14		陶鬲豆罐
M6172	20 歲	貝 3		陶鬲豆 2 罐 1
M6175	女 20~22 歲	貝 9		陶鬲 2 豆罐
M6181	女 30 歲	貝 9		陶鬲 2 豆罐
M7166	女 40 歲	貝 12		陶鬲豆罐
M6174	男 35~40 歲	貝數枚		陶鬲 2 簋罐器蓋
M6148	6 歲	貝 3		陶鬲 2 盆豆
M6149	男 45 歲	貝 10 餘		陶鬲 2 罐
M6354	男 35 歲	貝 5		陶鬲罐
M6433	10~11 歲	貝 4		陶鬲罐
M6483	女 22~24 歲	頭側、口中等海貝 9		陶鬲罐
M7028	男 15~16 歲	貝 23		陶鬲罐
M7116	女 30 歲	貝 7		陶鬲罐
M7128	女 35~40 歲	貝 8		陶鬲罐
M7162	男 50 歲	貝 30		陶鬲罐

续表

墓號	性別年齡	口含物及數量	含物説明	隨葬主要容器
M6252	男 40~45 歲	貝 25		陶鬲豆
M7043	男 40 歲	貝 8		陶鬲豆
M7105	男 40~45 歲	貝 7		陶鬲豆
M7121	男 25~30 歲	貝 9		陶鬲豆
M7138	男 55 歲	貝 16		陶鬲豆
M6110		貝 5		陶豆罐
M6138	17 歲	球狀瑪瑙 1、貝 19		陶簋罐
M6134	男 14 歲	貝 12		陶鬲 2
M6228	男 16~18 歲	貝 3		陶鬲
M6251	男 45~50 歲	貝 3		陶鬲
M6273	男 45~50 歲	貝 5		陶鬲
M6388	男 35~40 歲	貝 4		陶鬲
M6440		貝 4		陶鬲
M6455	男 25~30 歲	貝 5		陶鬲
M6510	男 25 歲	貝 4		陶鬲
M6515	男 45 歲	頭部及口内貝 10		陶鬲
M6528	6~7 歲	貝 2		陶鬲
M6533	男 50~55 歲	貝 7		陶鬲
M6539	男 25~30 歲	貝 6		陶鬲
M6540	男 45 歲	貝 20		陶鬲
M6550	男 25~30 歲	貝 3		陶鬲
M7017	男 20~25 歲	貝 28		陶鬲
M7047	女 45 歲	貝 5		陶鬲
M7066	男 45~50 歲	貝 15		陶鬲

　　表1-6共66座墓，占該區同期墓葬總數106座的62.26%。其中銅錫容器墓16座，約21座的76.19%；陶容器墓50座，占同類墓總數85座的58.82%，二者差距不小。表明周初晉國飯含葬俗相當普遍，但流行程度存在等級差異。

　　晉人飯含等級差異還表現在飯含物上。從表1-6可以發現，含玉石或組合飯含者，除M6138外，均出銅鼎。出銅錫容器的16座墓中，含玉石器者1座，組合含4座，約31.25%，可見含玉石器在貴族階層比較流行，而於低等級墓則頗爲罕見。同時，含貝也可看出這一特點。本書以隨葬銅(錫)陶容器數量爲標準，統計該墓地早期早段含貝墓葬數量，列表1-7。

表1-7　天馬—曲村墓地西周早期早段含貝墓數量

容器數量		銅(錫)器		陶器		
		7	1~2	11	5~7	1~4
含貝數量	1~5		1(12.5)		1(16.67)	15(39.47)
	6~10		1(12.5)		2(33.33)	10(26.32)
	11~20	1(100)	2(25)	1(100)	1(16.67)	8(21.05)
	21~30		4(50)		1(16.67)	4(10.53)
	31以上				1(16.67)	1(2.63)
總計		1	8	1	6	38

注：表中括號內數字表示其占同級別(容器數量)含貝墓葬總數的百分比。

　　又統計不同等級墓葬的含貝數目，得出數據如表1-8。

表1-8　天馬—曲村墓地西周早期早段單墓含貝數量

容器數量		銅(錫)器		陶器		
		7	1~2	11	5~7	1~4
含貝數量	最高值		29		38	38
	最低值	20	4	13	5	2
	平均值		18.38		15.83	10.66

　　表1-7和表1-8顯示，銅容器墓含貝的平均值要高於陶容器墓；同類墓葬，

隨葬容器數量多，即等級相對高，平均含貝數量也要多一些。這表明墓葬等級同含貝數量有一定的對應關係：銅容器墓每墓含貝多在 11～30 枚，此類墓占含貝銅器墓的 77.78%；而隨葬四件以下陶容器墓，含貝 1～10 枚者占了 65.79%；5～7 件陶容器墓則位於二者之間，含貝 1～10 枚與 11 枚以上者恰好各占 50%。

　　不過，這種對應關係並不是絕對的。M6204、M6504 均爲銅容器墓，其含貝數量不過 4 或 6 枚，單件陶容器墓 M7017 則含貝 28 枚，遠高於前者。含貝31 枚以上者均出自陶容器墓，也反映了這一現象。由此來推測，西周早期飯含數量上並無具體規定，它更多的可能是死者家庭經濟條件和喪主主觀意願共同作用的結果。

　　具體來看，M6069 的含殘塊之俗，於西周中期晚段開始流行，終於成爲該墓區主要的飯含物，至春秋而不衰①。浮山橋北墓地即在該墓地東北不遠處，其甲字形大墓 M9 爲商末周初的方國首領墓葬，墓室東南角女殉人含玉玦 1件②，要早於曲村諸墓。故西周晉人的含玦之俗，可能即因此地舊人習俗，即《左傳》所謂"啓以夏政，疆以戎索"。不過浮山墓含玦比較完整，而曲村墓地的含玉則多爲砸碎後使用的，多有殘缺不全者。M6197、M6179 兩墓隨葬的玉器也是砸成多塊的。含玉多被砸碎後隨葬，可能是西周形成的新特點③。

　　組合含兩墓所含石子或三或五，均爲未加工的天然石塊，魯國故城以石子爲含的墓葬與之類似，此外，張家坡西周墓地也有以石子爲口含的墓葬④。這

---

　　①　1977 年殷墟西區墓葬發掘了玉玦 12 件，"很多是含在口中的"（中國社會科學院考古研究所安陽工作隊：《1969—1977 年殷墟西區墓葬發掘報告》，《考古學報》1979 年第 1期），但從簡報兩例標本附圖看，它們並不是如今考古學所謂的"玦"，檢文末《墓葬登記表》，"玉玦"均作"玉块"，因此本書懷疑文中所謂"玉玦"實則爲"玉块"的訛誤。

　　②　橋北考古隊：《山西浮山橋北商周墓》，北京大學中國考古學研究中心、北京大學震旦古代文明研究中心編：《古代文明》第 5 卷，文物出版社 2006 年版。

　　③　周人碎玉爲含的原因，《張家坡西周墓地》以爲便於填入死者口中（中國社會科學院考古研究所編著：《張家坡西周墓地》，中國大百科全書出版社 1999 年版，第 253 頁），本書同意該説，大概早期周人飯含，所用玉器體積過大，不便操作，如曲村 M6197 玉含拼合後長徑 7.5 釐米，M6179 玉璜橫長也 6 釐米左右，故將其砸碎，以至積習成俗。張家坡墓地隨葬的玉石貝、珠，屬小件器物，則不毁；平頂山應國墓地早期晚段墓 M231 墓主口含物包含六條玉魚，其中四條體積較大的璜形玉魚及條形玉魚均破裂成數塊，而兩件形制稍小的魚形佩式玉含則完整（河南省文物考古研究所、平頂山市文物管理局編：《平頂山應國墓地》第 1 卷，大象出版社 2012 年版，第 118～122 頁），也可以作爲這一點的證明。

　　④　中國社會科學院考古研究所編著：《張家坡西周墓地》，中國大百科全書出版社1999 年版，第 308 頁。

種未經加工的石子，接近圓形，形制較規整，具有裝飾效果，有墓葬以之爲裝飾品隨葬，進而成爲口含的備選物之一。商代老牛坡墓地 M36 口含石含 30 餘枚，其形制未知，是比曲村墓地更早的含石子的例子。

曲村墓地含貝數量，除 1 座 2 枚，4 座 3 枚外，餘均高於 3 枚。這與殷墟晚商時期飯含以 1~3 枚爲大宗明顯不同，較關中周人的含貝數目也要多，而同殷墟地區西周墓葬類似。這或許從另一個方面證明，晉人的含貝葬俗是直接習自商人①。西周王朝的飯含習俗天然地具有地域差別。

需要説明的是，天馬—曲村墓地中部分墓葬的墓主可能本身就是殷遺民。在 K4 區西部將近 40 座墓，墓主頭向多朝西，這裏集中了該墓地大部分使用腰坑以及在腰坑和填土中殉狗的墓，有學者以爲他們可能是"與姬晉聯姻的他族墓葬"②。根據豐鎬、周原及洛陽、琉璃河等地墓葬情況，這些墓的墓主可能是隨叔虞分封到唐的殷民後裔③。表 1-6 含貝墓中，M7028、M7043、M7047、M7066 即屬於該區，從飯含情況看，他們並無特殊之處。

總之，西周早期早段飯含葬俗繼續向外擴展，尤其是關中西部及北方燕國等地，飯含葬俗隨著周王朝勢力擴散至此。與商人相比，周代飯含新出現的特點有：玉石飯含多砸碎後使用；每墓含貝的數目較商代晚期有所爲增加，這在關中以東地區更爲明顯。

(二)西周早期晚段的飯含

早期晚段在陝西周原遺址④，河南洛陽北窑墓地⑤、濬縣辛村衛國墓地⑥、

---

① 如前文所述，本墓地部分墓的時代或可早至先周，如 M7128，墓主即含貝 8 枚，而唐叔封於此地的時代必然要晚於此墓，也説明飯含葬俗不是晉國分封時才擴散至此。

② 劉緒、徐天進：《關於天馬—曲村遺址晉國墓葬的幾個問題》，上海博物館編：《晉侯墓地出土青銅器國際學術研討會論文集》，上海書畫出版社 2002 年版，第 50 頁。

③ 《左傳》定公四年載，"周公相王室，以尹天下"，"分唐叔以大路"、"懷姓九宗"，"而封於夏虛"。其中的"懷姓九宗"可能就是周王室分給唐叔虞的殷人遺民。《春秋左傳正義》卷 54，阮元校刻：《十三經注疏》，中華書局 1980 年影印本，第 2134~2135 頁。

④ 周原考古隊：《1999 年度周原遺址 I A1 區及 IV A1 區發掘簡報》，北京大學中國考古學研究中心、北京大學震旦古代文明研究中心編：《古代文明》第 2 卷，文物出版社 2003 年版。

⑤ 洛陽市文物工作隊編著：《洛陽北窑西周墓》，文物出版社 1999 年版。

⑥ 郭寶鈞：《濬縣辛村》，科學出版社 1964 年版。

平頂山應國墓地①，山西洪洞永凝堡墓地②、北趙晉侯墓地③，山東濟陽劉臺子墓地等地④，也發現飯含墓。當然，上述墓地可能在其使用之初就存在飯含習俗，另西周早期其他墓地如陝西旬邑崔家河⑤、涇陽高家堡⑥，河南洛陽中州路等地⑦，也多有隨葬玉貝者，因材料不夠詳細，不能確知其具體出土位置，故不能多作討論。

關中含玉葬俗，可能早期早段或先周已經存在，但目前材料，只能見到西周早期晚段者。周原齊家村東ⅣA1M17墓主含鑿形石器2件，海貝12枚⑧。石鑿雖有殘損，但並不如周人將含玉碎成數塊。殷墟晚商墓葬多有兩件玉器與數枚貝組合爲含飯的情況，因此該墓含玉貝組合的形式同殷墟飯含當是一脉相承的。從墓葬葬俗及其所處區位來看，此處正是殷遺集中埋葬的墓區。燕國琉璃河墓地發掘的95F15M2，墓底設有腰坑，墓內共殉三人二狗，也是殷遺民墓，其含貝的同時，口中還有玉質環、鳥、管形器，分別斷爲不均勻的5、4、3段，表明殷人也開始以碎玉爲口含。

張家坡墓地灃西A區M318屬於周人墓，墓主口內含殘琮(殘存一角，約原琮的四分之一)及一件石餅。這是目前所見最早的關中地區周族人含玉的例子。

再以天馬—曲村墓地爲例。該墓地早期晚段飯含墓83座，占同期墓葬119座的69.75%。其中11座銅錫容器墓墓主均飯含；非銅錫器墓71座，占總數108

---

① 河南省文物考古研究所、平頂山市文物管理局編：《平頂山應國墓地》第1卷，大象出版社2012年版。

② 山西省文物工作委員會、洪洞縣文化館：《山西洪洞永凝堡西周墓葬》，《文物》1987年第2期。臨汾地區文化局：《洪洞永凝堡西周墓葬發掘報告》，山西省考古研究所編：《三晉考古》第1輯，山西人民出版社1994版，第71~94頁。

③ 北京大學考古系、山西省考古研究所：《天馬—曲村遺址北趙晉侯墓地第二次發掘》，《文物》1994年第1期。北京大學考古系、山西省考古研究所：《天馬—曲村遺址北趙晉侯墓地第五次發掘》，《文物》1995年第7期。北京大學考古文博學院、山西省考古研究所：《天馬—曲村遺址北趙晉侯墓地第六次發掘》，《文物》2001年第8期。

④ 德州行署文化局文物組、濟陽縣圖書館：《山東濟陽劉臺子西周早期墓發掘簡報》，《文物》1981年第9期。德州地區文化局文物組、濟陽縣圖書館：《山東濟陽劉臺子西周墓地第二次發掘》，《文物》1985年第12期。

⑤ 曹發展、景凡：《陝西旬邑崔家河遺址調查記》，《考古與文物》1984年第4期。

⑥ 陝西省考古研究所編著：《高家堡戈國墓》，三秦出版社1995年版。

⑦ 中國社會科學院考古研究所：《洛陽中州路(西工段)》，科學出版社1959年版。

⑧ 周原考古隊：《1999年度周原遺址ⅠA1區及ⅣA1區發掘簡報》，北京大學中國考古學研究中心、北京大學震旦古代文明研究中心編：《古代文明》第2卷，文物出版社2003年版，第516頁。

座的65.74%。本書統計了該段陶器容墓的含貝分布情况，數據如表1-9。

表1-9　天馬—曲村墓地西周早期晚段陶容器含貝墓數量

陶容器數量	7~11	5~6	3~4	1~2	總計
含貝墓數量	4	11	19	37	71
墓葬總數	4	13	29	62	108
飯含比例(%)	100	84.62	65.52	59.68	65.74

表1-9顯示陶器墓飯含比例同隨葬陶器數量呈正相關，進一步證實了含貝與墓葬等級有密切的關係。7~11件陶器墓等級應不低於部分銅器墓，他們也無一例外以玉貝等斂尸，表明飯含葬俗在上層社會的普及達到頂點，幾乎成爲喪禮的必備儀節。

同早段相比，此時各個階層含貝比例都有所提高，且等級越高飯含流行程度越高。

從含物及其數量來看，本段組合飯含墓有M6130[貝10餘枚+殘玉魚1(墓主握、含各玉魚1條，其中握魚完整，含魚殘)]、M6243(貝15枚+礫石9件)，玉器墓有M6231(碎玉魚2條，殘)、M6123(碎玉片2件)：四墓均爲銅容器墓。餘墓皆含貝。

再以葬陶銅(錫)容器數量爲標準，統計不同等級墓葬的含貝情况，得出表1-10和表1-11。

表1-10　天馬—曲村墓地西周早期晚段含貝墓葬數量

容器數量		銅(錫)器		陶器		
		2	1	9~11	5~7	1~4
含貝數量	1~5		1(20)	2(100)	3(23.08)	13(25)
	6~10		1(20)		3(23.08)	12(23.08)
	11~20		1(20)		5(38.46)	15(28.85)
	21~30	1(100)	1(20)		1(7.69)	10(19.23)
	31以上		1(20)		1(7.69)	2(3.85)
總計		1	5	2	13	52

注：表中括號內數字表示其占同級別(容器數量)含貝墓葬數量的百分比。

表 1-11 天馬—曲村墓地西周早期晚段單墓含貝數量

容器數量		銅(錫)器		陶器		
		2	1	9~11	5~7	1~4
含貝數量	最高值	22	34	5	38	49
	最低值		2	4	2	1
	平均值		15.8	4.5	13	14.2

　　從表 1-10 可以看出，與早段相比，早期晚段曲村墓地單墓含貝數量分布有了新的變化。首先是含 11 枚以上貝的比例有所提高。銅容器墓含貝 11 枚以上者 4 座，占此類墓的 66.67%，較早段略有下降，不過結合中晚期的情況看，可能還是跟樣本過少有關；1~4 件陶容器飯含墓含貝 10 枚以下者占同類墓的 48.08%，較早段的 65.08% 大幅度下降，表明低等級墓葬單墓含貝數目有了較大提高，這從平均含貝數量上也可以看出；5~7 件陶容器墓，含貝 1~10 枚與 11 枚以上者的比例爲 6：7，後者比例較早段也略有提升。

　　再從具體數值上看，含貝數量 30 枚以上者，銅容器墓、5~7 件陶器墓各一座，分別爲 34、38 枚；1~4 件陶容器墓 2 座，分別爲 47(隨葬 4 件陶容器)、49 枚(隨葬 2 件陶容器)，等級較低者含貝數目反而要高。這或許也反映出含貝葬俗在平民階層方興未艾，處於上升期：一種葬俗在新的環境(階層、地域等)蓬勃發展的時候，恰好易於突破舊有的限制。早段含貝數目最高者，也出於陶容器墓，即最好的腳注。

　　上述兩點，表明飯含葬俗在晉人社會日益流行，其於上層社會普及程度高，而在較低社會階層則發展速度快。中低等級墓葬含貝數目的迅速上升，表明海貝在當時社會生活中極大豐富，所謂"舊時王謝堂前燕，飛入尋常百姓家"。

　　少陵原墓地也呈現出類似的趨勢。該墓地早期早段含貝墓 14 座，約占同期墓 44 座的 31.82%，晚段 41 座占總數 94 座的 43.62%，較早段顯著提高。同時，單墓含貝數量也大增。西周早期不同等級陶容器墓含貝數量分布如表 1-12。

　　該墓地早期早段隨葬 3 件陶容器墓葬 3 座，2 件者 11 座，1 件者 30 座；晚段則分別爲 5、41、40 座，另有 4 件陶容器墓 5 座(另一座 M194 無隨葬陶器)。從表 1-12 可見，1 件陶容器墓含貝比例由 23.33% 升至 47.5%，表明早

表 1-12　少陵原墓地西周早期含貝墓數量分布

時段 / 陶容器數量	早期早段				早期晚段				
	3	2	1	合計	3以上	3	2	1	合計
1~5	2(100)	4(80)	2(28.57)	8(61.54)		1(33.33)	3(18.75)	8(42.11)	12(29.27)
6~10		1(20)	3(42.86)	4(30.77)	3(100)	1(33.33)	4(25)	6(31.58)	14(34.15)
11~20			1(14.29)	1(7.69)		1(33.33)	5(31.25)	3(15.79)	9(21.95)
21~30							3(18.75)	2(10.53)	5(12.20)
未知			1(14.29)	1(7.69)			1(6.25)		1(2.44)
總計	2	5	7	14	3	3	16	19	41
占同期墓百分比	66.67	45.45	23.33	31.82	60	60	36.59	47.5	43.62
平均含貝數量	3.5	2.8	7.2	4.92	8.7	7.3	14.2	8.79	10.73

注：表中括號內數字表示其占同級別（含器數量）含貝墓葬數的百分比。

期該等級是含貝葬俗的大發展時期；含 2 件及以上諸陶容器墓含貝比例與早期相比略有下降，主要原因應該還是在於樣本過少，但與 1 件陶器墓相比，仍然高出十多個百分點。

3 件及以上陶容器墓的含貝數量，早段集中在 1~5 枚，而晚段則有 5 或 6 枚，即 83.33%的墓突破 5 枚；2 件陶器墓早段 20%含貝 6~10 枚，餘皆少於 6 枚，晚段則 10 枚以上者占了一半多；1 件陶器墓 10 枚以上者也大爲增加。這也證明低等級墓葬含貝數目往往更容易突破成例，而成爲新葬俗的引領者，所謂"後來者居上"。

此外，西周早期飯含的發展還體現在，殉人飯含較晚商的個別現象也有了很大發展。除表 1-5 第 2 例 1984—1985 年灃西發掘的 M10 含貝者爲殉人外，1955—1957 年張家坡村東灃西 C 區發掘的墓葬中，有 7 座墓共殉 11 人，除兩座墓時代不能確定，餘 5 墓時代均屬於西周早期。這 11 個殉人中，含貝者有 3 人，約占總數的 27.27%。1967 年張家坡西周墓地 M36 北二層臺殉人也含貝 7 枚。曲村墓地殉人墓僅有兩座(M6080、M6123)，每墓殉人一，均含貝。

總之，西周早期飯含葬俗進一步擴張，主要表現在採用此葬俗的地域擴大，同一墓地飯含墓的比例提高，單墓含物(主要是含貝)的數量也有所增加。同時，飯含的等級特徵也比較鮮明，高等級墓飯含普及程度高於等級略低者，同時含物質料、數量也有差異。

三、飯含葬俗的頂峰——西周中期

西周中期新出現飯含的墓地，主要有陝西周原地區①、扶風案板②，河南洛

---

① 陝西周原考古隊：《陝西扶風齊家十九號西周墓》，《文物》1979 年第 11 期。(簡報介紹隨葬器物時云玉魚、玉鳥等十七件玉器出於墓主口中，結語部分又認爲是"綴在幎目上的東西"，按西周幎目玉飾多經過再次加工，部分象五官之形，觀察簡報所附十二件玉器拓片，並無象耳目等形者，且與西周常見的幎目綴飾並不相同，因此幎目之説亦不可靠。)周原扶風文管所：《陝西扶風强家一號西周墓》，《文博》1987 年第 4 期。周原考古隊：《2003 年秋周原遺址(ⅣB2 區與ⅣB3 區)的發掘》，北京大學中國考古學研究中心、北京大學震旦古代文明研究中心編：《古代文明》第 3 卷，文物出版社 2004 年版。周原考古隊編著：《周原：2002 年度齊家村製玦作坊和禮村遺址考古發掘報告》，科學出版社 2010 年版。中國社會科學院考古研究所扶風考古隊：《一九六二年陝西扶風齊家村發掘簡報》，《考古》1980 年第 1 期。羅西章：《扶風齊家村西周墓清理簡報》，《文博》1990 年第 3 期。

② 墓葬時代爲西周中至晚期，其中部分飯含墓時代可能屬於中期。西北大學文博學院考古專業編著：《扶風案板遺址發掘報告》，科學出版社 2000 年版。

陽中州路①，山西絳縣橫水墓地②，河北唐縣南放水③，山東高青陳莊等地④。

　　此時商系墓葬的含玉者也多爲碎玉，同周人並無二致。如周原的北鄉上康村 M2⑤、1954 年灃東 C 區發掘的普渡村周墓⑥、灃東 B 區的長花 M17 諸墓⑦，墓主含玉均砸碎。另族屬尚不能確定灃西 B 區諸墓，如張家坡 M215、M113、M111，所含玉器也碎成數塊⑧。這表明至遲到西周中期，王畿地區不同族屬含玉形式基本一致。尤其上康村 M2，含貝的同時，口內置入碎玉 121 塊，是目前所見含碎玉最多者。

　　中原地區，平頂山應國墓地發現的幾座中期飯含墓，均以玉器爲口含。該墓地早期晚段的 M231 墓主爲應公少夫人，M242 墓主推測是應公庶子，前者口含玉器與海貝組成的混合飯含，後者僅含貝。而西周中期墓葬，從諸侯級別的 M86、M84、M85，略低的 M210、M50、M213，到只隨葬錫容器的 M201、M207，墓主口內遺物均只有玉器碎片而不見海貝。此後至該墓地弃用，以海貝作爲口含物的墓葬，再也未見。由此推測，自中期開始，至少在應國貴族墓，以還海貝爲口含物的葬俗，退出了歷史舞臺。西周晚期開始使用的虢國、芮國等墓地，也不見含貝墓，詳下文。

　　北趙晉侯墓地的墓葬時代可早到西周早中期之際，就發掘簡報來看，也未見含貝的出現。但曲村墓地中期墓則仍以含貝爲主，其中不乏隨葬銅容器的墓葬。此時琉璃河等墓地，口含物也均以海貝爲主，不過這些墓地大多數是低等級墓。洪洞永凝堡墓地部分中晚期墓如 NDM14、80SHYM9，均有兩件以上銅

---

①　中國社會科學院考古研究所：《洛陽中州路(西工段)》，科學出版社 1959 年版。

②　山西省考古研究所、運城市文物工作站、絳縣文化局：《山西絳縣橫水西周墓發掘簡報》，《文物》2006 年第 8 期。

③　如 M4、M9。南水北調中綫幹綫工程建設管理局、河北省南水北調工程建設委員會辦公室、河北省文物局編著：《唐縣南放水：夏、周時期遺存發掘報告》，文物出版社 2011 年版。

④　如 M26"頭骨下頜處有 1 片殘玉片"。山東省文物考古研究所：《高青縣陳莊西周遺存發掘簡報》，山東省文物考古研究所編：《海岱考古》第 4 輯，科學出版社 2011 年版，第 81 頁。

⑤　陝西省文物管理委員會：《陝西岐山、扶風周墓清理記》，《考古》1960 年第 8 期。

⑥　陝西省文物管理委員會：《長安普渡村西周墓的發掘》，《考古學報》第 1 冊，科學出版社 1957 年版。

⑦　陝西省文物管理委員會：《西周鎬京附近部分墓葬發掘簡報》，《文物》1986 年第 1 期。

⑧　中國社會科學院考古研究所編著：《張家坡西周墓地》，中國大百科全書出版社 1999 年版，第 253 頁。

容器隨葬，墓主口含物中也包括海貝，報告認爲該墓地屬於楊國家族墓，同天馬—曲村墓地關係密切①。由此看來，西周中期不再以海貝爲口含物的葬俗，主要在周族中高級墓中實行。

下面仍以天馬—曲村墓地爲例，探討西周中期飯含玉貝等的消長。

1. 飯含墓的比例

曲村墓地西周中期早段墓葬共 91 座，飯含墓 60 座，約 65.93%，相對早期晚段有所下滑；晚段比例又出現回升，飯含墓 34 座，占同期墓葬 48 座的70.83%。不過此時曲村墓地呈現衰落態勢，墓葬等級普遍降低，飯含比例的反復，當同此有關。從西周總體發展趨勢看，此時本墓地的飯含葬俗仍在繼續普及的階段。

具體到中期早段，8 座銅容器墓中僅 M6071 未見飯含物，飯含比例爲87.5%；陶容器墓 83 座，墓主飯含者 53 座，約 63.86%。其中，陶器墓含貝分布情況如表 1-13。

表 1-13　天馬—曲村墓地西周中期早段陶容器墓的含貝分布

陶容器數量	7~8	5~6	3~4	1~2	總計
含貝墓數量	3	3	17	30	53
墓葬總數	4	4	27	48	83
飯含比例(%)	75	75	65.96	62.5	63.86

如果按前文所述，將 7 件以上陶容器墓與銅容器墓作爲同類項，就會發現一個有趣的現象。7 件以上陶容器墓及銅容器墓的含貝比例爲 10/12，即83.33%，此類墓葬本段較早期晚段含貝比例下降了 16.67 個百分點，5~6 件陶器墓下降了 9.62 個百分點，3~4 件陶器墓略有上升，約 0.44 個百分點，1~2 件陶器墓的上升百分點則爲 2.82；高等級墓含貝比例下降的同時，低等級墓仍微有上升。這表明上層社會飯含已經越過歷史最高點，呈現"微缺"的迹象，而在中下層社會則仍處在繼續擴張階段，陶容器墓與銅容器墓飯含比例的差距日益縮小。

中期晚段銅容器墓 3 座，含貝者 2 座；陶器墓 45 座，飯含者 32 座，約71.11%。此段陶容器墓的飯含分布情況如表 1-14。

───────────

① 山西省文物工作委員會、洪洞縣文化館：《山西洪洞永凝堡西周墓葬》，《文物》1987 年第 2 期。臨汾地區文化局：《洪洞永凝堡西周墓葬發掘報告》，山西省考古研究所編：《三晉考古》第 1 輯，山西人民出版社 1994 年版，第 71~94 頁。

表 1-14　天馬—曲村墓地西周中期晚段陶容器墓的含貝分布

陶容器數量	7	5~6	3~4	1~2	總計
含貝墓數量	1	4	6	21	32
墓葬總數	1	4	8	32	45
飯含比例(%)	100	100	75	65.63	71.11

此段墓葬數量已經較少，故數據浮動較大。總體而言，各等級墓飯含比例均較中期早段提高。1~2 件陶器墓葬數量較多，該數據體現出的情況可能更接近事實，則此時含貝雖較早段可能略有上升，但幅度應不會很大。因此可以説，西周中期是晉人含貝的全面繁榮期。

2. 飯含物及其數量

中期早段飯含墓中，以玉爲單一飯含者僅 M6384 一座，該墓隨葬鼎、甗、簋、瓿、爵等銅容器 10 件，是此時該墓地等級最高者，墓主含玉 2 件。另 M6217 隨葬陶容器鬲、盤、罐各 1 件，墓主含貝 5 枚、砸成 6 塊的殘玉璜 1 件，是唯一組合飯含墓。似乎從此段開始，曲村墓地的中高等級墓不再流行以玉爲含。這同北趙晉侯及平頂山等墓地恰好相反，個中原委，一時難以明瞭。本書推測可能是西周早中期之際，周人對飯含的禮儀規程作了相應的規定，其中包括飯含物的等級差異。

此段的含貝數量分布情況見表 1-15。

表 1-15　天馬—曲村墓地西周中期早段含貝墓數量

容器數量		銅(錫)器		陶器			總計
		2	1	8	5~7	1~4	
含貝數量	1~5				2(50)	6(15.38)	8(16)
	6~10				1(25)	9(23.08)	10(20)
	11~20			1(50)	1(25)	12(30.77)	14(28)
	21~30		1(100)			6(15.38)	7(14)
	31 以上	4(100)		1(50)		6(15.38)	11(22)
墓葬總數		4	1	2	4	39	50

注：表中括號內數字表示其占同級別(容器數量)含貝墓葬總數的百分比。

　　從表 1-15 可以看出，銅容器墓含貝數量均在 20 枚以上，尤以 31 枚以上爲主；1~4 件陶容器墓含貝數量也普遍增加，但 20 枚以下者仍占大多數，5 件以上者則變化不是很明顯：含貝數目仍跟墓主的身份等級有一定關係。

　　中期晚段的含玉墓，僅有隨葬 1 件陶罐的 M7180，墓主口含玉器 1 件，其具體情況不詳。餘 33 座墓中有 29 座含貝、4 座口含玦等。下面分別介紹含貝、含玦墓。

　　此段墓葬含貝分布情況如表 1-16。

表 1-16　天馬—曲村墓地西周中期晚段含貝墓數量

容器數量		銅（錫）器	陶器		總計
		1	5~7	1~4	
含貝數量	1~5			3（15）	3（11.54）
	6~10		2（40）	4（20）	6（23.08）
	11~20		2（40）	8（40）	10（38.46）
	21~30			2（10）	2（7.69）
	31 以上	1（100）	1（20）	3（15）	5（19.23）
墓葬總數		1	5	20	26

　　注：表中括號內數字表示其占同級別（容器數量）含貝墓葬總數的百分比。

　　同前段相比，1~4 件陶器墓的含貝數量仍略有上升，含 1~5、5~10 枚所占百分比均有所下降，11~30 枚占 50%。這同前文 1~2 件陶器墓含貝比例繼續上升是一致的。

　　曲村墓地中期晚段飯含的一個新發現，是玦作爲口含物的出現。此段含玦 4 座墓均爲低等級墓，除一座隨葬兩件陶容器外，其餘墓中均只有 1 件陶鬲。所含玦的材質有石質、蚌質兩種。有的墓如 M5131，含玦的同時，口中還有一些小件的石、蚌器。該墓蚌含 2 件，包括石玦在內的石含 8 件，蚌含（釦形蚌器）基本完整，石含均砸碎。其餘三墓或石玦 1 件，或石玦、蚌玦各 1 件，均被砸碎。

　　按晉人以玦爲含，西周早期早段就有一見，詳前文。從形式上看，二者基本一致，但其間年代懸隔，且等級差異明顯，似無直接傳承的痕跡。不過本書發現，曲村墓地含玦及石蚌塊墓葬均集中在墓地 I2 區，在該區可分期墓葬中，時代最早者即上述四座含玦墓。表明該區自使用之初（按該墓地墓區爲便於工作而人工劃分的區域，I2 區其實是整個墓地的一部分，並非自然獨立的一個區域)就盛行含玦之俗。考慮到墓區周圍尚有大量墓葬未經發掘，我們認爲，此地特殊的含俗是淵源有自的，它同早期早段 M6069 的含玦，乃至浮山橋北商末周初的含玦葬俗，都有承繼關係。橋北墓地西周早期早段 M30 墓主含蚌片，而該區恰好又出現含蚌器者，又爲本書的推論提供了一條證據。

晉人的含玦葬俗，自西周早期開始採用，一直延續到春秋戰國之際①。可以説這一葬俗伴隨著晉國的始終，足見喪葬禮俗文化生命力之强大。

再以關中少陵原墓地含貝情況爲例。

關中地區西周中期口含物，並未出現類似平頂山應國墓地全面弃用海貝的情況。扶風强家一號墓的埋葬年代在西周中期的孝夷之世，隨葬品有鼎四、簋五、鬲四、壺二等 18 件銅容器，墓主明顯屬於高級貴族，然其口含物僅有海貝一種。這顯示出周王室直接控制地區，同諸侯國高級貴族的含貝葬俗有相當差異。以平民墓爲主的少陵原墓地，西周中期的口含物更是只見海貝一種。

該墓地西周中期早段含貝墓 35 座，占同期墓 77 座的 45.46%；晚段 36 座墓中有 20 座含貝，約 55.56%。具體含貝數量分布如表 1-17。

表 1-17　少陵原墓地西周中期含貝墓數量

時代		中期早段	中期晚段
含貝數量	1~5	12(34.29)	3(15)
	6~10	10(28.57)	9(45)
	11~20	8(22.86)	5(25)
	21~30	3(8.57)	
	30 以上	1(2.86)	1(5)
	未知	1(2.86)	2(10)
總計		35	20
平均含貝數量		10.21	11.72

注：表中括號内數字表示其占同期含貝墓葬總數的百分比。

---

① 如上馬墓地 M1002 墓主即含玦 1 件，報告將該墓期别定爲 5 期 9 段，“大體相當於春秋戰國之際”。山西省考古研究所編：《上馬墓地》，文物出版社 1994 年版，第 174、307 頁。

同早期晚段相比，中期早段含貝比例上升兩個百分點，升幅不大；含貝1~10枚者占含貝墓的比例也基本相同，而含貝平均數量反略有下降：表明此時含貝葬俗比較穩定。晚段則又是含貝的一個發展期，表現在含貝墓所占比例、平均含貝數量，以及含貝6~20枚墓的比例均有所上升。

中期早段含貝葬俗變化不大，晚段發展明顯，這點同曲村墓地完全一致，表明西周王朝各地葬俗在存在地方特徵的同時，也存在一些共性。這些共同特徵，當是同整個王朝的政治經濟形勢相聯繫的。

少陵原墓地本期含貝的新特點還有，出現含貝30枚以上者2座，分別爲隨葬陶鬲、罐的M279含47枚，以及一件陶鬲墓M320，墓主含貝43枚。兩墓在該墓地大致屬於中等級別，後者可能還要低一些，他們在含貝數目上有了新突破。

總體而言，西周中期飯含葬俗繼續普及，在某些地區或階層已達到頂點。同時開始出現一些新的變化，如以海貝爲口含物的葬俗開始退出某些墓地，西周晚期這一現象有了更多的發現。

四、口含物的多元化——西周晚期

周晚期新出現的採用飯含葬俗的墓地有陝西扶風周原遺址的雲塘①、莊李②，韓城梁帶村芮國墓地③，河南三門峽虢國墓地④，洛陽王灣⑤、瞿家

① 陝西周原考古隊：《扶風雲塘西周墓》，《文物》1980年第4期。

② 周原考古隊：《陝西扶風縣周原遺址莊李西周墓發掘簡報》，《考古》2008年第12期。

③ 陝西省考古研究院、渭南市文物保護考古研究所、韓城市景區管理委員會編著：《梁帶村芮國墓地——二〇〇七年度發掘報告》，文物出版社2010年版。

④ 中國科學院考古研究所編著：《上村嶺虢國墓地》，科學出版社1959年版。河南省文物考古研究所、三門峽市文物工作隊：《上村嶺虢國墓地M2006的清理》，《文物》1995年第1期。河南省文物考古研究所、三門峽市文物工作隊編著：《三門峽虢國墓》第1卷，文物出版社1999年版。河南省文物考古研究所、三門峽市文物工作隊：《河南三門峽虢國墓地M2008發掘簡報》，《文物》2009年第2期。河南省文物考古研究所、三門峽市文物工作隊：《三門峽虢國墓地M2010的清理》，《文物》2000年第12期。河南省文物考古研究所、三門峽市文物工作隊：《三門峽虢國墓地M2013的發掘清理》，《文物》2000年第12期。河南省文物考古研究所、三門峽市文物考古研究所：《河南三門峽李家窑西周墓發掘簡報》，《文物》2014年第2期。

⑤ 北京大學考古文博學院：《洛陽王灣——考古發掘報告》，北京大學出版社2002年版。

屯①、漢魏故城遺址②，滎陽官莊遺址③，温縣陳家溝遺址④，山西絳縣橫水墓地⑤、上馬墓地、聞喜縣上郭村墓地⑥，河北邢臺南小汪⑦，山東曲阜魯國故城遺址⑧、昌樂岳家河⑨，以及湖北棗陽郭家廟曾國墓地⑩、襄樊沈崗等地⑪。飯含葬俗的流行範圍大爲拓展，不過上述諸多墓地，多有西周晚期方投入使用者，而自其使用之初即有飯含墓的存在，因此這些墓地所屬家族採用飯含葬俗當在此之前，晉國的上馬墓地即明顯的例子。

（一）晚期口含物的多元化與"含以槁骨"解

晚期的口含物，仍以海貝和玉石器爲大宗。但此時口含物種類呈現出多樣化的趨勢，此前一些未見或比較少見的飯含物，在此期都有發現或擴大。

平頂山等墓地外，很多的西周晚期新啓用的墓地，如梁帶村芮國墓地、三門峽虢國墓地、北趙及羊舌晉侯墓地⑫，都不以海貝爲口含物。梁帶村墓地

---

① 洛陽市文物工作隊編著：《洛陽瞿家屯發掘報告》，文物出版社 2010 年版。

② 中國社會科學院考古研究所洛陽漢魏城隊：《河南洛陽市漢魏故城 M175 西周墓發掘簡報》，《考古》2014 年第 3 期。

③ 河南省文物局編著：《滎陽官莊遺址》，科學出版社 2015 年版。

④ 河南省文物考古研究所：《河南温縣陳家溝遺址發現的西周墓》，《華夏考古》2007 年第 2 期。

⑤ 山西省考古研究所、運城市文物工作站、絳縣文化局：《山西絳縣橫水西周墓發掘簡報》，《文物》2006 年第 8 期。

⑥ 朱華：《聞喜上郭村古墓群試掘》，山西省考古研究所編：《三晉考古》第 1 輯，山西人民出版社 1994 版，第 95～122 頁。山西省考古研究所：《聞喜上郭村 1989 年發掘簡報》，山西省考古研究所編：《三晉考古》第 1 輯，第 139～153 頁。

⑦ 河北省文物研究所、邢臺市文物管理處：《邢臺南小汪周代遺址西周遺存的發掘》，《文物春秋》1992 年增刊。石從枝、李軍：《河北邢臺市南小汪發現西周墓》，《考古》2003 年第 12 期。

⑧ 山東省文物考古研究所、山東省博物館等編：《曲阜魯國故城》，齊魯書社 1982 年版。

⑨ 山東省濰坊市博物館、山東省昌樂縣文管所：《山東昌樂岳家河周墓》，《考古學報》1990 年第 1 期。

⑩ 襄樊市考古隊、湖北省文物考古研究所、湖北孝襄高速公路考古隊編著：《棗陽郭家廟墓地》，科學出版社 2005 年版。

⑪ 襄樊市文物考古研究所：《襄樊沈崗西周墓發掘簡報》，襄樊市文物考古研究所編：《襄樊考古文集》第 1 輯，科學出版社 2007 年版，第 127～137 頁。

⑫ 山西省考古研究所、曲沃縣文物局：《山西曲沃羊舌晉侯墓地發掘簡報》，《文物》2009 年第 1 期。

M02、M05、M518、M521 均爲小型墓，除 M02 隨葬有陶鬲、罐外，餘三墓未見陶容器隨葬，M525 甚至除口含物外無任何隨葬品，報告認爲這些墓的墓主爲平民，他們都以玉石蚌質器物爲隨葬品①。三門峽墓地 M2018、M2019 兩座墓同梁帶村 M525 同，墓主或含玉殘片，或含石貝，此外未見其他隨葬器物②。上述兩墓地低等級墓葬墓主且以玉石爲含，高級墓則更是如此。曲阜魯國故城墓葬也未見含貝葬俗③。此外，有的墓地如曲村墓地，含貝墓的比例也有很大下降，詳見下文。這些情況都表明含貝習俗呈現出衰落的迹象。含貝衰落的原因，可能有兩點。首先，是中原地區海貝的減少。西周中晚期開始，周王朝的勢力日益衰落，據《史記·周本紀》，自昭王開始"王道微缺"，穆王"王道衰微"，"懿王之時，王室遂衰"。中央對於地方的控制不斷削弱，其對南方、東南的經營也不斷受到侵蝕。由此，可能導致了中原地區的海貝危機。平頂山墓地西周早期早段 M232 出海貝 378 枚，昭王時期 M230 發現海貝 1328 枚，兩墓皆被盜，尚發現相當數量的海貝；而此墓地西周中期至春秋中期諸墓則基本未見以海貝作爲隨葬品。直到應國爲楚國勢力範圍，"楚國直轄時期"，才再次見到海貝出現④。三門峽虢國墓地僅 M2118 出海貝 32 枚；芮國隨葬海貝墓數量較多，但其等級都比較高。這一時期的墓葬中，取海貝而代之的，是以玉、石、蚌等材質仿製的貝。

不過，此時仍有相當數量的墓葬仍然實行含貝葬俗。這就關係到第二個原因，即西周早中期之際的"制禮"活動，詳見下節。大概在這一時期，周人對不同等級死者的喪葬規格作了相應的規定。晉、應、虢、芮等同王室關係密切的同姓諸侯國宗室，都比較嚴格的執行了這一規定；而那些含貝墓，或非同姓宗親，墓主身份不高，或根本沿用舊俗，完全未施行周人這套規定。當然，海貝數量的減少，以及玉石器的大量增加及其製作工藝的進步，是口含玉石器等與海貝彼消此長的根本原因。

含玦的習俗，晉國範圍以外，也陸續有所發現，如周原ⅣA1M25，墓主含

①　陝西省考古研究院、渭南市文物保護考古研究所、韓城市景區管理委員會編著：《梁帶村芮國墓地》，文物出版社 2010 年版，第 219 頁。

②　河南省文物考古研究所、三門峽市文物工作隊編著：《三門峽虢國墓》第 1 卷，文物出版社 1999 年版，第 405 頁。

③　山東省文物考古研究所、山東省博物館等編：《曲阜魯國故城》，齊魯書社 1982 年版。

④　河南省文物考古研究所、平頂山市文物管理局、河南大學歷史文化學院：《河南平頂山春秋晚期 M301 發掘簡報》，《文物》2012 年第 4 期。

物包括海貝、殘玉玦和碎玉塊①；虢國墓地也有玦"個別出於口中"②；梁帶村芮國墓地 M502 墓主口含殘玉片 17 件，可辨器型有琮、環、餅、玦等③；滎陽官莊遺址 M20、M25 兩墓隨葬品僅口內含玦 1 件④；洛陽王灣周末春初 M319、M62 及春秋中期 M24 出玉石玦共 4 件，其中 3 件在口中，1 件握在手中⑤。上述諸墓，周原 M25 及梁帶村 M502 含玦可能是偶同現象，其餘幾例或許都和晉國的含玦葬俗有一定關係。以晉國當時的國力，影響及於周邊這些地區，是完全有可能的。

以玉石作貝形以爲口含，也是比較常見的現象。三門峽虢國墓地 M2001，墓主爲虢國國君，口內含玉珠 31 件，多數是加工玉器鑽孔時所餘孔芯，另有玉貝 23 枚；M2019 等級較低，除含石貝 6 枚，未見其他隨葬品⑥；M1820 隨葬鼎三、簋四、鬲二等銅容器 19 件，墓主含碎石片 5 件、石貝 2 枚⑦。以上三墓時代屬於西周晚期，後者可能到春秋早期。周原齊家製玦作坊 M11 墓主頭部位置出海貝、石貝、石珠等，報告以爲這些可能是口含，該墓時代在西周晚期晚段⑧。另 1967 年發掘的張家坡西周墓地有出玉石貝墓 7 座，此類貝有出於墓主口內者⑨；1983—1986 年在這裏發掘的 M333，墓主口含大理石貝與其他玉石碎片共 17 枚，此外還有蛇紋石、石灰石等材質做成的貝，出於另外

---

① 周原考古隊：《1999 年度周原遺址ⅠA1 區及ⅣA1 區發掘簡報》，北京大學中國考古學研究中心、北京大學震旦古代文明研究中心編：《古代文明》第 2 卷，文物出版社 2003 年版，第 533 頁。

② 中國科學院考古研究所編著：《上村嶺虢國墓地》，科學出版社 1959 年版，第 22 頁。

③ 陝西省考古研究院、渭南市文物保護考古研究所、韓城市景區管理委員會編著：《梁帶村芮國墓地》，文物出版社 2010 年版，第 38~39 頁。

④ 河南省文物局編著：《滎陽官莊遺址》，科學出版社 2015 年版，第 37、39 頁。

⑤ 北京大學考古文博學院編著：《洛陽王灣——考古發掘報告》，北京大學出版社 2002 年版，第 134 頁。

⑥ 河南省文物考古研究所、三門峽市文物工作隊編著：《三門峽虢國墓》第 1 卷，文物出版社 1999 年版，第 179~180、390 頁。

⑦ 中國科學院考古研究所編著：《上村嶺虢國墓地》，科學出版社 1959 年版，第 41 頁。

⑧ 周原考古隊編著：《周原：2002 年度齊家村製玦作坊和禮村遺址考古發掘報告》，科學出版社 2010 年版，第 488 頁。

⑨ 中國社會科學院考古研究所灃西發掘隊：《1967 年長安張家坡西周墓葬的發掘》，《考古學報》1980 年第 4 期。

5 座墓，報告以爲可能仍是玉含：這些墓的時代都不能確定①。虢國墓地自西周晚期方開始使用，含石貝之俗當是隨虢人自他處帶來，它是否同張家坡墓地及周原此俗有關係，尚待更多材料來證明。除作口含外，玉石貝還可用作握或脚端踏物，還有很多墓葬以石貝爲棺飾：這些都是作爲海貝的替代品而使用的。也正是因爲如此，在含玉石器普遍被砸碎的西周時代，未見玉石貝被有意損毀的現象。

此外，洛陽北窑墓地西周晚期中型 M378 墓主除含海貝和玉器外，還有蚌魚 7 件②；芮國墓地 M05 爲小型墓，墓主爲平民，含蚌殼碎片 6 件：這可能同上含玦葬俗一樣，爲晉人含蚌流風所影響③。山西聞喜上郭村 M51、M373 時代不早於西周晚期，隨葬銅容器至少三件，墓主均以三角形骨片爲含④。

事實上，以骨製品爲含，可能此前就存在。洛陽東車站西周早期 M568、M566 共出骨貝 24 枚，其中 M568"骨貝出土於棺內人頜下及腰坑中"，從該墓平面圖看，墓主頜下之骨貝，很可能就是含貝⑤。再結合 1958 年春安陽大司空發掘的殷末周初 M25 墓主"左右兩手各拿骨貝一"⑥，即以骨貝作爲手握海貝的替代品，M568 以骨貝爲含幾乎是沒有疑義的。洛陽東車站幾座墓"墓主人爲殷遺民"，以骨貝爲海貝替代品當是從其父祖處繼承的。由此推測，玉石貝的使用，時代應該也不會很晚。而上聞喜上郭村三角形口含，則可能是以骨器作爲玉片的替代品。

如上所述，骨器作爲口含物，可能自商代，至少於周初即存在，周晚山西地區也有含骨器的習俗。聯繫前文《荀子》"飯以生稻，唅以槁骨"，對"槁骨"的解釋，楊倞注："槁，枯也。槁骨，貝也。"⑦對此，前人並無異説。按：先秦兩漢文獻中使用"槁骨"一詞，尚有如下幾例。

① 中國社會科學院考古研究所編著：《張家坡西周墓地》，中國大百科全書出版社 1999 年版，第 253~254 頁。
② 洛陽市文物工作隊編著：《洛陽北窑西周墓》，文物出版社 1999 年版，第 264 頁。
③ 陝西省考古研究院、渭南市文物保護考古研究所、韓城市景區管理委員會編著：《梁帶村芮國墓地》，文物出版社 2010 年版，第 80 頁。
④ 朱華：《聞喜上郭村古墓群試掘》，山西省考古研究所編：《三晉考古》第 1 輯，山西人民出版社 1994 版，第 95~122 頁。
⑤ 洛陽市文物工作隊：《洛陽東車站兩周墓發掘簡報》，《文物》2003 年第 12 期。
⑥ 河南省文物工作隊：《1958 年春河南安陽市大司空村殷代墓葬發掘簡報》，《考古通訊》1958 年第 10 期。
⑦ 王先謙：《荀子集解》卷 13《禮論篇》，中華書局 1988 年版，第 367 頁。

（1）舍今之人而譽先王，是譽槁骨也。譬若匠人然，智槁木也，而不智生木。①

（2）文王晝臥，夢人登城而呼己曰："我東北陬之槁骨也，速以王禮葬我。"②

（3）非不能竭國靡民，虛府殫財，含珠鱗施，綸組節束，追送死也。以爲窮民絕業而無益於槁骨腐肉也，故葬足藏以收斂蓋藏而已。③

上述諸例，"槁骨"皆實指死者遺存骨骼。這種稱謂是帶有明顯主觀色彩、刻意表彰其非生人特點的。尤其（1）、（3）二例，在於强調死者無知無識，據此可推知"槁骨"並非特指人類遺骨。

枯、槁音近義同，《說文·木部》"枯，槁也"，"槁，木枯也"④。《荀子·勸學》"雖有槁暴，不復挺者"，楊倞注"槁，枯"⑤。"枯骨"一詞常見於文獻，其含義與"槁骨"相同；僅有兩例：

（4）乾草枯骨，衆多非一，獨以著龜何。⑥

（5）太公《六韜》云："卜戰，龜兆焦；筮，又不吉。太公曰：'枯骨朽著，不踰人矣。'"⑦

又將占卜用龜甲獸骨包括在內。因此可以確定，文獻中的"枯骨"或"槁骨"，都沒有"貝"這一義項。楊倞以貝釋槁骨，大概是據文獻多有含貝玉記載而貝最近"槁骨"。

按《荀子》本句原文作"充耳而設瑱，飯以生稻，唅以槁骨，反生術矣"，楊注："術，法也。前說象其生也，此已下說反於生之法也。"楊氏所謂"前說"，即《荀子》前文始卒沐浴、鬠（束髮）體（剪指甲等）、飯含等一系列儀節。

---

① 孫詒讓：《墨子閒詁》卷11《耕柱》，中華書局2001年版，第429頁。

② 閻振益、鐘夏校注：《新書校注》卷7《諭誠》，中華書局2000年版，第280頁。

③ 何寧：《淮南子集釋》卷11《齊俗訓》，中華書局1998年版，第786~787頁。

④ 許慎撰，徐鉉校訂：《說文解字》，中華書局2013年影印本，第115頁。

⑤ 王先謙：《荀子集解》卷1，中華書局1988年版，第1頁。

⑥ 陳立：《白虎通疏證》卷7《蓍龜》，中華書局1994年版。第329頁。

⑦ 《尚書正義》卷11《泰誓》孔穎達正義引，阮元校刻：《十三經注疏》，中華書局1980年影印本，第181頁。

這些儀節是象死者生時的行爲。而用瑱填塞耳朵，將生稻和槁骨置於口中，則是"反於生之法"。生人食用烹飪過的飯米，死者口含生稻，則與生人相反。生稻與熟米相對。據此，槁骨當與生稻類似，有一與其相對的意象爲人所食，方可將置枯骨於死者口中稱爲"反生術"。如解"槁骨"爲海貝，明顯不能找到對立意象——中原地區的海貝爲外來物，這在前文曾述及，即使這種貝類的肉可以食用，考慮到經濟效益，千里轉運，亦必不能大規模携至中原。

結合前文的考古發現，這裏的"槁骨"當即骨質器物而非海貝。《荀子》一文反映的戰國三晉地區的含骨習俗，很可能就是洛陽、聞喜上郭村等地葬俗的遺制。與"槁骨"相對的，即帶肉的骨體。古人飲食祭祀，多用帶肉骨骼，文獻中的"體解""豚解"，以及考古發現的墓葬容器內所出的動物骨骼等，均爲明證。生人食肉，所謂反生，即將無肉的骨骼製品置於死者口中。從歷史角度考慮，含骨器明顯是玉石貝類器物的模仿，同食肉是没有關係的，不過若戰國時人持有這種觀點，則是可以理解的。

(二)西周晚期飯含在不同墓地的發展趨勢

返回到對西周晚期口含物的討論。下仍以曲村墓地爲例，探討晚期飯含的演變。

曲村墓地晚期早段飯含墓 20 座，占同期墓葬總數 40 座的 50%；晚期晚段飯含墓 16 座，占同期 47 座的 34.04%：表現出飯含葬俗的大幅下滑。

但本書發現，在不同墓區，此期飯含墓比例差距頗大：晚期早段 I2 墓區墓葬 25 座，飯含墓 8 座，約 32%；其餘墓區(J3、J4、K4)墓 15 座，含貝墓 12 座，約 80%。晚期晚段 I2 墓區墓葬 43 座中，飯含墓 14 座，約 33.56%；其餘墓區墓 3 座，含貝墓 2 座，約 66.67%。

I2 墓區墓葬時代最早的約在西周中期晚段，共 5 座，其中墓主飯含者 4 座，占 80%。由此看來，西周晚期 I2 墓區的飯含葬俗出現大幅下滑，而 J3、J4、K4 墓區的飯含比例則仍處於上升階段。下面從墓葬等級角度，將此期墓分爲 I2 與 J3、J4、K4(以下簡稱"J3 組")兩組進行討論。

J3 組的口含物無一例外是海貝，早段銅容器墓 2 座，墓主均含，陶容器墓 13 座，含者 10 座，約 76.92%；晚段 3 座墓葬均爲陶器墓，含貝比例約 66.67%。其具體含貝分布情況見表 1-18。

表 1-18 曲村墓地"J3 組"墓區西周晚期含貝墓數量

時代	晚期早段						晚期晚段		
容器數量	銅器	陶器				總計	陶器		總計
	1	5	3	2	1		3	1	
含貝墓數量	2	1	4	3	2	12	2	0	2
墓葬總數	2	1	5	3	4	15	2	1	3
飯含比例(%)	100	100	80	100	50	80	100	0	66.67

　　此段樣本數量過少，但仍可略見含貝的變化趨勢。早段 4 件以下陶器墓共 12 座，其中含貝墓 9 座，約 75%，較中期晚段 4 件以下的 67.5%（27/40，參見表 1-14）又有所上升。具體到 1~2 件，本段爲 71.43%，也高於後者的 65.63%。不過含貝比例仍然顯示出明顯的等級差異，等級越高，含貝的比例越高，這點西周都是一脈相承的。據此，可以説整個西周時代，曲村墓地 J3 組飯含比例一直處在上升階段；具體到不同等級，西周中期銅器及高級陶器墓的含貝比例已經接近飽和，中低等級陶器墓的含貝葬俗則一直在擴展之中，比例日益升高，晚期達到 70% 以上。

　　晚期該組墓單墓含貝數量統計見表 1-19。

表 1-19 曲村墓地"J3 組"墓區西周晚期單墓含貝數量

容器數量		銅器		陶器			合計
		1	5	3	2	1	
含貝數量	1~5				2(66.67)		2(14.29)
	6~10	1(50)		2(33.33)			3(21.43)
	11~20			2(33.33)	1(33.33)	1(50)	4(28.57)
	21~30			1(16.67)		1(50)	2(14.29)
	31 以上	1(50)	1(100)	1(16.67)			3(21.43)
總計		2	1	6	3	2	14

注：表中括號內數字表示其占同級別（容器數量）含貝墓葬總數的百分比。

　　上述數據也過於分散。此期 1~4 件陶器墓含貝以 11~20 枚段占比例最高，其餘各段相差不大，這同中期晚段基本相同，單墓含貝數量也未見明顯變化。

西周晚期 I2 墓區的飯含分布情況見表 1-20。

表 1-20　曲村墓地 I2 墓區西周晚期飯含墓數量

時代	晚期早段				晚期晚段					
容器數量	陶器			總計	銅器		陶器			總計
	3	2	1		6	4	3	2	1	
飯含墓數量	0	0	8	8	1	0	1	0	12	14
墓葬總數	1	1	23	25	1	1	1	3	37	43
飯含比例(%)	0	0	34.78	32	100	0	100	0	32.43	33.56

I2 墓區西周中期晚段 5 座墓中，1 座墓隨葬兩件陶容器鬲、盆，該墓與另三座陶鬲墓墓主飯含，另一陶鬲墓未見飯含。西周晚期，該區飯含墓僅有 1/3 左右，即使中期晚段樣本數據較少，這一變化也是顯而易見的。按該區各時段墓葬均以 1~3 件陶器為主，並無明顯的等級差異，中晚期之際飯含葬俗的迅速衰落，尚未發現原因所在。

從飯含的內容來看，早段 8 座墓所含均為石玦或砸碎的小石粒，晚段 14 座墓中則有 M5003 及 M5220 含貝。前者隨葬 3 件陶容器，是該區等級最高的陶容器墓，墓主含貝 1 枚，後者 26 枚，隨葬品有陶鬲一件。含貝葬俗可能是受到其他墓區的影響。另 M5205 含蚌含 1 枚。I2 與 J3 兩組墓飯含物截然的分別，表明西周中晚期，晉國不同宗族的喪葬活動有較大差異，這表示晉國宗族具有相當的獨立性。

少陵原墓地西周晚期墓葬共 9 座，含貝者至少 6 座（M294、M258、M385、M323、M439、M315），約 66.67%，較中期晚段的 55.56% 又有了較大提高。單墓含貝數量分貝為 1、2、6、7、11、13 枚，基本沿著中期變化趨勢而發展。這表明少陵原的含貝葬俗也處在進一步普及階段。

總體而言，西周晚期飯含葬俗繼續向前發展，表現在流行範圍的擴大，玉石蚌類口含物多樣化及其比例的增加，以及同墓地飯含的(在中低等級墓葬)進一步普及等方面；不過部分地區的飯含墓比例出現較大幅度下降，表現出衰落的迹象。

第四節　商周飯含的基本特徵

一、東周飯含初探

西周晚期飯含物種類的多元化與彼此消長，一方面反映了社會物質生活的變化，如海貝的減少、玉石骨蚌製品的增加及製作工藝的提高；另一方面則顯示出地方勢力與文化的發展。東周的飯含情況，是西周的延續，且較西周更爲複雜。因非討論重點，故僅以具有典型特徵的晉國、曾國爲例，略作申述。

(一) 晉國上馬墓地的飯含

天馬—曲村兩周墓地的使用時間一直延續到春秋中期前段。東周時期的墓地共 29 座，其中 J3 組僅 M6399 一座，該墓隨葬 1 件陶鬲，墓主含貝 9 枚。I2 組飯含墓 6 座，占本期墓 28 座的 21.43%，較西周晚期又有所下降。由此看來，則本區飯含葬俗自西周中晚期之際的急劇萎縮之後，一直處於緩慢没落趨勢之中。

6 座墓中，除 M5150 隨葬鬲、罐兩件陶器外，其餘均僅隨葬陶鬲 1 件容器。M5058 含貝 2 枚、石子 5 件，M5116 含石貝 5 枚，餘均爲石玦或蚌玦，蚌石玦的數量爲 1~2 件，或殘或完。

此外，天馬—曲村遺址居住址區還有東周墓 4 座（M3003、M3004、M3006、M3009），其中 M3006 隨葬陶鬲 1 件，墓主含殘石玦 1 件。則本區含貝情況，與 I2 組十分類似。

上馬墓地是西周晚期至春秋戰國之際晉人的重要墓地之一，它距晉都新田遺址約 3 千米，1969—1973 年考古工作者在此地發掘了 1373 座墓葬。據本文粗略統計，這批墓葬中西周(晚期)墓 37 座，春秋早、中、晚期墓葬數量分別爲 265、433、128 座，另有春秋戰國之際墓葬 7 座；不同時期的飯含墓(本墓地墓葬口含物，有的爲玉石玦，有的則是其他玉石蚌器，由於報告不够詳細，不能獲得準確數據，故本書統計結果，可能較實際情況偏低)數量分別爲 14、125、193、50、1 座，分別占同期墓葬的 37.84%、47.17%、44.57%、39.06%、14.29%。該墓地西周時期"很可能處在一個相對閉塞，不發達的狀態"[1]，自春秋早期開始，墓葬數量明顯增多，並出現小型銅禮器墓，表明"這裏已經居住

---

[1]　山西省考古研究所編：《上馬墓地》，文物出版社 1994 年版，第 299 頁。

著社會地位較高的小貴族階層"①。墓地使用者來源增加，以及墓主人身份等級的變化，可能是此時飯含比例較早期升高的原因。春秋中晚期之際晉人遷都至此，似乎並未對飯含葬俗產生很大影響，不過到春秋晚期，含俗可能出現衰落的迹象。

與曲村墓地比較，上馬墓地西周晚期飯含物不見海貝，同前者 I2 組十分類似，飯含比例相差也不大，二者是否有一定的關係，尚需進一步研究。不過前者的含貝葬俗繼續衰落下去，而後者則迎來一個新的高峰，這或許反映了墓主家族經濟地位的變化。

(二) 曾國的飯含葬俗與王室"制禮"

兩周諸侯國中，除晉國外，曾國的墓葬材料可以形成比較完整的序列。討論曾國的飯含，對於研究商周飯含的發展變化是必要的。

曾國早期的墓葬材料，集中在隨州葉家山西周墓地②，其時代以西周早期為主，該墓地至少有七座墓發現飯含的現象，含物包括玉璧、璜等，皆敲碎後置入墓主口中③。其具體情況，尚待報告最終公布。按曾國最高統治者為姬姓周人，早期曾國貴族的喪葬習俗自然當與周室無二致。葉家山墓地的飯含情況，可以反映早周姬姓貴族的飯含禮俗，是一批比較重要的材料。

郭家廟墓地自西周晚期開始使用，春秋早期後段弃用。墓地墓葬多被盜擾，在已發掘的墓葬中，西周晚期墓 GM21 墓主可能是一代曾侯，口內含玉含 1 件④；春秋早期墓 GM11 隨葬陶容器 5 件，報告以為墓主為平民，墓主口內含玉含 1 件⑤；兩件玉含均係舊玉改製。曹門灣（2014）M10 時代稍晚於 GM11，隨葬品包括銅鼎 1 件，墓主含不規則小石子狀玉器 1 件⑥。

---

① 山西省考古研究所編：《上馬墓地》，文物出版社 1994 年版，第 301 頁。

② 湖北省文物考古研究所、隨州市博物館：《湖北隨州葉家山西周墓地發掘簡報》，《文物》2011 年第 11 期。湖北省文物考古研究所、隨州市博物館：《湖北隨州市葉家山西周墓地》，《考古》2012 年第 7 期。湖北省文物考古研究所、隨州市博物館：《隨州葉家山西周墓地第二次考古發掘的主要收穫》，《江漢考古》2013 年第 3 期。

③ 承葉家山墓地發掘領隊黃鳳春老師告知。

④ 襄樊市考古隊、湖北省文物考古研究所、湖北孝襄高速公路考古隊編著：《棗陽郭家廟曾國墓地》，科學出版社 2005 年版，第 13、58 頁。

⑤ 襄樊市考古隊、湖北省文物考古研究所、湖北孝襄高速公路考古隊編著：《棗陽郭家廟曾國墓地》，科學出版社 2005 年版，第 162、165 頁。

⑥ 湖北省文物考古研究所等：《湖北棗陽郭家廟墓地曹門灣墓區（2014）M10、M13、M22 發掘簡報》，《江漢考古》2016 年第 5 期。

隨州義地崗墓地 M6 曾公子去疾墓時代屬於春秋晚期，墓内出殘玉片 1件，簡報以爲即含玉①。

戰國早期曾侯乙墓墓主口腔和顱腔内出土 21 件玉器，包括玉牛 6 件、玉羊 4 件、玉豬 3 件、玉狗 2 件、玉鴨 3 件、玉魚 3 件，這些玉器的全部或部分爲口含（報告以爲可能包括有耳塞和鼻塞）②。此外，墓内出 6 件碎玉料，是玉器加工留下的餘料或碎片，它們也可能是口含。稍晚的擂鼓墩二號墓出玉羊、玉兔各 1 件，可能也是墓主口含遺物③。

就現有材料看，從西周晚期開始，曾人無一例外以玉石器作爲飯含物，這一點同中原應、芮、虢，以及北趙、羊舌晉侯墓地的情況是一致的。此外，這些墓地墓主服飾、棺飾等也大致相同。在交通不便的古代，如此大的範圍内，喪葬活動中的一些細節問題，能夠自然劃一，是不可想象的。由此推測，至少在西周晚期，上述諸國的喪葬活動應存在一個共同的守則。這一守則明顯應是周王室制定的，此即周人的"制禮"活動。這種"制禮"應該是針對具體的吉凶軍賓嘉等活動作出相應的規定。

一般認爲春秋中期以後，曾國受到楚文化的强烈影響，"在文化面貌上與楚國一致"，並由此構成楚文化④。不過從飯含的情況看，曾國似乎還部分保留著姬周文化的傳統。這一點同平頂山應國墓地春秋晚期 M301 類似，該墓發掘簡報認爲春秋晚期爲應國故地"楚國直轄時期"，該墓墓主含玉殘片 2 件⑤。當然也有可能是楚國也實行同樣的葬俗⑥，楚國飯含的具體情況，以及它同曾、應國飯含的關係，尚待進一步研究。

戰國時曾侯乙墓及擂鼓墩二號墓墓主所含玉器，爲各種動物形象，這些動物應爲當時日常食肉的主要來源。與之類似的，湖北荆門左冢一號墓内棺的淤泥中，淘洗出玉鷄、玉豬、玉羊各一件⑦。其大小同曾侯乙墓所出極爲相近，

---

① 湖北省文物考古研究所、隨州市博物館：《湖北隨州義地崗曾公子去疾墓發掘簡報》，《江漢考古》2012 年第 3 期。

② 湖北省博物館編：《曾侯乙墓》，文物出版社 1989 年版，第 426～427、430 頁。

③ 隨州市博物館編著：《隨州擂鼓墩二號墓》，文物出版社 2008 年版，第 131 頁。

④ 張昌平：《曾國青銅器研究》，文物出版社 2009 年版，第 199 頁。

⑤ 河南省文物考古研究所、平頂山市文物管理局、河南大學歷史文化學院：《河南平頂山春秋晚期 M301 發掘簡報》，《文物》2012 年第 4 期。

⑥ 孫慶偉認爲含玉非楚人的傳統。孫慶偉：《周代用玉制度研究》，上海古籍出版社 2008 年版，第 252 頁。

⑦ 湖北省文物考古研究所、荆門市博物館、襄荆高速公路考古隊編著：《荆門左冢楚墓》，文物出版社 2006 年版，第 138～139 頁。

也應是飯含物。該墓時代屬於戰國中期偏晚，墓主身份約當下大夫，具有"濃郁的楚文化特質"①。從身份等級看，曾侯乙墓屬於諸侯國國君一級，高於左冢一號墓，這可能是二者含物種類及數量差異的原因。這表明，至遲到戰國早中期，曾楚兩國部分地區的飯含葬俗是一致的。

二、商周飯含的等級、地域、族屬差異

從前文的敘述可以看出，商周時期飯含的材質、形制和數量，同東周秦漢文獻記載都是有相當差異的。就飯含的等級性來説，《儀禮·士喪禮》記士級貴族含貝3枚。然考古所見的商周墓葬多有含3枚者，其等級特徵並不明顯；西周含貝數量最高者，反爲平民墓葬。由此看來，《士喪禮》中的飯含儀節，是商周文化葬俗的記錄，但其用貝數量，則並非西周飯含的真實反映；而東周以貝爲飯含較西周更加少見。由此推測，《士喪禮》的含貝數量，並非當時真正實施的葬俗，而是製作者的構擬。

當然，這並不是説商周尤其是西周的飯含不存在貴賤等列差異。飯含玉貝的葬俗，本身即貴族階層產生的，早期平民自然沒有資格採用。而此葬俗得到大規模普及後，不同階層仍有明顯區別。相對而言，等級越高，墓內出飯含物的可能性越大；等級越高，墓主含物數量大的概率也越高；等級越高，飯含爲玉石或組合形式的概率越高。但不同等級之間並沒有截然的不同。如上引梁帶村M502，爲單墓道大墓，與中型豎穴墓M586均屬宣王時期，前者等級當高於後者，而含玉片數量則少於含玉81粒的後者。

同時，飯含習俗也存在地域差異②。西周早期早段，關中周人墓的單墓含貝數量，較天馬—曲村同等級墓略少，這可能是兩地葬俗的直接來源有異。西周晚期應國、虢國、芮國等墓地流行以玉器作口含物，天馬—曲村晉國墓地比較流行玦，包括玉、石及蚌質的，砸碎後含於墓主口中。而西周晚期開始使用的晉人上馬墓地，用玦作口含的現象"極爲普遍"，含蚌器碎片的現象更加突出③。

在孔子的父母之邦，曲阜魯國故城遺址發掘的乙組即周人西周墓（按：其

① 湖北省文物考古研究所、荆門市博物館、襄荆高速公路考古隊編著：《荆門左冢楚墓》，文物出版社2006年版，第192、196、200頁。

② 張琦對商周飯含材質和組合的等級和地域差異均有論述，可以參考。張琦：《商周時期口含的初步研究》，中央民族大學碩士學位論文，2013年，第47~54頁。

③ 山西省考古研究所編：《上馬墓地》，文物出版社1994年版，第23、157頁。

時代當爲周晚至春秋時期），其口含"全是石子，形狀有圓形、具（按：當爲"貝"字誤書)形、磬形、三角形，不規則形"①，當地墓中多見海貝隨葬者，但並不流行以其爲飯含。而甲組即殷商遺民墓（報告以爲"是當地原有住民的墓葬"）②，則未見飯含葬俗。這表明地域差別外，有的地區飯含還有明顯的族屬差異。

北呂周人墓地則顯示出，生活在同一地區的社會成員，其所屬宗族不同，飯含也有區別。該墓地被認爲是典型的周人墓地，可分爲 5 區，同一墓區的"死者，應該都是同族，或者同宗"③。其中Ⅰ、Ⅱ區分別發掘 11、15 座墓，均未見飯含習俗；Ⅲ區 29 座墓，含貝者 15 座，約占本區墓葬總數的 51.7%；Ⅳ區 163 座墓，僅 6 座出含貝，約總數的 3.7%；Ⅴ含貝墓 14 座，另有含碎玉塊者 1 座，約占總數 66 座的 22.7%：北呂爲周人平民墓地，墓主社會地位相差不大，即使考慮到墓葬被盜擾及時代差異，各族墓地間飯含的比例仍有相當的差距。這可能顯示出不同宗族有自己的葬俗小傳統，當然這是在同時期同一地區葬俗基本程序一致的前提下產生的小傳統：由此可以看出西周的宗族組織具有相對獨立性。天馬—曲村墓地也可以發現類似的情況，上節論述備矣。

《禮記·曲禮》云："君子行禮，不求變俗。祭祀之禮，居喪之服，哭泣之位，皆如其國之故，謹修其法而審行之。"④《儀禮·聘禮》"皮馬相間可也"，鄭注"土物有宜，君子不以所無爲禮"⑤。上述等級、地域、族屬等差异，造成飯含禮節産生不同的"俗"。

三、商周飯含的性別及年齡特徵

1. 飯含的性別特徵
孫慶偉認爲"兩性墓葬在琀玉的使用上並無顯著差別"⑥。本書選擇對墓

---

① 山東省文物考古研究所、山東省博物館等編：《曲阜魯國故城》，齊魯書社 1982 年版，第 176 頁。

② 山東省文物考古研究所、山東省博物館等編：《曲阜魯國故城》，齊魯書社 1982 年版，第 214 頁。

③ 寶鷄市周原博物館：《北呂周人墓地》，西北大學出版社 1995 年版，第 134 頁。

④ 《禮記正義》卷 5，阮元校刻：《十三經注疏》，中華書局 1980 年影印本，第 1257 頁。

⑤ 《儀禮注疏》卷 24，阮元校刻：《十三經注疏》，中華書局 1980 年影印本，第 1074 頁。

⑥ 孫慶偉：《周代用玉制度研究》，上海古籍出版社 2008 年版，第 252 頁。

主性別作過比較全面鑒定的滎陽西司馬墓地①，統計墓葬的飯含情況如下：該墓地共發掘墓葬 82 座，含貝墓 50 座，約 60.97%；其中男性墓含貝者 25 座，約占男性 38 座墓的 65.78%；女性含貝墓 19 座，占女性墓 31 座的 61.29%；性別不明含貝墓 6 座，占總數 12 座的 50%。該墓地僅見以貝作爲飯含物，從統計結果來看，男性飯含略高於女性，但如果排除誤差，二者含貝比例並無太大差距。未知性別墓含貝比例低，可能跟此類墓葬整體保存狀況不是很好、部分墓葬含貝腐朽無存有關，下引兩處墓地也發現有類似情況。

西周時期的墓葬，以少陵原西周墓地爲例。該墓地共發掘墓葬 429 座，考古工作者鑒定人骨標本 199 例，性別明確者 187 例，包括男性標本 85 例，女性 102 例②。該墓地含貝墓共 137 座，約占總數的 31.93%。其中，男性飯含墓 38 座，約占男性墓的 44.71%；女性 37 座，約占 102 座的 36.27%；未知性別飯含墓 62 座，約占性別不明墓 242 座的 25.62%。從比例上看，男性較女性高約 8 個百分點，與西司馬墓地相比，呈現出的性別差異較爲明顯。然而該墓地男女性別比爲 0.83：1③，女性比例明顯較其他墓地高，是否有鑒定誤差，或該墓地有特殊情況，尚待進一步研究。

《天馬—曲村(1980—1989)》公布了晉國西周至春秋中期的 641 座墓葬，本書統計飯含墓在 338 座左右，占總數的 52.73%。其中男性飯含墓 142 座，約男性墓總數 242 的 58.68%；女性墓 134 座，約總數 219 的 61.19%；性別不明者 61 座，約總數 180 座的 33.89%。該墓地女性墓含貝的比例又較男性稍高。

天馬—曲村墓地發現幾對異穴並葬墓，報告以爲可能爲夫婦墓，通過這些墓的飯含情況，可以更好地理解西周飯含的性別特徵，具體情況見表 1-21。

表 1-21　天馬—曲村墓地異穴並葬飯含墓情況

序號	墓號	關係	年齡	含種類、數量	主要銅容器
1	M6195	夫	30 歲	貝 20	鼎 2 簋 2 鬲甗
	M6197	婦	25~30 歲	貝 7、碎玉片 20	鼎 2 簋 2 鬲 2

① 河南省文物考古研究院、鄭州市文物考古研究院、滎陽市文物保護管理中心編著：《滎陽西司馬墓地》，大象出版社 2016 年版。

② 陳靚：《少陵原西周墓地人骨鑒定報告》，陝西省考古研究院編著：《少陵原西周墓地》，科學出版社 2009 年版，第 766 頁。

③ 陳靚：《少陵原西周墓地人骨鑒定報告》，陝西省考古研究院編著：《少陵原西周墓地》，科學出版社 2009 年版，第 789 頁。

续表

序號	墓號	關係	年齡	含種類、數量	主要銅容器
2	M6231	夫	35 歲	未見	鼎 2 簋 2 甗鬲 2 尊卣爵觶壺
	M6080	婦	17~18 歲	貝若干	鼎 2 簋 2 鬲
3	M6130	夫	成年歲	貝 10 餘	鼎簋甗
	M6131	婦	45 歲	貝 28	鼎簋
4	M5189	夫	30 歲	鐘乳石碎塊 2	鼎 2 簋 2 盤匜
	M5150	婦	20 歲	未見	鼎簋盤盉

表 1-21 前三例時代爲西周早期，最後一例爲晚期。從隨葬銅容器看，他們均爲貴族墓葬。一對夫婦所處社會等級是一致的，他們的差異僅在於性別的不同。除兩人未見飯含，4 例 6 人飯含内容各不相同，也看不出夫婦之間有任何實質性的等級區别。

由此來看，商周時期喪禮飯含與否可能跟墓主的性别關係不大，孫慶偉的結論是可信的。不過不同地區風俗有别，故飯含的流行程度存在差异，這在性别上可能也有所表現，但區别甚微。

2. 飯含的年齡特徵

(1)未成年人飯含。

禮書中記載，對未成年而死者採用的喪祭禮俗與成人多有區别。這同古代社會未成年人死亡率較高，如採用繁縟的禮儀活動必然耗費過多的社會資源有很大關係。故兒童喪祭多從簡。

從飯含的情況來看，目前所見商代的未成年人(考古報告中多將年齡在 14 歲以下者劃爲未成年人，本書從之)飯含，僅有三例，均出於安陽：(1)小屯村發掘的約當殷墟二期的 M11，墓主爲一兒童，含玉魚 6 件，另隨葬玉器 10 件，以及一些绿松石片①；(2)1984—1988 年於大司空北地發掘的殷墟三期 M5，墓主兒童，含貝 1 枚，同出陶簋、豆各一件②；(3)2004 年大司空村發掘的殷墟四期晚段的 M18，墓主 12~15 歲，口内含貝，同出陶容器有瓿、爵、

① 中國社會科學院考古研究所：《安陽小屯》，世界圖書出版公司 2002 年版，第 151~152 頁。

② 中國社會科學院考古研究所安陽工作隊：《1984—1988 年安陽大司空村北地殷代墓葬發掘報告》，《考古學報》1994 年第 4 期。

簋、罍、盤等①。不過殷墟地區存在一些較常規形制小的墓，往往埋葬一些未
成年死者②。其中部分墓葬，如 1958—1961 年在苗圃北地發掘的 M6、M16、
M46、M137、M139③，王裕口西 E 區發掘的 M10、M14④，大司空村第一區的
M130⑤，以及 1977 年在殷墟西區第一墓區發掘的 M474⑥，均有一枚或數枚貝
隨葬，根據發掘報告叙述⑦，這些貝至少有一部分是作爲飯含使用的。不過，
商代多見的埋葬兒童的瓮棺葬墓中，却未發現有飯含現象⑧，這表示兒童飯含
可能有特定(等級或年齡)限制。

　　西周時未成年人飯含墓發現數量有所增加。崇信于家灣墓地商末周初剛開
始使用，即有 M80、M58 兩墓埋葬含貝少年⑨。少陵原墓地早期 M108 墓主也
未成年，含貝 1 枚；M399 時代不明確，墓主 8~9 歲，含貝 2 枚⑩。1955—

① 中國社會科學院考古研究所編著：《安陽大司空：2004 年發掘報告》，文物出版社
2014 年版，第 300 頁。
② 中國社會科學院考古研究所安陽工作隊：《1969—1977 年殷墟西區墓葬發掘報
告》，《考古學報》1979 年第 1 期，第 37 頁。
③ 中國社會科學院考古研究所編著：《殷墟發掘報告(1958—1961)》，文物出版社
1987 年版，第 339~341 頁。
④ 中國社會科學院考古研究所編著：《殷墟發掘報告(1958—1961)》，文物出版社
1987 年版，第 342 頁。
⑤ 中國社會科學院考古研究所編著：《殷墟發掘報告(1958—1961)》，文物出版社
1987 年版，第 349 頁。
⑥ 中國社會科學院考古研究所安陽工作隊：《1969—1977 年殷墟西區墓葬發掘報
告》，《考古學報》1979 年第 1 期，第 123 頁。
⑦ 中國社會科學院考古研究所編著：《殷墟發掘報告(1958—1961)》，文物出版社
1987 年版，第 258 頁。中國社會科學院考古研究所安陽工作隊：《1969—1977 年殷墟西區
墓葬發掘報告》，《考古學報》1979 年第 1 期。
⑧ 《安陽大司空：2004 年發掘報告》在介紹一件圓錐形口含玉飾時，將其繫於
T1417M235，該墓爲瓮棺葬墓，然該墓並無隨葬器物，且報告將瓮棺葬與土坑墓分別置於
不同章節介紹，因此可以確定報告對此玉含的歸屬有誤。經核對附表三《2004 年大司空遺
址墓葬登記表》，該玉飾當出於 M126。中國社會科學院考古研究所編著：《安陽大司空：
2004 年發掘報告》，文物出版社 2014 年版，第 41~42、382、574 頁。
⑨ 另西周早期 M63 墓主爲一少年，該墓隨葬海貝 5 枚，未知是否爲含。甘肅省文物
考古研究所編著：《崇信于家灣周墓》，文物出版社 2009 年版，第 56~58、155 頁。
⑩ 報告認爲墓主年齡爲 6~8 歲，但從其骨架長 1.52 米看，其年齡當不止於此。另
該墓地 M109 墓主 11~12 歲，M50 長 1.4 米、寬 0.6 米，墓主當爲未成年人，二墓分別出
貝 4、5 枚，未知其中是否存在含貝。陝西省考古研究院編著：《少陵原西周墓地》，科學
出版社 2009 年版，第 171~172、567~568、727、731 頁。

1957 年灃西張家坡發掘的 M140、M471，客省莊的 K45①，以及 1952 年於洛陽東郊下窰村西區發掘的 166 號墓②，均爲形制特小而有貝隨葬的墓，其中部分應是未成年含貝墓。

天馬—曲村墓地公布材料最爲詳悉，該墓地所見未成年人飯含情況見表 1-22。

表 1-22　曲村墓地未成年人飯含情況

序號	墓號	時代	性別	年齡	含物及數量	主要隨葬器物	備注
1	M6134		男	14 歲	貝 12	陶鬲 2	
2	M6148			6 歲	貝 3	陶鬲盆豆	
3	M6433			10~11 歲	貝 4	陶鬲罐	
4	M6528			6~7 歲	貝 2	陶鬲	
5	M6123	西周早期		6 歲	玉髓片 2	銅鬲，陶鬲	墓主
				6 歲	貝 12		殉人
6	M6236			7~8 歲	貝 3	陶鬲豆罐	
7	M6132		男	12~14 歲	貝 27	陶鬲 2 豆 2	
8	M6055			6 歲	貝 5	陶鬲	
9	M6494			7~8 歲	貝 4	陶鬲	
10	M6437	西周中期		7~8 歲	貝 12	陶鬲	
11	M7073			7~8 歲	貝 2	陶鬲	
12	M6412			7~8 歲	貝 3	陶鬲	
13	M6399	春秋早期		8~9 歲	貝 9	陶鬲	
14	M6122			8~9 歲	貝 6		

① 中國科學院考古研究所編著：《灃西發掘報告》，文物出版社 1963 年版，第 140、172、173 頁。

② 郭寶鈞、林壽晉：《一九五二年秋季洛陽東郊發掘報告》，《考古學報》第 9 册，科學出版社 1955 年版。

由表 1-22 可知，自該墓地開始使用，就有給未成年夭亡者飯含的習俗，並且此俗延續至東周時期。飯含死者最小約 6 歲①，而該墓地墓主 6 歲以下者僅 M6474（5~6 歲）、M6497（4 歲）兩例，似乎可以說，曲村墓地飯含葬俗沒有年齡下限。

從隨葬器物看，飯含對象既有隨葬銅器、陪葬殉人的貴族，也包括僅有一件陶鬲以及作爲殉人的等級較低的兒童，可見晉國墓地未成年人飯含在各個階級都可以實行。

從流行程度看，曲村墓地未成年墓共 28 座，14 座飯含墓占其中的 50%。與該墓地 52.7% 的飯含比例相較即可看出，西周春秋時期晉國未成年人飯含是比較流行的，它並不明顯低於成人。

除 M6123 墓主含玉髓外，餘 12 例含物均爲貝，該墓也是表 1-22 中唯一隨葬銅器且有殉人的墓，墓主含玉應該是同其家庭社會地位較高有關。

總體上看，商周時期未成年死者有飯含的習俗，商代尚不多見；西周時期有所增加，有些地區如天馬—曲村晉國墓地内，未成年人飯含與成年死者差異不大。

（2）飯含的年齡特徵。

上文討論的是商周時期未成年的飯含情況，下面從總體上探研飯含與年齡之間的規律。

表 1-23 顯示了西司馬、少陵原，以及天馬—曲村墓地不同年齡段飯含墓的數量及所占百分比②。

---

① 另有 M6497 墓主 4 歲，有貝出於墓主頭部和右髖骨上，從報告平面圖看，頭部貝應當不是含貝。北京大學考古系商周組、山西省考古研究所編著：《天馬—曲村（1980—1989）》，科學出版社 2000 年版，第 847 頁。

② 按《少陵原西周墓地》與《天馬—曲村》各年齡段分期略有差異，但相差不大，均在 1 歲以内，《滎陽西司馬墓地》僅列出標本的年齡分期，未注明具體數值，故本書直接採用各報告的數據。潘其風：《天馬—曲村遺址西周墓地出土人骨的研究報告》，北京大學考古系商周組、山西省考古研究所編著：《天馬—曲村（1980—1989）》，科學出版社 2000 年版，第 1138 頁，表 1。陳靚：《少陵原西周墓地人骨鑒定報告》，陝西省考古研究院編著：《少陵原西周墓地》，科學出版社 2009 年版，第 766 頁，表 1。《少陵原西周墓地》中"未成年"表示 14 歲以下，"青年"表示 15~23（24）歲（括號内表示《天馬—曲村》的劃分標準，後同），"壯年"表示 24（25）~35（34）歲，"中年"表示 36（35）~55（54）歲，"老年"表示 56（55）歲以上者；"成年"表示墓主已經成年，但不能確定其具體年齡。

表 1-23 西司馬、少陵原、天馬—曲村墓地不同年齡飯含墓數量

墓地	年齡分期	男性		女性		性別不明		合計	
		飯含/總數	百分比（%）	飯含/總數	百分比（%）	飯含/總數	百分比（%）	飯含/總數	百分比（%）
西司馬墓地①	未成年	—	—	0/1	0	—	—	0/1	0
	青年期	—	—	—	—	—	—	—	—
	壯年期	1/4	25	7/8	87.5	—	—	8/12	66.67
	中年期	11/15	73.33	2/7	28.57	—	—	13/22	59.09
	老年期	13/19	68.42	10/16	62.5	—	—	23/35	65.71
	總計	25/38	65.79	19/32	59.37	—	—	44/70	62.86
少陵原墓地	未成年	0/1	0	—	—	2/9	22.22	2/10	20
	青年期	0/8	0	4/18	22.22	—	—	4/26	15.38
	壯年期	7/13	53.85	10/28	35.71	—	—	17/41	41.46
	中年期	12/32	37.5	13/33	39.39	—	—	25/65	38.46
	老年期	7/11	63.64	3/8	37.5	—	—	10/19	52.63
	成年	12/20	60	7/15	46.67	0/3	0	19/38	50
	總計	38/85	44.71	37/102	36.27	2/12	16.67	77/199	38.69
曲村墓地②	未成年	2/3	66.67	0/1	0	12/24	50	14/28	50
	青年期	15/31	48.39	20/34	58.82	1/4	25	36/69	52.17
	壯年期	34/67	50.75	40/65	61.54	1/3	33.33	75/135	55.56
	中年期	73/109	66.97	56/82	68.29	3/8	37.5	133/199	66.83
	老年期	5/7	71.43	4/7	57.14	—	—	9/14	64.29
	成年	6/10	60	7/15	46.67	2/8	25	15/33	45.45
	總計	135/227	59.47	127/202	62.87	20/47	42.55	262/476	55.04

① 《滎陽西司馬墓地》附録一（杜百廉、于宏偉：《西司馬墓地出土人骨體質人類學研究》）表一統計數字與正文略有出入，本表以該報告正文内容爲主要依據。河南省文物考古研究院、鄭州市文物考古研究院、滎陽市文物保護管理中心編著：《滎陽西司馬墓地》，大象出版社 2016 年版。

② 該墓地部分可確定墓主性別墓葬未注明其所屬年齡段，故本表數據與上文數據略有出入。

　　表 1-23 少陵原尤其是西司馬墓地樣本數量比較少，故數值波動較大，不過仍能從中發現一些基本規律。總體而言，隨著死亡年齡的增加，無論男性女性，飯含比例都有所提高。這可能是隨著年齡的增加，墓主的經濟水平、社會地位提高，因而其家庭在喪葬活動方面更有餘裕。

小　　結

　　喪禮中的斂尸實口之物，早期被稱作"含"，約春秋中晚期始有"飯"的稱謂，二者無本質區別。戰國中晚期，有文獻飯、含並稱，且試圖對其作出區分。後世學者不知"飯""含"稱謂的發展歷史，以至治絲益棼。《儀禮·既夕·記》中貝"柱左顧右顧"，是講含時貝的位置，並非清儒所謂"使口開易含"。前人對《儀禮·士喪禮》含時覆面布巾"環幅不鑿"的解釋可能有誤。《士喪禮》載士含貝 3 枚，並非周代切實實行的禮儀，它經過了制禮者的改造。

　　葬前給死者口中含物的現象，我國新石器時代文化中就多有發現，二里頭及商文化的飯含葬俗，當是其繼承和發揚。商代早期飯含墓尚比較少見。晚商時此俗發展迅速，商文化主要墓地都有飯含墓發現，周邊如先周文化也接受了這一葬俗，爲其在西周時期的盛行奠定了基礎。西周時殷、周等部族的飯含禮俗繼續擴張；西周中期爲其頂峰時期；西周晚期不同墓地則呈現出不同的趨勢，有的地區出現衰落的迹象，而部分地區則仍在普及的過程中，此時口含物也愈加多樣化。

　　飯含葬俗的發展，主要體現在：①地域範圍的擴大；②飯含使用等級的下移及含墓所占比例的提高；③單墓口含物種類、數量的增加。雖有不斷下移的現象，該葬俗始終具有鮮明的等級性，飯含葬俗發展呈現出明顯的分層現象，這在材料豐富的曲村墓地可以看到；地域和族屬不同，飯含也有一定差异；性別和年齡則與之關係不大。

　　西周中期開始，應、晉、虢、芮、魯、曾等諸侯國宗室墓地，都不再以海貝爲口含物，而周人低等級墓及殷遺民墓等則仍流行含貝，表明前者有統一的規劃。這可能與周王室的"制禮"有關。禮書中的含貝習俗，可能是東周禮家採用的殷人習俗。

第二章　喪葬用牲

　　商代甲骨卜辭中多有祭祀天神、地祇、人鬼的内容，並記載了祭祀活動中規模龐大、形式多樣的用牲儀式，考古工作中也經常發現商周祭祀遺址。古人喪葬禮儀中亦有頗具規模的用牲行爲。本章即討論商周時期的喪葬用牲制度。第一節首先對東周文獻記載的喪葬用牲程序作一簡要介紹，作爲一窺商周制度的跳板；第二、三節分時代對商和西周考古材料略作分析。

第一節　先秦文獻中的喪葬用牲制度

一、"牲"之本義

　　《説文・牛部》："牲，牛完全。"①《穀梁傳》哀公元年："全曰牲，傷曰牛，未牲曰牛。"②則《説文》或本於《穀梁》。牲也可泛指用於祭祀或食用的家禽家畜，《左傳》昭公二十五年"爲六畜、五牲、三犧，以奉五味"③；《周禮・天官・膳夫》"凡王之饋，食用六穀，膳用六牲"，鄭注："六牲，馬、牛、羊、豕、犬、雞也。"④

---

① 許慎撰，徐鉉校訂：《説文解字》，中華書局 2013 年影印本，第 23 頁。

② 《春秋穀梁傳》卷 20，阮元校刻：《十三經注疏》，中華書局 1980 年影印本，第 2448 頁。

③ 杜預注"五牲"爲"麋、鹿、麇、狼、兔"，服虔以爲麇、鹿、熊、狼、野豕，皆爲野生動物，孫詒讓已駁之，此五牲當即牛、羊、豕、犬、雞。《春秋左傳正義》卷 51，阮元校刻：《十三經注疏》，中華書局 1980 年影印本，第 2107 頁。孫詒讓：《周禮正義》卷 7，中華書局 1987 年版，第 258 頁。

④ 《周禮注疏》卷 4，阮元校刻：《十三經注疏》，中華書局 1980 年影印本，第 659 頁。

文獻中的"牲"，一般不包括野生動物①。不過，周代舉行某些祭祀活動前，有"射牲"儀節。《國語·楚語》"天子禘郊之事，必自射其牲"②；《周禮·夏官·射人》"祭祀則贊射牲"③，又《夏官·司弓矢》"凡祭祀，共射牲之弓矢"。鄭注《司弓矢》曰："射牲，示親殺也。殺牲非尊者所親，惟射爲可。"④實則射牲這一環節，意在表明祭祀用牲是祭主親自狩獵所得，這應是上古田狩後將獵物獻給祭祀對象的遺制⑤。由此推測，"牲"原本並不限於畜養的禽獸，也包括野生動物。我們懷疑，"牲"的本義，是指田獵捕獲的尚未死亡的動物，即"生"。祭祀活動開始前，這類"祭品"還有生命，作爲食物自然最爲新鮮，最能表達對祭祀對象的尊崇。家畜因之名曰"生"。後世畜養的牛成爲最重要的動物祭品，故"生"加義符"牛"，變爲而今常用的"牲"字，其本義愈加隱晦不明了。牲字含義的變化，反映了狩獵經濟在社會生活中的比重日漸縮小。

不過周人祭祀時用野生動物，則是確定無疑的。喪葬祭祀自然也不例外，如《周禮·天官·獸人》"凡祭祀、喪紀、賓客，共其死獸生獸"，獸人的主要職責即"掌罟田獸"⑥；《天官·腊人》"掌乾肉，凡田獸之脯腊膴胖之事"，

---

① 　在翻檢文獻的過程中，僅發現《周禮·夏官·大司馬》有"大祭祀饗食羞牲魚授其祭"，鄭注"牲魚，魚牲也"（《周禮注疏》卷 29，阮元校刻：《十三經注疏》，中華書局 1980 年影印本，第 839 頁）。該句句意不清，疑有闕文。總體而言，東周文獻中的"牲"均指家養動物。《周禮·天官·庖人》"掌共六畜、六獸、六禽"，孫詒讓正義："凡家物謂之牲，野物謂之獸"。孫詒讓：《周禮正義》卷 7，中華書局 1987 年版，第 257～258 頁。

② 　徐元誥：《國語集解》卷 18，中華書局 2002 年版，第 519 頁。

③ 　《周禮注疏》卷 30，阮元校刻：《十三經注疏》，中華書局 1980 年影印本，第 846 頁。

④ 　《周禮注疏》卷 32，阮元校刻：《十三經注疏》，中華書局 1980 年影印本，第 856 頁。

⑤ 　金祥恒據甲骨所繪"象祭祀射牲之圖畫文字"（按，見《合集》39460，郭沫若主編、胡厚宣總編輯：《甲骨文合集》，中華書局 1978—1982 年版。後文一律簡稱《合集》，不再出注），以爲"殷之射牲，原於田狩。而後相沿，遂成爲禮"（金祥恒：《甲骨文射牲圖說》，《中國文字》第 20 册，1966 年；又《甲骨文獻集成》第 30 册，四川大學出版社 2001 年版，第 345～347 頁）。作者對甲骨文字的釋讀或許有偏差，但其對射牲的淵源推測不誤。

⑥ 　《周禮注疏》卷 4，阮元校刻：《十三經注疏》，中華書局 1980 年影印本，第 663 頁。

"喪紀共其脯腊凡乾肉之事"①。《儀禮·既夕》中大遣奠所陳五鼎中,即有腊、鮮獸各一鼎,腊、鮮獸皆爲野生動物,賈疏以爲鮮獸即兔。

總之,文獻記載的先秦喪葬用牲,既有家養動物,也包括狩獵所得。本書所謂用牲,家畜田獸均包括在内。

二、文獻中的喪奠用牲

緒論部分已介紹到,《儀禮·士喪》《既夕》中用牲的儀節包括小斂奠、大斂奠、朔月奠、薦新奠、遷祖奠、祖奠、大遣奠等。這些喪奠用牲情況如下。

1. 小斂奠

小斂奠,即小斂後所設之奠,《士喪》:"陳一鼎于寢門外","其實特豚,四鬐去蹄,兩胉,脊,肺"。即在寢門外設一鼎,鼎實爲一隻小豬。"四鬐",鄭注"鬐,解也。四解之,殊肩髀而已。喪事略"②,則四鬐指自牲體解下的前肢(肩)、後肢(髀)。去蹄的前後肢,與兩胉(即兩脅)、脊,共爲七體。將牲體分解爲上述七體即豚解。豚解較冠、婚禮等採用的體解——將七體又細分爲二十一體——簡略,故云"喪事略"。豚解七體與肺一同置入鼎内。用肺者,胡培翬以爲"肺,周人所尚"③。胡此説本於鄭玄,《儀禮·士昏禮》"陳三鼎于寢門外","其實特豚""舉肺""祭肺二",鄭注"肺者,氣之主也,周人尚焉"④;《儀禮·少牢饋食禮》"升牢心、舌",鄭注云"周禮祭尚肺,事尸尚心舌"⑤。

---

① 《周禮注疏》卷4,阮元校刻:《十三經注疏》,中華書局1980年影印本,第664頁。按《周禮·天官·庖人》"共喪紀之庶羞",鄭注:"喪紀,喪事之祭,謂虞祔也。"賈公彦疏解釋鄭注之依據曰:"凡喪,未葬已前,無問朝夕奠及大奠皆無薦羞之法,今言共喪紀庶羞者,謂虞祔之祭乃有之。"(《周禮注疏》卷4,阮元校刻:《十三經注疏》,中華書局1980年影印本,第661頁)事實上,葬前的儀節中也有供庶羞者,《天官·籩人》"喪事及賓客之事,共其薦籩羞籩",鄭注"喪事之籩謂殷奠時",賈疏:"殷猶大也。大奠、朔月、月半、薦新、祖奠、遣奠之類也。"(《周禮注疏》卷5,阮元校刻:《十三經注疏》,中華書局1980年影印本,第672頁)可知鄭注偶失,而將"喪紀"的範圍縮小了,它應包括自始死至葬後小大祥及禫祭居喪結束。

② 《儀禮注疏》卷36,阮元校刻:《十三經注疏》,中華書局1980年影印本,第1136頁。

③ 胡培翬:《儀禮正義》卷27,江蘇古籍出版社1993年版,第1726頁。

④ 《儀禮注疏》卷4,阮元校刻:《十三經注疏》,中華書局1980年影印本,第963頁。

⑤ 《儀禮注疏》卷47,阮元校刻:《十三經注疏》,中華書局1980年影印本,第1198頁。

鄭玄此説則來自《禮記·明堂位》"夏后氏祭心，殷祭肝，周祭肺"①。《明堂位》整齊制度雖不可盡信，但其所記"有虞氏祭首"，正與新石器時代墓葬流行隨葬豬頭或下頜的情形相同，"周祭肺"則同《士昏》《士喪》合，故其説或有所本。《素問·六節藏象論》"肺者氣之本，魄之處也"②，同書《痿論》"肺者藏之長也，爲心之蓋也"③，《史記·魏其武安侯列傳》"蚡以肺腑爲京師相"，張守節正義引吕廣云"肺爲諸藏之主"④。大概東周時期，用牲時動物内臟中肺受到特别重視。個中緣由，尚未可知。

2. 大斂奠

大斂奠，即大斂後所設之奠。《士喪》："陳三鼎于門外，北上。豚合升；魚鱄鮒，九；腊左胖，髀不升。其他皆如初。"鄭注："合升，合左右胖升於鼎。其他皆如初，謂豚體及匕俎之陳如小斂時，合升、四鬵亦相互耳。"⑤三鼎鼎實，豚與小斂奠同；魚或鱄或鮒，九條；腊用左胖，即豚解後僅用左側牲體，且不用後肢髀骨。這裏的"腊"，大遣奠鼎實有"腊"，鄭注"士腊用兔"，賈公彥疏："必知士腊用兔者，雖無正文，案《少牢禮》大夫'腊用麛'，鄭云：'大夫用麛，士用兔與?'以無正文，故云'與'以疑之。此亦云士腊用兔，雖不云'與'，亦同疑可知。但士腊宜小，故疑用兔也。"⑥按今本《少牢饋食禮》"腊一純而鼎，腊用麛"，鄭注無"大夫用麛，士用兔與"之文，可能有脱遺。敖繼公云："他篇腊不言其物，此云用麛者，經特於此見之乎?"⑦則敖氏以爲腊皆用麛。胡培翬則認爲："《既夕》注云士腊用兔，則用麛大夫禮，經特著其異者耳。"⑧《周禮·腊人》"掌乾肉，凡田獸之脯腊膴胖之事"，則腊所用之獸不止一類。大夫饋食腊用麛，經有明文；士喪禮腊用獸類，或經文成文時代"腊"

---

①　《禮記正義》卷 31，阮元校刻：《十三經注疏》，中華書局 1980 年影印本，第 1491 頁。

②　山東中醫學院、河北醫學院校釋：《黄帝内經素問校釋》卷 3，人民衛生出版社 1982 年版，第 143 頁。

③　山東中醫學院、河北醫學院校釋：《黄帝内經素問校釋》卷 12，人民衛生出版社 1982 年版，第 574 頁。

④　《史記》卷 107，中華書局 2014 年版，第 2440~2441 頁。

⑤　《儀禮注疏》卷 37，阮元校刻：《十三經注疏》，中華書局 1980 年影印本，第 1139 頁。

⑥　《儀禮注疏》卷 39，阮元校刻：《十三經注疏》，中華書局 1980 年影印本，第 1153 頁。

⑦　胡培翬：《儀禮正義》卷 37，江蘇古籍出版社 1993 年版，第 2257 頁。

⑧　胡培翬：《儀禮正義》卷 37，江蘇古籍出版社 1993 年版，第 2257 頁。

有約定俗成的特指(如有的文獻中"牲"特指牛。我們傾向於這種可能，以《儀禮》的細密程度，使用的腊如由不同動物乾成，而士所用與大夫不同，文中必然會有説明)，或本無特別規定。後文大斂奠所用"鮮"，即田獸，也有類似的情況。

腊用左胖，據大遣奠鼎實羊用"左胖"鄭注"反吉祭也"，賈疏鄭注云："以其特牲、少牢吉祭，皆升右胖，此用左胖，故云'反吉祭也'。"①

經文"髀不升"鄭無注，不過大遣奠鼎實中羊亦"髀不升"，鄭云："周貴肩賤髀。"②鄭注本於《禮記·祭統》"殷人貴髀，周人貴肩"③。又《少牢饋食禮》"司馬升羊右胖，髀不升"，鄭注："升，上也。上右胖，周所貴也。髀不升，近竅賤也。"④按少牢禮中羊牲體解，其後肢被分解爲髀、膞、骼⑤，僅髀不升，由此推測，鄭玄髀"近竅賤"的説法可信。

3. 朔月、月半奠，薦新奠，遷祖奠，祖奠

朔月奠即每月朔日所設奠。經文又有"月半不殷奠"，殷，盛也，則士月半如朝夕奠，不加盛。鄭注以爲大夫以上方可月半殷奠，即月半奠，月半奠如朔月奠。朔月奠"用特豚、魚、腊，陳三鼎如初"，鄭注"如初者，謂大斂時"⑥，則朔月、月半奠與大斂奠同。薦新即有新收穫的五穀或瓜果等進獻於逝者，也設奠如朔月。甲骨文中常見卜問用兕、虎等田獵鳥獸祭祀父祖等祖先神，也有貴族臣僚向王室進獻鹿、麇等獸的記載⑦。由此推測，商周時候貴族

---

① 《儀禮注疏》卷 39，阮元校刻：《十三經注疏》，中華書局 1980 年影印本，第 1153 頁。

② 《儀禮注疏》卷 39，阮元校刻：《十三經注疏》，中華書局 1980 年影印本，第 1153 頁。

③ 《禮記正義》卷 49，阮元校刻：《十三經注疏》，中華書局 1980 年影印本，第 1605 頁。

④ 《儀禮注疏》卷 47，阮元校刻：《十三經注疏》，中華書局 1980 年影印本，第 1197 頁。

⑤ 牲體後肢體解後的稱謂，經無明文，或以爲肫(膞)、胳(骼)、觳，或以爲髀、膞、骼。我們同意後一種説法。凌廷堪：《禮經釋例》卷 5《飲食之例下》，北京大學出版社 2012 年版，第 127~128 頁。胡培翬：《儀禮正義》卷 37，江蘇古籍出版社 1993 年版，第 2367~2368 頁。

⑥ 《儀禮注疏》卷 37，阮元校刻：《十三經注疏》，中華書局 1980 年影印本，第 1142 頁。

⑦ 楊升南、馬季凡：《商代經濟與科技》，中國社會科學出版社 2010 年版，第 281~282 頁。

如果在辦理喪事期間獲得田獸，也必然會舉行"薦新"禮。

遷祖奠爲朝祖即棺柩由殯宮遷至祖廟後，天明所設，其用牲也與大斂奠同。如有祖、禰二廟，則先朝禰廟，禰廟設奠如小斂。

設遷祖奠當日過午，則行祖禮，象人生前出行所行祖禮。祖前"徹奠，巾、席俟于西方"；祖後"布席，乃奠如初"，是爲祖奠①。祖奠的設置同於大斂奠。

4. 大遣奠

士禮喪奠中，大遣奠用牲最豐富："陳鼎五于門外如初，其實：羊左胖，髀不升，腸五，胃五，離肺；豕亦如之，豚解，無腸胃；魚、腊、鮮獸皆如初。"鄭玄注："士禮特牲三鼎，盛葬，加一等用少牢也。如初，如大斂奠時。"②

與大斂奠相比，大遣奠除增加羊牲外，豬牲也由豚(小豬)改爲豕(成年豬)。羊鼎內腸五、胃五當爲所用羊牲之腸胃。《少牢饋食禮》羊牲腸、胃各三，可知二者均爲選取牲體部分腸胃作祭品。

以上爲諸奠用牲種類及處理方法。設奠時，先由執事即專門負責人員將煮好肉的鼎抬至庭中阼階前，"載"即將鼎實撈出移至俎上。俎上牲體的擺放也有規定，如小斂奠的擺放次序爲"兩髀于兩端，兩肩亞，兩胉亞，脊、肺在於中"③，牲體都是反扣在俎上，且使骨的根部朝前；大斂奠等用魚則頭朝左，脊向前，擺成三列，腊則骨根部朝前。布置完畢後，執俎等待進獻。進獻時祝執醴在先，執酒、脯醢等人次之，執俎者最後。醴酒脯醢與俎等奠於地，以及撤奠，均有一定之規，不再贅述。

從經文看，由小斂至下葬，士喪用牲種類有羊、豬(豚、豕)、魚，以及田獸及其製品腊。用牲數量，則與設奠數目有關。按士喪禮小斂、大斂，以及大遣皆設奠一次；遷祖奠的數量則與廟數有直接關係；據《儀禮·士虞禮·記》"死三日而殯，三月而葬"④，則朔月奠一般需 2 次；薦新的數量，據賈疏

① 《儀禮注疏》卷 38，阮元校刻：《十三經注疏》，中華書局 1980 年影印本，第 1149~1150 頁。

② 《儀禮注疏》卷 39，阮元校刻：《十三經注疏》，中華書局 1980 年影印本，第 1153 頁。

③ 《儀禮注疏》卷 36，阮元校刻：《十三經注疏》，中華書局 1980 年影印本，第 1137 頁。

④ 《儀禮注疏》卷 43，阮元校刻：《十三經注疏》，中華書局 1980 年影印本，第 1175 頁。

"案《月令》仲春'開冰，先薦寢廟'，季春云'薦鮪于寢廟'，孟夏云'以彘嘗麥，先薦寢廟'，仲夏云'羞以含桃，先薦寢廟'，皆是薦新"①，大概春夏秋薦新比較頻繁，冬季可能略少，士三月而葬，恰經一季，其薦新可能也在 1~3 次或略多。據此，列士喪禮葬前諸奠用牲數量如表 2-1。

表 2-1 《士喪禮》諸奠用牲數量

用牲種類	小斂奠	大斂奠	朔月奠	薦新奠	遷祖奠	祖奠	大遣奠	合計
羊							1	1
豕							1	1
豚	1	1	2	1~3	1~2	1		7~10
魚		9	18	9~27	9	9	9	63~81
腊		1	2	1~3	1	1	1	7~9
鮮							1	1
總計	1	11	22	11~33	11~12	11	13	80~103

據表 2-1，葬前三月，士喪禮用羊 1 頭，豬 8 頭以上，腊、鮮用獸 8 頭以上，魚 63 條以上，其數量還是相當可觀的。而大夫級貴族，喪奠用牲從特牲改爲少牢；朔月奠外加月半奠，葬期也改作五月；廟制較士多二廟：其消費愈加龐大。無論國君、天子。

所用之牲，除喪主具備，部分則來自賓客賵贈，這與喪禮贈含玉的情況相同。據《既夕》，祖奠之後，國君及賓客贈送財貨器物，經文"若奠"，"士受羊"，鄭注："賓致可以奠也。"賈疏："此釋所致之物或可堪爲□奠於祭祀者也。"②王士讓云："葬日遣奠，爲奠之最盛，故親者致其奠物，以供奠用。"③又經文"兄弟賵、奠可也"，鄭注："兄弟，有服親者，可且賵且奠，許其厚也。"賈公彥疏："《喪服》傳云凡'小功以下爲兄弟'，既言兄弟，明有服親者

① 《儀禮注疏》卷 37，阮元校刻：《十三經注疏》，中華書局 1980 年影印本，第 1142 頁。

② 《儀禮注疏》卷 39，阮元校刻：《十三經注疏》，中華書局 1980 年影印本，第 1152 頁。

③ 胡培翬：《儀禮正義》卷 29，江蘇古籍出版社 1993 年版，第 1873 頁。

也。知非大功以上者，以大功以上有同財之義，無致賵奠之法。"①胡培翬謂："此'兄弟'對'所知(按即下經文"所知則賵而不奠")'言，則大功以上，小功以下，及外姻有服者，皆統之矣。"②考鄭注"有服親者"，賈疏求之過深，當以胡培翬正義爲是。如此喪主之"兄弟"多矣，而大遣之奠所用有限，可知經文"兄弟賵、奠可也"之奠，不限於大遣奠，此句於經文屬於插叙。插叙的現象，在《儀禮》中比較常見。上文"薦新奠"部分也講到甲骨文中有贈獻田獸的記録，其中可能會有用於喪奠者。

三、"苞牲"

(一)苞牲的涵義

《禮記·雜記》："大夫之喪，既薦馬，哭踊，薦馬者出，乃包奠。"③"包奠"即《既夕》之"苞牲"。據《既夕》，大遣奠設畢，主人哭踊，甸人抗重出門立於道左，之後薦馬，送葬之車依次出門外駕馬；徹者入，"徹巾，苞牲，取下體，不以魚、腊"。《雜記》《既夕》兩處經文顯示，大夫與士均有"苞牲"儀節，且其基本程序相同。

鄭注《既夕》："苞者，象既饗而歸賓俎者也。取下體者，脛骨象行，又俎實之終始也"；"《雜記》曰：'父母而賓客之，所以爲哀'"④。鄭玄引《禮記·雜記》，意在證明苞牲的象徵意義，《雜記》云：

> 或問於曾子曰："夫既遣而包其餘，猶既食而裹其餘與？君子既食，則裹其餘乎?"曾子曰："吾子不見大饗乎？夫大饗，既饗，卷三牲之俎歸于賓館。父母而賓客之，所以爲哀也。子不見大饗乎?"⑤

---

① 《儀禮注疏》卷39，阮元校刻：《十三經注疏》，中華書局1980年影印本，第1153頁。
② 胡培翬：《儀禮正義》卷29，江蘇古籍出版社1993年版，第1877頁。
③ "哭踊薦馬者出"原作"薦馬者哭踊出"，據楊天宇説改。《禮記正義》卷40，阮元校刻：《十三經注疏》，中華書局1980年影印本，第1551頁。楊天宇：《禮記譯注》，上海古籍出版社2004年版，第513頁。
④ 《儀禮注疏》卷39，阮元校刻：《十三經注疏》，中華書局1980年影印本，第1154頁。
⑤ 《禮記正義》卷42，阮元校刻：《十三經注疏》，中華書局1980年影印本，第1562頁。

楊天宇將此段經文翻譯如下：

> 有人問曾子道："已經設遣奠祭奠過死者了，而又包裹遣奠所餘的牲體送葬，這不是如同賓客被招待酒食之後還要把剩餘的牲肉裹帶走嗎？作爲君子吃了別人的酒食還應該把剩餘的牲肉裹帶走嗎？"曾子說："您沒有看見過大饗賓客之禮嗎？在大饗禮上款待過賓客之後，還要包裹俎上所剩的三牲之肉送到賓客的館舍中。自己的父母而現在只能像賓客一樣對待，這正是孝子所悲哀的。您難道沒有看見過大饗賓客之禮嗎？"①

《儀禮·士冠禮》冠禮畢主人醴賓時，向其進獻載有牲肉的俎，賓出後，主人要"歸賓俎"，即派人將醴賓用的牲肉送到賓家；《儀禮·公食大夫禮》禮畢即"有司卷三牲之俎，歸于賓館，魚、腊不與"②：二者皆饗賓後，將進於賓的牲肉送至賓之住所。《公食大夫禮》"卷三牲之俎歸于賓館"文正與《雜記》同。如此看來，東周時期饗醴之後，皆有類似的内容，至少儒家制定的禮儀活動中包含此儀節。《既夕》遣奠苞牲，即對此儀節的模仿，所謂"事死如生"，曾子之說大致是正確的。

鄭注《既夕》"取下體"云"取下體者，脛骨象行，又俎實之終始也"，賈疏"取下體者，脛骨象行"云："以父母將行鄉壙，故取前脛後脛下體行者以送之，故云象行也。"③按鄭此說實爲附會。敖繼公謂"取下體，爲其皮骨多，差可以久也"；郝敬則以爲"體取下，近足脛者小，納壙中便也"④；孔廣林與敖繼公說近⑤。按敖、郝諸說也不確。苞牲取下體的原因，鄭玄"俎實之終始也"略近其實。

對於鄭玄這句解釋，賈公彦云："此盛葬奠用少牢，其載牲體亦當與少牢同。案《少牢》載俎云'肩、臂、臑、膊、骼在兩端'，又云'肩在上'。以此言

---

① 楊天宇：《禮記譯注》，上海古籍出版社 2004 年版，第 543 頁。

② 《儀禮注疏》卷 25，阮元校刻：《十三經注疏》，中華書局 1980 年影印本，第 1083 頁。

③ 《儀禮注疏》卷 39，阮元校刻：《十三經注疏》，中華書局 1980 年影印本，第 1154 頁。

④ 胡培翬：《禮記正義》卷 30《既夕禮》，江蘇古籍出版社 1993 年版，第 1890 頁。

⑤ 孔廣林：《儀禮臆測》卷 13，《山東文獻集成》編纂委員會編：《山東文獻集成》第 2 輯，山東大學出版社 2007 年版，第 1 册，第 119 頁。

之，則肩、臂、臑在俎上端，爲俎實之始，膊、胳在俎下端，爲俎實之終。"①
按前肢體解後分爲肩、臂、臑三部分，後肢體解後載於俎者爲膊(《特牲饋食
禮》作"肫"，二者音近意同)、胳。賈疏以《少牢》俎上牲體的擺放位置例士喪
大遣奠，大致是可靠的；不過遣奠牲體採用的是豚解而非體解，故大遣奠俎上
下兩端爲未經割解的前後肢。

　　按賈疏對遣奠羊牲割解方法的解釋，前後文並没有統一。其疏大遣奠"羊
左胖"鄭注"言左胖者，體不殊骨也"云：

　　　　"言左胖者體不殊骨也"者，既言左胖，則左邊共爲一段，故云"體不
　　殊骨"。雖然，下云"髀不升"，則除髀以下，膊、胳仍升之，則與上肩、
　　脅、脊别升，則左胖仍爲三段矣。②

賈意經文言"左胖"，則牲體左側不再分解，作爲一整段，即"體不殊骨"；但
經文又有"髀不升"，因髀靠近後竅，故不用，將其除去則後肢膊胳與牲體脱
離，因此左胖分爲脊脅以上、膊胳以下，以及髀三段。

　　此段賈公彦理解的割解方式，既非體解，亦非豚解。且既云"不殊骨"，
左胖共爲一段，又云"除髀"，左胖解而爲三，以至於自身矛盾無法調和。

　　黄以周以爲："鄭云'體不殊骨'者，謂羊用體解解之，而不殊絶其骨，使
左胖仍連爲一段，至苴乃折之也。"③按黄説可疑，既云"解"，何以不絶其骨，
且其説並任何無直接證據，實爲臆度。

　　陳祥道、褚寅亮、胡培翬等以爲羊與豕同，用豚解之法④。胡培翬云：

　　　　案《特牲·記》云"正脊二骨""長脅二骨"云云，是體皆殊骨矣。此用
　　豕(豚)解之法，解爲七體。去右不用，則爲四體。每體骨相連，故知言
　　左胖爲體不殊骨也。⑤

---

　　①　《儀禮注疏》卷39，阮元校刻：《十三經注疏》，中華書局1980年影印本，第1154
頁。
　　②　《儀禮注疏》卷39，阮元校刻：《十三經注疏》，中華書局1980年影印本，第1153
頁。
　　③　黄以周：《禮書通故》第11《喪祭通故》，中華書局2007年版，第563頁。
　　④　淩廷堪：《禮經釋例》卷5《飲食之例下》，北京大學出版社2012年版，第128～129
頁。黄以周：《禮書通故》第11《喪祭通故》，中華書局2007年版，第563頁。
　　⑤　胡培翬：《儀禮正義》卷30，江蘇古籍出版社1993年版，第1881～1882頁。

按《特牲饋食禮·記》云"尸俎：右肩、臂、臑、肫、胳、正脊二骨、横脊、長脅二骨、短脅"，鄭注："士之正祭禮九體，貶於大夫，有併骨二，亦得十一之名，合少牢之體數。此所謂'放而不致'者。"①按牲體豚解則爲七體，左胖"去右不用"，餘左側前後肢、左脅及脊；體解則四體各分解爲三段，共十二體，而後肢僅用膞、胳二段，故餘十一體。"右胖"同，《儀禮·有司》記大夫少牢饋食禮"載右體：肩、臂、肫、胳、臑、正脊一、脡脊一、横脊一、短脅一、正脅一、代脅一"②，即用右胖十一體。鄭玄認爲士級貴族祭祀時低於大夫，牲體只能用九體(即舍去脡脊與代脅)，故《特牲饋食》通過"殊骨"之法，即將正脊、長脅(即《有司》"正脅")進一步分割，各取二骨，"亦得十一之名"，也就是效仿大夫級禮制而不至於與其相同("放而不致")。而遣奠羊牲僅言"左胖"，不似《特牲饋食禮》不直言"右胖"而叙各部位名稱，故知其除髀外左胖盡用而不必"殊骨"。

鄭注"苞牲取下體"又云"前脛折取臂、臑，後脛折取胳"，既謂"折取"，可知非體解；又鄭玄云"俎實之終始"，意即脛骨位於俎之兩端。豕載於俎後，脛骨置於兩端，則羊亦當如是。由此推測，羊牲也應採用豚解，特去髀而已。

之所以説羊、豕脛骨位於俎之兩端，經文並無明言；不過《儀禮》通例，載於俎之牲體，其放置順序，由兩端至中間依次爲後脛、前脛、脅、脊，之後是腸胃，若有心肺則居中。如小斂奠時，特豚載俎由兩側至中依次爲兩髀、兩肩、兩胉、脊、肺；賈公彦疏鄭注"俎實之終始也"引《少牢饋食禮》同，見上文。

食用俎實也有一定之規，進食基本採用由中間至兩端，即内臟先於脊脅，脊脅先於脛骨的順序。凌廷堪云："凡尸飯，舉脊爲食之始，舉肩爲食之終。"③即此規律的總結。

由上述討論，就可以理解經文"取下體"的原因了。饗賓之時，賓以自内而外的順序食俎上牲肉，因此最有可能剩下的，就是位於兩端的前後脛，之後是脅脊。因此"既饗而歸賓俎者"自然前後脛爲先。苞牲象"既饗而歸賓俎"，也以"取下體"最合理。前人諸説，臆斷的成分居多。

---

① 《儀禮注疏》卷 46，阮元校刻：《十三經注疏》，中華書局 1980 年影印本，第 1192 頁。

② 《儀禮注疏》卷 49，阮元校刻：《十三經注疏》，中華書局 1980 年影印本，第 1207 頁。

③ 凌廷堪：《禮經釋例》卷 9《祭例上》，北京大學出版社 2012 年版，第 240~241 頁。

“苞牲”是對饗禮儀節的模仿，是古人“事死如生”觀念的體現。

（二）苞牲的形式

《既夕》“陳明器於乘車之西”，所陳器物中，有“苞二”，鄭注：“所以裹奠羊豕之肉。”賈公彥疏：“下文既設遣奠，而云‘苞牲取下體’，故知苞二‘所以裹奠羊豕之肉也’。”①“苞”的形制，《記》云“葦苞，長三尺，一編”，鄭注：“用便易也。”賈疏：“言‘便易’者，葦草既長，截取三尺，一道編之，用便易故也。”②即苞用葦草編成，長三尺，一道編繩。以戰國一尺約 23 釐米計，其長度約 70 釐米。

經文苞牲“不以魚、腊”，鄭注：“非正牲也。”故所苞僅羊、豕二牲。公食大夫禮中，歸三牲之俎於賓館時，也是“魚、腊不與”。

又經文“取下體”，鄭注：“士苞三个，前脛折取臂、臑，後脛折取骼，亦得俎釋三个。”賈疏：

> 云“士苞三个”者，自上之差。案《檀弓》云“國君七个，遣車七乘，大夫五个，遣車五乘”，注云：“人臣賜車馬者乃得有遣車。遣車之差，大夫五，諸侯七，則天子九。諸侯不以命數，喪數略也。个謂所包遣奠牲體之數也。”《雜記》曰“遣車視牢具”，彼注云：“言車多少各如所包遣奠牲體之數也。然則遣車載所包遣奠而藏之者與？遣奠天子大牢包九个，諸侯亦大牢包七个，大夫亦大牢包五个，士少牢包三个。大夫以上乃有遣車。”以此而言士無遣車，則所包者不載于車，直持之而已。③

鄭注“俎釋三个”見於《士虞禮》和《特牲饋食禮》。前者經文作“舉魚、腊俎，俎釋三个”，鄭注：“釋猶遺也。遺之者，君子不盡人之歡，不竭人之忠。个猶枚也，今俗或名枚曰個。”④經文意於俎上取牲肉時，每俎要留“三个”。《特

---

①　《儀禮注疏》卷 38，阮元校刻：《十三經注疏》，中華書局 1980 年影印本，第 1148～1149 頁。

②　《儀禮注疏》卷 41，阮元校刻：《十三經注疏》，中華書局 1980 年影印本，第 1163 頁。

③　《儀禮注疏》卷 39，阮元校刻：《十三經注疏》，中華書局 1980 年影印本，第 1154 頁。

④　《儀禮注疏》卷 42，阮元校刻：《十三經注疏》，中華書局 1980 年影印本，第 1169 頁。

牲》"佐食盛胏俎，俎釋三個"義同，鄭注："所釋者，牲、腊則正脊一骨、長脅一骨及膚也，魚則三頭而已。個猶枚也。"①則鄭玄以爲留下的牲體數即個數。

對於鄭玄注"取下體"云"俎釋三個"，賈公彥認爲，升於鼎時，左胖羊牲已經割解爲兩段，即去掉後肢的左胖爲一段，去髀的後肢爲一段；取下體時，左胖的前肢折取臂、臑，後肢折取胳，故羊俎所剩仍爲兩段，即"兩個"；而豕俎本有左胖四體，折取臂、臑與胳後，仍有四段在俎，"若然，羊俎有二段，豕俎有四段，相通則二俎俎有三段，在故得爲俎釋三個"②。褚寅亮則以爲"取下體，正也，其餘取脊則釋脅，取脅則釋脊，從便也。俎上前脛留肩，後脛留膊，此外或脅或脊，科留其一，則每俎個釋三個矣"③，意即苞牲取下體的同時，也取脊脅。敖繼公不取鄭"俎釋三個"之意："折取下體，則是每牲之俎，猶有四段也。"④黃以周則認爲：

> 鄭注"羊左胖"云"體不殊骨"，謂羊雖體解而不殊絶其骨，遣奠用左胖而髀不升，止有肩脊脅三體，而三體仍連爲一胖，至時乃折之。然所折者，前取臂臑，後取胳，皆是下體，其肩脊脅三體仍釋在俎，故云"亦得俎釋三個"。⑤

按《士虞禮》和《特牲饋食禮》中的"俎釋三個"，是指在獻給尸（尸此時代表死者）食用和爲其準備的歸賓之禮（"實于筐"和"盛胏俎"）時，每俎上應留三塊牲肉。留牲肉的目的，在於虞禮和饋食禮完畢後，要"改饌於西北隅"，即在室內西北隅設陽厭。陽厭的目的，則是"不知鬼神之節，改設之，庶幾歆饗，所以爲厭飫也"⑥，"爲幽闇，庶其饗之，所以爲厭飫"⑦，希望改設之後，

---

① 《儀禮注疏》卷45，阮元校刻：《十三經注疏》，中華書局1980年影印本，第1184頁。
② 《儀禮注疏》卷39，阮元校刻：《十三經注疏》，中華書局1980年影印本，第1154頁。
③ 胡培翬：《儀禮正義》卷30，江蘇古籍出版社1993年版，第1891頁。
④ 胡培翬：《儀禮正義》卷30，江蘇古籍出版社1993年版，第1891頁。
⑤ 黃以周：《禮書通故》第11《喪祭通故》，中華書局2007年版，第564頁。
⑥ 《儀禮注疏》卷42，阮元校刻：《十三經注疏》，中華書局1980年影印本，第1170頁。
⑦ 《儀禮注疏》卷46，阮元校刻：《十三經注疏》，中華書局1980年影印本，第1191頁。

祭祀對象可以享用祭品。

前人對於鄭注的解釋，扭於"俎"爲遣奠之俎，遣奠俎上牲體之數不能與"三个"協和，故强爲之説，以至治絲益棼。實則鄭玄"亦得俎釋三个"，指的是苞牲牲體數量爲"三個"，即臂、臑、胳。遣奠撤奠，並不如虞禮和饋食禮般改饌，而是與前喪奠一樣，均設於序西南，這一點沈文倬已有詳細論述①。此前喪奠無俎釋三个之意，大遣奠自然也没有。而苞牲隨葬於墓壙内，是希望墓主能够"饗之"，它與陽厭目的相同，故鄭玄才引後者以例之。再從行文看，"士苞三个……亦得俎釋三个"，明顯説苞"也算得上"俎釋三个。對鄭注此句的誤解，導致前人關於此段經文的解釋多有舛誤。

不過，鄭玄謂士苞臂、臑、胳，是爲了對應"俎釋三个"，此説似並無確切來源，以之注"取下體"是否合理，是值得考慮的。

綜上，士喪禮的苞由葦草編成，長三尺，有一道編繩；前往墓地之前，有專人分別從遣奠羊、豕二牲俎中，取部分牲肉，置於苞，將其葬於墓内，模擬饗禮中饗賓後將牲肉送至賓住所的情景。

(三)墓内"苞"的位置

《既夕》窆後"藏器於旁，加見，藏苞、筲於旁"，鄭注"藏苞筲於旁"曰："於旁者，在見外也。不言甕、甒，饌相次可知。四者兩兩而居。"賈疏"兩兩而居"云："謂包、筲居一旁，甕、甒居一旁。"②"見"即荒帷。據經文，士喪隨葬筲三，分別盛有黍、稷、麥；甕三，分別盛有調味品醯、醢、屑；甒二，分別盛醴、酒。賈公彥意，上述八件器物，加苞二，分別置於荒帷兩旁。

以上爲文獻中的喪葬用牲情況，商周墓葬中也多有用牲資料，下討論考古所見商周墓葬用牲。

第二節 商代的墓葬用牲

本節討論商代墓葬用牲制度，同時對其來源也略作推測。

---

① 沈文倬：《對〈士喪禮、既夕禮中所記載的喪葬制度〉幾點意見》，《考古學報》第2册，科學出版社1958年版。
② 《儀禮注疏》卷40，阮元校刻：《十三經注疏》，中華書局1980年影印本，第1157頁。

一、墓葬用牲習俗的轉變期——二里頭至商代早中期

(一)二里頭至商代早期墓葬用牲

考古發現的墓內用牲，自新石器時代就已經存在。不過二里頭及商代早期墓葬發現用牲的現象，尚不多見。

偃師二里頭Ⅳ M26 時代在二里頭一期，墓內隨葬陶容器 5 件，墓主人骨"下面 0.4 米深的墓底北半部，有一堆雜亂的獸骨，半個牙床和幾根肢骨"，報告推測這種現象"可能跟葬俗有關"①。此葬俗可能與史前腰坑葬俗有關②，但其同後來常見的殉狗腰坑性質有一定區別，可能是一種放置隨葬品的特定方式。隨葬的獸骨，即牲肉遺留。

山西夏縣東下馮二里頭四期 M527、M528、M529 三墓均發現用牲現象。M527 墓內有人骨架三具，其中成年男性骨架一具，頭北向，在其上、下各有成年女性骨架一具，頭分別爲西北、東北向；"人骨架東側有人下頜骨一塊、豬下頜骨兩塊"。M528 成年男性頭向西南，其下有頭北向一兒童，"人骨架之下及其東南和西南兩邊，有散亂的狗骨骼兩堆、牛頭一個和牛腿一條。狗和牛，均各屬於同一個個體"，從平面圖看，隨葬牛腿骨是包括肩胛骨在內的前肢骨。M529 墓主爲一成年男性，頭南向，該墓還有屬於四個個體的羊骨架散亂地置於墓主西側③。M527、M528 墓內埋葬男性當爲墓主，其尸骨上下同葬的女性及兒童當爲陪葬，這同二里頭Ⅳ M26 隨葬品擺放方式類似。

山西垣曲商城 M16，時代約在二里崗下層時期，墓主爲一壯年男性，殉一人，墓西南角有銅爵和斝各一件，豬下頜骨一件。該墓墓室面積在 4 平方米以上，在早商墓中是比較罕見的，墓主當不低於中級貴族④。

鄭州商城 C8M2 隨葬銅器有罍、爵、盤、斝、鼎各一件，墓室填土中夾雜

---

① 中國社會科學院考古研究所編著：《偃師二里頭——1959—1978 年考古發掘報告》，中國大百科全書出版社 1999 年版，第 69 頁。

② 郭志委：《史前時期腰坑葬俗試析》，《考古》2014 年第 6 期。

③ 中國社會科學院考古研究所、中國歷史博物館、山西省考古研究所：《夏縣東下馮》，文物出版社 1988 年版，第 112~113 頁。

④ 中國歷史博物館考古部、山西省考古研究所、垣曲縣博物館編著：《垣曲商城(一)》，科學出版社 1996 年版，第 274 頁。

有凌亂的獸骨，可能是用牲遺迹①。其時代在二里崗上層一期。

武漢盤龍城樓子灣 PLWM3 時代約當二里崗上層一期晚段，隨葬銅鼎、斝、觚、爵等，墓主屬於中級貴族。在墓室二層臺上有一牛腿骨②。此外，楊家灣約當二里崗上層二期 PYWM19 殘存隨葬銅鬲、罍、尊、斝等，墓室西北角和東北角分別有兩具朽骨，報告以爲是殉人或殉牲③；稍早的 PYWM7、PYWM9 兩墓墓主骨盆或足端也有獸骨發現，不過它們應是腰坑、脚坑殉獸的遺迹④。

這幾座墓葬墓主均屬於貴族階層，用牲物種有羊、豬、牛、狗。其中羊的數量最多，不過出於一座墓；豬下頜骨是新石器時代最常見的墓葬用牲遺存，商周墓内所出豬下頜，以及牙床骨，應是承自新石器時代的葬俗；東下馮 M528 牛腿骨則開商代動物腿骨隨葬的先河。此時的墓葬用牲，在延續新石器時代習俗的同時，出現了新的元素。

(二) 商式墓内用牲葬俗的初步形成——商代中期

商代中期墓葬用牲較早期發現更多，並呈現出一定規律性。

安陽洹北商城 M19 出有狗肢骨和下頜骨，但其具體情況不明⑤，也有可能是腰坑或填土殉狗。侯家莊北地一號墓，墓主屬於王室成員，"甚至不排除是洹北商城時期的一位國王"，墓室殉葬的動物有馬、牛、豬、狗等，墓道還有馬、鹿的骨骼，可惜骨骼皆破碎，具體情況不詳⑥。

除腰坑殉狗外，河北藁城臺西遺址用牲墓 17 座，占總數 112 座的 15.18% 左右。用牲種類以狗居多，大多只有頭部、肢骨和下顎骨，M51 爲完整的小狗；其次是豬，有的是豬頭，有的爲腿骨；再次是羊，有的用羊頭，也有的是

---

① 河南省文物考古研究所編著：《鄭州商城：1953—1985 年考古發掘報告》，文物出版社 2001 年版，第 582~583 頁。

② 湖北省文物考古研究所編著：《盤龍城：1963—1994 年考古發掘報告》，科學出版社 2001 年版，第 372 頁。

③ 武漢大學歷史學院、盤龍城遺址博物院：《武漢市盤龍城遺址楊家灣商代墓葬發掘簡報》，《考古》2017 年第 3 期，第 21 頁。

④ 湖北省文物考古研究所編著：《盤龍城：1963—1994 年考古發掘報告》，科學出版社 2001 年版，第 231~232 頁。

⑤ 中國社會科學院考古研究所安陽工作隊：《1998 年—1999 年安陽洹北商城花園莊東地發掘報告》，劉慶柱主編：《考古學集刊》第 15 集，文物出版社 2004 年版，第 341 頁。

⑥ 中國社會科學院考古研究所安陽工作隊：《1978 年安陽殷墟王陵區侯家莊北地一號墓發掘報告》，《江漢考古》2017 年第 3 期。

肩胛骨和腿骨(袁靖推測，肩胛骨和腿骨同出者爲羊的前腿①)；另 M105 用雞。一般墓内用牲一種，M102 用水牛角一對、羊肩胛骨一對、豬腿骨四隻。另 M102 墓旁設有"殉獸坑"，内有牛肢骨 120 隻、幼羊或豬肢骨 116 隻；M101 也有類似殉獸坑②。需要説明的是，這些牲體大多放在墓主頭前陶器内，如 M74 頭端陶罐内有狗骨，M79 狗骨則置於頭端二層臺陶簋内；也有的放在陶器一側的二層臺上，如 M85 在頭端二層臺陶簋兩側有豬頭骨，M102 的牛角、羊肩胛骨以及豬腿，也置於頭端二層臺陶罐兩側；M58、M73 則置於人架頭前或一側。

濟南大辛莊 11M11 頭端二層臺上陶鬲一件，内有動物骨骼③。其形式同臺西墓地基本相同。

上述諸墓，從墓葬等級上看，多爲中小貴族，少數墓未見銅或陶容器隨葬，可能屬於平民。此時用牲物種以狗最多；其次是豬、羊；喪葬用馬的現象，僅出現在高級大墓中，等級性很強，馬牲的等級性貫穿整個商周時期；臺西 M102 牛角與羊、豬肢體置於一處，表明它也是代表牲肉用的。肢解祭牲，並以部分肢體，尤其是頭骨和腿骨隨葬的特徵，較早商更爲明顯。隨葬牲體與陶器同置於頭端二層臺上，也是墓内用牲流行的特徵之一。這些規律性特徵表明，在商文化範圍内，喪葬用牲已經形成一定的制度。

(三)墓葬用牲習俗的轉變

"中國古代歷史上在隨葬和埋葬中大量使用動物的現象，其延續的時間之長，分布的地域之廣，選用的種類之特殊，使用的數量之多，在整個世界範圍内都是少見的。"④自新石器時代中期，使用動物隨葬，逐漸遍及國内各個區域，其中最主要的隨葬動物是豬。袁靖曾對新石器時代隨葬動物尤其是豬的現象作過廣泛搜集和研究，作者將隨葬豬的現象歸納爲五種形式，即整豬隨葬、隨葬豬頭骨等(包括頭骨和肢骨、下頷骨及肢骨和趾骨、下頷骨和肢骨、下頷骨和趾骨等)、隨葬豬下頷骨、隨葬豬牙等。同時指出，狗是當時隨葬使用較多的動物；隨葬綿羊的現象出現於新石器時代晚期和末期⑤。岡村秀典發現，

---

① 袁靖：《中國動物考古學》，文物出版社 2015 年版，第 221 頁。

② 河北省文物研究所編：《藁城臺西商代遺址》，文物出版社 1985 年版，第 111 頁。

③ 山東大學東方考古研究中心：《大辛莊遺址 1984 年秋試掘報告》，山東大學東方考古研究中心編：《東方考古》第 4 集，科學出版社 2008 年版。

④ 袁靖：《中國考古學》，文物出版社 2015 年版，第 188 頁。

⑤ 袁靖：《中國考古學》，文物出版社 2015 年版，第 189~219 頁。

新石器時代至商周時期，犧牲用動物經歷了從"豬優位"到"牛優位"的轉換，而這種轉換，大約發生在二里崗文化時期①。

目前所見二里頭及商代早中期墓葬用牲，從動物種類看，豬的比例下降；狗仍然是重要殉牲；羊的比例有所增加；牛則是中原地區新出現的重要牲種。岡村之說於墓葬用牲的情況也能成立。

從牲體部位看，此時多爲隨葬頭骨、下頜骨、肢骨，以及同時隨葬肢骨等（包括肢骨和頭骨、肢骨和下頜骨、肢骨和其他骨骼等）四類。整牲隨葬，除有特殊含義的殉狗外，比較少見。隨葬頭骨（包括下頜骨）的優勢下降，隨葬動物肢骨的現象則日益突出，藁城臺西 M102 竟用 240 隻肢骨，爲其典型。結合新石器時代及商周考慮，此時墓葬用牲體，似乎處在重頭向重肢的轉變階段②。

對於犧牲動物種類變化原因，岡村認爲"與對動物犧牲價值觀的轉變有關"，"從繁殖能力和能源效率等方面，豬的經濟效率最高，並可以小規模畜産形式獲得"，"大家畜的牛和馬是最不經濟的，但是，也正是因爲這一點，牛和馬成爲統治者權力的象徵物"，他們"被大量作爲犧牲，其經濟損失確實是巨大的，但通過蕩盡這巨大的財富，能使主辦這種祭祀的王的權威變得很高"③。"商代大規模的動物犧牲和以此爲目的的畜牧業的開始，意味著國家祭祀的形成和國家機構的成熟"④。

早商墓葬用牲牲體從重頭向重肢的轉變，當與上述情況類似。"從提供的肉量來看，肢骨明顯是動物身上經濟價值最高的地方，而頭骨一般含肉少，多僅具有象徵意義。"⑤用經濟價值高的物品隨葬，首先是生産水平提高的結果，其次，通過厚葬表達哀戚的同時，它是貴族彰顯階層經濟、社會地位的手段。經濟價值更高的牲腿在商代隨葬牲體的比重增加，是商代經濟發展、階級分化

①　［日］岡村秀典：《商代的動物犧牲》，劉慶柱主編：《考古學集刊》第 15 輯，文物出版社 2004 年版，第 216~235 頁。

②　李志鵬：《殷墟動物遺存研究》，中國社會科學院研究生院博士學位論文，2009年，第 101 頁。

③　［日］岡村秀典：《商代的動物犧牲》，劉慶柱主編：《考古學集刊》第 15 輯，文物出版社 2004 年版，第 216、222 頁。

④　［日］岡村秀典：《商代的動物犧牲》，劉慶柱主編：《考古學集刊》第 15 輯，文物出版社 2004 年版，第 216 頁。

⑤　李志鵬：《殷墟動物遺存研究》，中國社會科學院研究生院博士學位論文，2009年，第 101 頁。

愈加明顯、統治階級掌握更多剩餘産品的結果。

二、墓内用牲葬俗的高峰——商代晚期

晚商墓葬用牲，前人多有論述。此時用牲可分爲整牲埋葬、隨葬部分牲體和器實三類。

1. 整牲埋葬

整牲埋葬最常見的是腰坑及二層臺等處殉狗，這是商墓特徵之一，不贅述。其他動物主要有馬、牛、羊、豬、猴等，具體有如下幾例。

①1950 年發掘的武官村 M1 爲中字形大墓，墓室東側填土發現狗骨 4 具、鹿骨 1 具、猴骨 1 具，其他獸骨 9 具，西側狗骨 2 具、猴骨 2 具，其他獸骨 6 具①。其時代在殷墟二期。

②武官村北王陵東區 M260，該墓爲殷墟二期墓，傳出后母戊鼎，墓主可能是商王夫人妣戊。該墓盜擾嚴重，墓道底部及墓室填土發現馬、牛、羊、豬、狗等動物骨架，另墓室填土中有不能辨別種屬的禽獸骨架一具②。

③殷墟西區 M535、M1029 爲殷墟三期墓，前者隨葬陶觚、爵，後者出土陶觚、爵、鬲、簋等，墓主當爲小貴族或平民，墓室二層臺均發現豬骨 1 具③。

④西區 M698 爲甲字形墓，被盜，墓道臺階下隨葬馬一匹。該墓時代在殷墟四期，墓主爲高級貴族④。

⑤西區 M216、M217 均爲殷墟四期北向墓，前者隨葬陶器 17 件，包括仿銅陶器 9 件，後者被盜，兩墓屬於中小貴族，均於東二層臺上殉馬一匹，另一側二層臺殉人⑤。

⑥榕樹灣小區中小貴族 M1，時代在殷墟四期偏晚，該墓隨葬銅鼎、觚、

---

① 郭寶鈞：《一九五〇年春殷墟發掘報告》，《中國考古學報》第 5 册，中國科學院 1951 年版。

② 中國社會科學院考古研究所安陽工作隊：《殷墟 259—260 號墓發掘報告》，《考古學報》1987 年第 1 期。

③ 中國社會科學院考古研究所安陽工作隊：《1969—1977 年殷墟西區墓葬發掘報告》，《考古學報》1979 年第 1 期。

④ 中國社會科學院考古研究所安陽工作隊：《1969—1977 年殷墟西區墓葬發掘報告》，《考古學報》1979 年第 1 期。

⑤ 中國社會科學院考古研究所安陽工作隊：《1969—1977 年殷墟西區墓葬發掘報告》，《考古學報》1979 年第 1 期。

爵各 2 件，另有觚、觶、卣、斝、罍等，在墓室東部，有一頭羊，壓在隨葬器物之下。同時隨葬器物間偶見雞骨①。

上述 6 例 8 墓均位於安陽殷墟，早期兩例爲王室近屬，每墓用牲數量、種類都較多，隨葬猴等應爲墓主的玩好之物，牛用於食用，馬和鹿或用於食用，也可能作爲畜力或玩好而殉葬。三期、四期幾座用馬墓等級相對也要高一些，用馬的目的，因材料不够詳細，不能作出推論；羊牲或置於填土，或與容器同置於二層臺，與下文牲腿隨葬位置相同，與用豬者同取其食用價值，其墓葬等級都相對略低。

總體而言，殷墟地區用整牲隨葬的現象十分少見，這同早商以來是一脉相承的。以整隻大型牲口如馬、牛隨葬只見於中高級貴族，尤其是大貴族墓，中小貴族墓的整牲只有羊和豬。從時代上看，這些以羊、豬整牲隨葬的中小貴族墓均屬於殷墟晚期，一期、二期不見，這種葬俗或許不是由商代早中期傳承而來，更可能是殉牲方式的新嘗試。這種嘗試可能是殷人經濟水平進一步提升的表現，不過顯然它並沒有普及開來。

殷墟墓葬中，魚也是整條隨葬的，雞也有整隻隨葬者，不過其形體過小，與上述用牲有明顯差別，故將其歸於牲體隨葬一同討論，後文同。

2. 隨葬部分牲體

隨葬部分牲體，是商墓主要的用牲方式，用牲種類主要是羊、牛、豬，以馬、狗、雞肢體隨葬的現象也有，但比較少見。此外，也存在一些整魚整雞隨葬的現象，並論於此。

此時牲體選擇及組合，“主要是豬、牛、羊的腿骨單用，也比較多見其中二類或三類動物腿骨組合使用，馬的腿骨偶或一用”②。在研究殷墟地區隨葬動物骨骼時，林志鵬發現，所有墓葬隨葬的動物腿骨“無一例外都是家畜左前腿，頭骨與腿骨組合時如果是一對一的話一般是出自同一個體的家養動物。所有的牲腿的處理方式都是各段骨骼關節相連，未見砍割痕迹”，牲腿常見從肩胛骨到蹄末端的整個前腿，或不包括肩胛骨，“其他的則或爲前腿上段，比如肩胛骨與肱骨相連，或單獨一條肱骨，或者掌骨和其以下全部骨骼的前腿下段”③。

---

① 安陽市文物考古研究所編著：《安陽殷墟徐家橋郭家莊商代墓葬：2004—2008 年殷墟考古報告》，科學出版社 2011 年版，第 99 頁。

② 李志鵬：《殷墟動物遺存研究》，中國社會科學院研究生院博士學位論文，2009 年，第 96 頁。

③ 李志鵬：《殷墟動物遺存研究》，中國社會科學院研究生院博士學位論文，2009 年，第 96~97 頁。

牲腿的處理方式，與禮書"用左胖""貴肩"的記載一致，也證明經學家對經文"豚解""體解"注解的合理。不過《禮記·祭統》所謂"殷人貴髀，周人貴肩"則可能是東周學者據時人"貴肩"而臆造的。

牲首在家畜隨葬中也占有一定比例，還有牲首與牲腿的組合。頭和前腿並用時，二者可以來自同類動物，也可以是某一種類動物的牲頭與另一物種的前腿組合，不過其數量是對應的；還有"某一類動物的頭骨與前腿再與另一種動物的頭骨與前腿的組合，同類動物的頭骨和前腿一般來自同一個體的動物"[1]。

本書選取 1969—1977 年於殷墟西區、1982—1992 年於郭家莊西南[2]，以及 2004 年春於安陽大司空幾次大規模發掘的墓葬[3]，分期統計墓內的牲體隨葬情況，作出表 2-2(骨骼具體情況不明者未列入，表中"獸腿"表示未知動物種屬)。

表 2-2　殷墟西區、郭家莊、大司空墓地牲體隨葬情況

時期	殷墟西區	郭家莊	大司空
殷墟一二期	牛腿：M161 羊腿：M694 鷄腿：M610 豬腿+魚：M669	牛腿：M63、M231	牛腿：M158 羊腿：M2、M11、M356 獸腿：M281
殷墟三期	牛腿：M102、M172、M271、M478、M819 羊腿：M268、M357、M422、M531、M1011、M1139 豬腿：M999 獸腿：M52、M72、M74、M1124 牛頜骨+狗頭：M498	牛腿：M1、M19、M34、M232、M289 牛腿 3：M160 羊腿：83M1 魚：M106	羊腿：M166 狗腿：M360 獸腿：M32、M278

① 李志鵬：《殷墟動物遺存研究》，中國社會科學院研究生院博士學位論文，2009年，第 99 頁。

② 中國社會科學院考古研究所安陽工作隊：《1969—1977 年殷墟西區墓葬發掘報告》，《考古學報》1979 年第 1 期。中國社會科學院考古研究所編著：《安陽殷墟郭家莊商代墓葬：1982 年—1992 年考古發掘報告》，中國大百科全書出版社 1998 年版。

③ 中國社會科學院考古研究所編著：《安陽大司空：2004 年發掘報告》，文物出版社2014 年版。

续表

時期	殷墟西區	郭家莊	大司空
殷墟四期	馬腿：M699、M700 牛腿：M4、M86、M219、M221、M332、M473、M701、M713、M719、M729、M733、M1024 羊腿：M347、M220、M234、M235、M418、M429、M439、M609、M739、M1005、M1006、M1049、M1054、M1058、M1061、M1063、M1064、M1066、M1119、M1139、M1148 豬腿：M949、M950、M1120 狗腿：M640 魚：M667、M1115、M980 羊頭：M1048、M1057 狗頭：M1023 獸腿：M77、M288、M342、M368、M226、M978、M979、M1125 牛頭+牛腿：M275 豬頭+豬腿：M697 牛腿+羊腿：M267、M279、M363、M1112 羊腿+豬腿：M607、M616 牛腿+羊頭+豬上頜：M269	牛腿：M6、M31、M75、M98、M203、M201、M208、M209、M217、M220、M264	牛腿：M172 豬腿：M299 獸腿：M444 狗頭：M171 獸腿2：M34、M163 牛腿+羊腿：M58、M91、M225、M286、M301 羊腿+豬腿：M303 羊腿+狗腿：M34 羊腿+獸腿：M298 牛腿+羊腿+狗腿：M230、M412 豬腿2+羊腿+鷄：M126

　　上述三處墓地，均屬於族墓地，"大部分墓主的身份當屬於殷代社會中的平民"①。殷墟一期、二期諸墓所用牲體，絕大多數是一隻動物腿骨②。在目

① 中國社會科學院考古研究所安陽工作隊：《1969—1977年殷墟西區墓葬發掘報告》，《考古學報》1979年第1期。

② 據簡報公布墓葬登記表，殷墟西區M669出"魚骨架、豬腿骨"，不過我們懷疑魚骨架當爲M667所出，據簡報介紹，M667二層臺隨葬魚一條，而墓葬登記表並無顯示，可能録入時誤計於M669下。

前發現的殷墟一期、二期墓葬中，僅郭家莊東南文源緑島 M5 二層臺殉牛腿骨及馬頭①，范家莊東北地 M2、王裕口南地 M103 二層臺出牛腿、羊腿各一②，小屯村北 M18 二層臺及椁頂隨葬牛腿、豬腿各一③。四座墓隨葬銅容器均在 7 件以上，屬於中高級貴族。可見此時高級墓葬可以隨葬兩種牲體，而低等級墓葬一般多用一條牲腿。

殷墟三期隨葬兩件以上牲體者，郭家莊 M160 墓主屬於"顯赫的貴族"。此外，郭家莊東南金格賽地 M18 二層臺上牛、羊腿各一④，戚家莊東 M269 隨葬牛頭一、牛腿一、羊頭二、羊腿二⑤。前者被盜，不過墓室面積在 9 平方米以上，後者隨葬包括 4 件銅鼎在內的銅容器 19 件，均屬於高級貴族。此時隨葬牲體的等級差異仍相當明顯。表 2-2 中殷墟西區 M498 則是最早的陶器墓隨葬兩件牲體者。

殷墟西區和大司空四期墓隨葬牲體的種類和組合均有增加，這可能同墓區內部分墓墓主經濟水平提高、等級有所提升有關。但同時，陶器墓隨葬兩件以上牲體的現象也有增加，如大司空 M34、M163。這表明殷墓用牲在強調等級的同時，存在禮制下移的現象。

禮俗下移，實爲禮俗普及的表現之一。本書統計三區不同時期部分牲體隨葬的比例，作出表 2-3。該表也反映了晚商用牲葬俗的普及。

表 2-3　殷墟西區、郭家莊、大司空墓地部分牲體隨葬墓比例

墓地		一二期	三期	四期
殷墟西區	用牲墓	4	17	62
	墓葬總數	74	189	434
	百分比(%)	5.41	8.99	14.29

---

① 安陽市文物考古研究所編著：《安陽殷墟徐家橋郭家莊商代墓葬：2004—2008 年殷墟考古報告》，科學出版社 2011 年版，第 18 頁。

② 中國社會科學院考古研究所安陽工作隊：《河南安陽市殷墟范家莊東北地的兩座商墓》，《考古》2009 年第 9 期。中國社會科學院考古研究所安陽工作隊：《河南安陽市殷墟王裕口村南地 2009 年發掘簡報》，《考古》2012 年第 12 期。

③ 中國社會科學院考古研究所安陽工作隊：《安陽小屯村北的兩座殷代墓》，《考古學報》1981 年第 4 期。

④ 安陽市文物考古研究所編著：《安陽殷墟徐家橋郭家莊商代墓葬：2004—2008 年殷墟考古報告》，科學出版社 2011 年版，第 65 頁。

⑤ 安陽市文物工作隊：《殷墟戚家莊東 269 號墓》，《考古學報》1991 年第 3 期。

续表

墓地		一二期	三期	四期
郭家莊	用牲墓	2	8	11
	墓葬總數	15	59	69
	百分比(%)	13.33	13.56	15.94
大司空	用牲墓	5	4	17
	墓葬總數	55	43	147
	百分比(%)	9.09	9.30	11.56

殷墟西區用牲墓葬比例上升最爲明顯，郭家莊和大司空則變化不大，不過總體而言呈上升趨勢。

不同墓地用牲比例變化差异，表明區域間葬俗略有差别。這種差别，在用牲種類上表現的更加明顯。由表 2-2 可見，郭家莊墓地始終流行以牛腿殉葬，另有學者指出，商代不同分族墓葬二層臺上犧牲的種類是不同的①。同殷墟西區及大司空墓地相比，郭家莊墓地墓葬等級並無明顯高出的表現，因此，用牲種類更多的是同墓主家族有關。殷墟四期大司空村墓葬多用兩件以上牲體隨葬，且多爲不同物種，與郭家莊和殷墟西區又有所不同。1958—1961 年苗圃北地發掘的 85 座墓中，14 座墓隨葬魚，這些魚多數置於陶鬲內，少數放在二層臺上，報告以爲"用魚隨葬可能是居住在這一地點的殷人的一種習俗，或有其他特定意義"②。通過報告及附録墓葬登記表，可以確定用魚墓共 6 座，均屬殷墟二期，用魚是否成爲此地傳承有緒的習俗，尚需更多材料。

通過對牲腿的鑒定，林志鵬指出，"豬更多偏於 1 歲以下的幼年豬，黃牛和綿羊也都是未成年個體"；牲首"也都是未成年個體，而豬首則是以半歲以下的幼年個體爲主"："這種年齡構成情況與史前豬牲多用幼年豬是一脉相承的"③。已有學者指出，隨葬牲體多來自未成年動物，可能同古人祭祀用牲

---

①　謝肅：《商文化墓葬二層臺上放置動物腿骨現象與"竁奠"禮比較研究》，《華夏考古》2009 年第 2 期。

②　中國社會科學院考古研究所：《殷墟發掘報告(1958—1961)》，文物出版社 1987 年版，第 213~214 頁。

③　李志鵬：《殷墟動物遺存研究》，中國社會科學院研究生院博士學位論文，2009 年，第 102 頁。

"尚幼"的禮制相合①。《儀禮》中大遣奠之前豬牲皆爲豚，遣奠及後來的虞祭、饋食皆用豕；《禮記·王制》"祭天地之牛角繭栗，宗廟之牛角握，賓客之牛角尺"②；《國語·楚語下》"郊禘不過繭栗，烝嘗不過把握"③。這些都表明時人用牲時會注意動物的年齡。

　　殷墟以外，鄭州商城人民公園一期 C7M7 棺上有肢解的狗頭與腿骨，C7M16 二層臺上狗頭 1 個④。兩墓均用狗，可能是早中期重狗向晚期過渡的表現，或者是地方特色，不過其用牲形式同殷墟地區一致。此外，河南鄭州黃河路⑤、輝縣⑥、滎陽胡村⑦、登封王城崗⑧、羅山天湖⑨、山西靈石旌介⑩、山東濟南劉家莊⑪、青州蘇埠屯⑫、滕州前掌大⑬、河北定州北莊子⑭、武安

---

① 馬蕭林、侯彥峰：《周原遺址齊家製玦作坊出土動物骨骼研究報告》，周原考古隊編著：《周原：2002 年度齊家村製玦作坊和禮村遺址考古發掘報告》，科學出版社 2010 年版，第 749 頁。

② 《禮記正義》卷 12，阮元校刻：《十三經注疏》，中華書局 1980 年影印本，第 1337 頁。

③ 徐元誥：《國語集解》卷 18，中華書局 2002 年版，第 516 頁。

④ 河南省文物考古研究所編著：《鄭州商城：1953—1985 年考古發掘報告》，文物出版社 2001 年版，第 888、891 頁。

⑤ 鄭州市文物考古研究院：《鄭州黃河路 109 號院殷代墓葬發掘簡報》，《中原文物》2015 年第 3 期。

⑥ 中國科學院考古研究所編著：《輝縣發掘報告》，科學出版社 1956 年版。

⑦ 賈連敏等：《河南滎陽胡村發現晚商貴族墓地》，《中國文物報》，2007 年 1 月 5 日，第 5 版。

⑧ 北京大學考古文博學院、河南省文物考古研究所編著：《登封王城崗考古發現與研究（2002—2005）》，大象出版社 2007 年版。

⑨ 信陽地區文管會、羅山縣文化館：《羅山蟒張後李商周墓地第二次發掘簡報》，《中原文物》1981 年第 4 期。

⑩ 山西省考古研究所、海金樂、韓炳華編著：《靈石旌介商墓》，科學出版社 2006 年版。

⑪ 濟南市考古研究所：《濟南市劉家莊遺址商代墓葬 M121、M122 發掘簡報》，《中國國家博物館館刊》2016 年第 7 期。

⑫ 山東省文物考古研究所、青州市博物館：《青州市蘇埠屯商代墓發掘報告》，張學海主編：《海岱考古》第 1 輯，山東大學出版社 1989 年版。

⑬ 中國社會科學院考古研究所編著：《滕州前掌大墓地》，文物出版社 2005 年版。滕州市博物館：《滕州前掌大村南墓地發掘報告（1998—2001）》，山東省文物考古研究所編：《海岱考古》第 3 輯，科學出版社 2010 年版。

⑭ 河北省文物研究所、保定地區文物管理所：《定州北莊子商墓發掘簡報》，《文物春秋》1992 年增刊。

趙窰等地①，墓葬使用動物部分肢體隨葬的現象，都與殷墟地區頗爲相似。表明商代晚期此類葬俗在商文化範圍內普及程度較高。

據袁靖等的鑒定，滕州前掌大墓地墓葬出土動物肢體也均爲前肢，但可能是左腿，也可能是右腿，同殷墟地區相似而不如後者嚴格；同時，一般小型墓僅隨葬一種動物前肢，且以豬爲主，中型以上的墓可以隨葬豬和羊、牛和羊、豬牛和羊的前肢；如隨葬兩種以上動物前肢，必用同側肢體；如隨葬多種動物的前肢，同一種動物前肢僅隨葬一條，這點同殷墟也是有差別的，如表 2-2 大司空墓地即有同時隨葬同種動物兩件牲腿者②。用牲的年齡，豬集中在 1~2 歲，同墓所出年齡比較接近；牛 2 歲左右；羊的年齡分別爲大於 3 個月的、2 歲左右的和小於 3.5 歲的，這點同殷墟地區相似。可以説，地方商文化墓葬用牲習俗，同殷墟地區基本相同而略有小异，可能是葬俗在傳播過程中發生了變异。

3. 器實

本書所謂器實，指置於隨葬銅、陶容器內的牲肉。隨葬容器內置牲肉的現象，在新石器時代墓葬即存在。如寶鷄北首嶺仰韶文化墓葬 77T2M17、77M14，前者陶罐內盛魚 2 條，77M14 陶罐內有完整的鷄 2 隻，"骨骼鬆散地與黑色的物質膠結混雜在一起，有可能是人們煎熟的菜肴的殘留痕迹"③。藁城臺西遺址墓地牲肉多有置於陶器內者，M74、M79 狗骨置於陶簋或罐裏，M105 陶豆內放一些鷄骨④。

殷墟地區器物內放置牲肉的現象也比較常見，不過多數報告介紹不够詳細，目前所見有如下幾例。

①上引殷墟苗圃北地及大司空以魚隨葬的墓共 15 座，其中有 7 座墓的魚置於陶鬲內，另有一些放在二層臺上。

②2004 年於安陽大司空發掘的 M420、M195 隨葬陶簋內有獸骨，前者時

① 該墓地 M17、M20 填土各出羊骨頭 1 具，M14 二層臺隨葬狗頭 1 具，M18 二層臺有魚與獸骨，似乎對動物頭骨比較重視，與藁城臺西墓地類似，但也有可能是受北方文化的影響。河北省文物研究所、河北文化學院：《武安趙窰遺址發掘報告》，《考古學報》1992 年第 3 期。

② 袁靖、楊夢菲：《前掌大遺址出土動物骨骼研究報告》，中國社會科學院考古研究所編著：《滕州前掌大墓地》，文物出版社 2005 年版，第 762~763 頁。

③ 中國社會科學院考古研究所編著：《寶鷄北首嶺》，文物出版社 1983 年版，第 146、148 頁。

④ 河北省文物研究所編：《藁城臺西商代遺址》，文物出版社 1985 年版，第 111 頁。

代在殷墟二期早段，後者在殷墟三期晚段；四期晚段 M19 陶豆内有獸骨 1 件，M193 陶盤内出獸骨。諸墓均無銅器隨葬，除 M19 墓室面積 3.3 平方米，其餘均在 2.5 平方米以下，墓主多爲平民階層。三期早段 M166 墓主當爲中小貴族，墓内隨葬有銅鼎 1 件、陶器 5 件，在隨葬器物上有羊腿 1 件，同時銅鼎内有小型動物骨骼①。

③郭家莊東南物華公寓 M38 時代在殷墟三期，隨葬陶鬲 2 件、簋、豆各 1件，陶鬲中有一小節羊骨②。

④郭家莊東南三期墓 M7 隨葬陶觚、爵、簋各 1 件，其中陶簋内有動物骨骼；四期晚段 M203 頭端二層臺牛腿骨 1 件，棺内頭端陶鬲内有牛骨，該墓隨葬銅觚、爵和 5 件陶器，墓主可能是小貴族③。

⑤劉家莊北地 M1046 時代在四期晚段，隨葬包括 4 件圓鼎在内的銅容器33 件，墓主屬於高級貴族，該墓用牲數量頗多，二層臺上有牛頭 1 件、牛腿 1件、豬頭 1 件、豬肋骨、羊頭 1 件、羊腿 1 件，墓室頭端器物下還有豬脊椎骨和肋骨數根。在一件圓鼎内發現有雞骨④。

⑥殷墟西區 M1713 時代在殷墟四期晚段，隨葬包括 4 件鼎在内的銅容器17 件，在頭端椁棺間隨葬容器上有牛腿、羊腿各 1 件，西二層臺南牛骶骨 1件，銅鼎内都有動物骨頭⑤。

⑦1950 年春在四磨盤村發掘的 M1，陶盆内有牛骨 1 件⑥。

此外，安陽孝民屯東南地部分墓葬的陶容器内發現動物肢骨⑦。

殷墟以外，地方商文化墓葬也可見到類似的情況。

---

①　中國社會科學院考古研究所編著：《安陽大司空：2004 年發掘報告》，文物出版社2014 年版，第 275、278、244 頁。

②　安陽市文物考古研究所編著：《安陽殷墟徐家橋郭家莊商代墓葬：2004—2008 年殷墟考古報告》，科學出版社 2011 年版，第 84 頁。

③　中國社會科學院考古研究所編著：《安陽殷墟郭家莊商代墓葬：1982—1992 年考古發掘報告》，中國大百科全書出版社 1998 年版，第 9、11 頁。

④　中國社會科學院考古研究所安陽工作隊：《安陽殷墟劉家莊北 1046 號墓》，劉慶柱主編：《考古學集刊》第 15 集，文物出版社 2004 年版，第 361 頁。

⑤　中國社會科學院考古研究所安陽隊：《安陽殷墟西區一七一三號墓的發掘》，《考古》1986 年第 8 期。

⑥　郭寶鈞：《一九五〇年春殷墟發掘報告》，《中國考古學報》第 5 册，中國科學院1951 年版。

⑦　中國社會科學院考古研究所安陽工作隊：《河南安陽市殷墟孝民屯東南地商代墓葬 1989—1990 年的發掘》，《考古》2009 年第 9 期。

（1）河南羅山天湖 M57，時代在殷墟三四期，墓主可能是息國貴族，隨葬包括鼎在內的銅容器 10 件，其中大圓鼎內有動物肩胛骨 1 塊，小圓鼎中有動物脊椎骨 1 條，體現出該墓地“與安陽殷墟、鄭州等地商文化的高度一致性和親緣性”①。

（2）山東青州蘇埠屯 M8 時代約在殷墟三期，爲甲字形大墓，墓主是高級貴族，隨葬銅方鼎 3 件、圓鼎 2 件等，這些鼎內多有動物骨骼②。

（3）山東滕州前掌大 M213 爲一中型墓，其時代在商代晚期，隨葬銅容器有鼎、甗、罍、簋、瓿 2 件、爵、斝 2 件等，其中二層臺上銅甗內有獸骨 3 塊③。

（4）西安老牛坡墓地 M28、M33，時代約當殷墟四期，M28 隨葬陶鬲 2 件、罐 1 件，其中一件陶鬲內有獸骨數塊；M33 隨葬銅瓿、爵各 1 件，陶鬲 2 件，其中一件陶鬲內有動物肋骨數塊④。

此外，鄭州黃河路 109 號院“兩座墓二層臺和部分陶容器內發現動物骨骼，主要爲羊或鷄”，其時代約在殷墟二三期⑤。

器實隨葬同上部分牲體隨葬現象有頗多相似之處，又有墓葬直接將動物肢骨等置於隨葬容器內⑥，故二者有時不易區分。不過它們的性質有一定差別，故分而述之。

通過上述諸例，大致可以總結晚商墓葬器實用牲的基本規律：時代貫穿整個商代晚期，殷墟以外商文化器實隨葬的現象時代略晚，形式則基本相同，部分應當由殷墟傳入；用牲種類有牛、羊、鷄、豬等，常用部位有肩胛骨、肢骨、脊椎骨、肋骨等，魚則整條隨葬；採用此葬俗的既有高級墓，也有平民墓，平民墓多以陶器如鬲、罐、簋、盤、豆、盆等隨葬牲體，高級墓則多在銅鼎內置入牲肉，這些器物基本多是祭饗活動中用來烹煮盛裝飯食牲羞的；有的

---

① 河南省文物考古研究院、信陽市博物館、羅山縣博物館：《河南羅山天湖商周墓地 M57 發掘簡報》，《華夏考古》2016 年第 2 期。

② 山東省文物考古研究所、青州市博物館：《青州市蘇埠屯商代墓發掘報告》，張學海主編：《海岱考古》第 1 輯，山東大學出版社 1989 年版。

③ 中國社會科學院考古研究所編著：《滕州前掌大墓地》，文物出版社 2005 年版，第 75 頁。

④ 劉士莪編著：《老牛坡——西北大學考古專業田野發掘報告》，陝西人民出版社 2002 年版，第 243、246 頁。

⑤ 鄭州市文物考古研究院：《鄭州黃河路 109 號院殷代墓葬發掘簡報》，《中原文物》2015 年第 3 期。

⑥ 中國社會科學院考古研究所編著：《殷墟發掘報告（1958—1961）》，文物出版社 1987 年版，第 213 頁。中國社會科學院考古研究所編著：《安陽大司空：2004 年發掘報告》，文物出版社 2014 年版，第 243 頁。

墓葬器實之外，在二層臺等處也放置動物牲體，二者應當來自不同個體。

第三節　西周的墓葬用牲

一、先周周人墓葬用牲

先周時期整個關中地區都不流行殉牲葬俗①。目前所見先周墓葬用牲者，僅有扶風北呂及長武碾子坡兩處墓地。北呂墓地 II 區 M15 隨葬陶鬲罐各 1 件，其中陶罐內有禽類骨骼；另本區 M2 墓主下肢左側隨葬羊腿 1 條②，IV 區 M254 填土內有祭肉。不過據雷興山的研究，後二者時代可能早不到先周。

碾子坡墓地 139 座先周墓中，有 7 座墓內置有牲肉，從殘留的碎骨看，都屬於小塊肉食。這些牲肉或放在二層臺上，或置於木棺上，M131、M189 兩墓則出於隨葬陶鬲內；M195 墓室填土內發現一堆淩亂的碎骨頭，其中有的骨頭上有砍砸痕迹，報告以爲是"將若干小塊祭食堆放在一起的"，碎骨之上 40 釐米的填土中還有身首分離的馬骨架③。此外，M1178 棺頂東南角發現獸骨一塊，上有砍砸和火燒痕迹，報告以爲祭肉腐朽後的殘餘④；M1158 墓主右腳下方隨葬雞 1 隻⑤。

上述諸墓時代均約商末周初，隨葬 1 件或 2 件陶器，墓主以平民爲主，碾子坡 M195 以馬隨葬，墓室面積 2.6 平方米左右，可能屬於小貴族。用牲物種可知的只有馬、雞兩種，其餘獸類、禽類多不詳；用牲方式有整牲隨葬如碾子坡 M195、小塊牲體以及器實三種。

商代墓葬常見的腿骨、頭骨等牲體隨葬的現象，先周墓中沒有發現，這或許與先周墓等級普遍偏低有關。不過從西周時期的周人墓不流行這類用牲方式看，先周應該相同。容器內置入牲肉，則商墓與先周墓二者皆有，考慮到西安

---

①　馬賽：《周原遺址西周時期人群構成情況研究》，北京大學中國考古學研究中心、北京大學震旦古代文明研究中心編：《古代文明》第 8 卷，文物出版社 2010 年版，第 145 頁。

②　寶雞市周原博物館：《北呂周人墓地》，西北大學出版社 1995 年版，第 49 頁。

③　中國社會科學院考古研究所編著：《南邠州·碾子坡》，世界圖書出版公司北京公司 2007 年版，第 237、266~267 頁。

④　中國社會科學院考古研究所編著：《南邠州·碾子坡》，世界圖書出版公司北京公司 2007 年版，第 252 頁。

⑤　中國社會科學院考古研究所編著：《南邠州·碾子坡》，世界圖書出版公司北京公司 2007 年版，第 259~260 頁。

老牛坡商墓也有陶器内隨葬牲肉的現象，推測先周葬俗可能由商文化傳播而來；但容器内隨葬牲肉自新石器時代已經存在，在材料有限的情況下，先周器實葬俗的來源，恐一時不能論定。

小塊牲體隨葬，晚商墓葬中也可見到，不過數量較少，商人多將此類牲肉置於隨葬器物間。安陽殷墟劉家莊北 M1046 二層臺隨葬牲腿、銅鼎内置鷄骨等外，在墓室東部器物下還有豬脊骨和肋骨數根①；榕樹灣小區 M1 墓内殉羊的同時，器物間偶見鷄骨；殷墟以外，河北武安趙窑遺址 M18 東二層臺陶鬲南魚骨一條，鬲北有碎獸骨出土；這些可能都是小塊牲肉隨葬的例子，前二墓時代在殷墟四期晚段，趙窑墓約在殷墟三期②。商周之間此類葬俗，似不能看出有直接的關係。

總體而言，先周周人的喪葬用牲制度，同殷墟地區有一定區別，看不出受後者的明顯影響。這或許是因爲商人用牲有一定的等級要求，普及率較低，在其内部並不如含貝、兵器隨葬般盛行，與周邊文化的"文化勢差"較小，故向外傳播的力度不大；而先周周人社會階級分化可能不够充分，中高級貴族階層不發達，故學習商人這一葬俗的意願不强烈。

二、西周墓葬用牲

隨著周王朝的建立，商、周部族的墓葬用牲習俗在地理範圍上進一步擴大，但二者仍有截然區別，下面分區介紹西周時期的墓葬用牲制度。

(一)關中及以西地區的墓葬用牲

1. 豐鎬地區商系墓葬用牲

該區墓地發掘簡報對隨葬動物介紹多過於簡略，不過仍可略見當地殷遺民的用牲習慣。

(1)整牲隨葬。

整牲隨葬的現象，在豐鎬地區殷人墓也不多見。1967 年張家坡發掘的 M22，時代屬於西周早期早段，二層臺填土發現羊骨架一具；M36 頭端填土則有完整鹿骨架一具出土。1984 年普渡村發掘的 M18，其時代在西周早期，墓主屬於中小貴族，墓室西二層臺馬頭骨一具，另西南二層臺有豬骨架一具③。三墓均屬

---

① 中國社會科學院考古研究所安陽工作隊：《安陽殷墟劉家莊北 1046 號墓》，劉慶柱主編：《考古學集刊》第 15 集，文物出版社 2004 年版。

② 李軒鵬：《冀中南地區商代墓葬研究》，吉林大學碩士學位論文，2015 年，第 25 頁。

③ 中國社會科學院考古研究所灃西發掘隊：《1984 年長安普渡村西周墓葬發掘簡報》，《考古》1988 年第 9 期。

張禮艷所劃分的第 3 等級墓，墓主身份"大概屬於士或與士相當的階層"①。

（2）牲腿隨葬。

以牲腿隨葬，是晚商商系墓比較有特色的葬俗，這爲豐鎬地區殷人墓所繼承。灃西地區先周時期殷人墓 83 灃毛 M1 有銅鼎、簋等隨葬，頭端二層臺上有陶鬲一件，獸腿骨一根②。1955—1957 年灃西 C 區張家坡墓地共發掘墓葬131 座，其中 6 座墓"放著整隻家畜的肢腿，有牛的、羊的和豬的"③。按時間劃分，西周早期墓 4 座，占同期墓總數 41 座的 9.76%；中期墓 1 座④，占同期總數 19 座的 5.26%；晚期 27 座墓中未見用牲腿者；另不能確定時代的墓葬 44座，其中 1 座有用牲腿的現象，約 2.27%。雖然統計數據樣本過少，但仍可反映出豐鎬地區以牲腿隨葬日漸衰落的情況。據我們統計，豐鎬地區明確以牲腿隨葬的墓，西周早、中、晚數量分別爲 10、3、2 座，其具體情況列表 2-4。

表 2-4　豐鎬地區西周墓葬牲腿隨葬情況

時代	牲腿隨葬情況
西周早期	牛腿：67SCCM87⑤ 羊腿：84M6⑥ 牲腿：SCCM178、SCCM187、SCCM402、SCCM162、87M19⑦ 牲腿 2：SCCM162 牛腿+羊腿：60M101⑧、67SCCM54

① 張禮艷：《豐鎬地區西周墓葬研究》，社會科學文獻出版社 2015 年版，第 221 頁。
② 中國社會科學院考古研究所豐鎬發掘隊：《長安灃西早周墓葬發掘記略》，《考古》1984 年第 9 期。
③ 中國科學院考古研究所編著：《灃西發掘報告》，文物出版社 1963 年版，第 116~117 頁。
④ 即 M460，據張禮艷判斷，該墓時代在早期晚段或中期早段，爲便於統計，本書暫將其定在西周中期。
⑤ 中國社會科學院考古研究所灃西發掘隊：《1967 年長安張家坡西周墓葬的發掘》，《考古學報》1980 年第 4 期。下文以"67SCC"開頭的墓號均爲此次發掘，另以"84"開頭者均出自《1984—85 年灃西西周遺址、墓葬發掘報告》，後同，不再出注。
⑥ 中國社會科學院考古研究所灃西發掘隊：《1984—85 年灃西西周遺址、墓葬發掘報告》，《考古》1987 年第 1 期。
⑦ 中國社會科學院考古研究所灃西隊：《1987、1991 年陝西長安張家坡的發掘》，《考古》1994 年第 10 期。
⑧ 中國社會科學院考古研究所灃西隊：《1960 年秋陝西長安張家坡發掘簡報》，《考古》1962 年第 1 期。

续表

時代	牲腿隨葬情況
西周中期	馬腿：長花 M17① 牲腿：SCCM460 牲腿 1 隻以上：87M1
西周晚期	牲腿 2：79M1②、SCKM43
西周	牲腿：SCCM312 牲腿 2：SCKM34

　　表 2-4 中 87M1、87M19 簡報未介紹隨葬動物骨骼部位，據平面圖推測爲腿骨；另 1954 年普渡村發掘的一座墓葬，時代約西周中期晚段，在椁頂填土距地表 2 米處，發現上下叠壓的三個貝，南北兩旁有一道殘骨，長 40 釐米、寬 3 釐米，也可能是隨葬動物腿骨遺迹③。

　　上述諸墓，長花 M17、SCKM34 墓葬等級較高，墓主“可能相當於大夫一級的貴族”；其餘諸墓，出銅鼎 1 件或無銅容器出土，墓主“大概屬於士或與士相當的階層”，也可能包括上層平民④；未見第 5 等級即下層平民墓葬：表明其時牲腿殉葬仍有一定等級差别。牲體所屬動物種類，據簡報介紹有馬、牛、羊、豬，其中用馬腿的長花 M17 屬於高級貴族，這同晚商隨葬馬腿者等級較高是一脈相承的。從牲腿數量上看，17 座墓隨葬牲腿兩隻以上者 6 座，分别占同期牲腿殉葬墓總數的 20%、33.33%、100%，多隻牲腿隨葬的比重有上升的傾向，這與晚商的發展趨勢也是相同的。

　　所用牲腿是前肢還是後肢，報告多無介紹，79M1 所出動物骨骼，簡報以爲是“兩條後肢”，但從平面圖看，其中至少有一隻應是包含肩胛骨在內的前肢。

---

　　①　陝西省文物管理委員會：《西周鎬京附近部分墓葬發掘簡報》，《文物》1986 年第 1 期。

　　②　中國社會科學院考古研究所灃西發掘隊：《1979—1981 年長安灃西、灃東發掘簡報》，《考古》1986 年第 3 期。

　　③　陝西省文物管理委員會：《長安普渡村西周墓的發掘》，《考古學報》第 1 册，科學出版社 1957 年版。

　　④　張禮艷：《豐鎬地區西周墓葬研究》，社會科學文獻出版社 2015 年版，第 221 頁。

（3）其他牲體隨葬。

牲腿以外的其他牲體，比較典型的例子僅有 1984 年普渡村 M18，其墓室西二層臺馬頭骨一具，該墓具體情況上文"整牲隨葬"部分已有介紹①。此類用牲方式似乎較晚商更加沒落。

將割解的小塊牲體置於隨葬器物間，則是一種比較流行的隨葬牲體方式。這在晚商墓中也有發現，前文先周部分已有介紹，三例皆在殷墟三期、四期，可能是新產生的風俗。豐鎬地區這類用牲方式有了較大發展。1955—1957 年澧西張家坡和客省莊發掘的 182 座墓中有 30 餘座墓"小塊的祭食往往雜置於隨葬器物間，或放在食器內"②，後者即器實，二者的數量高於用牲腿墓 8 座的數量，成爲豐鎬殷人墓流行的用牲方式。此外，馬王村 97SCMM4③、1953 年普渡村第一號墓陶器間都有獸骨發現④。由於多數報告介紹簡略，不能進一步闡述，總體上看，墓主多數爲中小貴族或上層平民，較牲腿隨葬等級可能略低一些。

普渡村第二號墓墓室東北角距墓口 0.6 米填土中牛骨一堆⑤，67SCM54 二層臺東北隅獸骨一堆，應是將牲體肢解後隨葬的⑥。兩墓時代均屬西周早期早段，墓主爲中小貴族或更高。

此外，西周早期早段 CSM130 墓內隨葬魚，在本區僅一見，當是殷墟地區葬俗的直接繼承。該墓屬第 5 等級，墓主當爲平民階層，這在用牲墓中也比較罕見。魚牲數量及位置，報告未介紹。

（4）器實。

該區殷遺民器實用牲情況見表 2-5。

① 中國社會科學院考古研究所澧西發掘隊：《1984 年長安普渡村西周墓葬發掘簡報》，《考古》1988 年第 9 期。

② 中國科學院考古研究所編著：《澧西發掘報告》，文物出版社 1963 年版，第 116～117 頁。

③ 中國社會科學院考古研究所豐鎬工作隊：《1997 年澧西發掘報告》，《考古學報》2000 年第 2 期。

④ 石興邦：《長安普渡村西周墓葬發掘記》，《考古學報》第 8 冊，中國科學院 1954 年版。

⑤ 石興邦：《長安普渡村西周墓葬發掘記》，《考古學報》第 8 冊，中國科學院 1954 年版。

⑥ 中國社會科學院考古研究所澧西發掘隊：《1967 年長安張家坡西周墓葬的發掘》，《考古學報》1980 年第 4 期。

表 2-5　豐鎬地區殷遺民器實用牲情況

墓區	墓號	時代①	墓葬級別②	器實情況	備注
普渡村	M1③	早早		3 件陶鬲内有獸骨	陶器間有碎骨塊④
	長囟墓⑤	中晚	3	2 件銅鼎内獸骨	
張家坡⑥	M162	早晚	4	銅鼎内放置一個完整的小豬頭	另有牲腿隨葬
	M178	早早	3		
	M219	早早	4		
	M420	晚早	4		
灃西	M15⑦	早早	3	銅鼎内有鷄骨	
張家坡	M22⑧	早晚	5	陶豆、盤内有動物遺骨	
馬王村	M33⑨	晚早	3	銅鼎内有牲肉	
	97SCMM4⑩	早早	3	銅鼎内出獸骨	陶器之間出獸骨

① “早早”表示西周早期早段，“中晚”表示西周中期晚段，其他仿此。

② 墓葬等級的劃分，採用張禮艷的劃分標準。張文認爲第 2 等級墓葬墓主相當於大夫一級貴族，第 3、4 等級墓主身份大概屬於士或與士相當的階層，第 5 等級基本屬於平民。本書認爲第 4 等級可能屬於上層平民，第 5 等級屬於下層平民。張禮艷：《豐鎬地區西周墓葬研究》，社會科學文獻出版社 2015 年版，第 219~222 頁

③ 石興邦：《長安普渡村西周墓葬發掘記》，《考古學報》第 8 册，中國科學院 1954 年版。

④ 石興邦：《長安普渡村西周墓葬發掘記》，《考古學報》第 8 册，中國科學院 1954 年版，第 112 頁。

⑤ 陝西省文物管理委員會：《長安普渡村西周墓的發掘》，《考古學報》第 1 册，科學出版社 1957 年版。

⑥ 中國科學院考古研究所編著：《灃西發掘報告》，文物出版社 1963 年版，第 117 頁。

⑦ 中國社會科學院考古研究所灃西發掘隊：《1984—85 年灃西西周遺址、墓葬發掘報告》，《考古》1987 年第 1 期。

⑧ 中國社會科學院考古研究所灃西隊：《1987、1991 年陝西長安張家坡的發掘》，《考古》1994 年第 10 期。

⑨ 中國社會科學院考古研究所灃鎬隊：《1992 年灃西發掘簡報》，《考古》1994 年第 11 期。

⑩ 中國社會科學院考古研究所豐鎬工作隊：《1997 年灃西發掘報告》，《考古學報》2000 年第 2 期。

另多有器實隨葬者，但報告語焉不詳。表 2-5 共列 10 例，其中西周早期 7 例，三分有其二，中期 1 例，晚期 2 例。西周早期是此葬俗的盛行時期，中晚期似乎有衰落的迹象。

從隨葬器物看，普渡村第一號墓出陶鬲 7 件、瓶 10 件，墓主當爲中小貴族，大致屬於第 3 等級士一級墓葬；而該村另一座墓"長凶墓"則隨葬包括 4 件鼎在内的銅容器 19 件、陶器 22 件，墓主可能是大夫一級貴族。第 5 等級平民墓上表中僅一見。由此來看，隨葬器實墓大多爲貴族和上層平民，下級平民墓少見。

中小貴族墓器實多出於銅鼎内，陶器墓則出於陶鬲或豆内。器實的種類，報告注明的，只有豬頭和鷄骨。

2. 周原地區殷遺民墓葬用牲

周原地區是豐鎬地區外宗周王畿内殷遺民的另一大規模聚居區。

除魚牲和殉狗外，該區殷遺民墓尚未發現整牲隨葬的現象。不過 1995 年黄堆老堡子 M32 西二層臺發現羊骨架一具，M57 南北二層臺各發現羊骨架一具①。這兩座墓地被認爲屬周人所有②，但前者東二層臺填土殉狗一具，後者設有腰坑並殉狗，都是商系墓葬流行的葬俗，因此他們的墓主當與殷人關係密切，可能是周人向殷人學習的結果。二者都是墓室面積在 5 平方米以上的中級貴族墓，其時代在西周中晚期。

（1）牲腿隨葬。

周原地區牲腿隨葬同豐鎬地區略有差別。目前所見牲腿隨葬墓例列於表 2-6。

表 2-6　周原地區西周墓葬牲腿隨葬情況

墓地	墓號	時代	隨葬牲腿	主要隨葬器物	備注
雲塘③	M13	早期	西、北二層臺及椁頂獸腿 6 條以上	銅鼎簋尊卣爵 2，觶，陶鬲 4 簋 6 罐 4	
	M20	早期	棺椁上 45 塊牛、羊、豬肢骨和肩胛骨	銅鼎尊鬲卣爵 2 簋 2，陶鬲 4 罐 4 瓶 2	銅鼎鬲内有牲體隨葬

---

① 周原博物館：《1995 年扶風黄堆老堡子西周墓清理簡報》，《文物》2005 年第 4 期。

② 馬賽：《周原遺址西周時期人群構成情況研究》，北京大學中國考古學研究中心、北京大學震旦古代文明研究中心編：《古代文明》第 8 卷，文物出版社 2010 年版，第 158 頁。

③ 陝西周原考古隊：《扶風雲塘西周墓》，《文物》1980 年第 4 期。

续表

墓地	墓號	時代	隨葬牲腿	主要隨葬器物	備注
齊家村①	M5	早期	北部二層臺東側獸前腿 1	陶鬲 3 簋 2 罐 5	頭部隨葬器物附近獸骨一堆
齊家村東②	M17	早期	北二層臺殉牲肢骨	陶罐 2 鬲 4 圓肩罐 1 簋，漆豆盤等	1 件陶鬲内魚 1，北二層臺漆盤豕骨
	M6	早期	填土中羊前肢 3	陶罐 3 爵 2 鬲 2 豆 2 鼎瓿盆盤等	填土中魚 7
	M19	中期	四周二層臺上多條成對羊前肢（據平面圖爲牛腿骨、羊腿骨，8 隻以上）	銅尊爵觶，陶罐 5 簋 2 觶 1 瓿 2	
	M9	晚期	填土羊前肢 2	陶罐 7 簋 4 豆 4 鬲 2	填土魚 4，陶器間散置數塊牲骨
齊家村製玦作坊③	M1	中早	東西二層臺羊腿 3	陶鬲 2 豆 4 簋 3 罐 2	二層臺魚 2，動物肋骨 1、肩胛骨 2
	M4	早晚	北二層臺東牛肩胛和腿骨	銅鼎鬲簋尊卣觶爵 2，陶鬲 5 簋 3 罐 4 罍 2	銅鼎、簋内動物骨骼。椁與墓壁間其他殉牲（羊、豬）骨骼
	M19	晚晚	填土多條動物腿骨	陶鬲 4 簋 4 豆 4 罐 6	
	M25	中晚	東二層臺北端牛前肢骨 1，據平面圖牛肢骨旁另有小型動物肢骨 1	陶簋 2 鬲	被盜

① 羅西章：《扶風齊家村西周墓清理簡報》，《文博》1990 年第 3 期。

② 周原考古隊：《1999 年度周原遺址ⅠA1 區及ⅣA1 區發掘簡報》，北京大學中國考古學研究中心、北京大學震旦古代文明研究中心編：《古代文明》第 2 卷，文物出版社 2003 年版。

③ 周原考古隊編著：《周原：2002 年度齊家村製玦作坊和禮村遺址考古發掘報告》，科學出版社 2010 年版，第 456、465、507、516 頁。

续表

墓地	墓號	時代	隨葬牲腿	主要隨葬器物	備注
李家鑄銅遺址①	M17	中晚	填土殉牲三層,其中第一層包括中牛前肢4、數量不明的羊腿骨	銅鼎簋,陶鬲2罐16簋3豆2	填土中狗頭骨1件,雜骨若干
	M2	晚早	填土殉牲二層,第一層包括羊前肢骨4;第二層中,墓室北部羊前肢1,中部偏北羊腿3	陶鬲4豆6罐4簋4等	填土中魚2,二層臺碎骨一堆,陶器碎片中夾雜碎骨,下有魚和鷄骨

表 2-6 中西周早期墓葬 5 座,中期 5 座,晚期 3 座。以齊家村製玦作坊爲例,此地共發掘墓葬 40 座,可分期者 28 座,其中先周及西周早期墓 7 座,中期 10 座,晚期 11 座,用牲腿隨葬者分別爲 1、2、1 座。這表明晚期隨葬牲腿墓葬的比例可能有所下降。不過,該墓地另有晚期早段 M38,頭端棺與墓壁之間有小動物骨骼,據報告介紹殉牲的種類爲"牛、羊的肢骨及魚"②,該墓可能也以動物肢骨隨葬,則中晚期比例變化不大。其發展趨勢究竟如何,尚需更多材料證明③。

14 座墓葬中,除製玦作坊 M25 被盗,隨葬容器均在 7 件以上,表明墓主經濟地位較高。

與殷墟及豐鎬地區相比,周原殷人墓葬用牲的特點之一是單墓隨葬牲腿數量相對較多。這與周原地區墓葬等級較豐鎬高有直接關係,居住在周原的殷人社會地位普遍高於豐鎬地區。上述 13 座墓中,隨葬一條牲腿者僅 2 座,分別是齊家村 M5、齊家村東 M17,皆爲西周早期墓。由此來看,周原地區多肢隨葬日益占據主導地位。

牲腿所屬物種,主要是牛、羊、豬。製玦作坊 M25 墓室面積較小,約2.39 平方米,却隨葬牛和其他動物腿骨各一條,表明牲腿種類同墓葬等級之

---

① 周原考古隊:《2003 年秋周原遺址(ⅣB2 區與ⅣB3 區)的發掘》,北京大學中國考古學研究中心、北京大學震旦古代文明研究中心編:《古代文明》第 3 卷,文物出版社 2004 年版。

② 周原考古隊編著:《周原:2002 年度齊家村製玦作坊和禮村遺址考古發掘報告》,科學出版社 2010 年版,第 455 頁。

③ 以往材料零散、報告對用牲情況介紹不夠詳細,限制了本書對材料的選擇。

間無必然聯繫。不過總體上看，銅容器墓一般出兩種動物以上牲腿，陶器墓則可能僅隨葬一種，如羊的肢體。

考古工作者曾對齊家村製玦作坊三座墓殉牲的作了鑒定①。其中 M4 所出有牛、羊、豬的骨骼，且均爲其左前肢，這點同殷墟地區一致。牛骨來自兩個個體，一頭死亡年齡大於 48 個月，另一頭大於 18 個月小於 24 個月；羊骨也來自兩個個體，一頭小於 10 個月，另一頭 10 個月左右；豬骨來自三個個體，年齡都小於 12 個月：除一頭牛爲成年個體，餘均未成年。另兩座墓，一墓用牛的左前肢、羊的右後肢，另一墓用牛的左右前肢，羊的左前肢，前者牛羊均已成年，後者則均未成年。鑒定者認爲用牲部位嚴格與否，可能是墓葬等級或時間的差異②。1999 年周原齊家村東墓葬所用動物肢體，"往往是同牲的成對前肢"，大概該區同前掌大墓地類似，對所用牲腿有相應規定，但限制不如殷墟嚴格。

在以牲腿隨葬的同時，很多墓葬也採用其他牲體隨葬的方式，這在表 2-6 的"備注"一欄可以顯示出來。

（2）其他牲體隨葬。

與牲腿同時隨葬的，齊家村製玦作坊 M1 二層臺上有魚 2 條，動物肋骨一扇；齊家村東 M6、M9 填土殉羊前肢的同時，分別殉魚數條；2003 年秋周原李家鑄銅遺址 M17 墓室填土第一層殉牲中有狗頭骨一具，M2 墓室填土第一層殉牲中有魚骨 2 尾③。另齊家村東 M17 頭端二層臺漆盤上有被割解的豕骨，其中有脊骨、肋骨、腿骨等，有的脊骨與肋骨連在一起，與文獻中分解牲體第一步豚解即將脊脅分割不同。

相對於豐鎬地區，以魚隨葬的現象在本地較多，上引諸例外，雲塘 M18 二層臺上也發現魚骨 2 條④；禮村 LM3 北二層臺隨葬魚 2 條、禽類動物 1 隻⑤。禽

① 據鑒定報告，三座墓分別爲 M4、M7、M16，但發掘報告正文云殉牲墓 5 座，本書檢出 5 座墓分別爲 M1、M4、M19、M25、M38；且發掘報告在"墓葬分述" M7、M16 部分，並未介紹有殉牲的存在。可能是發掘報告編定的墓號與鑒定報告沒有統一。

② 馬蕭林、侯彥峰：《周原遺址齊家製玦作坊出土動物骨骼研究報告》，周原考古隊編著：《周原：2002 年度齊家村製玦作坊和禮村遺址考古發掘報告》，科學出版社 2010 年版，第 724~751 頁。

③ 周原考古隊：《2003 年秋周原遺址（ⅣB2 區與ⅣB3 區）的發掘》，北京大學中國考古學研究中心、北京大學震旦古代文明研究中心編：《古代文明》第 3 卷，文物出版社 2004 年版。

④ 陝西周原考古隊：《扶風雲塘西周墓》，《文物》1980 年第 4 期。

⑤ 周原考古隊編著：《周原：2002 年度齊家村製玦作坊和禮村遺址考古發掘報告》，科學出版社 2010 年版，第 660 頁。

類動物在該區也有數例，一般是整隻隨葬。

上康村 M1、M5 在距地表填土 2 米處有兩塊卵石，其下有牛或羊骨一堆，可能也是以割解牲體隨葬的①。牲體上置石，同殷墟西區 M467 同②，可能是牲體置入後的一種葬俗。

割解的小塊牲體，在本地也比較流行，這些牲體多置於隨葬陶器間。齊家村 M5 二層臺陶簋圈足下獸骨一堆，M6"頭部頂端兩側墓角和陶簋的圈足下放有四堆禽獸骨"③，齊家村東 M9 隨葬陶器間散置數塊牲骨④。李家村 M36 陶簋周圍有零星動物骨骼，M2 頭端二層臺有一堆碎骨，頭端棺椁間大量陶器，比較破碎，"陶器碎片中還夾有大量碎骨，且都位於簋的周圍，在這層陶器及碎骨下還壓有一層魚和鷄骨"，另陶器中夾雜著殘碎的織物纖維，報告以爲"可能爲包裹殉牲之用"⑤。上述諸墓，均爲陶器墓，未見銅容器出土。另莊李村 M3 墓主頭左側有一小堆碎獸骨，該墓隨葬陶器僅罐一件，墓室面積不足 2 平方米，是殉牲墓中最小的一座⑥，也説明隨葬小塊牲體的等級要求比較低。另外，這類牲體多置於陶簋周圍，表明二者之間有一定聯繫。從文獻看，先秦在祭祀宴饗的時候，以鼎（鬲爲鼎屬）烹煮牲肉，牲肉煮好之後，要移置俎上再進到祭饗儀式現場，與盛黍稷飯食的簋按規定放在一起。祭肉出現在簋的周圍（後文也有器實置於簋內的）可能是這種現象的反映。不過從現有材料看，與商周時期其他地區相比，周原地區殷人墓葬中牲肉與陶簋的關係似乎更爲密切，尚待更多更詳細的材料來證明。

（3）器實。

該區容器内隨葬牲體的墓葬，見於報告的共有 5 例，列表 2-7。

① 陝西省文物管理委員會：《陝西岐山、扶風周墓清理記》，《考古》1960 年第 8 期。
② 中國社會科學院考古研究所安陽工作隊：《1969—1977 年殷墟西區墓葬發掘報告》，《考古學報》1979 年第 1 期。
③ 羅西章：《扶風齊家村西周墓清理簡報》，《文博》1990 年第 3 期。
④ 周原考古隊：《1999 年度周原遺址ⅠA1 區及ⅣA1 區發掘簡報》，北京大學中國考古學研究中心、北京大學震旦古代文明研究中心編：《古代文明》第 2 卷，文物出版社 2003 年版。
⑤ 周原考古隊：《2003 年秋周原遺址（ⅣB2 區與ⅣB3 區）的發掘》，北京大學中國考古學研究中心、北京大學震旦古代文明研究中心編：《古代文明》第 3 卷，文物出版社 2004 年版，第 479 頁。
⑥ 周原考古隊：《陝西扶風縣周原遺址莊李西周墓發掘簡報》，《考古》2008 年第 12 期。

表 2-7　周原地區西周墓葬容器內隨葬牲體情況

墓地	墓號	時代	器實情況	其他用牲	隨葬器物
雲塘①	M20	早期	鼎內牛肋骨 5 段，銅鬲內雞肋骨數條	二層臺有動物骨骼	銅鼎鬲尊卣爵 2 簋 2，陶鬲 4 罐 4 瓿 2
齊家村東②	M17		一件陶鬲內魚 1 條	二層臺動物肢骨，漆盤內豕骨	陶罐 2 鬲 4 圓肩罐 1 簋漆豆盤
齊家村製玦作坊③	M4		銅鼎、銅簋內有動物骨骼	二層臺牛腿骨，椁與墓壁間殉牲骨骼	銅鼎鬲簋尊卣觶爵 2，陶鬲 5 簋 3 罐 4 罍 2
齊家④	M19	中期	銅簋腹內均放獸骨		銅鼎 2 簋 2 甗尊卣爵 2 觶盤盉，陶鬲豆 2 罐 24 簋 2 尊卣爵 2 瓿 2 觶盤盉
賀家北⑤	M30	晚期	4 件銅鼎內，1 件盛有羊前腿、肋骨及脊椎等部位骨骼，另兩件分別有幼豬的部分前後腿與脊椎、肋骨及其他部位骨骼，三者所盛各自屬於同一頭羊或幼豬的個體。另一鼎內一條完整的魚		銅鼎 4 盨 2，陶鬲豆 2 簋 2 罐 3

———————

①　陝西周原考古隊：《扶風雲塘西周墓》，《文物》1980 年第 4 期。

②　周原考古隊：《1999 年度周原遺址 I A1 區及 IV A1 區發掘簡報》，北京大學中國考古學研究中心、北京大學震旦古代文明研究中心編：《古代文明》第 2 卷，文物出版社 2003 年版。

③　周原考古隊編著：《周原：2002 年度齊家村製玦作坊和禮村遺址考古發掘報告》，科學出版社 2010 年版，第 465 頁。

④　陝西周原考古隊：《陝西扶風齊家十九號西周墓》，《文物》1979 年第 11 期。

⑤　周原考古隊：《陝西寶雞市周原遺址 2014—2015 年的勘探與發掘》，《考古》2016 年第 7 期。

上述 5 座墓，貫穿整個西周時期，除齊家村東 M17 外均有多件銅器出土。實牲器物有銅鼎、鬲、簋，陶器墓則爲陶鬲，鼎、鬲爲烹煮器，簋則同用牲祭饗有密切關係，上文已有介紹。用牲物種主要是牛、羊、豬、鷄、魚；用牲部位有腿骨、脊椎骨、肋骨等，魚則整條。

賀家北 M30 器實最爲豐富，該墓被盜，墓底面積在 12 平方米以上，墓主相當於大夫級貴族。隨葬鼎實用牲爲羊一、豚二、魚一，近於少牢，可惜報告未介紹肋骨、腿骨是否屬於同一側，無法與文獻對照。另該墓 2 件盨出土時有穀物類遺存，初步判斷有小米。

總體而言，西周周原地區用牲諸墓較豐鎬地區等級高，用牲各有異同，最爲典型的是牲腿隨葬：以單隻牲腿隨葬的現象集中在早期，中晚期墓内隨葬牲腿的數量有所提高，表明二者均在殷墟葬俗的基礎上有了進一步發展；周原牲腿隨葬比例較豐鎬地區高，中晚期用牲比例未見明顯下降，單墓牲腿隨葬數目也比豐鎬和殷墟高得多。周原地區居住的殷遺民社會地位較豐鎬地區要高，顯示豐鎬與周原在周王朝的政治功能有別。

3. 與商人關係密切的用牲墓葬

西周時期的關中以西地區、豐鎬、周原以外，還有一些商人後裔，或受商人影響較深的部族居住。同殷人關係密切的用牲墓葬，尚有如下兩處。

涇陽高家堡 M2、M4，兩墓時代在西周早期，均有多件銅容器出土，墓主分別爲戈族貴族及首領。M2 銅鬲内有獸骨和梅核 2 枚①，M4 圓鼎内“獸骨幾愈容器之半，並伴有梅核和梅果實 24 枚”②。這表明鼎、鬲内的牲肉是經過烹飪加工的。另 M4 方鼎器底有一層乾硬的麥糊狀物，M3 方鼎内有麥粉狀物質及梅核 8 枚，M1 兩簋内有植物葉。這説明戈族流行器實隨葬。

鳳翔孫家南頭西周中期 M158，該墓地發現周墓 35 座，其中有腰坑的墓葬 20 座，其墓主與商人應有較密切的關係。M158 西向，其二層臺西北角殉羊 1 隻，該墓隨葬有陶器僅罐一、簋一，葬具爲一棺一椁，等級不是很高，採用的是整牲隨葬。另 M157 東向，其西南二層臺殉狗 1 隻，兩墓規模、時代都比較接近。用羊是否爲殉狗習俗的變體，值得考慮。

4. 周人的用牲制度

與殷人相比，周人墓内用牲現象要少見得多。西周時期周人的用牲墓，主要見於豐鎬地區墓葬、北呂墓地、碾子坡墓地、于家灣墓地等。

① 陝西省考古研究所編著：《高家堡戈國墓》，三秦出版社 1995 年版，第 39、50 頁。

② 陝西省考古研究所編著：《高家堡戈國墓》，三秦出版社 1995 年版，第 72 頁。

（1）豐鎬、周原地區。

豐鎬地區僅有灃西 A 區墓葬被認爲屬於周人。該區墓葬用牲，主要是整牲殉葬，殉牲墓占墓葬總數的 12%①，其中大多數是狗。除殉狗和殉獸外，用牲墓例尚有：張家坡 M100 殉馬頭 1 隻，該墓時代在西周中期晚段至晚期早段之間；M259 填土殉馬 2 匹，其時代未知；M326 時代在西周晚期早段，頭端二層臺隨葬陶鬲、罐、盂、豆各 1 件，其中鬲罐間魚骨 2 條，鬲、豆間獸骨一堆；晚期晚段 M347 頭端椁蓋上有 2 條完整的獸骨，該墓設有腰坑；M362 和 M397 椁頂各殉鹿 2 頭，後者爲西周晚期晚段墓，前者時代不能確定②；晚期 M301 墓室填土有一堆散亂的羊骨③；大原村 97SCDM2 爲西周晚期早段墓，墓内有獸骨出土④；大原村 98SCDM4 時代與前者相同，北向，在南二層臺東南角置羊的肩胛骨碎塊 1 塊和關節骨 1 塊，西南處爲左右下頜和寰椎、左肱骨等，報告推測“可能是將同一隻羊宰殺後分别放置在墓内的兩個地方”⑤。

上述諸墓，張家坡 M301 和大原村 98SCDM4 屬於第 2 等級，其餘均爲第 3 等級⑥，墓主都是貴族。用牲種類中，馬和鹿等大型牲畜占有一定比例，也説明墓主具有充分的財力。用牲方式主要包括整牲、部分牲體隨葬及器實三種，這些在殷遺民墓中均有發現。結合諸墓時代集中在西周晚期，且同殷遺民墓葬區較近，他們的墓葬用牲可能是從共同生活於該地區的殷人習得。但這一風俗並未在本族流行開來。

大原村 98SCDM4 將牲肉置於墓室兩角，在周原地區也有發現，上文提及的齊家村 M6 即採用類似牲肉設置方式，不過前者置於脚端，後者於頭端，這種習俗的涵義，尚未可知。

---

①　張禮艷：《豐鎬地區西周墓葬研究》，社會科學文獻出版社 2015 年版，第 203 頁。

②　中國社會科學院考古研究所編著：《1983—1986 年張家坡西周墓地墓葬等級表》，《張家坡西周墓地》，中國大百科全書出版社 1999 年版。

③　中國社會科學院考古研究所灃西發掘隊：《1984 年灃西大原村西周墓地發掘簡報》，《考古》1986 年第 11 期。

④　中國社會科學院考古研究所豐鎬工作隊：《1997 年灃西發掘報告》，《考古學報》2000 年第 2 期。

⑤　中國社會科學院考古研究所豐鎬發掘隊：《陝西長安縣灃西大原村西周墓葬》，《考古》2004 年第 9 期。袁靖、徐良高：《灃西出土動物骨骼研究報告》，中國社會科學院考古研究所豐鎬工作隊：《1997 年灃西發掘報告》，《考古學報》2000 年第 2 期。《陝西長安縣灃西大原村西周墓葬》認爲墓内動物骨骼爲鹿骨，從報告平面圖看，應從袁靖等人之説。

⑥　M397 張禮艷定爲四級墓，按該墓被盜，據其劃分標準，當爲第三等級。

周原地區可能屬於周人的墓地，有賀家和黃堆兩處。其中僅黃堆老堡子 M32、M57 各殉羊一具，前文"周原地區殷遺民墓葬用牲"部分已有陳述。總之周原地區周人墓葬用牲現象也很少見。

(2)北呂墓地、碾子坡墓地與少陵原墓地。

北呂、碾子坡墓地都於先周時即投入使用，墓主一般被認爲是周人。先周時期兩地的用牲情況，前文已略有陳述，這裏討論西周時期的用牲情況。

北呂墓地位於周原遺址南 30 千米。進入西周時代，該墓地出現多種類型的用牲遺迹，主要有：a. 填土隨葬羊，主要有 Ⅲ M28、Ⅳ M79、Ⅳ M85 三座，其中 Ⅲ M28 時代屬於西周中期早段，Ⅳ M85 爲西周早期早段；b. 隨葬牲腿，Ⅱ M1 二層臺上羊腿骨 2 節，Ⅱ M2 墓主下肢左側羊腿 1 副，兩墓均爲西周早期早段墓，前者還是本墓地唯一設腰坑墓，另 Ⅴ 區"有些墓内發現陳放有禽獸類肢骨，或放置在二層臺上，或放置在填土之中"[1]；c. 器實，Ⅴ 區有的肢骨即置於容器内，本區 M148 出銅鼎内有動物骨骼多塊[2]。另 Ⅳ M254、Ⅴ M2 填土或二層臺有祭肉出土，其具體情況，不得而知，後者可能是動物肢骨。按照張禮艷的劃分標準，上述諸墓在第 3 等級、第 4 等級，墓主當以平民和小貴族爲主。其用牲方式，a、b 兩項不見於其他先周周人墓地，而與殷人後裔墓地葬俗相同，而其距後者不是很遠，因此本書認爲北呂的用牲方式，當是周人自居於附近的殷遺民處習得。這一點同灃西 A 區墓地頗爲類似，兩處墓地用牲例都比較低。

碾子坡墓地墓葬等級，較北呂墓地還要低。西周時期墓葬 45 座，用牲墓三座，其中早期 M125、M175 頭端二層臺遺留一根 10 多釐米長的獸骨和若干碎骨塊，中期 M106 陶鬲内殘留一些碎骨塊[3]。三座墓均爲小型墓，前二墓隨葬陶器僅鬲 1 件，後一座陶器 3 件，墓主當均爲平民。這幾座墓的用牲方式，當是先周墓葬俗的繼承，與殷人後裔高等級墓用牲葬俗略有不同。

少陵原墓地位於豐鎬地區東南約 30 千米，被認作典型的周人墓。同時，它與北呂墓地墓葬等級相近，且隨葬兵器的比例都比較高[4]。因此，二者所屬墓主的社會身份應相似。不過，少陵原墓地殉牲墓更加少見。除 M117 殉狗

---

①　寶鷄市周原博物館：《北呂周人墓地》，西北大學出版社 1995 年版，第 77 頁。

②　寶鷄市周原博物館：《北呂周人墓地》，西北大學出版社 1995 年版，第 89 頁。

③　中國社會科學院考古研究所編著：《南邠州·碾子坡》，世界圖書出版公司北京公司 2007 年版，第 291 頁。

④　陝西省考古研究院編著：《少陵原西周墓地》，科學出版社 2009 年版，第 721 頁。

外，僅有 M333 墓室填土發現一堆零散的動物骨骼，該墓隨葬陶器僅兩 1 件。

（3）于家灣墓地及其他。

甘肅崇信于家灣墓地 138 座墓中，共有 15 座墓發現有殉埋馬、牛、羊、狗、鷄等動物骨骼的現象①。這些墓中，M34、M49、M72、M76、M142 僅見狗牲，故本書討論範圍内的墓葬共 10 座。這 15 座墓外，M75 盜洞内發現零星豬骨，也應是用牲遺迹。

11 座墓的用牲情況有：a. 整牲隨葬，M115 填土殉小馬，椁頂殉羊，M74 填土中有鷄骨架；b. 部分牲體隨葬，M23 填土中殉馬、牛肢骨，M42、M129 填土或二層臺上隨葬馬腿 1 條，M4 填土中發現馬頭及肢骨，M70 填土中隨葬馬頭骨和鷄骨架 1 具，M71 壁龕内有羊下頜骨及肢骨。此外，M66、M73 盜洞發現羊骨骼，M75 盜洞有零星豬骨。

上述諸墓的時代，報告將 M73 定爲西周早期墓，劉靜以爲在商末周初②，按該墓可資斷代器物僅銅觶一件，其"風格都延續了商代晚期的傳統，使用到西周初年或西周早期"，故將其定在先周並無確切證據，應以西周早期更爲穩妥。其餘諸墓，可以斷代的，時代都在西周早期。墓葬多被盜擾，按照報告劃分，上述諸墓均爲大中型墓，小型墓不見用牲墓。

該墓地先周不見用牲墓，西周早期的這一葬俗，當自他處習得。從用牲方式看，其實行的整牲殉葬和肢骨等部分牲體殉葬，與殷人相同。不過，整牲和牲頭隨葬，在豐鎬和周原地區商人後裔墓葬都已不多見；且前二者多將牲腿置於二層臺上，于家灣則置於填土中者較多。此外，與豐鎬、周原殷人墓葬地理位置更爲接近的灃西 A 區、北呂等周人墓地不流行隨葬牲體，于家灣墓地應不是直接受殷人的影響。

位於于家灣西部的莊浪縣徐家碾寺窪文化墓地，則比較流行以牲頭和腿隨葬，在 1980 年發掘的 102 座墓中，有 28 座墓内出土動物骨骼。從出土部位觀察，"一種是隨葬完整的 1 頭動物，另一種是隨葬動物的某一部位，主要集中在前肢，另外也有頭骨"③。不過墓中牲體的位置除整牲和豬頭、羊頭置於填土内，多位於葬具蓋面上，于家灣牲體則填土中較多而椁棺上較少。但其同于

---

① 甘肅省文物考古研究所編著：《崇信于家灣周墓》，文物出版社 2009 年版，第 18 頁。

② 劉靜：《析崇信于家灣周墓》，《文物》2013 年第 7 期。

③ 袁靖、楊夢菲：《甘肅莊浪徐家碾寺窪文化墓葬出土動物骨骼研究報告》，中國社會科學院考古研究所編著：《徐家碾寺窪文化墓地——1980 年甘肅莊浪徐家碾考古發掘報告》，科學出版社 2006 年版，第 244 頁。

家灣墓地距離較近，且在先周晚期即存在用牲墓，早於于家灣，結合"寺窪文化同先周文化存在錯綜複雜的文化交流和融合的現象"，徐家碾墓地周文化和寺窪文化"關係密切並初步融合爲一體"的情況①，有理由認爲于家灣墓地的用牲葬俗來源於徐家碾墓地。徐家碾墓地用牲比例高於家灣，也可作此説一間接證據。

此外，鳳翔南指揮西村周初 79M62 隨葬銅鼎内有羊骨數段，79M42 壁龕内有牛骨，80M80、80M128 墓内也有獸骨隨葬②。前三墓爲小貴族墓，M128墓室面積較小，無銅容器隨葬，墓主當爲平民。

扶風飛鳳山 1993 年清理周初墓 5 座、馬坑 1 座，5 座墓均無腰坑，而馬坑殉葬的形式流行於灃西 A 區墓葬③，由此可知該墓地可能爲周人所有。M1被盜，墓室面積在 76 平方米以上，在南二層臺上填土中殉狗，"西二層臺南拐角處置未經灰化的部分動物骨骼，西北拐角處置一完整的人頭骨"，緊靠人骨置一有明顯刀痕的肋骨④。動物骨骼與人頭骨等分别置於(頭或脚端)二層臺兩角，同灃西大原村 98SCDM4 及齊家村 M6 形式相同，他們應有相同的來源。

總體而言，西周時期關中以西地區周人不流行墓内隨葬動物牲體，這一點與殷遺民墓明顯有别，個别墓受商人影響，採用其葬俗，但並未形成風氣。西周時期該區周人與商文化接觸的機會更多，對其葬俗的接受反而不明顯，表明其開始注意商周的文化差别，或許是在商文明的刺激下生出文化自覺。

5. 其他部族的墓葬用牲

殷周部族以外，關中及以西地區，尚有其他部族墓葬中有隨葬牲體的現象，主要有以下幾例。

(1)寶鷄石鼓山西周墓地 M3、M4。兩墓均爲周初高級貴族墓，隨葬銅容器在 20 件以上，M3 銅鼎内獸骨一根，M4 壁龕内有黄牛肋骨⑤。石鼓山墓地

---

① 中國社會科學院考古研究所編著：《徐家碾寺窪文化墓地——1980 年甘肅莊浪徐家碾考古發掘報告》，科學出版社 2006 年版，第 165、160 頁。

② 雍城考古隊：《鳳翔南指揮西村周墓的發掘》，《考古與文物》1982 年第 4 期。

③ 張禮艷：《豐鎬地區西周墓葬研究》，社會科學文獻出版社 2015 年版，第 144、207 頁。

④ 寶鷄市考古隊、扶風縣博物館：《扶風縣飛鳳山西周墓發掘簡報》，《考古與文物》1996 年第 3 期。

⑤ 陝西省考古研究寶鷄市考古研究所、寶鷄市渭濱區博物館：《陝西寶鷄石鼓山商周墓地 M4 發掘簡報》，《文物》2016 年第 1 期。石鼓山考古隊：《陝西寶鷄石鼓山西周墓葬發掘簡報》，《文物》2013 年第 2 期。

"是姜戎族户氏家族墓地"，他們的墓主是周人的同盟。

（2）寶雞強國墓地。強國墓地流行隨葬陶罐內置牛骨的葬俗，竹園溝 M5、M8、M14、M20，以及茹家莊 M1、M2 均隨葬數件陶罐，每座墓都有部分陶罐發現牛骨，置牛肉陶罐數量在 1~3 件。這些墓中，竹園溝 M8、M14、M20 爲西周早期墓，其餘三座時代略晚，可能進入西周中期；隨葬容器除竹園溝 M5 陶罐 8 件外，餘皆有銅鼎簋出土，屬於貴族階層。茹家莊、竹園溝墓地共發掘 26 座墓，6 座器實墓占總數的 23.08%，流行程度較高。如此整齊的葬俗，同殷周部族均有差別，其來源尚未可知①。

（3）華縣東陽單室墓 M81。其時代屬西周早期早段，設腰坑，內殉狗，頭端壁龕內隨葬銅方鼎、簋各一件和一些小動物的肩胛骨②。在該區發掘的竪穴土壙單室墓中，殉人者 8 座，帶腰坑者 5 座，這些墓的墓主可能同商人有一定的關係；但同區內又有獨特的雙室墓，葬人的同時，另一室殉馬。因此該墓地墓主族屬尚未可知。M81 用牲，可能是自商人習得③。

（4）甘肅靈臺姚家河 M1。該墓時代在西周早期，二層臺隨葬銅鼎、簋、車馬器、陶鬲等，同時發現馬腿骨一節。銅鼎有銘文"乖叔作"，據此可知墓主爲周人同盟④，其葬俗葬式同周人無明顯區別，隨葬馬腿骨的習俗，應當也與周人同源。

（5）靈臺白草坡 M7。白草坡墓地距離姚家河墓地約 10 千米，共發掘 9 座墓，其中有 7 座墓挖腰坑，部分腰坑殉狗，有隨葬車馬坑，這些現象都表明該墓地的使用者受商文化影響較大。而其墓葬的等級顯然比同期商系墓葬要高，如 M1 隨葬包括七鼎三簋在內的禮器 23 件。該墓出土尊、卣銘文相同，均爲"㶇伯作寶尊彝"，故報告以爲墓主即爲"㶇伯"，按該墓出土帶銘文銅器 12 件，共有銘文 10 種，這對尊卣的銘文並不能證明做器者就是墓主。如葉家山

---

① 盧連成、胡智生編著：《寶雞強國墓地》，文物出版社 1988 年版。

② 陝西省考古研究所、秦始皇兵馬俑博物館編著：《華縣東陽》，科學出版社 2006 年版，第 39 頁。

③ 有學者認爲本墓地"車馬埋葬方式應來源于商代車馬埋葬制度"，可見墓地使用者同商人有相當的聯繫。付仲楊：《簡析華縣東陽西周墓的車馬埋葬》，中國社會科學院考古研究所夏商周考古研究室編：《三代考古（五）》，科學出版社 2013 年版。

④ 恭王時期乖伯簋銘文中時王謂乖伯"朕丕顯祖文、武，膺受大命，乃祖克弼先王，翼自他邦"，乖伯則拜周王"弗忘小裔邦"，表明乖族同周人有同盟關係，詳第四章第三節相關內容。

墓地 M27 出土尊、卣一套,銘文均爲"魚伯彭作寶尊彝",墓主基本可以確定是曾侯夫人①。這兩對尊卣均應是通過婚喪嫁娶等活動輾轉至墓主部族的。白草坡 M2 二鼎一簋一尊二卣,以及盉上均有銘文"𢶒伯作寶尊彝",墓主爲"𢶒伯"是無疑義的。李守奎釋出"𢶒"爲"申",並指出此地可能就是申的早期封地②。申爲姜姓之戎,和石鼓山姜戎部族受商文化影響程度不同,但從墓葬等級反映的較高社會地位來看,他們都當是周人翦商時的重要盟友。M7 時代在西周中期,被盜,墓壁龕內置馬頭 1 具,墓口至墓底發現許多散亂獸骨,包括鹿和至少 2 隻狗,具體情況已無得而知。其壁龕殉牲的習俗,與石鼓山墓地相同。

(6)甘肅甘谷毛家坪 M4,時代在西周早期,右側二層臺隨葬羊骨,從平面圖看,可能是羊腿骨,該墓隨葬陶鬲、豆 2 件、罐 2 件,墓主身份大概是平民或小貴族。此外,該墓地春秋早期 M12 棺內西北角有一小堆羊骨,陶鼎內隨葬羊骨,春秋中期 M5 頭箱陶鬲上及周圍羊骨一堆,春秋晚期 M13 填土中出羊頭和羊肢骨③。該區墓採用屈肢葬,均西向,與東周秦墓有密切關係,他們的墓主可能是秦國人的來源之一。同時其"文化面貌與陝西關中的西周文化"有相似或相同之處,與之當有相當密切關係。其墓內用牲之俗,與殷周也不見任何差異,由此推測,當是由殷周部族傳播而來。

總之,關中以西地區的用牲葬俗各具特色,部分可能是自商人習得,有的可能是受西北地區其他文化的影響。

(二)成周洛陽及東方諸侯國的墓葬用牲

1. 成周王畿墓葬用牲

成周營建完畢後,周遷殷頑民於洛邑,故此地多有殷人後裔墓葬。其中用牲墓有表 2-8 所示幾例。

---

① 湖北省文物考古研究所、隨州市博物館:《湖北隨州葉家山西周墓地發掘簡報》,《文物》2011 年第 11 期。劉緒:《湖北隨州葉家山西周墓地筆談》,《文物》2011 年第 11 期。

② 李守奎:《清華簡〈系年〉中的"𢶒"字與西申》,中國社会科学院语言研究所《历史语言学研究》編輯部編:《歷史語言學研究》第 7 輯,商務印書館 2014 年版,第 168～177 頁。

③ 甘肅省文物工作隊、北京大學考古學系:《甘肅甘谷毛家坪遺址發掘報告》,《考古學報》1987 年第 3 期。

表 2-8　洛陽地區墓葬用牲情況

墓地	墓號	時代	隨葬牲腿	主要隨葬器物
擺駕路口①	M2	早期	二層臺獸骨粉一堆	銅弓形飾等
下窑村西區②	M159		二層臺動物腿骨一塊	銅鑣等
	M167		二層臺鷄骨	陶鬲7豆2盂2瓿6罍蓋2
東郊機車工廠③	M13		墓室西南角獸骨，墓壁與椁室隨葬器物間獸骨	銅鼎簋觚尊爵2觶，陶罐7鬲3簋2爵2觚觶等
東車站④	M567		器物周圍散落有禽骨碎塊	銅觚爵觶尊，陶罐7簋2瓶
東關⑤	C5M88	中期	西二層臺北部馬腿骨1	陶鬲簋2罐10豆2觚觶
唐城花園⑥	C3M417		北二層臺置小塊食物	銅鼎鬲觶爵2，陶鬲4簋2罐11
漢魏故城⑦	M175	晚期	銅器和陶器之間獸骨5處	銅鼎2簋2，陶鬲4簋4罐12

　　上述諸墓均有腰坑，皆爲典型的殷人貴族墓，時代貫穿整個西周時期。前四例皆被盜。其中第一例爲帶墓道的大型墓，二層臺骨粉有可能是殉狗，也可能是其他動物遺骨，東郊機車工廠 M13 墓室西南角與之類似。

　　與豐鎬、周原相比，該區發現的用牲殷人墓要少得多，同墓葬材料公布不够充分一定關係。用牲方式有牲腿殉葬，如 1952 年發掘的 M159、C5M188，隨葬器物間散置牲體，如東郊機車工廠 M13、東車站 M567、唐城花園

　　① 郭寶鈞、林壽晉：《一九五二年秋季洛陽東郊發掘報告》，《考古學報》第9冊，科學出版社1955年版。
　　② 郭寶鈞、林壽晉：《一九五二年秋季洛陽東郊發掘報告》，《考古學報》第9冊，科學出版社1955年版。
　　③ 張劍、蔡運章：《洛陽東郊13號西周墓的發掘》，《文物》1998年第10期。
　　④ 洛陽市文物工作隊：《洛陽東車站兩周墓發掘簡報》，《文物》2003年第12期。
　　⑤ 洛陽市文物工作隊：《洛陽東關五座西周墓的清理》，《中原文物》1984年第3期。
　　⑥ 洛陽市文物工作隊：《洛陽市唐城花園C3M417西周墓發掘簡報》，《文物》2004年第7期。
　　⑦ 中國社會科學院考古研究所洛陽漢魏城隊：《河南洛陽市漢魏故城M175西周墓發掘簡報》，《考古》2014年第3期。

C3M417、漢魏故城 M175 等。隨葬動物種類可辨別的有馬、鷄兩種，以馬隨葬，西周時較商代有下移的趨勢。

洛陽地區周人不流行用牲葬俗。北窑墓地屬周人墓，在已發掘的 348 座墓中，僅早期 M93 北二層臺上發現兩根鷄骨，該墓隨葬品有陶鬲 3 件，陶罐 2 件。墓底有腰坑，内殉狗，是本墓地僅有的四座腰坑墓之一，表明其與商人當有較爲密切的關係①。該墓地盜擾嚴重，是否還有用牲墓不得而知。

另河南温縣陳家溝遺址，位於東都王畿範圍之内②，在本遺址發掘的西周晚期 M32、M43 内，發現有不少獸骨夾雜在隨葬器物中。M32 棺下殉狗，當是採用殷人葬俗；M43 緊鄰 M32，墓向一致，關係密切③。

三門峽李家窑墓地位於西周成周與宗周之間，2002—2004 年在此發掘的西周晚期 M37 墓室右側棺椁間放置一些獸骨，從平面圖看，這些獸骨應包括兩件以上獸骨。該墓隨葬銅鼎、盤、匜等，"墓主應爲元士一級貴族"。從墓底設腰坑並殉獸的葬俗看，其使用者或爲殷人後裔，報告以爲是焦人的墓葬，或得其實④。

2. 各地方墓葬用牲

西周時期，王畿以外各諸侯國及地方勢力中，也有墓内隨葬動物的現象。下面分區介紹。

(1) 天馬—曲村遺址及今山西地區的用牲墓。

北趙晉侯墓地西周晚期晉侯墓 M64 及其夫人墓 M62、M63，以及春秋初年晉侯墓 M93，墓道有大量祭祀坑，坑内殉馬，"可能是入葬填埋時的殉牲"。M93 墓道北部多爲狗骨，偏南部多爲馬骨，有的肢體不完整，可能是葬入時已被肢解。同時，還有少量牛和羊的下頷骨⑤。此類葬俗該墓地西周早中期墓中似乎不見，可能是晉國新採用的葬俗。黎城西關村 M10 也爲單墓道大墓，時代不晚於西周晚期，墓道中有馬、牛、羊、狗等動物骨骼 57 具，其同晉侯

---

① 洛陽市文物工作隊編著：《洛陽北窑西周墓》，文物出版社 1999 年版，第 60 頁。

② 吕文鬱：《周代王畿考述》，《人文雜志》1992 年第 2 期。

③ 河南省文物考古研究所：《河南温縣陳家溝遺址發現的西周墓》，《華夏考古》2007 年第 2 期。

④ 河南省文物考古研究所、三門峽市文物考古研究所：《河南三門峽李家窑西周墓發掘簡報》，《文物》2014 年第 2 期。

⑤ 北京大學考古系、山西省考古研究所：《天馬—曲村遺址北趙晉侯墓地第四次發掘》，《文物》1994 年第 8 期。北京大學考古系、山西省考古研究所：《天馬—曲村遺址北趙晉侯墓地第五次發掘》，《文物》1995 年第 7 期。

墓地葬俗應是同源的，不過該墓未發現爲埋牲而設的坑穴①。

曲村墓地用牲墓葬有 10 座，情況見表 2-9。

表 2-9　天馬—曲村墓地墓葬用牲情況

墓號	時代	用牲情況	主要隨葬器物	性別年齡
M7161	西周早期	填土中牛頭骨 1，碎骨數塊	銅簋，錫簋盤，陶鬲盆罐 2 大口尊	女 25 歲
M6084		兩腿之間有一堆碎骨	陶鬲罐	男 25~30 歲
M6129		頭部棺上填土有獸骨，當爲牲肉	陶鬲豆	男 17~18 歲
M6216		頭東側有一獸骨，似從棺上落下	陶鬲豆罐	30~35 歲
M6478		棺蓋上有羊下頜骨一塊	陶鬲豆罐	男 25~30 歲
M7032	西周中期	填土中羊腿 1	陶鬲簋甑	女
M7027		填土狗頭 1 和部分肢骨	陶鬲盆豆 2 罐	
J7M34	西周	填土中埋一動物	石玦蚌泡	
M3004	春秋	頭端二層臺西側小堆動物骨骼	陶鬲 1	女 25 歲
M7126		填土中牛腿 1	銅戈，錫器 1 等	男 50 歲

表 2-9 隨葬動物肢骨的 M7032、M7027、M7126，均出在"殷遺民墓區"，他們占該區 35 座墓的 8.57%，牲腿多置於填土中，時代集中在西周中期。其餘墓區墓內隨葬牲體者，則少之又少，主要是集中放置割解的小塊牲肉，故多發現成堆獸骨，其位置也以棺上爲主，與 M7032 等不同。J7M34 填土中埋的動物，也有可能是殉狗。曲村墓地不同族屬墓的用牲比例、方式也有顯見差別。

報告對墓主的性別和年齡也作了鑒定。上述諸墓，男性墓 4 座，女性墓 3 座，用牲似無性別限制；墓主年齡亦無明顯規律。

此外，浮山橋北墓地時代在晚商至西周中期，其 M8、M9、M20 填土分層埋牲，主要是人和狗。M8 第三層即距墓口 3.4 米處，槨外西北角殉 1 人，西南角

① 張崇寧、楊林中：《山西發掘黎城西周墓地》，《中國文物報》，2007 年 4 月 25 日，第 2 版。

牛腿 1 條；M9 第二層即距墓口 4.4 米處，椁上四周，椁室東西兩側各殉 2 人，另東南角殉人南有牛頭 1 具；M20 第一層殉人狗的同時，南壁下有牛頭 1 具，第二層殉 2 人，墓室東南角牛腿 1 條①。這三座墓，前二者爲帶墓道的甲字形大墓，後者爲中型墓，墓主爲中高級貴族。其用牲習俗，是比較獨特的②。

總體而言，曲村墓地用牲情況有明顯的族屬差異，該地區其他墓地用牲者多爲高級貴族，其用牲方式同中原地區似有一定差別，可能是受北方其他文化的影響。

（2）琉璃河遺址及今河北地區的用牲墓。

琉璃河遺址墓地是目前發現的王畿以外墓內用牲葬俗材料最爲豐富的墓地，具體情況見表 2-10。

表 2-10　琉璃河遺址墓葬用牲情況③

墓號	時代	用牲情況	主要隨葬品及擺放位置
M21	早期	北部棺椁間豬腿	北部棺椁間陶鬲 2 簋罐
M22		北部棺椁間牛腿	北部棺椁間陶鬲 2 簋罐 2
M52		西二層臺北牛頭 1 具，其下棺椁間狗頭 1 具，北二層臺狗頭 5 具及牛肢骨	外棺上銅鼎尊鬲爵 2 觶，陶簋罐 11 瓷罐豆 3
M53		器物上放有牛腿骨 1 條	北部棺椁間銅簋尊爵觶，陶鬲 5 簋 2 罐 11
M54		器物上散放著牛肢骨	北部棺椁間銅鼎簋盤，陶鬲 12 簋 5 罐 17 罍
M20		器物上放有羊腿	北部棺椁間陶鬲 2 罐簋
M58		北部棺椁間獸骨	北部棺椁間陶鬲 3 罐 3
M65		器物上放有獸骨	棺前陶簋 2 罐 2 銅爵鉛觶

① 橋北考古隊：《山西浮山橋北商周墓》，北京大學中國考古學研究中心、北京大學震旦古代文明研究中心編：《古代文明》第 5 卷，文物出版社 2006 年版。

② 包曙光：《中國北方地區夏至戰國時期的殉牲研究》，吉林大學博士學位論文，2014 年第 188 頁。

③ 北京市文物研究所：《琉璃河西周燕國墓地：1973—1977》，文物出版社 1995 年版。琉璃河考古隊：《1981—1983 年琉璃河西周燕國墓地發掘簡報》，《考古》1984 年第 5 期。北京市文物研究所、北京大學考古系：《1995 年琉璃河遺址墓葬區發掘簡報》，《文物》1996 年第 6 期。

续表

墓號	時代	用牲情況	主要隨葬品及擺放位置
M6	中期	北部棺椁間獸骨	北部棺椁間陶簋罐
M19		陶簋與鼎間放有羊腿骨	北部棺椁間陶簋罐鼎
M51		北部棺椁間獸骨	北部棺椁間陶鬲 4 簋 4 罐 4 壺等
M60		北部棺椁間獸骨	北部棺椁間陶鬲 3 簋 2 罐 2
M13	晚期	北部棺椁間獸骨	北部棺椁間陶鬲 2 簋 4 罐 2 豆 2
M17		器物上放有牛腿	北部棺椁間陶鬲 2 簋 4 罐 2 豆 2
M1026	早期	鼎内裝有一具小獸骨架	銅鼎簋等
M1126	中期	頭前棺外獸腿 1 條	頭前棺外陶鬲，頂板陶簋
95F15M2	早期	動物肢骨置於容器之上	北部棺椁間陶鬲 2 瓿 4 簋瓷豆 2

表 2-10 中，1973—1977 年發掘的墓葬，均位於 I 區，即一般認爲的與殷人關係密切的墓區；後 3 座墓，M1026 具體情況不詳，餘 2 墓均設有腰坑，應也是召公建燕前後隨周人遷播至此的殷人後裔墓。比較典型的周人墓中則未發現用牲的現象。

墓中用牲物種可知的有牛、羊、豬，隨葬方式主要是牲腿隨葬和器實。牲腿多與隨葬的容器一同置於頭部（墓皆北向）棺椁間。M52 等級較高，隨葬牲腿的同時，還有動物頭骨。器實目前僅見於 M1026 所出銅鼎内，爲整隻小獸。

1973—1977 年琉璃河墓地 I 區發掘的可分期墓 28 座，用牲墓不少於 14 座，其比例在 50% 以上，是整個商周時期成規模墓地用牲比例最高的墓區。其中西周早期墓 18 座，在報告介紹的 17 座墓中，用牲墓 8 座，約 47.06%；中期墓 6 座，用牲墓 4 座，約 66.67%；晚期兩座墓皆有獸骨發現。從墓葬規模看，早期墓包括中型墓和小型墓，而中晚期則均爲小型墓。這似乎説明，琉璃河殷人後裔墓墓内隨葬動物的現象並未衰落，而是在進一步普及。

琉璃河墓地用牲比例高，用牲方式比較單一，在同期殷遺墓地中有一定辨識度。結合晚商殷墟地區不同區域用牲習俗有差異，可推知周王分封時，確實是以一定的組織即"族"的形式授殷民於諸侯的。

此外，昌平白浮西周中期 M3 隨葬陶鬲内發現動物骨骼①，該墓墓主可能是"擔任燕國北部邊境守衛者"重任的商遺民②。

今河北地區的用牲墓，尚有兩例。

滿城要莊 M1，時代在西周早期晚段，墓頭前棺椁間隨葬有陶鬲 12 件、簋 2 件、罐 4 件、豆 2 件等，其中的陶鬲有分襠袋足鬲 10 件，仿銅鬲 2 件。袋足鬲中有 7 件裝滿黍物和動物骨骼，骨骼中大多數爲椎骨、肋骨、肩胛骨等，豬骨最多。具體而言，7 件 II 式鬲中有 5 件内裝動物骨骼；I 式鬲 1 件，内裝有豬的趾骨、椎骨、肋骨和穀黍之類食物；III 式鬲 1 件，内裝有豬的頸椎骨、肋骨、趾骨。該墓有腰坑殉狗之俗，或與殷人關係密切。該墓地的其他墓葬材料尚待公布③。

邢臺南小汪 M23 時代也在西周早期，棺前隨葬陶鬲、罐各 1 件，豆 2 件，西北隅陶鬲旁邊有獸骨一堆④。另該墓地 M2，墓主左手下方發現獸骨一塊，無其他隨葬品，墓主當爲下層平民⑤。不過該墓獸骨是否爲牲肉遺迹，尚需進一步確認。

河北、北京地區用牲諸墓多同商文化有密切關係，與同期用牲墓相比又有一定的地域特色。

（3）今河南、山東、江蘇北部地區的用牲墓。

河南地區王畿以外的用牲墓，目前僅發現平頂山應國 M229、M84，安陽大寒村南崗 M1、M5，以及鹿邑太清宫長子口墓。平頂山 M229 時代在西周早期晚段，墓主被認爲是大夫級貴族，隨葬銅簋内殘留一些獸骨⑥；M84 爲西周中期的應侯墓，北向，在椁室西南角二層臺上有若干獸骨，並有小片朱砂痕迹⑦。應國墓地爲典型的周人墓，用牲現象非常少見。

---

① 北京市文物管理處：《北京地區的又一重要考古收穫——昌平白浮西周木椁墓的新啓示》，《考古》1976 年第 4 期。
② 韓建業：《略論北京昌平白浮 M2 墓主人身份》，《中原文物》2011 年第 4 期。
③ 河北省文物研究所：《河北滿城要莊發掘簡報》，《文物春秋》1992 年增刊。
④ 石從枝、李軍：《河北邢臺市南小汪發現西周墓》，《考古》2003 年第 12 期。
⑤ 河北省文物研究所、邢臺市文物管理處：《河北邢臺南小汪周代遺址發掘簡報》，《文物》2012 年第 1 期。
⑥ 河南省文物考古研究所、平頂山市文物管理局編：《平頂山應國墓地》第 1 卷，大象出版社 2012 年版，第 188 頁。
⑦ 河南省文物考古研究所、平頂山市文物管理局編：《平頂山應國墓地》第 1 卷，大象出版社 2012 年版，第 565 頁。

　　南崗遺址位於安陽市東南 15 千米，共發現西周晚期墓三座。其中 M1 墓主頭前隨葬陶鬲、罐、豆各一件，罐內有羊肩胛骨一塊；M5 墓主脚下隨葬陶鬲罐各一件、豆兩件，以及動物骨骼數塊①。兩墓等級均較低，其族屬也不易確定。

　　長子口墓墓主則"是殷遺民"，其"身份和地位高於一般的諸侯"②，隨葬大圓鼎一件，內置兩大塊牛股骨，底內有乾結物；兩件扁足鼎內出雞骨數塊，其中一件還有稠液乾涸後的渣體；兩件分襠鼎內出小動物骨；一對方鼎內出雞禽類骨數塊；另一件方鼎出小動物骨；兩件帶蓋方鼎出雞禽骨塊。另有多件鼎內有鼎實痕迹③。從該墓看，鼎實用牲種類似乎同鼎的大小有直接關係：形制最大的大圓鼎內置牛骨；有鼎實的五件方鼎中，盛小動物者較出雞類骨骼的四件要大一些。後世大小相次的所謂"列鼎"制度，應該就是由此發展而來的。

　　由於實力所限，周初周人的影響力在進入山東及江蘇北部地區後大大減弱，雖經過幾次東征，該地區尤其是山東半島仍是部族林立。該地發現的用牲墓葬也相對多一些。前掌大墓地而外，曲阜魯國故城甲組墓"不少墓發現了獸的肢骨，一般都放在頭側椁底的棺椁之間，個別的放在椁頂的填土中"④，同琉璃河 I 區墓地並無二致，説明二者來源相同。

　　棗莊二疏城時代約在周晚至春秋早期的 M5，葬具爲一棺一椁，棺椁旁爲器物箱，銅陶容器等皆置於器物箱內，其上放置牛骨，從報告附圖版看，可能是帶肩胛骨的牛前肢⑤。該墓墓主的族屬尚待進一步分析，不過其設置邊箱的葬俗，同仙人臺墓地類似，二者可能有族屬較近。

　　梁王城遺址位於江蘇邳州市李圩村，遺址內發現的西周墓"應該是殷遺民墓葬，直接來源爲殷墟文化"，其中期 M31 墓主頭部發現隨葬陶容器有豆 2

───────────

　　①　中國社會科學院考古研究所安陽隊：《安陽大寒村南崗遺址》，《考古學報》1990年第 1 期。

　　②　河南省文物考古研究所、周口市文化局編：《鹿邑太清宮長子口墓》，中州古籍出版社 2000 年版，第 210~211 頁。

　　③　河南省文物考古研究所、周口市文化局編：《鹿邑太清宮長子口墓》，中州古籍出版社 2000 年版，第 57~71 頁。

　　④　山東省文物考古研究所、山東省博物館等編：《曲阜魯國故城》，齊魯書社 1982年版，第 92 頁。

　　⑤　中國社會科學院考古研究所、棗莊市博物館：《棗莊市二疏城遺址發掘簡報》，山東市文物考古研究所編：《海岱考古》第 4 輯，科學出版社 2011 年版。

件、罐2件、簋2件、鬲等，"每件陶容器内都有動物骨骼，有鷄、魚、豬、狗等"①。

長清仙人臺墓地出土銅器銘文多有"邦"字，應爲邦族墓地。西周晚期M3設有邊箱，隨葬銅鼎2件、簋2件，以及陶器8件。兩件銅鼎形制相同，分別盛有鷄骨和魚骨，簋内有粟類粘糕性物質。該墓地諸墓均設腰坑並殉犬。

沂源縣姑子坪遺址西周晚期M4，足端棺外隨葬陶鬲、豆2件、罐，隨葬器物北側發現有獸骨，從平面圖看，可能是動物腿骨。該墓棺蓋上殉幼犬1隻，簡報同時公布的另兩墓都有腰坑、殉狗葬俗，墓葬發掘者認爲其"具有明顯的莒文化或土著文化的特點"②。

1984年臨沂中洽溝村發現三座墓，均被破壞，但仍可辨認其都設腰坑並有殉狗，還出土了大量牛、羊、豬骨③。

昌樂岳家河發掘周墓57座，其中23座設有腰坑，M118爲西周晚期墓，隨葬銅鼎内發現豬骨四塊，從平面圖看，可能是包括肩胛骨在内的腿骨。該墓地墓内隨葬骨骼的葬俗，一直延續到戰國末期，M128、M150、M156墓内都有豬骨或魚骨出現④。

膠縣西菴M1時代在西周早期，墓主頭端二層臺上出有獸骨，從平面圖看，其中包括肩胛骨，可能是動物肢骨。該墓設腰坑，墓内有殉人、殉狗，這裏發現的車馬坑也具有明顯的商墓特徵⑤。

即墨北阡遺址M1時代在西周晚期或春秋早期，隨葬品有銅鼎1件、陶簋4件、鬲2件、罐4件，以及4件以上陶豆。其中4件陶簋内分別盛有乳豬和牛骨、乳豬和成年豬骨、羊骨、豬牛羊骨，1件陶鬲内發現牛骨，1件陶豆内出土魚骨，另有2件陶罐裝牛骨⑥。該墓也有腰坑殉狗現象。

由上述可知，西周時期自鹿邑長子口墓以東的廣大地區，多有以動物肢體

---

① 南京博物院、徐州博物館、邳州博物館：《江蘇邳州梁王城遺址西周墓地發掘簡報》，《東南文化》2016年第2期。

② 山東大學考古系、淄博市文物局、沂源縣文管所：《山東沂源縣姑子坪周代墓葬》，《考古》2003年第1期。

③ 臨沂市博物館：《山東臨沂中洽溝發現三座周墓》，《考古》1987年第8期。

④ 山東省濰坊市博物館、山東省昌樂縣文管所：《山東昌樂岳家河周墓》，《考古學報》1990年第1期。

⑤ 山東省昌濰地區文物管理組：《膠縣西菴遺址調查試掘簡報》，《文物》1977年第4期。

⑥ 山東大學歷史文化學院考古學系、青島市文物保護考古研究所、即墨市博物館：《山東即墨市北阡遺址2007年發掘簡報》，《考古》2011年第11期。

隨葬的墓葬。其中以部分牲體、主要是肢骨隨葬最爲多見，其次是器實。這些墓葬所在墓地基本都有腰坑和殉狗的現象，表明其受商文化影響較深。肢骨和器實隨葬的現象在殷墟地區也均有發現，因此推測此類葬俗當承襲商文化而來。

同時，應國、魯國等典型周人墓中，則很少見到用牲體隨葬的現象。

（4）湖北地區的用牲墓。

長江流域目前僅見湖北曾國墓地有用牲現象。隨州葉家山西周早期晚段M28 墓主爲曾侯，在頭端二層臺上出土一塊未作任何加工的整塊骨骼，簡報以爲可能是牛的肩胛骨①。從叙述看，它可能是割解後置於墓中的牲體，詳細情況，尚待報告公布。

廟臺子遺址距葉家山墓地僅 1 千米，該遺址發現的西周 M9 墓主爲一兒童，在其上身左側發現豬下顎骨一塊，未見其他隨葬品②。此類用牲現象在晚商西周墓中比較少見。此外，郭家廟春秋早期 M13 隨葬曾子壽鼎内留有動物骨頭③。

總體而言，曾國墓不流行動物隨葬。葉家山 M28 隨葬牛的肩胛骨可能是受殷商文化的影響，這與 M1 墓底設腰坑、銅器有“曾侯作父乙”銘文等現象相同。郭家廟 M13 鼎實現象，則可能是周人自身葬俗，但也有可能是受其他文化如楚俗的影響。

通過本節的討論，可以發現，西周時期墓葬用牲，呈現出明顯的族屬差異。殷遺民在繼承殷墟用牲葬俗的同時，對其有所發展，如牲腿隨葬數目普遍增加，用牲墓墓葬等級也有下降的現象，同時，不同地域的殷遺民，因其所處社會環境的變化，葬俗也呈現出更多的差異；周族墓内隨葬動物的現象非常少見，且多爲小塊牲肉和器實隨葬，這多是先周葬俗的繼承，雖有個別墓採用商人用牲習俗，但多是個例，並未形成習俗。這或許暗示了，在與商族雜處的過程中，周人的族屬意識開始覺醒。其他部族的墓内用牲，有的採用殷人葬俗，有的則可能是受周边文化的影響。

---

① 湖北省文物考古研究所、隨州市博物館：《湖北隨州葉家山 M28 發掘報告》，《江漢考古》2013 年第 4 期，第 56 頁。

② 武漢大學歷史系考古教研室、襄樊市博物館、隨州市博物館：《西花園與廟臺子》，武漢大學出版社 1993 年版，第 162 頁。

③ 湖北省文物考古研究所等：《湖北棗陽郭家廟墓地曹門灣墓區（2014）M10、M13、M22 發掘簡報》，《江漢考古》2016 年第 5 期。

小　結

《儀禮·士喪禮》《既夕》所載喪葬儀式中，有大規模的用牲活動，其中大遣奠是葬前最後一次祭奠，用牲種類最多。遣奠所用羊牲的割解方式，前人多有爭議，據鄭注，當爲豚解；用牲部位，則爲除髀外左胖盡用。

送葬隊伍出發前，需從遣奠牲俎中選取部分牲肉包裹，之後隨葬於墓中，是爲"苞牲"。它是生人饗禮後"歸賓俎"，即把賓食餘的牲肉送至其居所這一儀節的摸擬。按照禮制規定，歸賓之俎當以前後肢爲主，故《士喪禮》"苞牲"也規定爲"取下體"。鄭玄認爲"取下體"爲折曲臂、臑、胳三塊牲體，以象徵設陽厭時俎上的三塊牲肉，即"俎釋三个"。後人對"俎釋三个"理解有誤，故皆不得其情。

墓內隨葬動物牲體的現象，自新石器時代已經普遍存在，二里頭和早中商時期是墓內用牲習俗的轉變期，用牲種類和用牲方式都發生很大變化，具有商人特色的用牲方式逐漸形成。晚商墓內用牲方式主要有整牲埋葬、隨葬部分牲體和器實三類，此時是用牲葬俗的高峰，其使用範圍大大擴展，主要商文化墓地都有發現，同時，用牲墓的數量、隨葬牲體的種類和組合，隨著時間發展都有所增加，用牲墓的等級限制也有所放寬，表明其處在蓬勃發展時期。也說明商文化正在繁榮期。

先周時期周人即不流行墓內用牲，進入西周以後周人用牲現象也不多見。商人遺民墓則繼承了殷墟的傳統，並有所發展；同時，由於社會環境差異，不同地域殷遺民的葬俗出現了較爲明顯的差別。商周以外的部族也有墓內用牲的現象，但其來源各不相同。

商周時期墓葬用牲對牲體的部位、年齡的要求，文獻記載多與之相合，證明文獻基本可信，但部分追記如"殷人貴髀"，則很可能是後人的附會。《既夕》"苞牲"，應是殷遺民葬俗的反映而被東周儀禮整理者採用。

第三章　棺　　飾

　　先秦時代的喪葬活動，由質而文，儀節漸趨繁縟。僅就葬具而言，就經歷了從無到有，從棺到棺槨，從單棺單槨到多重棺槨的演變。同時，古人還注意到棺槨裝飾問題，棺飾也歷經無中生有，自簡而繁的多層次發展。東周文獻對棺飾的記載，已經相當複雜，以至於漢代學者不能完全釐清其具體含義。本章依舊首先對禮書中相關問題略陳管見，之後闡釋商周棺飾勃興的歷程。

第一節　禮書中的棺飾

　　據文獻記載，東周時候，具有一定社會地位的階層在遭逢喪事後，會設專人負責置辦棺飾，如《周禮·天官》謂縫人"喪，縫棺飾焉，衣翣柳之材"；飾棺（《儀禮·既夕》作"飾柩"）也有相應的儀節和負責人，詳下；甚至還規定了送葬時持棺飾翣的人員，《周禮·天官·女御》"后之喪，持翣"①，《夏官·御僕》"大喪，持翣"②，鄭注前者"持而從柩車"，注後者"持之者，夾廞車"。足見棺飾的準備和設置在當時已經成爲喪禮重要環節。

　　飾柩前後的儀節，《既夕》有相關記載如下：啓殯遷柩於祖廟，天明設遷祖奠，將駕車之馬（一車二馬）牽至祖廟庭中；然後"乃載"，將棺柩載於車上，並用繩索捆扎結實；此後即商祝"飾柩"，並"設披，屬引"，披是繫在棺上的帛帶，柩車前行的時候，有人在兩側拉著披以防止棺柩傾側，引是拉柩車前行的繩子，此時要繫在柩車上；接下是來陳列葬具及隨葬品等儀節；第二天即爲

---

　　① 《周禮注疏》卷 8，阮元校刻：《十三經注疏》，中華書局 1980 年影印本，第 689頁。

　　② 《周禮注疏》卷 31，阮元校刻：《十三經注疏》，中華書局 1980 年影印本，第 852頁。

葬日，引柩車前往墓地下葬，柩車至墓壙，首先將隨葬物品陳放在道路兩側①；繼而"屬引"，鄭注"於是説載除飾，更屬引於縅耳"②，即在此時將商祝在棺柩所設之披、引以及荒帷等棺飾除去，再將引繫在棺上以便懸棺下葬；之後下棺於墓壙，置入隨葬明器用器，加棺飾於棺上，置入苞筲等，最後加抗木抗席等並封土，至此葬儀基本完成。

《既夕》記"飾柩"儀節曰："商祝飾柩，一池，紐前經後緇，齊三采，無貝。設披，屬引。"③

《禮記·喪大記》詳細記載了國君、大夫及士等不同級別死者的棺飾。鄭玄注《周禮·縫人》時曾有部分徵引，見本書緒論部分，此處不具引，僅將其與上引《既夕》相關內容列表 3-1。

(一)《喪大記》與《既夕》記載的异同

《喪大記》與《既夕》均有對士一級棺飾的記載，基本相同而略有差異。

對於士池數量的記載，兩種文獻是一致的。

《既夕》云紐"前經後緇"，鄭注"前赤後黑"；《喪大記》以士級死者棺飾的紐纁、緇各二。按"經"即"赬"，《説文·赤部》："經，赤色也。从赤巠聲。《詩》曰：魴魚經尾。"段玉裁注：

> 《周南》("魴魚赬尾")傳曰"赬，赤也"。《爾雅·釋器》："一染謂之縓，再染謂之赬，三染謂之纁。"郭曰："縓，今之紅也。赬，染赤也。纁，絳也。"按《糸部》云："縓，帛赤黃色也"；"絳，大赤也。"《糸部》引

---

① 此句經文作"陳器于道東西"，鄭玄無注，楊天宇《儀禮譯注》將"道"解釋為"羨道，即墓道"(《儀禮譯注》，上海古籍出版社 2004 年版，第 388 頁)，沈文倬也直接將"道"理解為"墓道"(《三禮通論》，南京師範大學出版社 1996 年版，第 605 頁)。按無論文獻記載還是考古發現，士級中小貴族均無墓道之設。這裏的"道"，並非墓道，而應指通往墓壙的道路；前文發引至墓地前，設大遣奠後有"甸人抗重，出自道，道左倚之"，及"馬出自道"之文，鄭注前者"出自道，出從門中央也"，這裏的道，明顯均指一般的道路而言。"陳器于道東西"之"道"應是墓區内靠近墓壙的路。

② 《儀禮注疏》卷 40，阮元校刻：《十三經注疏》，中華書局 1980 年影印本，第 1156 頁。

③ 《儀禮注疏》卷 38，阮元校刻：《十三經注疏》，中華書局 1980 年影印本，第 1148 頁。

表 3-1　《喪大記》《既夕》對棺飾的記載

		帷	池	振容	荒		素錦褚	加僞荒	紐	齊	翣	魚躍拂池	披
《喪大記》	君	龍帷	三池	振容	黼荒	火三列，黻三列	素錦褚	加僞荒	纁紐六	齊五采，五貝	黼翣二，黻翣二，畫翣二，皆戴圭		纁戴六纁披六
	大夫	畫帷	二池	不振容	畫荒				纁紐二，玄紐二	齊三采，三貝	黻翣二，畫翣二，皆戴綏	魚躍拂池	戴前纁後玄，披亦如之
	士	布帷	一池	摘絞	布荒				纁紐二，緇紐二	齊三采，一貝	畫翣二，皆戴綏		戴前纁後緇，二披用纁
《既夕》									紐前纁後緇	齊三采，無貝			設披，屬引

《爾雅》正作桱……《士喪禮》經作"桱"。①

纁,《説文·系部》:"淺絳也。"據《説文》,則桱(赤)、纁(淺絳)、絳(大赤),均爲現在所説的紅色,不過程度依次加重。《爾雅》所謂"一染""二染""三染",即將布或縷浸入染汁中一次、二次、三次,次數越多,染就的顏色逐漸濃重;《周禮·考工記·鍾氏》染羽也有"三入爲纁,五入爲緅"之文②,與《説文》同。《既夕》與《喪大記》記士柩飾紐的顏色,緇者相同,餘或桱或纁,不過浸染次數不同而顏色略有差异。《喪大記》士紐與國君、大夫各有等差,三者均有纁紐。大夫還有玄紐,《説文·玄部》:玄"黑而有赤色爲玄"。《考工記·鍾氏》"五入爲緅,七入爲緇",鄭玄注云:"凡玄色者,在緅緇之間,其六入者與?"則自君至士,棺飾用紐由均爲三染,到三染、六染混用,再到三染(或二染)、七染混用,顏色差异逐漸擴大。相對而言,士禮《既夕》較《喪大記》顏色差异更大,可能它反映的是較早時期的情况。從禮書看,衣服器用顏色的純雜是兩周區分身份等級重要手段,這在下文要介紹的"荒帷"部分也有體現。

齊,《既夕》三采無貝,《喪大記》三采一貝,兩經文略有不同。鄭玄注《既夕》云"元士以上有貝",以調和二説。按《既夕》既强調"無貝",則士以上等級齊當有貝,《喪大記》國君、大夫等級棺飾或有所本。另一方面,《既夕》特地强調無貝,也可反證當時士級棺飾流行有貝之齊,而《喪大記》所記正是時俗。

任銘善認爲,《喪大記》"其中多有與《儀禮·士喪禮·記》文同者,則蓋爲《大記》者取人君、大夫及《士喪》諸記按事鈔合之"③。按:對士級棺飾的記載中,差异之處都表現爲《喪大記》較《既夕》等級略高,且《喪大記》記載了國君、大夫棺飾的情况,應是作者在所見材料(可能包含《士喪》《既夕》以及時人喪葬活動)的基礎上,對其進行了整合。

(二)荒帷及褚

1.《喪大記》所記荒帷

《喪大記》記國君棺飾"龍帷",鄭無注,孔疏以爲帷"以白布爲之,王侯皆

①　段玉裁:《説文解字注》卷19,上海古籍出版社1981年影印本,第491~492頁。

②　《周禮注疏》卷40,阮元校刻:《十三經注疏》,中華書局1980年影印本,第919頁。

③　任銘善:《禮記目録後案》,齊魯書社1982年版,第55頁。

畫爲龍”，後人多因之。按從上表可以清楚看到，大夫、士級棺飾，帷與荒皆同色。先秦時人們重視顏色搭配，講究整體色調的統一性，如“凡衣與冠同色，裳與韠同色，屨與裳同色”①，以至後人以此來推斷先秦文獻的闕略之處。如《儀禮·士冠禮》“主人玄冠朝服，緇帶素韠，即位於門東，西面”，鄭注：“玄冠，委貌也。朝服者，十五升布衣而素裳也。衣不言色者，衣與冠同也。”②

《喪大記》這段文字也顯示出時人對顏色統一性的要求，如國君的紐爲纁色，戴也爲纁色，大夫、士紐分別爲纁、玄與纁、緇，其戴也與之同。附帶説一句，據《喪大記》大夫“戴前纁後玄”，士“戴前纁後緇”，以及《既夕》中“紐前經後緇”，可以推導出《喪大記》中大夫、士的紐亦當“前纁後玄”“前纁後緇”。

由此可知，大夫與士的荒、帷文章、材質相同，也是古人顏色、文章搭配的需要。荒上帷下，正與冕上衣下，裳上屨下同。以例推之，君“龍帷”疑當“黼帷”的訛寫。

上博楚竹書《鮑叔牙與隰朋之諫》“有司祭服無黼”③，“黼”字即從糸父聲，作“𢾈”。同時代的簡牘文字中，“龍”多作“𪄀”“𩇛”（郭店楚簡《性自命出》簡28④），“𩇛”（上博四《柬大王泊旱》簡15⑤），“𪄀”（望山2號墓楚簡簡2⑥），“𪄀”（包山楚墓文書簡簡171⑦）等形。則戰國時期的“龍”字，已經由象形的獨體字，變爲左右結構。此字與《鮑叔牙與隰朋之諫》中黼字確有頗多相似之處，如“龍”右側表示龍身的部分與“黼”字聲符“父”，“糸”下部的“小”形也同“龍”下的“月”形結構相似，因此完全有傳抄過程中訛寫的可能。而文獻中又有龍與黼黻相次者，如《禮記·玉藻》“禮有以文爲貴者，天子龍袞，諸侯黼，

①　淩廷堪：《禮經釋例》卷12《器服之例下》，北京大學出版社2012年版，第311頁。
②　《儀禮注疏》卷1，阮元校刻：《十三經注疏》，中華書局1980年影印本，第945頁。
③　馬承源主編：《上海博物館藏戰國楚竹書（五）》，上海古籍出版社2005年版，第37頁。季旭昇：《上博五芻議（上）》，簡帛網（http://www.bsm.org.cn/show_article.php? id=195），2006年2月18日。
④　荊門博物館編：《郭店楚墓竹簡》，文物出版社1998年版，第63頁。
⑤　馬承源主編：《上海博物館藏戰國楚竹書（四）》，上海古籍出版社2004年版，第59頁。
⑥　湖北省文物考古研究所、北京大學中文系編：《望山楚簡》，中華書局1995年版，第51頁。
⑦　湖北荊沙鐵路考古隊：《包山楚簡》，文物出版社1991年版，圖版78。

大夫黻，士玄衣纁裳"①；《左傳》桓公二年"火龍黼黻，昭其文也"②。《喪大記》以黼荒配龍帷，恰與龍、黼相次合，以致以訛傳訛，積非成是。後人將"龍帷"理解爲畫龍之帷，似與經文合，實則忽略了荒、帷紋飾不統一的矛盾。

"黼"，《説文・黹部》"白與黑相次文"，段注指出此《考工記》文，按《周禮・考工記》"青與赤謂之文，赤與白謂之章，白與黑謂之黼，黑與青謂之黻，五采備謂之繡"③。此外還有一種解釋，如《爾雅・釋器》"一染謂之縓，再染謂之䞓，三染謂之纁。青謂之葱，黑謂之黝，斧謂之黼"，郭璞注"黼文畫斧形因名云"④。

對於上述二説，早有學者采取調和態度，《左傳》桓公二年"火龍黼黻"，杜預注"白與黑謂之黼，形若斧"。又孔穎達在疏《書・益稷》時引孫炎云："蓋半白半黑，似斧刃白而身黑。"⑤

如依郭注，《爾雅》文上句云青云黑，皆爲顔色，此句突然云"斧"，改作形態，前後不協；且考古發掘中也從未見兩周出土"斧"形圖案紋飾。按黼字甫聲，甫聲旁則爲父，黼實以父爲聲符。上引《鮑叔牙與隰朋之諫》"黼"字即從糸父聲⑥。黼斧同音，後者爲前者的同音假借字。傳世文獻中黼多有作斧者，《周禮・春官・司几筵》"凡封國命諸侯，王位設黼依，依前南鄉"⑦，《儀禮・覲禮》有"天子設斧依於户牖之間"，"天子衮冕負斧依"，鄭注"依如今之綈素屏風也，有繡斧文所以示威也，斧謂之黼"⑧；《禮記・明堂位》也云"天

---

① 《禮記正義》卷23，阮元校刻：《十三經注疏》，中華書局1980年影印本，第1433頁。

② 《春秋左傳正義》卷5，阮元校刻：《十三經注疏》，中華書局1980年影印本，第1742頁。

③ 《周禮注疏》卷40，阮元校刻：《十三經注疏》，中華書局1980年影印本，第918頁。

④ 《爾雅注疏》卷5，阮元校刻：《十三經注疏》，中華書局1980年影印本，第2601頁。

⑤ 《尚書正義》卷5，阮元校刻：《十三經注疏》，中華書局1980年影印本，第142頁。

⑥ 季旭昇：《上博五芻議（上）》，簡帛網（http://www.bsm.org.cn/show_article.php? id=195），2006年2月18日。

⑦ 《周禮注疏》卷20，阮元校刻：《十三經注疏》，中華書局1980年影印本，第774頁。

⑧ 《儀禮注疏》卷26下，阮元校刻：《十三經注疏》，中華書局1980年影印本，第1089頁。

子負斧依，南鄉而立"①；《檀弓上》"加斧于椁上"，鄭注"斧謂之黼，白黑文也"②。

由此可知，斧形説實爲望文生訓，今人釋經多有仍其説者，但不可爲據。然而《考工記》明顯有五行學説的影響，其説時代也不會太早，且該説重在顏色搭配，與《玉藻》"以文爲貴"、《左傳》"火龍黼黻，昭其文也"意在紋飾明顯歧異。

事實上，西周中晚期金文中常見周王或高級貴族等賞賜臣下"玄衣🀙屯"的記載，恰可與《書·顧命》"黼純"對應，前人已多有論述③。"🀙"即"㠯"字，"㠯"是"黼"的本字，不過後來加"甫"以爲聲符。屈萬里認爲"最早出現的㠯字，當是某種花紋的象形字"，"後來，加上甫、犮、處這些注音的偏旁之後，本來是表示同一花紋的不用顏色；但是後世解説的人，却把黼黻兩字説成兩種不同形狀也不同顏色的花紋"，"黼和黻都是後起的字；它們産生的時代，雖難確知，但似乎不會早到春秋以前"；同時，作者還列舉殷周時代銅器陶器上的紋飾，認爲今所謂的雲紋和勾連雷紋等爲黻的花紋形式④。該説或近其實，不過東周時期，黼、黻可能確實已經分化成兩種花紋樣式的稱謂。

大夫畫荒、畫帷，鄭注"畫荒，緣邊爲雲氣"；注後"畫翣"曰"畫者，畫雲氣"；又注《周禮·春官·司几筵》"設莞筵紛純，加繅席畫純，加次席黼純"曰"畫謂雲氣也"⑤。又《書·顧命》"豐席畫純"，僞孔傳"彩色爲畫"⑥，則與鄭説不同。

按：楚地喪葬簡册中有"畫"的記載，如信陽一號楚墓遺册"二圓鑑，屯青黄之畫"（簡 2-01）、"皇俎廿又五，□俎廿又五，屯漆，畫"（簡 2-026）、"一

---

①　《禮記正義》卷 31，阮元校刻：《十三經注疏》，中華書局 1980 年影印本，第 1487 頁。

②　《禮記正義》卷 8，阮元校刻：《十三經注疏》，中華書局 1980 年影印本，第 1294 頁。

③　古文字詁林編纂委員會編纂：《古文字詁林》第 7 册，上海教育出版社 1999 年版，第 237~247 頁。

④　屈萬里：《釋㠯屯》，"中央研究院"歷史語言研究所集刊》第 37 本，臺灣"中央研究院"歷史語言研究所 1967 年版，第 72~75 頁。

⑤　《周禮注疏》卷 20，阮元校刻：《十三經注疏》，中華書局 1980 年影印本，第 774~775 頁。

⑥　《尚書正義》卷 18，阮元校刻：《十三經注疏》，中華書局 1980 年影印本，第 239 頁。

肆座棧鐘，小大十又三，梠條，漆，畫”（簡 2-018）、“一肆座棧磬，小大十又
九，梠條，漆，畫”（簡 2-018）等①。該墓出土陶圓鑑 3 件，其中兩件肩部及
上腹部飾有帶狀圓圈紋三周。劉國勝認爲簡文“青黃之畫”應指陶圓鑑的彩繪
紋飾，“也有可能出土時陶鑑的彩繪脫落”②。簡文的“皇俎”“□俎”應與墓中
25 件漆木“Ⅰ式”俎和 25 件漆木“Ⅱ式”俎對應，前者“通體髹黑漆，俎面的四
周和足的上部繪朱色三角形”，後者“表面髹黑漆，繪朱色三角紋，組成一相
對的弧面形”③。而墓內鐘磬架通體髹漆，浮雕對稱卷雲紋，M2 所出與之類
似，均髹漆並飾三角紋④。另簡文有一“漆、青黃之畫”的“威盟之柜躐土嘍”
（簡 2-03），可能指墓內彩繪雙角器，該器“通體塗黑地並施有鮮艷的紅、灰色
相間的雲紋、勾狀紋、鳥紋和三角紋”⑤。簡文的“畫”應指器物上所繪三角
紋、雲紋等紋飾。三角紋由卷雲紋發展而來，不過綫條由屈曲變爲勾折。如上
述推測正確，則鄭注更可信。

　　鄭注：“士布帷布荒者，白布也。君、大夫加文章焉。黼荒，緣邊爲黼
文。畫荒，緣邊爲雲氣。火、黻爲列於其中耳。”⑥則士級荒帷僅用白布而無紋
飾；國君及大夫則於荒的邊緣加黼紋或雲氣紋，再於荒上加火及黻紋各三列。
結合出土器物分析，六列火紋及黻紋，可能如上長臺關楚墓陶圓鑑紋飾，爲橫
向帶狀紋飾。

　　時代較早的文獻中，這些紋飾多是裝飾器用邊緣的，如上引金文“玄衣黹
屯”，及《顧命》的“敷重篾席，黼純”。“純”即“緣”，見《爾雅·釋器》。《周
禮·天官·內司服》鄭注“刻繒爲之形而采畫之，綴於衣以爲文章”⑦，即這種
情況。此時用以“昭其文”的火龍黼黻不能布滿器身，或許是技術水平的限制，
故在有限的條件下，通過衣服席子的邊緣不同裝飾來顯示差異。青銅器的發展
也呈現出類似的規律，商代晚期以前，我國銅器紋飾均“以帶狀爲主”，“即使

　　① 劉國勝：《楚喪葬簡牘集釋》，科學出版社 2011 年版，第 4~5 頁。本書引用出土
文獻一般採用寬式隸定，凡已論定的字，儘量用通行寫法，後文同。
　　② 劉國勝：《楚喪葬簡牘集釋》，科學出版社 2011 年版，第 11~12 頁，注 15。
　　③ 河南省文物研究所：《信陽楚墓》，文物出版社 1986 年版，第 33 頁。
　　④ 河南省文物研究所：《信陽楚墓》，文物出版社 1986 年版，第 25、86 頁。
　　⑤ 河南省文物研究所：《信陽楚墓》，文物出版社 1986 年版，第 61 頁。
　　⑥ 《禮記正義》卷 45，阮元校刻：《十三經注疏》，中華書局 1980 年影印本，第 1584
頁。
　　⑦ 《周禮注疏》卷 8，阮元校刻：《十三經注疏》，中華書局 1980 年影印本，第 691
頁。

在器面很大的條件下也仍如此"，這一狀態持續了幾百年，直到商前期末段，才"出現了所謂的'滿花'的器物，即在器體整面都布有花紋"①。而席類編織物，到了東周時期，仍以材質和邊緣所加包邊紋飾作爲主要的區別特徵，如《司几筵》所謂"設莞筵紛純，加繅席畫純，加次席黼純"②。鄭注荒的紋飾布局形式，及以邊緣紋飾冠名的方式，正可反映器用裝飾的發展過程，故其當有所本。由此推測，經文中的翣應當也是首先以黼、黻、畫等爲緣飾，其內部裝飾則不可知。進一步推測，反映西周史事的文獻中，表示衣服器用紋飾的黼等，如《顧命》的"黼依""麻冕黼裳"，及《詩·小雅·采菽》的"玄袞及黼"，可能都是以黼紋爲緣飾。

江陵馬山 M1 爲戰國中期偏晚或晚期偏早的楚墓，墓主爲"士階層中地位較高者"，葬具爲一棺一槨，據發掘報告，棺外出土一件"荒帷"："棕深色絲絹製成，狀如未開口的方形蚊帳，罩住整個棺木。荒帷由四整幅和兩條長絹拼縫而成，展開後呈'亞'字形"，"周邊飾大菱形紋錦緣"，錦緣與絹之間又用針織緣帶連結③。當然這件"荒帷"同文獻記載仍有差異，不過其"大菱形紋錦緣"却與鄭玄"緣邊"爲文正合。山西絳縣橫水西周西周中期 M1 出土的"帷"，"由兩幅布橫拼而成，上、下皆有扉邊"④，則將棺飾緣邊爲飾的例子提早到西周，也説明本書的推測是合理的。

綜上，經文"黼荒"可能是指於荒的邊緣加黼紋條邊，"畫荒"則指於荒的邊緣加雲氣之類紋飾條邊，"布荒"則不加或加無紋飾條邊。後文的"翣"當與之類似。考古發現的漆木器各類幾何紋飾，可能是這類器用紋飾的模仿。

2. 褚

《禮記·檀弓》謂子張之喪"褚幕丹質，蟻結于四隅，殷士也"，鄭注"以丹布幕爲褚，葬覆棺，不墻不翣。畫褚之四角，其文如蟻行往來相交錯"⑤。則按照當時的"殷禮"，士級喪葬棺飾，不用墻和翣，僅於棺上覆丹布爲褚，並修飾褚之四角。考古發現的商周墓葬中，多有棺上覆蓋織物痕迹，同時其

---

① 李學勤：《青銅器入門》，商務印書館 2013 年版，第 28~29 頁。

② 《周禮注疏》卷 20，阮元校刻：《十三經注疏》，中華書局 1980 年影印本，第 774~775 頁。

③ 湖北省荆州地區博物館：《江陵馬山一號楚墓》，文物出版社 1985 年版，第 9 頁。

④ 山西省考古研究所、運城市文物工作站、絳縣文化局：《山西絳縣橫水西周墓地》，《考古》2006 年第 7 期，第 17 頁。該墓荒帷的具體形制詳本章第三節。

⑤ 《禮記正義》卷 7，阮元校刻：《十三經注疏》，中華書局 1980 年影印本，第 1284 頁。

四角有飾物存在，這些織物，可能是"褚"的遺留，詳後兩節。褚當是荒帷的初始形態，二者作用完全一致，不過後者爲擴大形制，特加墻柳支撐，製作更爲複雜。《喪大記》中，國君及大夫褚外又設帷荒，床上施床，愈加繁複而已。

（三）池及揄絞、齊、翣

1. 池

《喪大記》與《既夕》對士池的數量記載相同，前人的解釋也以鄭注爲宗。鄭玄對兩處經文的注釋基本相同，《既夕》注緒論有引，其於《喪大記》注云："池以竹爲之，如小車笭，衣以青布，柳象宮室，縣池於荒之爪端，若承霤然云。君、大夫以銅爲魚，縣於池下。"①另《檀弓》有所謂"池視重霤"，鄭注："如堂之有承霤也。承霤，以木爲之，用行水，亦宮之飾也。柳，宮象也。以竹爲池，衣以青布，縣銅魚焉。"②

鄭玄注之所本，今不可知，《喪大記》孔疏以爲"如小車笭""以銅爲魚，縣於池下"爲"參漢之制度而知"③。然而漢代墓葬材料未見以銅魚爲隨葬品的，當時已經不流行懸銅魚之制。本書推測，鄭注池的形象，可能主要是依據《檀弓》"池視重霤"而來，故有"柳象宮室"之説。然而《檀弓》過於簡略，池視重霤，視重霤之形制，抑或視重霤之數（據孔疏，天子四面爲重霤，諸侯三，大夫二，士一），抑或視重霤之位置（對於大夫二池，經學家有云前後者，有云兩邊者，孫希旦以大夫屋南北有承霤，謂二池在前後④），或有他説，並無明文，且沒有文獻證明重霤之中會有魚，以及揄絞所象徵的水草。

以理論之，棺飾産生的原因，不過是親屬臣下出於對死者的緬懷，而對斂尸之具做的一系列裝飾，"以華道路及壙中，不欲衆惡其親也"。當然這些裝飾是日漸發展起來的，但其目的不外掩惡，或是飾美。鄭注認爲池懸於荒之爪端，且製作複雜，似乎不能起到任何作用。從考古材料看，兩周時代的銅魚、

---

① 《禮記正義》卷45，阮元校刻：《十三經注疏》，中華書局1980年影印本，第1584頁。

② 《禮記正義》卷8，阮元校刻：《十三經注疏》，中華書局1980年影印本，第1292頁。

③ 《禮記正義》卷45，阮元校刻：《十三經注疏》，中華書局1980年影印本，第1584頁。

④ 孫希旦：《禮記集解》卷44，中華書局1989年版，第1186頁。

翣，乃至荒帷，均有發現，但並未見任何池的材料，前人的猜測實際也與鄭注頗有差距。

因此，鄭注本身可能就是值得懷疑的。這裏，我們提出一種新的設想。我們注意到，顏師古《匡謬正俗》卷七"池氈"條對此曾有涉及：

> 或問云：今之臥氈著裏施緣者何以呼爲池氈？答曰："《禮》云'魚躍拂池'，池者，緣飾之名，謂其形象水池也。左太沖《嬌女詩》云'衣被皆重池'即其證也。今人被頭別施帛爲緣者，猶謂之被池。此氈亦有緣，故得池名耳。"①

師古此説或近其情。如顏説成立，則經文"一池""二池""三池"，大概表示帷的一面、兩面、三面爲"形象水池"的裝飾。我們推測，這種池飾，不是沿（帷）緣爲飾，而是指飾緣，即裝飾帷上某一封閉平面圖形的外緣，形成類似"池"的形象，故稱爲池②。此外，《喪大記》中"君龍帷，三池，振容；黼荒，火三列，黻三列"，"三池"和"振容"明顯是形容國君龍帷的樣式的，正與下文"火三列，黻三列"是描述"荒"的樣式一致。這種行文方式在先秦是很常見的，這也可以作爲我們設想的一個旁証。當喪車出行時，銅魚隨車動而跳躍，並與帷上的"池"接觸，因而形成"魚躍拂池"的形象。同時揄絞也隨車行而擺動，類似水草動搖。

2. 揄絞

《喪大記》鄭注："君、大夫以銅爲魚，縣於池下。揄，揄翟也，青質五色，畫之於絞繒而垂之，以爲振容，象水草之動搖。行則又魚上拂池。《雜記》曰'大夫不揄絞，屬於池下'，是不振容也，士則去魚。"③其注《雜記》"大夫不揄絞，屬於池下"，則云："謂池飾也。揄，揄翟也。采青黃之間曰絞。屬，猶繫也。人君之柳，其池繫絞繒於下而畫翟雉焉，名曰振容，又有銅魚在

---

① 顏師古：《匡謬正俗》，中華書局 1985 年影印本，第 90~91 頁。
② 可資參考的，明代皇帝親王等所服冕，其冠武前後飾池一對，山東魯荒王出土九旒冕和九縫皮弁都有池。它們雖與先秦時代懸隔，但其名稱應有所本。我們推測，棺飾池的形式當與冕服上的池類似。董進：《图说明代宫廷服饰（一）——皇帝冕服》，《紫禁城》2011 年第 4 期。山東博物館、山東省文物考古研究所：《魯荒王墓》，文物出版社 2014 年版，第 68~69 頁。
③ 《禮記正義》卷 45，阮元校刻：《十三經注疏》，中華書局 1980 年影印本，第 1584 頁。

其間。大夫去振容，士去魚。此無人君及士，亦爛脱。"①則鄭玄以爲振容即揄
絞，國君垂振容、懸銅魚，大夫懸魚不振容，士揄絞不懸魚。《既夕》注"士不
揄絞"，與《喪大記》經文及鄭注不合，蓋鄭行文偶誤，或以爲《喪大記》所記爲
元士而《既夕》等級略低。

　　按：《喪大記》同段經文中，君"振容"，大夫"不振容"，士則"揄絞"，如
振容與揄絞同，則不當特意區分，於讀者製造混亂。孔疏君"振容"曰"振，動
也。容，飾也。謂以絞繒爲之，長丈餘，如幡，畫幡上爲雉，縣於池下爲容
飾，車行則幡動，故曰振容"；疏大夫"不振容"曰"謂不以揄絞屬於池下爲振
容，故云不振容也。其池上揄絞則有也"；疏士"揄絞"曰"亦畫揄雉於絞，在
於池上，而池下無振容。知者，大夫既不振容，明士亦不振容於池下"②。其
疏《雜記》同。則孔疏以爲揄絞與振容的區别在於其位置不同。孔氏此説乃曲
解鄭意，且若依顏師古對池的解釋，則此説又無法落實。

　　振容僅爲國君及以上所有，文獻不再見，故不可考。

　　揄絞又名"搖絞"，《釋名》："輿棺之車曰輤。輤，耳也，縣於左右前後銅
魚搖絞之屬耳耳然也。"③則揄絞與銅魚在荒帷的位置接近，此與鄭説同。

　　據鄭注《喪大記》，則揄絞爲畫"揄"於絞繒而得名。按鄭注《周禮·天官·
內司服》王后之六服"褘衣、揄狄"："狄當爲翟，翟，雉名。伊雒而南，素質
五色皆備成章曰翬；江淮而南，青質五色皆備成章曰搖。王后之服，刻繒爲之
形而采畫之，綴於衣以爲文章。褘衣，畫翬者；揄翟，畫搖者。"④鄭玄釋《喪
大記》的"揄"爲"揄翟"，又以翟爲雉名。故注疏中有"畫翟雉"之説。按"畫翟
雉"與象水草無關，似不可取。依鄭《內司服》注，"揄"即"搖"，"搖絞"即"青
質五色皆備成章"之絞，實不必增字爲訓，鄭注過於迂曲。

　　3. 齊

　　鄭注《喪大記》："齊，象車蓋蔉，縫合雜采爲之，形如瓜分然，綴貝落其

---

　　① 《禮記正義》卷40，阮元校刻：《十三經注疏》，中華書局1980年影印本，第1552
頁。

　　② 《禮記正義》卷45，阮元校刻：《十三經注疏》，中華書局1980年影印本，第1584
頁。

　　③ 劉熙撰，畢沅疏證，王先謙補：《釋名疏證補》卷8《釋喪制》，中華書局2008年
版，第295頁。

　　④ 《周禮注疏》卷8，阮元校刻：《十三經注疏》，中華書局1980年影印本，第691
頁。

上及旁。"①"及"原作"乃"，孫詒讓據閩本改，從之②。注《既夕》"齊三采無貝"云："齊居柳之中央，若今小車蓋上蕤矣。以三采繒爲之，上朱，中白，下蒼，著以絮。元士以上有貝。"③賈公彥疏鄭注云：

> 云"齊居柳之中央"者，雖無正文，以其言齊，若人之齊亦居身之中央也。云"若今小車蓋上蕤矣"者，漢時小車蓋上有蕤，在蓋之中央，故舉以爲説。云"以三采繒爲之，上朱中白下倉"者，案《聘禮·記》云"三采：朱、白、倉"，彼據繅藉用三采，先朱，次白，下倉，此爲齊用三采，亦當然，故取以爲義也。云"著以絮"者，既云齊，當人所睹見，故知以絮著之使高。④

賈疏基本説明了鄭注的依據。按《説文·齊部》齊"禾麥吐穗上平也，象形"⑤，甲骨金文"齊"字多見，早期多作"𤔲"(《合集》18692)、"𤔲"(《合集》36806)、𤔲(《集成》5202⑥)等形，並不象"禾麥吐穗上平"形。該字在商周古文字中多用作人名或地名，故其本義難考。按甲骨文有"𤔲"(《屯南》2040⑦)、"𤔲"(《合集》32593)、"𤔲"(《合集》30306)，于省吾隸定該字從禾從齊，釋作"齋"，"即稷字的初文"⑧。甲骨"齋"字爲象形字，其所從齊，乃穀粒的象徵。由此推測，"齊"字本意，大概表示收穫的稷實，泛指五穀。它就是後世文獻中的"粢"。《説文》對"齊"的訓釋，謂"穗"上平，還保存著穀實的些許影子。

另"齊"有"中"的含義，《爾雅·釋言》"齊，中也"。《書·吕刑》"天齊於

---

① 《禮記正義》卷45，阮元校刻：《十三經注疏》，中華書局1980年影印本，第1584頁。
② 孫詒讓：《十三經注疏校記》，齊魯書社1983年版，第569頁。
③ 《儀禮注疏》卷38，阮元校刻：《十三經注疏》，中華書局1980年影印本，第1148頁。
④ 《儀禮注疏》卷38，阮元校刻：《十三經注疏》，中華書局1980年影印本，第1148頁。
⑤ 許慎撰，徐鉉校訂：《説文解字》，中華書局2013年影印本，第139頁。
⑥ 中國社會科學院考古研究所編：《殷周金文集成》(修訂增補本)，中華書局2007年版。後文一律簡稱"《集成》"，不再出注。
⑦ 中國社會科學院考古研究所編：《小屯南地甲骨》，中華書局1980—1983年版。
⑧ 于省吾：《釋黍、齋、采》，《甲骨文字釋林》，中華書局1979年版，第244~246頁。

民”，《經典釋文》引馬融云“齊，中也”。① 據賈疏，“臍”亦即人之中。今人稱鑼的中央突起部分依舊爲“鑼臍”，棺飾齊名稱的由來大概與之類似。

鄭注“齊居柳之中央”，柳外衣荒，故齊實居於荒之中央。“蕤”，《説文·草部》“蕤，草木華垂貌”，段注：“引伸凡物之垂者皆曰蕤。”②“小車蓋上蕤”，今不可考，大概爲小車車蓋頂部中央下垂的裝飾物。《漢書·揚雄傳》“風從從而扶轂兮，鸞鳳紛其御蕤”，顏師古注：“蕤，車之垂飾縗蕤也。”③對於齊的形制，鄭注兩處似乎略有矛盾：《喪大記》注以爲用五種或三種顏色的繒，如瓜皮小帽般綴合在一起；《既夕》注則認爲是將繒按顏色分爲三層或五層縫合在一起，之後在裏面填充綿絮。緒論引《三禮通論》調和兩説，以爲《喪大記》注“形如瓜分然”爲“綴貝”形成“瓜分”的效果。如從其説，則元士三采一貝、諸侯之士三采無貝無法落實。

對齊的形制，前人一直不得其解。事實上，考古發掘中可以見到齊的遺迹，不過似乎没有受到足夠的注意。

江陵馬山戰國中晚期士級 M1 荒帷之上，出一件棺飾物，報告直接命名爲“棺飾”：

> 縱向置於棺蓋頭向一端，荒帷之上的中間，由黄色紗束串連的一支琉璃管和一顆琉璃珠組成。黄色紗束長 54 釐米，由兩長條紗擰在一起組成，一端中間打結，尾端散開，另一端尾部則打結。④

從形制上看，該棺飾雖同“齊”的記載有差異，但仍有一定的相似之處：黄色長紗擰在一起組成紗束，恰合鄭注“合雜采爲之”；琉璃管和琉璃珠，與文獻中的“一貝”“三貝”“五貝”相像；紗束一端尾端散開，則與垂飾一致。

與注不同者，鄭玄以爲齊居柳（荒）之中央，馬山棺飾則位於棺罩上頭端中央。這可能是楚地對“齊”的設置作了簡化，也可能鄭注本身就是錯誤的。

如此看來，馬山 M1 的棺飾恰當《既夕》中的“齊”，至於它不用貝而用琉璃飾，應該是“土物有宜”，楚地“齊”的新發展。

---

① 陸德明：《經典釋文》卷 4，上海古籍出版社 2012 年版，第 79 頁。

② 段玉裁：《説文解字注》卷 2，上海古籍出版社 1981 年影印本，第 38 頁。

③ 《漢書》卷 87，中華書局 1962 年版，第 3531~3532 頁。

④ 湖北省荆州地區博物館：《江陵馬山一號楚墓》，文物出版社 1985 年版，第 8~9 頁。

商周考古材料中，可能也有“齊”的存在，詳後文。

4. 翣

《喪大記》鄭注：

> 漢禮：翣以木爲筐，廣三尺，高二尺四寸，方，兩角高，衣以白布。畫者，畫雲氣。其餘各如其象。柄長五尺。車行，使人持之而從。既窆，樹於壙中。《檀弓》曰周人“墻，置翣”是也。綏當爲緌，讀如冠蕤之蕤，蓋五采羽注於翣首也。①

以上鄭玄對翣形制的考述，參考的是漢代禮制。“綏當爲緌”云云，孔疏以爲“以《周禮》夏采掌染鳥羽，爲夏翟之色，故名夏采。其職掌復建綏，故知緌五采羽。”②按《周禮》序官“夏采下士四人，史一人，徒四人”，鄭注：“夏采，夏翟羽色。《禹貢》徐州貢夏翟之羽。有虞氏以爲緌，後世或無，故染鳥羽象而用之，謂之夏采。”③又《夏采》掌大喪“以乘車建綏復于四郊”，鄭注引《明堂位》“有虞氏之旂，夏后氏之綏”曰：“則旌旂有徒綏者，當作緌，字之誤也。緌以旄牛尾爲之，綴於橦上，所謂‘注旄於干首者’。”④鄭注《明堂位》與之類似。

《禮記·明堂位》“有虞氏之綏，夏后氏之綢練，殷之崇牙，周之璧翣”，鄭注：“翣夾柩路左右前後。天子八翣，皆戴璧垂羽；諸侯六翣，皆戴圭；大夫四翣，士二翣，皆戴緌。”⑤按鄭注天子諸侯大夫士翣數本於《喪大記》及《禮記·禮器》：天子八翣，諸侯六翣，大夫四翣。孔疏以爲鄭注“皆戴璧即此璧翣”。按：鄭注天子八翣“皆戴璧”，可能參考了《漢禮器制度》，其注《周禮·縫人》“喪，縫棺飾焉”引《漢禮器制度》“飾棺，天子”“有龍翣二，

① 《禮記正義》卷45，阮元校刻：《十三經注疏》，中華書局1980年影印本，第1584頁。

② 《禮記正義》卷45，阮元校刻：《十三經注疏》，中華書局1980年影印本，第1584頁。

③ 《周禮注疏》卷1，阮元校刻：《十三經注疏》，中華書局1980年影印本，第643頁。

④ 《周禮注疏》卷8，阮元校刻：《十三經注疏》，中華書局1980年影印本，第694頁。

⑤ 《禮記正義》卷31，阮元校刻：《十三經注疏》，中華書局1980年影印本，第1492頁。

其戴皆加璧"①。"垂羽"即上文"五采羽注於翣首"。戴圭、戴綏則出於《喪大記》。需要說明的是，《漢禮器制度》的翣制，應當也是漢人演繹《喪大記》及《明堂位》而制定的。

《周禮·御僕》"大喪持翣"，鄭注："翣，棺飾也，持之者夾屬車。"②《女御》"后之喪持翣"，鄭注類似："翣，棺飾也，持而從柩車。"③則天子、后等喪，送葬時有專人持翣從喪車，前文已述及。

此外，孔穎達疏《喪大記》"黼翣二，黻翣二，畫翣二"云："翣形似扇，以木爲之，在路則障車，入椁則障柩也。"疏"皆戴圭"云："謂諸侯六翣兩角皆戴圭玉也。"

上述經注疏構建出比較完整的周代喪葬翣制。通過羅列文獻，可以發現這一構建部分有文獻依據，如天子至士翣的數量，至少有東周文獻的記載④；部分内容，則可能是後人虛造，如天子翣戴璧垂羽，孔穎達對翣的形制及用途的描述，也值得懷疑。

棺飾用翣外，《既夕》記載士的隨葬品中還有作爲"燕居安體器"的翣，它是日常生活中的用器，戰國遣册中也多有這類翣出現⑤。與本書無關，不贅述。

以上是對文獻記載的周代棺飾制度的解讀。下節擬對考古材料所反映的商周棺飾制度進行討論。

第二節　棺飾制度的初步形成——晚商

三代以前，先民的喪葬用具已經比較發達⑥。約當夏代前後的陶寺文化晚期中型墓 M1605 爲單棺葬，"棺蓋上覆麻類編織物一層，厚 0.4 釐米，兩側垂至棺

①　《周禮注疏》卷 8，阮元校刻：《十三經注疏》，中華書局 1980 年影印本，第 692 頁。

②　《周禮注疏》卷 31，阮元校刻：《十三經注疏》，中華書局 1980 年影印本，第 852 頁。

③　《周禮注疏》卷 8，阮元校刻：《十三經注疏》，中華書局 1980 年影印本，第 689 頁。

④　《左傳》襄公二十五年，齊國葬莊公"四翣"，杜注："喪車之飾，諸侯六翣。"莊公之葬禮降殺，故四翣。

⑤　如包山楚簡遣册簡 260 上、望山 2 號楚墓遣册簡 47，曹家崗 5 號楚墓遣册簡 7 等。劉國勝：《楚喪葬簡牘集釋》，科學出版社 2011 年版，第 47、92、139 頁。

⑥　邵崇山：《先秦時期墓葬棺椁制度略論》，《保定學院學報》2011 年第 4 期。

底。其外，發現束棺的麻繩"①。有觀點認爲其是最早的考古發現棺飾實例②，這自然没有問題，但從外有束棺的麻繩看，這類編織物同文獻中的荒帷等有所區别③。

考古所見夏商時代的墓室内裝飾，主要集中在晚商時期，下面分别介紹。

（一）椁頂飾物及褚

1. 椁頂及二層臺上的織物

晚商西周中高級墓葬頗多見椁頂及二層臺上鋪有席子及棉麻絲織物。1969—1977 年殷墟西區發掘的墓葬：

> 不少的棺、椁上面鋪有蘆席，或蓋彩繪畫幔，或兩者都有……有的棺椁頂部鋪的席和彩繪畫幔蓋满了整個二層臺，棺椁腐朽以後，二層臺上還留有清晰的席紋和彩繪布紋痕迹，如 M219。
>
> 隨葬品放置在棺椁頂上的，有的是先鋪彩繪畫幔，後放隨葬品；在隨葬品上面，再蓋一層席。有的則先鋪一層席，在席上放置隨葬品，再在隨葬品上鋪彩繪畫幔。M222 的椁頂上鋪有彩繪畫幔，蓋满了二層臺，並在四角用骨錐將其釘住。④

此外，大司空村 TSKM012⑤，婦好墓⑥、王陵東區 M259⑦，郭家莊 M160、戚

---

① 中國社會科學院考古研究所山西工作隊、臨汾地區文化局：《1978—1981 年山西襄汾陶寺墓地發掘簡報》，《考古》1983 年第 1 期，第 32 頁。

② 朱蔚：《〈儀禮·士喪禮〉、〈既夕禮〉所反映的喪葬制度研究》，廈門大學碩士學位論文，2008 年，第 49 頁。高煒、王岩：《帷帳形棺飾溯源》，山西省考古研究所、山西省考古學會編：《鹿鳴集》，科學出版社 2009 年版，第 259~260 頁。

③ 此類編織物設於束棺前，即文獻中"大斂"過程中，應屬於葬具範疇，而《喪大記》《既夕》中的棺飾，設於啓殯後，二者的性質和作用應有相當差别。

④ 中國社會科學院考古研究所安陽工作隊：《1969—1977 年殷墟西區墓葬發掘報告》，《考古學報》1979 年第 1 期，第 41 頁。

⑤ 高去尋遺稿，杜正勝、李永迪整理：《大司空村第二次發掘報告》，臺灣"中央研究院"歷史語言研究所 2008 年版。

⑥ 中國社會科學院考古研究所編著：《殷墟婦好墓》，文物出版社 1980 年版，第 7 頁。

⑦ 中國社會科學院考古研究所安陽工作隊：《殷墟 259~260 號墓發掘報告》，《考古學報》1987 年第 1 期。

家莊 M269①，2003 年於孝民屯發掘的 M207②、2004 年大司空發掘的 M58 與
M303③，1958 年春於大司空村發掘的 M8、M10、M40、M53④ 等墓均有類似
發現。殷墟以外，羅山蟒張商代墓地 M1⑤，山東滕州前掌大墓地 BM4⑥，山
西靈石旌介墓地 M1、M2 等椁蓋之上都有織物痕迹⑦。西周這一習俗繼續存
在，如早期的高家堡戈族墓地 M2、M3、M4⑧，長安澧西發掘的 76M4⑨；上
述諸墓同殷人關係密切。典型周人墓，如西周早期的濬縣辛村衛國墓地 M1⑩、
琉璃河燕國墓地 M1193⑪，平頂山應國墓地 M86，時代約在穆王晚期，椁頂及
二層臺也有紅色帳幔發現⑫。周人墓內的這類飾物應是從商人葬俗習得的。

　　這類織物，有的報告將其定爲荒帷，或稱爲棺罩。朱蔚將其作爲棺飾的一

---

①　安陽市文物工作隊：《殷墟戚家莊東 269 號墓》，《考古學報》1991 年第 3 期。

②　殷墟孝民屯考古隊：《河南安陽市孝民屯商代墓葬 2003—2004 年發掘簡報》，《考古》2007 年第 1 期。

③　中國社會科學院考古研究所編著：《安陽大司空：2004 年發掘報告》，文物出版社 2014 年版，第 267、404 頁。

④　河南省文物工作隊：《1958 年春河南安陽市大司空村殷代墓葬發掘簡報》，《考古通訊》1958 年第 10 期。

⑤　信陽地區文管會、羅山縣文化館：《河南羅山縣蟒張商代墓地第一次發掘簡報》，《考古》1981 年第 2 期。

⑥　中國社會科學院考古研究所編著：《滕州前掌大墓地》，文物出版社 2005 年版，第 58 頁。

⑦　山西省考古研究所編，海金樂、韓炳華著：《靈石旌介商墓》，科學出版社 2006 年版，第 13、93 頁。

⑧　陝西省考古研究所編著：《高家堡戈國墓》，三秦出版社 1995 年版，第 37、54、69 頁。其中 M3 木椁縱壁兩側，二層臺內側壁面上發現木架痕迹，一側四根等距離排列，另一側一根，位于墓壁中軸線上。報告以爲木架與帳幔有關，但其位于椁與墓壁之間，與文獻及考古發現的牆柳位于棺椁間不同，且帳幔是覆蓋在椁蓋及二層臺上，也不與木架直接系聯。因此本書認爲所謂"木架"，當是構椁時設置的，商周墓中多見墓底有帶朽木痕迹的孔洞。中國社會科學院考古研究所編著：《安陽大司空：2004 年發掘報告》，文物出版社 2014 年版，第 216~221 頁。北京大學考古文博學院、山西省考古研究所：《天馬—曲村遺址北趙晉侯墓地第六次發掘》，《文物》2001 年第 8 期，第 17 頁。

⑨　中國社會科學院考古研究所澧西發掘隊：《1976—1978 年長安澧西發掘簡報》，《考古》1981 年第 1 期。

⑩　郭寶鈞：《濬縣辛村古殘墓之清理》，《田野考古報告》，商務印書館 1936 年版。

⑪　琉璃河考古隊：《北京琉璃河 1193 號大墓發掘簡報》，《考古》1990 年第 1 期。

⑫　河南省文物考古研究所、平頂山市文物管理局編：《平頂山應國墓地》第 1 卷，大象出版社 2012 年版，第 442 頁。

種，指出這類遺迹一般發現於墓葬的二層臺，即覆於椁蓋上：

> 從這個角度考慮，商代棺飾的布置似乎更是爲了阻止沙土等雜質進入墓室，而非"以華道路及壙中"，這一功用倒是同《既夕禮》所載下葬最後加"折""抗木""抗席"以禦塵土的用意相似。①

此説有一定道理，但本書發現，有的織物並不鋪在二層臺面上。如殷墟西區 M1713，在距墓口 3.6 米，即二層臺面上約 0.5 米的填土内，鋪了一層紅色畫布，且墓室北部有一狗骨架壓在畫布上②。洛陽東郊下窑村西區 M159 北壁自距墓口 0.7 米到二層臺，"陸續發現有彩繪織物的痕迹"，應是垂挂在北壁的帳幔；M161 北壁、西壁發現布紋，二層臺發現彩繪痕迹③。這些墓壁上的織物明顯不具有禦塵的功效，但其與上文諸例並無區别。

此外，商周有的中高級墓葬存在於墓壁塗漆等物質的現象，可能也與墓壁垂挂帳幔有一定的關係。花園莊宗廟宫殿區内的 M54，"墓壁之上似塗抹了一層物質"④。類似的有高家堡戈國 M2 等⑤。扶風法門公社楊家堡西周早中期之際墓 M4，"在二層臺上 1.25～1.85 米的四面墓壁上，繪有簡單的菱形壁畫，在二層臺上高二米的地方到二層臺，墓壁四周都留有十分清晰的席紋。説明當初用葦席包著壁畫"⑥。頗類上文二層臺彩繪上覆蓋席子的處理方式。

總體而言，這類墓室裝飾，同本書討論的棺飾有很大差異，其使用制度，尚需更多材料與進一步分析，此不贅述。

2. 褚

除上述椁頂、二層臺及墓壁上的織物外，商代有些墓棺上覆蓋著席或絲麻棉類織物。如殷墟婦好墓"棺漆皮之上有一層較粗的麻布痕迹，在麻布之上又

---

① 朱蔚：《〈儀禮·士喪禮〉、〈既夕禮〉所反映的喪葬制度研究》，廈門大學碩士學位論文，2008 年，第 16 頁。

② 中國社會科學院考古研究所安陽隊：《安陽殷墟西區一七一三號墓的發掘》，《考古》1986 年第 8 期。

③ 郭寶鈞、林壽晉：《一九五二年秋季洛陽東郊發掘報告》，《考古學報》第 9 册，科學出版社 1955 年版。

④ 中國社會科學院考古研究所編著：《安陽殷墟花園莊東地商代墓葬》，科學出版社 2007 年版，第 71 頁。

⑤ 陝西省考古研究所編著：《高家堡戈國墓》，三秦出版社 1995 年版，第 37 頁。

⑥ 羅西章：《陝西扶風楊家堡西周墓清理簡報》，《考古與文物》1980 年第 2 期。

有一層薄絹”①；上引戚家莊 M269，“竹席置於棺蓋上”②；1986 年郭莊村北
發掘的殷墟四期 M6，棺上覆蓋有竹席③；2009—2010 年劉家莊北地發掘的
M89 葬具爲一棺一椁，“棺上有紡織物殘留，其上有彩繪，爲褐色和紅色綫條
狀”④；河北武安趙窰商晚期棺椁墓 M20“棺蓋上遺有覆蓋織物痕迹，似絲織
物，繪有白地紅彩似銅器作風的花紋，紅色綫條寬約 1 釐米”⑤。

這些織物直接置於棺上，有些可能是送葬前已布置好的。婦好墓棺外麻布
之上又覆薄絹，趙窰 M20 絲織物繪有花紋，由此推測它們的設置不是，至少
不僅在於“禦塵”，應是褚類棺飾的遺存。

前引大司空殷墟四期晚段 M303，“棺木四角外側各有一組遺物，均由數
十件穿孔小蚌魚、穿孔貝飾(當從平面圖作‘文蛤’)和 1 件銅鈴組成”，另棺南
側出土一些玉飾。報告以爲上述物品懸挂在棺木，或是覆蓋於棺木的織物上的
飾品⑥。同墓地四期晚段 M225 也發現相同的情況⑦。從平面圖看，這些蚌飾
等緊貼棺木四角，若如報告所推測，上述飾品爲織物綴飾，那這些無存的織物
無疑是文獻中的“褚”。

從現有的情況看，可能商代墓葬中織物多直接覆蓋在棺上，是以“褚”的
形式出現的，未見織物周邊有木架構墻柳出現，荒帷或尚未產生。上一節引
《檀弓》及鄭注說“殷士”子張的葬事中，以丹布爲褚，不設荒帷，並畫褚之四
角，與大司空 M303 及 M225 有很多相似之處，不過褚之四角修飾方法不同。
或許子張喪禮相關儀節與殷墟有淵源關係。

(二)棺木周圍的綴飾物

晚商墓中，棺木周圍發現蚌魚、蛤蜊類飾品的情況並不是孤例。

---

① 中國社會科學院考古研究所編著：《殷墟婦好墓》，文物出版社 1980 年版，第 8 頁
② 安陽市文物工作隊：《殷墟戚家莊東 269 號殷墓》，《考古學報》1991 年第 3 期。
③ 安陽市文物工作隊：《河南安陽郭莊村北發現一座殷墓》，《考古》1991 年第 10 期。
④ 安陽市文物考古研究所：《河南安陽劉家莊北地商代遺址墓葬 2009—2010 年發掘
簡報》，《文物》2017 年第 6 期。
⑤ 河北省文物研究所、河北文化學院：《武安趙窰遺址發掘報告》，《考古學報》1992
年第 3 期。
⑥ 中國社會科學院考古研究所編著：《安陽大司空：2004 年發掘報告》，文物出版社
2014 年版，第 404 頁。
⑦ 中國社會科學院考古研究所編著：《安陽大司空：2004 年發掘報告》，文物出版社
2014 年版，第 260、267~268 頁。

中華人民共和國成立前，在小屯發掘的 M362 殉 10 人以上，該墓出蚌魚 23 件，"在西北隅出土者可能繫鑲在棺木上，但已散亂了"①。該墓時代屬於晚商殷墟一期②，是目前發現時代最早以蚌魚爲棺飾的商墓。

據發掘報告，大司空 M225 共有五組蚌片等組成的飾物，其中一組位於棺中部③。它和 M303 構成飾物的蚌片多殘碎，主要爲魚形。這些蚌飾和文蛤皆穿一孔，出土時每組分布都比較集中，表明他們是穿成一串，並將一端固定於棺或褚類飾物上的，故串綫腐朽，蚌魚墜落至墓底時不至過於分散。銅鈴則與這些蚌飾稍有間隔，可能單獨爲一組。報告指出，此類串飾爲首見，他們與西周銅魚、蚌魚可能有淵源關係④。銅魚源於蚌魚，無疑是正確的；而棺飾蚌魚，則來源於日常生活用具的裝飾，詳下節。兩墓中，M303 隨葬銅容器有銅方鼎 2 件、瓿 7 件、爵 10 件，以及分襠鼎、盉、罍、折肩尊、提梁卣、甗、斝等，墓主可能是"馬危"族的首領或高級貴族⑤；M225 等級較低，但隨葬容器仍有鉛質鼎、簋、瓿、爵、尊、卣、觶等，也是中高級貴族。

需要説明的是，M225 出於棺中部的串飾，應該就是文獻中"齊"的祖型。它名爲"齊"，是因其位於褚四組綴飾的中央。馬山楚墓"齊"移置於荒帷頭端中間，或許是爲了便於喪禮中主賓及眾多觀禮者看到。

上述兩墓時代屬於殷墟四期偏晚，1991 年於高樓莊發掘的四期早段 M1，葬具爲一槨一棺，據簡報平面圖，在槨室南端、北部及西北二層臺靠近槨室處，均出有穿孔蚌魚⑥。這些蚌魚應位於棺外，它們可能與 M225 的情況類似。1983 年春於薛家莊東南發掘的殷墟二期偏早 M3，北向，在墓室南端東西

---

①　石璋如：《小屯第一本·遺址的發現與發掘丙編·丙區墓葬》，臺灣"中央研究院"歷史語言研究所 1980 年版，第 30 頁。

②　岳洪彬、岳占偉：《殷墟宮殿宗廟區內的墓葬群綜合研究》，中國社會科學院考古研究所夏商周研究室編：《三代考古（六）》，科學出版社 2015 年版，第 269 頁。

③　中國社會科學院考古研究所編著：《安陽大司空：2004 年發掘報告》，文物出版社 2014 年版，第 391 頁。

④　中國社會科學院考古研究所編著：《安陽大司空：2004 年發掘報告》，文物出版社 2014 年版，第 444 頁。

⑤　中國社會科學院考古研究所編著：《安陽大司空：2004 年發掘報告》，文物出版社 2014 年版，第 445 頁。

⑥　中國社會科學院考古研究所安陽工作隊：《河南安陽高樓莊南發現一座殷墓》，《考古》1988 年第 10 期。

兩角各有"小蚌片磨制而成的蚌魚"一堆，共 30 件①：這也應是棺飾物。該墓隨葬陶簋、觚、爵及銅鼎、觚、爵等，墓主當爲中級貴族，它是目前發現最早的以成堆蚌魚爲棺飾的商墓。蚌魚僅出現於脚端兩角，與大司空 M303、M225 四角不同者，或爲等級差异，或與墓葬時代有關。

薛家莊東南 M3 還出帶扉銅鈴 2 件，不過同兩堆蚌魚距離較遠，位於棺内西側中部，可能同爲棺飾。上引花園莊 M54，時代在殷墟二期偏晚，出銅鈴 23 件，其中 15 件出於棺椁内②，這些銅鈴主要位於棺上，應該是褚類織物的綴飾。該墓墓主爲"長"族高級貴族，隨葬銅容器多達 40 餘件③。商墓多有隨葬銅鈴者，但每墓隨葬數量少，除作爲佩飾、殉狗項飾、車馬飾者，尚有不少不能確定其用途，可能其中有一些作爲棺飾使用。安陽榕樹灣小區 M2 爲四期晚段單棺墓，隨葬鉛鼎、觚、爵等，屬中小貴族墓葬，其棺西北角銅鈴 1 件，東北角銅鈴 2 件④，也有作爲棺飾的可能。

殷墟以外，羅山蟒張 M1 時代約在殷墟三期，墓内出土銅鈴多達 9 件，不排除部分屬於棺飾，該墓出銅容器 17 件⑤。

總體而言，目前可以確定的商晚期棺木周圍綴飾物尚不多見，主要有銅鈴、蚌飾(主要是蚌魚)、蛤蜊三類。它們集中出現在高等級墓葬中。蚌飾與蛤蜊多作爲串飾使用，出土時一般集中在棺木四角或兩角，推測是將其一端繫在棺飾如褚上，另一端垂下；銅鈴部分與串飾置於一處，有的則置於棺上織物的其他位置，單獨使用。出土於棺木兩角的蚌魚等串飾，或許等同於東周文獻中"一池"的設置，四角則可對應"二池""三池"，甚或天子級別的"四池"。

棺罩上置銅鈴，是爲了在送葬行進過程中，銅鈴可隨喪車行而發出悦耳的聲音；同出的串飾，在悦目的同時，可能也會因互相撞擊而産生樂音。二者相

---

① 中國社會科學院考古研究所安陽工作隊：《安陽薛家莊東南殷墓發掘簡報》，《考古》1986 年第 12 期。

② 中國社會科學院考古研究所編著：《安陽殷墟花園莊東地商代墓葬》，科學出版社 2007 年版，第 170 頁。

③ 中國社會科學院考古研究所編著：《安陽殷墟花園莊東地商代墓葬》，科學出版社 2007 年版，第 230 頁。

④ 安陽市文物考古研究所編著：《安陽殷墟徐家橋郭家莊商代墓葬》，科學出版社 2011 年版，第 108~109 頁。

⑤ 信陽地區文管會、羅山縣文化館：《河南羅山縣蟒張商代墓地第一次發掘簡報》，《考古》1981 年第 2 期。

和而呈現的金石合鳴之聲，也是"以華道路及壙中"的一種形式。這體現出先秦文化重視樂，注意禮樂結合的特徵。

(三)商墓中的"翣"類棺飾

1986 年安陽郭莊村北發掘的 M6，時代在殷墟四期，墓内隨葬包括方鼎二、圓鼎四在内的銅容器 19 件，葬具爲一棺一椁。在椁蓋四角，分別置有蚌飾 4 件，形式大小相同，爲碎小蚌片排成的長方體。其在東南角者長 20、寬 8 釐米。在北二層臺偏東還有五件銅鈴集中放置①。該墓的 4 件蚌飾，同上引大司空 M225 蚌魚類棺飾，頗有相似之處；不過，前者置於椁頂，且有特定的形狀，明顯不是串飾。但其爲棺飾應没有問題，可能是懸挂在棺外織物之上，至墓地下葬前"除飾"時摘下，既窆而置於椁蓋；也有可能如同西周時期的翣，送葬時有專人把持。

商高級貴族墓多有隨葬喪禮儀仗器物者，其中有些與後世的翣相似，當是翣的祖型。殷墟侯家莊 1001 號大墓爲殷墟二期商王墓，該墓嚴重被盗，不過在墓室頂面層上仍發現儀仗器物，共 17 處，其中有獸面紋器物，不過多爲盗洞損毀②。王陵東區同時代 M260 傳出后母戊鼎，墓主是武丁或祖甲的配偶妣戊，墓室西南角填土中"有一彩繪木板，大小爲 36×10 釐米"，"彩繪圖案難以辨認"，報告以爲"可能是舉行喪葬活動使用的儀仗"③。1971 年後岡發掘 M21、M32 等"較大的墓中還發現有木雕印痕，花紋都作獸面狀。比較完整的一處，爲長方形，長 72 釐米，寬 40 釐米。中央是一個大饕餮面，兩旁爲長尾鳥紋。有的木雕印痕還用鱘魚的鱗板、各式蚌片或牙片做裝飾"。M47 二層臺上：

> 東側中部有一組用猪的犬齒製成的各式牙片組成的獸面紋飾，可能原來是鑲嵌在木器一類東西上的。東南角上有獸面狀的木雕印痕以及一堆用鱘魚鱗板組成的飾物等。西北角有一組鱘魚鱗板飾物，稍往南，有一組用金葉和綠松石、蚌片組成的圓形裝飾物。西側中部爲一長條木雕印痕，也

---

① 安陽市文物工作隊：《河南安陽郭莊村北發現一座殷墓》，《考古》1991 年第 10 期。
② 梁思永未完稿，高去尋輯補：《侯家莊第二本·1001 號大墓》，臺灣"中央研究院"歷史語言研究所 1990 年影印本，第 56~69 頁。
③ 中國社會科學院考古研究所安陽工作隊：《殷墟 259—260 號墓發掘報告》，《考古學報》1987 年第 1 期。

作獸面狀。①

後岡這些器物，可能爲喪葬儀仗用具。周邊商文化中，也有類似儀仗器物。

前掌大晚商墓 BM4 爲中字形雙墓道大墓，墓內西南角二層臺上有殘的鑲嵌蚌片漆牌飾 6 塊②；M214 "南墓道與墓室銜接處放置著 7 塊近方形彩色牌飾，以黃色勾邊，中間著赭、黑、紅彩飾。周邊有灰黃色朽爛痕，似爲木柄（框）遺痕"，"西二層臺西北角置有方形嵌蚌漆牌飾一件，有蚌泡、折角蚌片，蚌片上邊緣均塗有紅色"③。嵌蚌牌飾在該墓地多見，其中最爲典型者爲西周早期早段單墓道大墓 M203 所出：

> 在東側二層臺上斜立一牌飾，兩面均有以蚌泡、蚌片鑲嵌而成的獸面紋圖案。以圓蚌泡爲眼，以各種形狀的蚌片排列出角、眉、鼻、口、獠牙等，整體形象爲一獸面。泡、片外緣以朱紅彩勾邊，多處以紅漆繪出多條 "人" 字紋、"回" 字紋飾。
>
> 牌飾下方有一根橫木承托，上著黑、紅漆，殘留回紋圖案。④

此類牌飾有大有小，圖案結構也不同，該墓地南 I 區墓葬等級普遍較低，M21、M119 所出 "不僅規格小，而且圖案簡單"⑤。

總體而言，商代高級貴族墓葬中有多種儀仗類葬器，由於質地原因，這些器物不易保存，故發現較少且多不完整，這限制了我們進一步討論。不過可以肯定的是，這類儀仗多以當時最爲流行的獸面紋爲裝飾，或本身即獸面形。使用獸面裝飾，大概是爲了襯托出莊嚴肅穆的氣氛，顯示墓主的身份與威儀，同時有驅除邪祟的目的。兩周的翣，當同商代的獸面飾有直接的繼承關係。

---

① 中國科學院考古研究所安陽發掘隊：《1971 年安陽後岡發掘簡報》，《考古》1972 年第 3 期。

② 中國社會科學院考古研究所編著：《滕州前掌大墓地》，文物出版社 2005 年版，第 60 頁。

③ 中國社會科學院考古研究所編著：《滕州前掌大墓地》，文物出版社 2005 年版，第 63 頁。

④ 中國社會科學院考古研究所編著：《滕州前掌大墓地》，文物出版社 2005 年版，第 67 頁。

⑤ 中國社會科學院考古研究所編著：《滕州前掌大墓地》，文物出版社 2005 年版，第 67 頁。

　　晚商的棺飾已形成比較複雜的系統，表明前此有較長的發展過程。從墓葬等級看，棺飾的使用同逝者的社會地位有密切關係，上文所舉諸例，大部分爲高等級墓葬，等級越高，棺飾越複雜；中低級貴族及平民墓，則多不見同類遺存。另一方面，棺飾的等級性，又表明其尚處於的初級階段，普及程度有限①。《檀弓》所謂"殷人棺椁，周人墻，置翣"，"褚幕丹質，蟻結於四隅，殷士也"，認爲設墻柳、置翣是周代才出現的，這種説法可能是正確的。但這些棺飾，在晚商時期均已萌芽，周人僅是沿著商人的制度繼續前進。西周，尤其是西周中晚期，是棺飾的大發展時代。

第三節　棺飾制度的繁複——西周

　　西周的棺飾同商代有直接的承襲關係。本節的討論，分爲西周早期與中晚期兩段，以展示西周棺飾的源流變化。

一、西周早期的棺飾

　　目前發掘的先周墓葬材料，等級多比較低，棺飾遺存很少見，僅部分墓葬有葬具上下鋪席的現象。進入西周紀元後，多有中高等級墓發現，棺飾材料也隨之豐富起來。

（一）荒帷褚等布質棺飾

　　考古發現的早期西周墓，椁室内的布質材料不多，與荒帷褚等有關的，可能有如下幾例。

　　（1）陝西周原遺址莊李村 M9，隨葬包括 3 件鼎在内的銅容器 14 件，"在南部棺椁之間發現大量蛤蜊殼，其上均有一孔"，"棺外南側發現厚約 4 釐米的織物朽灰"，可能是褚及其上的串飾的遺迹，在葬前"除飾"之後，並未再把這些飾物加於棺上，而是直接堆放在南部棺椁間②。與該墓同組的 M10 有腰坑，M11 爲一車二馬的車馬坑，均爲殷人流行葬俗，據此推測，M9 可能爲殷遺民墓。

　　（2）陝西旬邑下魏洛西周早期墓 M1，該墓僅銅鼎即出 4 件，墓主"和君主

———————————

①　當然，中低等級墓葬的葬具應不乏其他類型的棺飾，不過可能質量較低劣，故多無存。

②　周原考古隊：《陝西周原遺址發現西周墓葬與鑄銅遺址》，《考古》2004 年第 1 期。

的地位相當或略低”，墓底設有殉禽腰坑，二層臺殉人。葬具爲二椁一棺，
“内椁上部覆有白色麻織物痕迹”，“棺上部覆蓋席紋物，應爲竹席類，下覆有
白色麻織物”，“棺木朽迹殘存朱彩”①。

（3）寧夏固原孫家莊林場發掘的一座西周墓，時代約在成康時期，該墓東
南 7 米處有一車馬坑，隨葬銅容器鼎、簋各一，從車馬坑及殉狗腰坑等情况
看，墓主與商人關係密切。棺椁間發現有麻織品的痕迹，具體情况不詳②。

（4）天馬—曲村墓地西周早期墓 M6081、M6195、M6210 等幾座墓，均爲
隨葬 3 件銅鼎以上的高級墓，其棺頂上都鋪有數層白色棉麻類織物。其中
M6195 棺頂織物厚達 3~4 釐米，呈灰白色，垂至棺的四周。另 M6130 等級略
低，隨葬銅鼎 1 件，棺蓋上覆蓋一層粗疏的棉麻類織物。這可能顯示了這類覆
蓋物也有一定的等級差异。

（5）北趙晉侯墓地 M114、M113 爲一對晉侯夫婦墓，時代在早中期之際，
墓主頭均北向。前者棺蓋板上有一層席痕，席上有絲織物痕迹；後者爲晉侯夫
人墓，棺“蓋板上覆蓋一塊寬出棺室的木板；在這層木板之上有兩道東西向橫
木痕迹，其上是一層席紋和織物的痕迹，可能是棺罩一類的殘留”③。

此外，有的墓葬如華縣東陽墓地 M68、M83 出土的銅魚等綴飾上，也有布
紋痕迹，可能是荒帷或褚等棺飾的殘迹，詳下文。

以上諸例，證明不同族屬的墓葬均於棺上設有布質棺飾。除晉國墓地外，
墓主都與商人關係密切，周人的棺飾可能也是從商人習得。從墓葬等級看，除
曲村 M6130 外，均爲高級貴族，顯示此類棺飾同墓主的社會地位有直接關係。

當然，上述織物並不屬同類棺飾，例②内椁（當是外棺）和棺上織物的作
用可能有別，前者或許可以“華道路及壙中”，後者明顯不具有此類功能。晉
侯墓地 M113 棺蓋板上置木板，其上的橫木、席紋和織物痕迹，或是目前發現
的最早的荒帷遺迹。而曲村墓地諸墓棺上覆蓋的多層織物，從厚度看，至少不
全是荒帷或褚——其中部分可能是爲防止移動過程中破壞棺外彩繪而設④。

---

① 咸陽市文物考古研究所、旬邑縣博物館：《陝西旬邑下魏洛西周早期墓發掘簡
報》，《文物》2006 年第 8 期。

② 固原縣文物工作站：《寧夏固原縣西周墓清理簡報》，《考古》1983 年第 11 期。

③ 北京大學考古文博學院、山西省考古研究所：《天馬—曲村遺址北趙晉侯墓地第
六次發掘》，《文物》2001 年第 8 期。

④ 據《既夕禮》，葬禮既窆即下棺之後，主人首先贈“制幣玄纁束”，之後才有“藏器
於旁，加見”，放置隨葬品、加荒帷的儀節。因此推測，上述棺上織物，一部分可能同贈
幣有關係。

(二)棺飾綴飾

相較於商代，西周的棺飾綴飾呈現出多樣化的特徵。下分別論述。

1. 棺角綴飾

以蚌飾和蛤蜊殼等爲棺外織物四角綴飾的習俗，豐鎬地區比較流行。

1961—1962 年灃西發掘的 M307 爲西周早期晚段墓，隨葬銅容器有觚、爵各一，該墓"椁室的四隅各有一堆蛤殼"①；1977 年於客省莊西南發掘的 M1，時代不晚於西周中期早段，隨葬銅器有鼎 3 件、簋 2 件，在椁室内四角各有蚌飾一堆②。按張禮艷的劃分，前者屬灃西 C 區，後者屬 E 區，墓主當是殷遺民。這種於棺外四角設置蚌飾或蛤蜊的葬俗，顯然同商代習俗有直接的承繼關係。直至西周晚期，豐鎬地區殷人墓仍保留著此葬俗。如 1987 年張家坡發掘的中期墓 M1、晚期 M14③，1982 年新旺村發掘的晚期 M101④ 等。

葬於張家坡灃西 A 區的周人，也採用了這一習俗，如西周早期早段的 M167，"棺的四角各有一堆蛤殼，分別爲 25、55、55、46 枚"⑤，M382 西北角被打破，棺其餘三個角各有一堆蛤蜊殼⑥；中、晚期的 M211、M347 棺外角上也有成堆的蛤殼、蚌魚等。此外，灃西 B 區的 M285 棺外"西邊兩角，各有一堆蛤殼"⑦，應與上述諸墓葬俗同，該墓時代在西周早期早段。墓主的族屬目前尚不確定，但明顯不是典型的商、周族人。從灃西 A、B 區在墓地使用之初即採用此葬俗推測，可能先周時期棺外四角設蚌飾的葬俗就已傳入上述部族。

灃西以外，北京琉璃河早期 M54 棺外四角蛤蜊 4 堆，隨葬銅器有鼎、簋、

---

①　趙永福：《1961—62 年灃西發掘簡報》，《考古》1984 年第 9 期。

②　中國社會科學院考古研究所灃西發掘隊：《1976—1978 年長安灃西發掘簡報》，《考古》1981 年第 1 期。

③　中國社會科學院考古研究所灃西隊：《1987、1991 年陝西長安張家坡的發掘》，《考古》1994 年第 10 期。

④　中國社會科學院考古研究所灃西發掘隊：《陝西長安縣灃西新旺村西周遺址 1982 年發掘簡報》，《考古》2012 年第 5 期。

⑤　中國社會科學院考古研究所編著：《張家坡西周墓地》，中國大百科全書出版社 1999 年版，第 327 頁。

⑥　中國社會科學院考古研究所編著：《張家坡西周墓地》，中國大百科全書出版社 1999 年版，第 63~64 頁。

⑦　中國社會科學院考古研究所編著：《張家坡西周墓地》，中國大百科全書出版社 1999 年版，第 78 頁。

盤等；M60 爲西周中期墓，墓主頭北向，"棺内南部東西兩角蚌魚放有蚌魚15"①，這些蚌魚當是由棺頂墜落至棺内，該墓隨葬品未見銅容器，僅有陶鬲3 件，簋、罐各 2 件等。1995 年發掘的 M2 時代在西周早期，棺蓋四角有蛤蜊，墓内殉 3 人，隨葬品包括原始瓷器等②。上述三墓都有腰坑，早期兩墓還有殉人等殷人遺風。曲村墓地 M6434、M6490、M7026、M6390 等也有相同的葬俗。其中 M7026 屬"殷遺墓區"，其餘未見腰坑殉狗等習俗。河南濬縣辛村衛國墓地 M19 北向，"棺穴東南、西南隅蚌魚 11、蚌泡 5"③，也應爲棺角綴飾，可惜報告過於簡略，不能確定。山東蓬萊縣辛旺集墓地兩周之際 M7 内椁（當爲外棺）四角各置滑石輪一件，可能也是受該俗流風影響，該墓地發現有殉人及腰坑的現象，表明其使用者同商人關係密切④。

　　同目前發現的商代材料相比，西周時期棺角綴飾葬俗，隨著此時人口流動遷移而向外擴展。同時，此葬俗又發生了新的變化，主要體現在綴飾的形制有複雜化的趨勢。商代的棺角綴飾中蚌飾主要是魚形蚌飾，西周仍以此爲主，另作鳥形、圭形者，實則都爲同類蚌飾的變形，曲村 M6195 棺飾即作蚌鳥形。灃西張家坡西周早期早段 M466 棺角蚌飾則爲另一種形制，它由蚌鳥（與曲村墓地蚌鳥不同）和蚌魚組合而成（圖 3-1）：

　　　　蚌鳥都是用整片的大蚌殼作成的。標本 466：35，長喙已殘，鳥首有冠，長頸昂首。背上有提梁，與鳥首相連。左右兩側原是對稱的，但左側的鳥首已殘壞。鳥頭上鑽一小孔作爲鳥目，提梁上有兩個並列的穿孔，靠近鳥頸的地方又有一孔，鳥身的下沿有五個小孔，排成一排。

　　　　在標本 466：36 和標本 466：30 的圓孔附近，清楚的留有繩索磨擦的痕迹。穿繩的方法可能是：提梁上的兩個孔大概是穿繩懸挂的。鳥身下沿的五個孔都繫繩索，第二和第四兩孔的繩子又分爲兩股。這些標本在出土時總伴隨著有成對的蚌魚，蚌魚上都有孔，大概就是串在蚌鳥的繩上，組

---

　　①　北京市文物研究所：《琉璃河西周燕國墓地：1973—1977》，文物出版社 1995 年版，第 41~42 頁。

　　②　北京市文物研究所、北京大學考古系：《1995 年琉璃河遺址墓葬區發掘簡報》，《文物》1996 年第 6 期。

　　③　郭寶鈞：《濬縣辛村》，科學出版社 1964 年版，第 22 頁。

　　④　山東省烟臺地區文管組：《山東蓬萊縣西周墓發掘簡報》，文物編輯委員會編：《文物資料叢刊》第 3 輯，文物出版社 1980 年版，第 50~55 頁。

成一組複雜的特別飾物。這些蚌飾大都出於墓室的四角。①

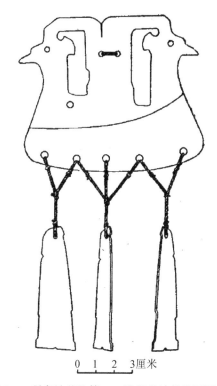

0　1　2　3厘米

圖 3-1　張家坡墓地第 466 號墓的蚌飾復原圖②

　　同出此類棺飾的，灃西地區尚有客省莊 K77，以及上引 1987 年張家坡發掘的晚期 M14，該墓出土的棺飾"出於一堆蚌魚中而器形不同。略呈橢圓形，兩端有鉤狀缺口，中央有一圓孔，四周有四個小孔。長 15.4、寬 7.8 釐米"③。以上三座墓均爲殷遺民墓，這種棺飾或許商末就存在了，也可能是遷播此地後，殷人新發展出來的綴飾。

――――――――――――

　　① 中國科學院考古研究所編著：《灃西發掘報告》，文物出版社 1963 年版，第 127～128 頁。
　　② 中國科學院考古研究所編著：《灃西發掘報告》，文物出版社 1963 年版，第 128 頁圖 84。
　　③ 中國社會科學院考古研究所灃西隊：《1987、1991 年陝西長安張家坡的發掘》，《考古》1994 年第 10 期。

　　總體而言，西周早期棺角綴飾是殷商習俗的延續，但又有新的發展。下面要介紹的懸挂於棺罩四周的綴飾，應該是棺角綴飾的繁複，更爲多見。

2. 棺罩上的其他綴飾

　　平頂山應國墓地 M231 爲西周早期晚段墓，墓主爲應公少夫人，葬具僅爲單棺，"在二層臺的内緣即棺壁板四周，放置有鳥形蚌飾和穿孔圓蚌飾若干枚。推測這些器物原本應是綴在某種織物做成的棺幔上，入葬時覆蓋在木棺上面"①。從平面圖看，棺左右兩側有蚌鳥 5 枚，據報告另有不少朽蝕者，故圖中多未顯示。這類棺飾同上文棺角綴飾均以蚌魚爲主體，二者無多大差別，不過布置方式由縱向垂置改爲橫向。

　　晉侯墓地 M113 在其西、南兩側的棺、椁間隨葬品上"普遍有一層黑褐色覆蓋物，質地不明，伴出零散的蚌泡"，報告以爲可能是荒帷上的飾物，"南側棺椁之間出土成堆的鳥形蚌飾、蚌片和蛤蜊，總數超過百枚"，也是棺飾綴飾②。曲村墓地早期早段 M6195 出蚌鳥約 180 件，分布於西部棺椁間、銅甗上、棺頂上③，該墓東向，則這些蚌鳥多置於脚端，可能是運棺至墓地後，下葬前將這些綴飾卸下，既空後集中置於此處④。兩墓的部分綴飾物位於隨葬器物之上，正可與《既夕》下棺完成，"藏器"即將隨葬品放於墓室後，乃"加見"即置入棺飾對照。上引張家坡 M370 棺西南角蛤蜊完全落在陶簋内，也與之類似。晉侯墓 M113 還説明蚌飾、蚌片、蛤蜊綴飾可以和荒帷分開，而後者自身也可綴以

　　①　河南省文物考古研究所、平頂山市文物管理局編：《平頂山應國墓地》第 1 卷，大象出版社 2012 年版，第 93~94、127 頁。

　　②　北京大學考古文博學院、山西省考古研究所：《天馬—曲村遺址北趙晉侯墓地第六次發掘》，《文物》2001 年第 8 期。

　　③　北京大學考古系商周組、山西省考古研究所編著：《天馬—曲村（1980—1989）》，科學出版社 2000 年版，第 365 頁。

　　④　周原遺址ⅣA1M17 棺椁間空隙比較逼仄，海貝和蚌魚均位於其北部偏東和東部偏北（周原考古隊：《1999 年度周原遺址ⅠA1 區及ⅣA1 區發掘簡報》，北京大學中國考古學研究中心、北京大學震旦古代文明研究中心編：《古代文明》第 2 卷，文物出版社 2003 年版，第 512、514 頁）；莊李村 M9 棺外南側發現織物朽灰，同時南部棺椁間發現大量蛤蜊殼，其上均有一孔，報告估計爲棺帷飾品（周原考古隊：《陝西周原遺址發現西周墓葬與鑄銅遺址》，《考古》2004 年第 1 期）；這可能也表示有的墓葬下棺後綴飾是集中放置的。少陵原 M347 椁室内側西南角（墓主頭端右側）魚形蚌飾 5 枚，與周原ⅣA1M17 類似（陝西省考古研究院編著：《少陵原西周墓地》，科學出版社 2009 年版，第 492~493 頁），洛陽C1M8633 及 C3M1523 情况與之類似，而位置略有不同（洛陽市文物考古研究院：《洛陽鐵道·龍錦嘉園西周墓發掘簡報》，《中國國家博物館館刊》2015 年第 11 期。洛陽市文物工作隊編著：《洛陽瞿家屯發掘報告》，文物出版社 2010 年版，第 169~171 頁）。

其他飾物。曲村 M6516 時代在西周早期晚段，該墓東向，槨內棺外四角各有蛤蜊一堆，棺南側蚌魚數件，另棺西南角蛤蜊中有蚌魚 1 件，東北角蛤蜊中有蚌戈、蚌璋各一，蚌戈、蚌璋均有穿孔，不過是蚌魚的形變①。該例表明當時有的墓葬同時裝飾棺罩四角及周邊。西周中期張家坡井叔墓 M170 也有這種情況。

需要說明的是，上曲村 M6195 棺蓋上正中出穿孔蚌器一件，長 1.9 釐米②，可能是文獻中的"齊"。該蚌飾正中穿一孔，正與馬山楚墓棺飾的琉璃管、琉璃珠的作用類似。它可能是殷墟大司空 M225 棺頂綴飾的簡化，而後世又以貝代替了蚌飾，因而形成了東周文獻中"三采三貝"等形式。

西周時期，這種散置棺外的綴飾，相較集中於四角的綴飾要豐富得多，是棺外織物綴飾的主流。除上揭應國、晉國墓地外，王畿豐鎬③、周原④、洛陽地區⑤，以及陝西寶雞高廟村⑥、鬥雞臺⑦、強國墓地⑧、韓城梁帶村⑨、華

① 中國社會科學院考古研究所編著：《張家坡西周墓地》，中國大百科全書出版社 1999 年版，第 670 頁。

② 北京大學考古系商周組、山西省考古研究所編著：《天馬—曲村（1980—1989）》，科學出版社 2000 年版，第 365 頁。

③ 中國社會科學院考古研究所編著：《張家坡西周墓地》，中國大百科全書出版社 1999 年版。陝西省文物管理委員會：《長安普渡村西周墓的發掘》，《考古學報》第 1 冊，科學出版社 1957 年版。陝西省文物管理委員會：《西周鎬京附近部分墓葬發掘簡報》，《文物》1986 年第 1 期。

④ 周原博物館：《1995 年扶風黃堆老堡子西周墓清理簡報》，《文物》2005 年第 4 期。周原博物館：《1996 年扶風黃堆老堡子西周墓清理簡報》，《文物》2005 年第 4 期。羅紅俠：《扶風黃堆老堡三座西周殘墓清理簡報》，《考古與文物》1994 年第 3 期。羅紅俠：《扶風黃堆老堡西周殘墓清理簡報》，《文博》1994 年第 5 期。陝西省文物管理委員會：《陝西岐山、扶風周墓清理記》，《考古》1960 年第 8 期。巨萬倉：《陝西岐山王家嘴、衙裏西周墓葬發掘簡報》，《文博》1985 年第 5 期。陝西省文物管理委員會：《陝西扶風、岐山周代遺址和墓葬調查發掘報告》，《考古》1963 年第 12 期。

⑤ 河南省文化局文物工作隊第二隊：《洛陽的兩個西周墓》，《考古通訊》1956 年第 1 期。洛陽市文物工作隊：《河南洛陽市潤陽廣場 C1M9950 號東周墓葬的發掘》，《考古》2009 年第 12 期。中國社會科學院考古研究所：《洛陽中州路（西工段）》，科學出版社 1959 年版，第 54 頁。洛陽市文物工作隊編著：《洛陽北窰西周墓》，文物出版社 1999 年版，第 380 頁。傅永魁：《洛陽東郊西周墓發掘簡報》，《考古》1959 年第 4 期。

⑥ 寶雞市考古工作隊、寶雞縣博物館：《寶雞縣陽平鎮高廟村西周墓群》，《考古與文物》1996 年第 3 期。

⑦ 蘇秉琦：《鬥雞臺溝東區墓葬》，北平研究院史學研究所 1948 年版。

⑧ 盧連成、胡智生編著：《寶雞強國墓地》，文物出版社 1988 年版。

⑨ 陝西省考古研究院、渭南市文物保護考古研究所、韓城市景區管理委員會編著：《梁帶村芮國墓地》，文物出版社 2010 年版。

縣東陽①，甘肅崇信于家灣②，河南濬縣辛村③、三門峽上村嶺④，山西洪洞
永凝堡⑤、聞喜上郭村⑥，北京房山琉璃河⑦，山東曲阜魯國故城⑧，湖北棗
陽郭家廟等墓地⑨，先後出現此葬俗。春秋時期繼續向外傳播，幾乎遍及王朝
範圍內。

　　蚌飾是西周早期此類綴飾物的主要種類，與棺角綴飾同，其形制主要是蚌
魚，另有作鳥、圭等形者。這類蚌飾一般爲長條形，少數爲璜形，象形程度各
有不同。事實上，這類蚌飾並不僅僅用作棺飾，從考古材料看，有時他們還用
作車飾。1955—1957 年於灃西張家坡發掘的二號車馬坑 M168，坑內埋二車六
馬和一個殉葬人，其中二號車駕馬兩匹，該車"衡的兩端各插著一件銅矛，銅
矛下面插著成串的貝、蚌飾物，並有紅色織物的遺痕"，這些蚌飾即蚌魚⑩；
一號車馬坑（M167）爲一車二馬，並有殉人一，這輛車"在車廂左、右、後三

---

　　①　陝西省考古研究所、秦始皇兵馬俑博物館編著：《華縣東陽》，科學出版社 2006
年版。
　　②　甘肅省文物考古研究所編著：《崇信于家灣周墓》，文物出版社 2009 年版。
　　③　郭寶鈞：《濬縣辛村》，科學出版社 1964 年版。
　　④　河南省文物考古研究所、三門峽市文物工作隊：《上村嶺虢國墓地 M2006 的清
理》，《文物》1995 年第 1 期。河南省文物考古研究所、三門峽市文物工作隊編著：《三門峽
虢國墓》第 1 卷，文物出版社 1999 年版。河南省文物考古研究所、三門峽市文物工作隊：
《三門峽虢國墓地 M2013 的發掘清理》，《文物》2000 年第 12 期。河南省文物考古研究所、
三門峽市文物工作隊：《河南三門峽虢國墓地 M2008 發掘簡報》，《文物》2009 年第 2 期。
河南省文物考古研究所、三門峽市文物工作隊：《三門峽虢國墓地 M2010 的清理》，《文
物》2000 年第 12 期。三門峽市文物工作隊：《三門峽市花園北街發現一座西周墓葬》，《文
物》1999 年第 11 期。
　　⑤　臨汾地區文化局：《洪洞永凝堡西周墓葬發掘報告》，山西省考古研究所編：《三
晉考古》第 1 輯，山西人民出版社 1994 年版，第 71~94 頁。山西省文物工作委員會、洪洞
縣文化館：《山西洪洞永凝堡西周墓葬》，《文物》1987 年第 2 期。
　　⑥　朱華：《聞喜上郭村古墓群試掘》，山西省考古研究所編：《三晉考古》第 1 輯，山
西人民出版社 1994 年版，第 95~122 頁。
　　⑦　琉璃河考古隊：《1981—1983 年琉璃河西周燕國墓地發掘簡報》，《考古》1984 年
第 5 期。
　　⑧　山東省文物考古研究所、山東省博物館等編：《曲阜魯國故城》，齊魯書社 1982
年版。
　　⑨　襄樊市考古隊、湖北省文物考古研究所、湖北孝襄高速公路考古隊編著：《棗陽
郭家廟墓地》，科學出版社 2005 年版。
　　⑩　中國科學院考古研究所編著：《灃西發掘報告》，文物出版社 1963 年版，第 142、
145 頁。

面的軫木上都挂滿（或釘滿）蚌魚做的裝飾"①。另此次發掘的幾座車馬坑，"馬尾附近都有成堆的蛤殼和蚌魚"②。灃東花園莊車馬坑長花 M3 也在西周早期，葬三車八馬，其中三號車駕馬 2 匹，與周散布大量蚌魚，報告以爲是傘蓋上的垂挂物，從平面圖蚌魚布局以及其他車馬坑情況看，這些蚌魚並非置於傘蓋③。洛陽林校車馬坑 C3M230 葬一車四馬，車箱中部及兩輪外側繫有成串的魚形蚌飾④。北窑鑄銅遺址車馬坑 K5 一車二馬，車箱外側前部有蚌魚數十⑤。上述諸車馬坑時代均屬西周早期，這些車馬坑的所有者多爲商人後裔。

　　成周宗周殷遺均以蚌魚等裝飾馬車，表明此俗由來已久。上引灃西張家坡 M466 蚌鳥和蚌魚組成的棺角綴飾，蚌鳥圓孔附近"清楚的留有繩索磨擦的痕迹"，顯示經過較長時間使用，或直接從車上拆解下來用作棺飾。由此推測，商代人以蚌魚等作爲棺罩綴飾的喪俗，應是日常裝飾的移植。東周文獻及後世所謂"魚躍拂池"，特指棺飾，顯然已經不明了此類裝飾物本爲貴族日常生活用品，非爲喪禮特設。

　　應國墓地 M231 等作爲棺飾的穿孔圓蚌飾，更是在墓葬隨葬器物上多見。很多漆器如豆、罍，以及殉葬馬車上，都可以見到鑲有類似的蚌飾，此不贅述。蛤蜊的情況與之類似。

　　以銅鈴作爲棺飾，也是自商代以來的傳統。辛村墓地 M21 椁頂和東南二層臺相接處有銅鈴 1 件、銅魚 69 件，西南隅銅鈴 1 件；M1 椁室西南角銅鈴 1 件，椁頂凹陷部分銅鈴 12 件⑥。華縣東陽 M68 出銅鈴 3 件，M83 棺外出銅鈴 2 件⑦；岐山王家嘴 WM2 棺椁間出銅鈴，該墓報告簡略，平面圖不清晰，可能爲 8 件。上述墓葬中的銅鈴，部分應爲棺罩綴飾。

_____

① 中國科學院考古研究所編著：《灃西發掘報告》，文物出版社 1963 年版，第 141～142、145～145 頁。

② 中國科學院考古研究所編著：《灃西發掘報告》，文物出版社 1963 年版，第 150 頁。

③ 陝西省文物管理委員會：《西周鎬京附近部分墓葬發掘簡報》，《文物》1986 年第 1 期。

④ 洛陽市文物工作隊：《洛陽林校西周車馬坑》，《文物》1999 年第 3 期。

⑤ 洛陽市文物工作隊：《洛陽北窑西周車馬坑發掘簡報》，《文物》2011 年第 8 期。

⑥ 郭寶鈞：《濬縣辛村》，科學出版社 1964 年版，第 16 頁。

⑦ 陝西省考古研究所、秦始皇兵馬俑博物館編著：《華縣東陽》，科學出版社 2006 年版，第 77 頁。

銅魚，是西周時期頗具特色的棺飾，它應是蚌飾的替代物。西周早期是銅魚的產生時期，此時發現銅魚的墓葬數量不多，主要有三處：（1）上辛村墓地M21外，M18出銅魚22件，M1出銅魚2件。（2）山西洪洞永凝堡M12時代約在康昭時期，該墓出土銅容器有鼎二簋一，另有甬鐘一件，椁內西南角出土銅魚33件，應是下葬時集中放置於此①。該墓墓底有腰坑，不過總體上看，該墓地不流行腰坑習俗，是"與曲村墓地相似點較多而差異較小，屬於同一文化中有自身特點的一個類型"②。（3）華縣東陽墓地M64出銅魚4件，該墓爲帶墓道大墓，墓內殉5人，銅魚出於南室；M68"出銅魚39件，散落與墓室各處，出土時魚尾相對"，"反面有細密織物印痕"；此外M83、M134分別出銅魚1、2件③。東陽墓地的喪俗，既與商人有相當大的差異，同周人也頗爲不同，有學者認爲墓地使用者"屬於西周一方國或少數民族"④。該族使用銅魚作棺飾，應是自周人傳入，反映了周文化對周邊文化的同化。殷遺民似乎自始至終不以銅魚爲棺飾。上述諸墓，除永凝堡M12保存較好，餘均被盜，但從劫餘仍可確定其等級都不低。各地所出銅魚雖形制有不小差異，却均鰭、尾具備，象形性頗強。銅質棺飾象魚，表明此時魚形棺飾已成爲中原文化圈內的共識。另外，鄭玄注《喪大記》《檀弓》均云懸"銅魚"於池下，與出土材料正合，而漢代已經不流行銅魚棺飾，且經文並未説明"魚"之材質，足見鄭玄注釋有所據。

另崇信于家灣M140盜餘出銅魚3件，從形制看，可能是棺飾綴飾⑤。寶鷄弜國墓地BZM13、BZM4、BRM1等多座墓出魚形銅飾，報告以爲是裙服上的佩飾⑥。寶鷄高廟村GM5⑦，琉璃河墓地M54、M202，墓內也出銅魚，或

①　臨汾地區文化局：《洪洞永凝堡西周墓葬發掘報告》，山西省考古研究所編：《三晉考古》第1輯，山西人民出版社1994年版，第71~94頁。

②　謝堯亭：《晉南地區西周墓葬研究》，吉林大學博士學位論文，2010年，第139頁。

③　陝西省考古研究所、秦始皇兵馬俑博物館編著：《華縣東陽》，科學出版社2006年版，第160頁。

④　付仲楊：《簡析華縣東陽西周墓的車馬埋葬》，中國社會科學院考古研究所夏商周考古研究室編：《三代考古(五)》，科學出版社2013年版，第216頁。

⑤　甘肅省文物考古研究所編著：《崇信于家灣周墓》，文物出版社2009年版，第94~95、162頁。

⑥　盧連成、胡智生編著：《寶鷄弜國墓地》，文物出版社1988年版，第315頁。

⑦　寶鷄市考古工作隊、寶鷄縣博物館：《寶鷄縣陽平鎮高廟村西周墓群》，《考古與文物》1996年第3期。

許同樣是衣服上的飾物。寶鷄峪泉墓地 M5①，以及周原莊李村 M10（應爲殷遺墓）均出銅魚飾一件，但其具體情况不詳②。

除銅魚外，東陽墓地 M68 棺東南側還出玉魚一對，它們與同出銅魚形制不同。此外 M2 及中期 M123 也各出玉魚一對，"均爲一塊玉料對剖製作，大多出於棺椁之間"，報告以爲"應該是荒帷邊緣的綴飾"③。

有的墓葬也將骨器作爲棺罩飾物來使用，不過西周早期比較少見。目前僅見於崇信于家灣墓地，在 M66"椁與棺之間出土了 38 塊骨板，骨板四角與兩側均鑽有對稱的小孔，裏面有經緯較粗的布或麻紋痕迹，分析骨板是穿綴在布或麻質的帷幔上的裝飾物"，這些骨板"基本上都呈長方形片狀，其長短寬窄略有差別，西邊平齊，並經過打磨"，可復原的 1~8 號標本"其上均有 10 個孔，都是四角各有一對孔，中部兩側各有一個孔；其長 9~9.8、寬 2.2~3.1、厚 0.5~0.7 釐米"④。從骨片的穿孔看，這些裝飾可能是直接固定在棺罩上，與上述懸挂類串飾略有不同。

（三）翣類儀仗棺飾

濬縣辛村西周早期大型墓，如 M1、M21、M42 等，多出薄銅片。這些銅片多銹蝕殘損，他們有的象眼耳鼻口等形，可以組成獸面；有的如 M1"薄銅片可以對成大塊紋飾"。該墓地椁頂置組合獸面飾物的習俗，直至東周時期尚且存在，M5 爲春秋早期墓，其椁頂薄銅片可組成十餘具獸面⑤。有學者認爲"這類薄銅片都應當是銅翣的前身"⑥。按衛國是西周重要的同姓諸侯國，其禮制面貌同周邊同姓如應國、虢國等大體相同，喪葬用器也没有太大差别。西周中期以後，應虢諸國高級墓均流行銅翣。若組合銅獸面飾爲翣前身，衛國没有理由不用翣而仍其舊。因此本書以爲，衛國墓地的組合獸面飾與後來的銅翣

① 陝西省考古研究所、寶鷄市考古隊：《陝西省寶鷄市峪泉周墓》，《考古與文物》2000 年第 5 期。

② 周原考古隊：《陝西周原遺址發現西周墓葬與鑄銅遺址》，《考古》2004 年第 1 期。

③ 陝西省考古研究所、秦始皇兵馬俑博物館編著：《華縣東陽》，科學出版社 2006 年版，第 169 頁。

④ 甘肅省文物考古研究所編著：《崇信于家灣周墓》，文物出版社 2009 年版，第 14、22、108 頁。

⑤ 郭寶鈞：《濬縣辛村》，科學出版社 1964 年版，第 59 頁。

⑥ 王龍正、倪愛武、張方濤：《周代喪葬禮器銅翣考》，《考古》2006 年第 9 期。

無必然聯繫，二者屬於不同系統。張家坡墓地西周早期洞室墓 M183 棺蓋上放置 4 件漆盾，"每件漆盾上都有一組由眉、眼、鼻、嘴六件銅片組成的人面形銅飾"[1]；另曲村墓地中期早段 M6384 南側棺椁間出土類似銅人面目兩組[2]：他們或許同辛村的獸面銅飾有關係。辛村 M1 所出可對成大塊紋飾的銅片，可能就是翣的遺迹，不過其形制已不可知，故不能確定。

二、西周中晚期的棺飾

與早期比較，西周中晚期棺飾考古材料比較豐富。這一階段同早期有較大差異，下面分別論述。

（一）荒帷褚及墙柳遺迹

1. 荒帷及褚

（1）荒帷。

2004—2005 年發掘的山西絳縣横水 M1，爲西周中期穆王或稍晚的帶墓道大墓，該墓西向，葬具爲一椁二棺，隨葬銅容器有鼎五、簋五、甗一、鬲一等 20 件，另有甬鐘 5 件。一般認爲墓主是倗伯夫人。由於偶然的原因，該墓荒帷得到了較好的保存。發掘簡報對其叙述如下：

> 從出土的情況看，此墓的荒帷在下葬時套蓋在外棺上，質地爲帶刺繡的絲織品。其中，西、北兩面的荒帷保存狀況相對較好，現存高 1.6 米，西北角有下墜的現象；南面的荒帷上部已塌落，現存高約 1.2~1.3 米；東面的荒帷保存狀況最差，基本上只殘存下部底裙的局部，高約 0.1 米多。此荒帷保存下來的總面積有 10 平方米左右，整體是紅色的絲織品，由兩幅布橫拼而成，上、下皆有扉邊，每幅布幅寬約 0.8、總高約 1.8~2 米，在布幅相拼接的地方有明顯的接縫。在絲織品的外表面有非常精美的刺繡圖案，裝飾主題爲鳳鳥。其中，荒帷北面的畫面保存比較完整，至少可以觀察到三組大小不同的鳥紋殘迹，圖案組合較完整。每組圖案的中間

① 中國社會科學院考古研究所編著：《張家坡西周墓地》，中國大百科全書出版社 1999 年版，第 70 頁。

② 北京大學考古系商周組、山西省考古研究所編著：《天馬—曲村（1980—1989）》，科學出版社 2000 年版，第 504~508 頁。

是一個大鳳鳥的側面形象，昂首，大勾喙，眼圓睜，冠高聳，翅上揚，尾下卷，並有碩健粗壯的腿和利爪；翅和冠以特別誇張的手法表現爲大回旋狀，綫條流暢，氣勢磅礴，構成畫面的主體。在大鳳鳥的前、後兩側分別有上下排列的多隻小鳳鳥，造型與大鳳鳥基本相似，只是構圖更加含蓄。在兩幅布接縫的地方存在圖案錯位和顛倒現象，可知當時是先在布上刺繡出圖案，然後才拼接成整幅。此荒帷圖案中的鳳鳥造型，與西周中期青銅器上常見的鳳鳥紋飾風格相同①。

荒帷的附近散落著大量的玉、石、蚌質小戈、小圭，可能原來被挂綴在荒帷上或者附屬棺飾上②。

報告的發掘者曾撰文指出，與荒帷同出的，還有小木結構痕迹及形狀類似帳架構件的銅用具，"可能是牆柳之類的飾棺之物"。另該荒帷"頂部塌落，結構不詳"③，結合上引文，拼接後的布幅"上、下皆有扉邊"，推測這裏所謂的荒帷，實際可能只是帷，荒已腐朽無存。

梁帶村芮國墓地 M502 爲西周晚約宣王時期墓，墓主爲國君或略低，"在清理棺室下陷部位塌土時，幾乎在周壁淤土上都可以看到呈橘黃色的細密織物印痕"，報告以爲其是荒帷的遺迹，並據觀察推測，"上部爲細密的黃色帛，中部有一周紅褐色相間的幾何及三角形圖案帶，下接連綴紅色三角紋，下部爲黃色織物上繪以簡單的黑綫折綫紋，頂部有無圖案尚不清楚"；"荒帷可能並非單層"④。以上也是棺飾帷的遺迹。另 M586 約在宣王早期，隨葬銅鼎 1 件、簋 3 件，墓主爲大夫或上士，該墓也發現多層織物，應爲荒帷遺迹，報告推測其"上部繪製有紅色的紋飾，靠近頂邊部分的圖案是寬帶連接的連續三角形，其下爲一段素帶，接著是在一周(或僅在南北兩端)繡出幾何形雲紋圖案，再下有橫、竪或斜畫的黑綫，以紅色竪行的寬帶間隔成區段，至於最外緣，因保

---

① 山西省考古研究所、運城市文物工作站、絳縣文化局：《山西絳縣橫水西周墓地》，《考古》2006 年第 7 期。

② 山西省考古研究所、運城市文物工作站、絳縣文化局：《山西絳縣橫水西周墓發掘簡報》，《文物》2006 年第 8 期。

③ 吉琨璋、宋建忠、田建文：《山西橫水西周墓地研究三題》，《文物》2006 年第 8 期。

④ 陝西省考古研究院、渭南市文物保護考古研究所、韓城市景區管理委員會編著：《梁帶村芮國墓地》，文物出版社 2010 年版，第 13~14 頁。

存極差或褶皺影響情況不明”①。

　　此外，面積較大荒帷遺迹，尚有如下幾例：①平頂山應國墓地 M85，時代約在懿王時期，墓主可能是應侯夫人，棺外東側殘留有紅色布紋痕迹，“似爲垂帳遺存”；②三門峽虢國墓地西周晚期 M2118，北向，墓主爲上大夫或上卿，“在椁室西側的盜洞邊緣，尚殘留有數層用淡緑、黑褐兩種顏色彩繪出的弧形、條帶形、三角形和圓點等幾何圖案的紅色織物痕迹”，這些痕迹周圍有木結構，報告以爲這些織物痕迹，是覆蓋在木結構即木質棺罩上的“荒帷”，另“椁室東南角有一片白地紅彩的圖案印痕，紋樣大體呈‘S’形有目竊曲紋”，可能也是帷上的圖案②；③同墓地 M2119 時代與 M2118 類似，墓主可能是一位大夫，椁室東壁上清理出小面積紅色織物痕迹，報告以爲即“帷”，另棺蓋上銅翣、銅魚等下有一層彩繪麻布，“其地色一部分爲素色，另一部分爲褐紅色，上面繪有紅、黑相間的彎曲條帶狀紋樣，主題紋樣爲 S 形有目竊曲紋，周邊圍以紅彩框邊的黑色三角形紋樣”，可能是“棺罩上部的‘荒’”，其上又覆蓋一層柔軟的棕褐色氈類物，可能是禦塵之物③；④同墓地 M2120 時代、等級與 M2119 同，葬具爲一棺一椁，“在棺蓋板西南側緊貼椁（按：當爲“棺”）壁板的地方，有數塊殘薄銅片，上有粗麻布紋，並黏有灰白色顏料，上繪紅、黑相間的條帶紋和三角紋”④；⑤同墓地周末 M2010，墓主身份與 M2119 相同，該墓“外棺上面覆蓋有四層織物，上面三層爲絲帛，上有零星朱砂，應爲文獻記載中所謂的‘荒’；最下一層是麻布，應屬棺衣”⑤；⑥曲村墓地晚期晚段 M5150 隨葬銅容器有鼎、簋、盉、盤各一，葬具爲一椁兩棺，不過外棺無頂板和底板，在內棺蓋板“西端覆蓋有一層織物，織物上還壓有一層薄銅皮”⑥。

──────────

① 陝西省考古研究院、渭南市文物保護考古研究所、韓城市景區管理委員會編著：《梁帶村芮國墓地》，文物出版社 2010 年版，第 55 頁。

② 按：從報告彩版圖看，所謂的白地可能是席痕之類的印痕，而不是帷本身的痕迹。河南省文物考古研究所、三門峽市文物工作隊編著：《三門峽虢國墓》第 1 卷，文物出版社 1999 年版，第 416 頁。

③ 河南省文物考古研究所、三門峽市文物工作隊編著：《三門峽虢國墓》第 1 卷，文物出版社 1999 年版，第 417~418 頁。

④ 河南省文物考古研究所、三門峽市文物工作隊編著：《三門峽虢國墓》第 1 卷，文物出版社 1999 年版，第 418~419 頁。

⑤ 河南省文物考古研究所、三門峽市文物工作隊：《三門峽虢國墓地 M2010 的清理》，《文物》2000 年第 12 期。

⑥ 北京大學考古系商周組、山西省考古研究所編著：《天馬—曲村（1980—1989）》，科學出版社 2000 年版，第 445 頁。

　　從質地上看，孔疏《喪大記》以爲自國君至士的荒帷皆爲布質。而橫水 M1 爲絲質，梁帶村 M502 的細密織物可能也是絲質的，不過該墓發現的織物爲多層，不同層次織物的疏密不同。虢國墓地 M2119 的荒爲麻布，與文獻最爲契合，M2010 爲絲帛。除結合馬山楚墓 M1 荒帷也爲絲絹製作，推測兩周荒帷的質料，可能會因墓主經濟實力和社會地位而有差異。

　　荒帷的底色，橫水 M1 整體爲紅色，平頂山墓、三門峽 M2118、M2119 當也以紅色爲主，馬山墓爲深棕色。商、西周椁頂及二層臺所設布幔也多有紅色者，如西周早期衛國墓地 M1①、洛陽東郊下窰村西區殷遺 M159②，以及中期平頂山應侯墓 M86。又《檀弓》謂子張之喪"褚幕丹質"，鄭玄注"以丹布幕爲褚，葬覆棺"③。這些例子表明，商周時人選擇棺飾織物時，對偏紅顔色有一定的偏好，文獻中説"周人尚赤"，但我們認爲，這主要應該是受當時布匹染織工藝的限制。

　　拼接方式上，橫水墓"由兩幅布橫拼而成，上、下皆有扉邊"；馬山墓則"由四整幅和兩條長絹拼縫而成"，"周邊飾大菱形紋錦緣"，二者製作方式也頗爲相似。這都表明兩周荒帷的製作方式傳承有緒。

　　在荒帷上圖案及其製作方式方面，橫水墓爲刺繡圖案，最爲精美，其餘似多爲彩繪，顯示出前者的身份地位較高。橫水墓圖案爲當時常見的鳳鳥紋，"兩幅布接縫的地方存在圖案錯位和顛倒現象"，簡報以爲先刺繡後拼接。這似乎表明荒帷所用織物紋飾並無特別規定，仍以日常生活所用爲主。虢國墓地 M2118、M2119 主題紋樣爲 S 形有目竊曲紋，也是晚期常見紋飾。芮國墓地荒帷彩繪圖像較爲複雜，從構圖結構看，應與文獻記載的"火三列、黼三列"相同。由此推測《喪大記》這部分内容最早可能是西周晚期情況的反映。

　　上述諸墓墓主的身份等級均不低於士一級。

　　（2）"褚"類織物。

　　上例⑤虢國墓 M2010 出土四層織物，報告以爲最下層麻布爲棺衣，有學者將其與文獻中的"褚"對應。類似的情況有如下幾例：①平頂山墓地時代略

---

　　①　郭寶鈞：《濬縣辛村》，科學出版社 1964 年版，第 16 頁。

　　②　郭寶鈞、林壽晉：《一九五二年秋季洛陽東郊發掘報告》，《考古學報》第 9 册，科學出版社 1955 年版。

　　③　《禮記正義》卷 7，阮元校刻：《十三經注疏》，中華書局 1980 年影印本，第 1284 頁。

早約恭王時的 M84，墓主爲一代應侯，棺頂板上覆蓋有一層麻布，報告稱爲棺衣；②三門峽虢國墓 M2001 爲西周晚期晚段宣幽時期墓葬，墓主可能爲虢國國君，葬具爲一椁二棺，在外棺及内棺蓋上均覆蓋一層或多層織物，報告稱爲棺衣，其中外棺棺衣中部用朱砂繪有一幅花紋圖案，圖案殘存部分的外輪廓大致呈長方形①；③同墓地 M2017 爲晚期士級貴族墓，北向，葬具爲一棺一椁，"棺蓋板上覆蓋一層由柔軟的灰白色麻類植物編織成'十'字紋樣的席子或草墊，上面的東、西側各壓一根方木"②。

事實上，考古發現的棺上織物，到底是荒，是褚，還是其他，已經不能細緻區分。上述諸例，例①也有荒的可能；例②内棺上織物不可能是荒，但外棺織物有朱砂繪花紋，《喪大記》褚爲無紋飾的素錦不同。另上"荒帷"部分幾例也有可能是褚。

2. 墻柳

墻柳即支撐荒帷的架子，《周人·縫人》"衣翣柳之材"，鄭注："必先纏衣其才，乃以張飾也。"阮校"必先纏衣其才"："監、毛本'木'作'材'，此本作'才'，爲'木'之誤。"③按《既夕》"商祝飾柩"一節，賈公彦疏引鄭注正作"木"，故知阮校無誤。則鄭玄以爲柳爲木質。西周時期部分高級貴族墓棺上發現的木質結構，證實了鄭注。但東周及以後有的墻柳存在金屬構件。

目前所見最早的墻柳痕迹，是西周早中期之際晉侯墓地 M113，該墓北向，墓主爲晉侯夫人，葬具爲一棺一椁，棺蓋板上覆蓋一塊木板，"木板之上有兩道東西向橫木痕迹，其上是一層席紋和織物的痕迹"④，同時該墓棺椁間所出蚌泡、蚌鳥、蛤蜊等，爲荒帷上的飾物，前文已有介紹。絳縣橫水 M1"與荒帷同時發現的，還有位於外棺蓋上的木結構痕迹及銅帳架構件"⑤。

平頂山應國墓地 M95 北向，時代在晚期偏早階段，隨葬銅鼎五、簋六，

① 河南省文物考古研究所、三門峽市文物工作隊編著：《三門峽虢國墓》第 1 卷，文物出版社 1999 年版，第 19 頁。

② 河南省文物考古研究所、三門峽市文物工作隊編著：《三門峽虢國墓》第 1 卷，文物出版社 1999 年版，第 388 頁。

③ 《周禮注疏》卷 8，阮元校刻：《十三經注疏》，中華書局 1980 年影印本，第 692、696 頁。

④ 北京大學考古文博學院、山西省考古研究所：《天馬—曲村遺址北趙晉侯墓地第六次發掘》，《文物》2001 年第 8 期，第 17~18 頁。

⑤ 山西省考古研究所、運城市文物工作站、絳縣文化局：《山西絳縣橫水西周墓地》，《考古》2006 年第 7 期。

"在棺西側的隨葬器物之間，南北放置一根長 1 米左右、直徑 8 釐米的木頭，已朽，上面放置著壓印有獸面紋的薄銅片三層及銅車馬器，下面有麻布殘片"①。薄銅片應該是翣，從陳列情況看，這根木頭或許就是墻柳遺迹。

墻柳保存較好的，當屬虢國墓地西周晚期晚段北向墓 M2001 及 M2011，前者的情形如下：

> 外棺上放置有一個大致呈長方形的木質框架，即棺罩，南北長 3、東西寬 2.12 米。棺罩由東西橫置的六根圓木與南北順置的二根方木以榫卯形式套接而成。其中的六根圓木表面髹紅漆，等分為南北二組。每組中間的一根圓木榫頭插入方木的榫孔中，而另外的兩根圓木近兩端的下面則各分別鑿出榫卯，以與上面的榫槽向卯合。方木斷面邊長 0.1 米，圓木被壓扁，寬 0.06、厚 0.04 米。
>
> 在棺罩上面有一根長約 5、寬 0.12、厚 0.16 米的方木，呈西北東南方向放置。方木四面髹黑漆，並各繪以四道縱向條帶狀紅彩紋樣。這根方木是用來固定棺罩，還是另有用途，待考②。
>
> 在棺罩的上下及周圍散置著一些有穿孔的銅魚、銅鈴、陶珠和石貝等器物，其中陶珠、石貝有成行放置的情況，魚則多是每兩件放在一處。這些器物顯然是按照某種方式串連後綴在棺罩上的，因木質框架腐朽塌陷，有部分散落於槨室內③。

M2011 時代與 M2001 近似，墓主可能是虢國太子。該墓外棺外墻柳同 M2001 形制略有差异：

> 棺罩較大，幾乎覆蓋整個槨室。棺罩由四根木條兩兩並列而後交叉呈十字形框架，南北向的兩根木條，長 4.4、寬 0.06、厚 0.04 米，東西向的兩根木條，長 3.2、寬 0.06、厚 0.04 米。推測這個十字形框架應有邊

---

① 河南省文物考古研究所、平頂山市文物管理委員會：《平頂山應國墓地九十五號墓的發掘》，《華夏考古》1992 年第 3 期，第 93 頁。

② 河南省文物考古研究所、三門峽市文物工作隊編著：《三門峽虢國墓》第 1 卷，文物出版社 1999 年版，第 18～19 頁。

③ 河南省文物考古研究所、三門峽市文物工作隊編著：《三門峽虢國墓》第 1 卷，文物出版社 1999 年版，第 24 頁。

框與之連接①。

　棺罩下面及周圍散置著不少銅魚和銅鈴②。

　　此外，西周末 M2010 "在外棺上有三道呈東西向放置的長木棒痕迹，應爲棺罩遺痕。在此痕迹下及其兩側散置有許多銅魚、陶珠、石貝等"③。

　　虢國墓地三例墙柳中，M2011 的形制最大，幾乎覆蓋整個槨室，但 M2001 結構最爲複雜細緻，墙柳髹漆且以榫卯結構組裝。這三座墓銅魚等綴飾的分布，基本與木結構及其邊框一致。從 M2001 部分銅魚等出自棺罩之上，及其他墓綴飾多粘有織物痕迹，可推測荒帷應附著在墙柳之外，綴飾沿墙柳直接繫挂在荒帷上。

　　由此，在某些銅魚等綴飾分布比較規律的墓葬，可以推斷出墙柳的大致結構。最明顯的，芮國 M502 銅魚分布大致爲 "目" 字形，大概墙柳頂部框架內置兩根橫木④；M586 銅魚呈 "日" 字形，可能頂部木架構內置一根橫木⑤。當然大部分等級較低的墓葬可能墙柳頂部未設橫木，故綴飾僅在棺外四周發現，不煩列舉。總體上看，墙柳的複雜程度同墓主的社會地位有直接關係。

　　銅魚等繫在荒帷之外，才可發揮其裝飾的作用。上述幾例棺上銅魚及墙柳皆爲平面結構，不似後世注家所謂的 "其頂向上高起"、柳 "形如龜甲"，這一特徵一直延續至東周馬山 M1 也未發生改變⑥。

　　對於這類木架構，有學者以爲是文獻中的 "池"，理由是據鄭注《喪大記》，"池當爲單獨的車箱形飾物，要被整體結於荒爪外端，顯然要高於，並可能要

---

①　河南省文物考古研究所、三門峽市文物工作隊編著：《三門峽虢國墓》第 1 卷，文物出版社 1999 年版，第 317~318 頁。

②　河南省文物考古研究所、三門峽市文物工作隊編著：《三門峽虢國墓》第 1 卷，文物出版社 1999 年版，第 320 頁。

③　河南省文物考古研究所、三門峽市文物工作隊：《三門峽虢國墓地 M2010 的清理》，《文物》2000 年第 12 期。

④　陝西省考古研究院、渭南市文物保護考古研究所、韓城市景區管理委員會編著：《梁帶村芮國墓地》，文物出版社 2010 年版，第 15 頁，圖 13。

⑤　陝西省考古研究院、渭南市文物保護考古研究所、韓城市景區管理委員會編著：《梁帶村芮國墓地》，文物出版社 2010 年版，第 56 頁，圖 53。

⑥　不過，東周出土帷帳有作圓頂及四面坡式頂結構的，荒帷爲這類帷帳的模仿，其中有些帷帳甚至可能就是荒帷。張昌平：《曾侯乙墓一號陪葬坑帷帳復原研究》，《考古》2019 年第 4 期。

大於荒帷”，其下懸有銅魚和振容等①，而上述考古發現恰好符合“車箱形”“懸有銅魚”等特徵。但若依此説，池上再“衣以青布”，顯然要把荒帷完全覆蓋，這不符合荒帷用以“飾棺”“以華道路及壙中”的特徵，且該説不能合理解釋“一池”“二池”等的設置。此説既信從鄭注，又對其有所發揮，故對文獻的解讀有較大偏差。

另有學者認爲“基本上只有姬姓貴族才使用荒帷”②。從目前發現的荒帷及墙柳來看，該説似可成立；文獻中也有“殷人棺椁，周人墙，置翣”之説。不過，目前所見荒帷，多爲高等級墓所出，而西周中晚期發現的高級墓，多屬姬姓，異族墓等級較高者發現的本就不多，恰巧有荒帷遺迹存在，可能性就更小了。此外，考古材料中商墓及西周非姬姓墓中，也出蚌魚、蛤蜊等綴飾，這些綴飾，皆應繫於褚或荒帷之上，大概其質地粗劣，故難得保存至今。荒帷是否爲姬姓周人特有，尚待更多材料證明。

不過，本書發現，棺飾確有族屬差異，如綴飾銅魚的使用，前文已經有提及。下文專門介紹西周中晚期的棺飾綴飾。

(二)棺飾綴飾

西周中晚期的棺飾綴飾較早中期愈加繁複，並呈現出一些新的特點。

1. “椁飾”與棺飾

有學者提出“飾椁綴飾”的概念，認爲考古發現的一些“沿椁室內壁呈綫條狀分布的”“而離外棺要遠一些”的綴飾，是裝飾在椁室內壁上的；這些椁飾“推測應該是懸挂在內壁上部，或一側、或兩側、或三、四側，不一而論，在每側面挂幾橫排則不等，講究的還在相對的兩壁之間懸空橫拉幾道”③，作者將晉侯墓 M113、M63、M64，以及梁帶村 M502、M586 等的綴飾，都定爲椁飾。事實上，最早提出該説者，爲《曲阜魯國故城》發掘報告，在介紹 M48 隨葬器物分布時，報告云：“椁的周圍有一圈銅鈴、銅魚和蚌魚，上下都有發

---

① 張天恩：《周代棺飾與銅翣淺識》，北京大學考古文博學院、北京大學中國考古學研究中心編：《考古學研究（八）》，科學出版社 2011 年版。

② 吉琨璋：《西周椁棺裝飾研究》，陳光祖主編：《金玉交輝——商周考古藝術與文化論集》，臺灣“中央研究院”歷史語言研究所 2013 年版，第 525 頁。

③ 吉琨璋：《西周椁棺裝飾研究》，陳光祖主編：《金玉交輝——商周考古藝術與文化論集》，臺灣“中央研究院”歷史語言研究所 2013 年版，第 511、514 頁。

現，並不都在椁底，可能是椁頂或椁壁飾”①；M2 椁室四周“有的銅鈴出土位置高於墓底 1.3 米，推測這些銅鈴可能是懸掛於椁頂四周的”②。該報告認爲椁頂及椁壁都有裝飾。

本書認爲，有些墓的綴飾近於椁而距棺較遠，主要是因爲荒帷的形制過大。以虢國太子墓 M2011 爲例，該墓椁室長 5.22、寬 3.72 米，其棺罩“幾乎覆蓋整個椁室”，遺留的木條痕迹長 4.4、寬 3.2 米，而外棺長、寬僅分別爲 2.82、1.44 米③。以此推算，外棺擋板與側板距椁壁約 1.2、1.14 米，而棺罩距椁壁則僅爲 0.41、0.26 米，棺罩外圍綴飾自然是距椁板要較外棺近。梁帶村 M586 荒帷雖位於棺架(棺架爲棺外圓木搭建的框架形葬具)內，其外棺長寬分別爲 2.88、1.35 米，椁室長 3.92、2.50 米，外棺距離椁壁大致分別爲 0.52、0.58 米，荒帷處於二者之間，墜落的綴飾分布範圍自然不會很大，因此也不能以之作爲椁飾存在的證據。

其次，以銅鈴、銅魚等作爲裝飾，一個重要作用在於柩車行進過程中會產生樂音，而置於椁壁則不能產生這種效果。

再次，考古材料中多見綴飾集中置於椁室一側，或相鄰兩側，如將其理解爲椁飾，明顯不符合傳統美學中對稱的觀念。這是至墓地下棺後，荒帷未重新覆於棺上，棺飾隨意散置於棺椁間造成的。

因此，所謂的“椁飾”應爲棺飾，它們同商代在二層臺以上墓壁的裝飾不同。

2. 棺角綴飾

西周中期的棺角綴飾有了進一步發展，呈現出種類多樣化及葬俗下移的特徵。

首先是綴飾種類的增加。除商及西周早期的蚌飾和蛤蜊之外，有的墓葬在綴飾中加入海貝，如中期的灃西 97M13，爲貝和蚌片飾④；張家坡中期 M170 墓主被認爲是一代井叔，棺椁間西南角、東南角玉魚各 16 件，“推測外棺北

---

① 山東省文物考古研究所、山東省博物館等編：《曲阜魯國故城》，齊魯書社 1982 年版，第 120~122 頁。

② 山東省文物考古研究所、山東省博物館等編：《曲阜魯國故城》，齊魯書社 1982 年版，第 124 頁。

③ 河南省文物考古研究所、三門峽市文物工作隊編著：《三門峽虢國墓》第 1 卷，文物出版社 1999 年版，第 317~320 頁。

④ 中國社會科學院考古研究所豐鎬工作隊：《1997 年灃西發掘報告》，《考古學報》2000 年第 2 期。

端的兩隅原先也各有一堆玉魚"①，他們是蚌魚等的替代品；曲村墓地 M6490、M7026 等的綴飾爲蛤蜊、海貝，不見蚌魚。

其次是此類葬俗有下移的趨勢。商代棺角綴飾諸墓等級都較高，多有銅容器隨葬。西周設有棺角綴飾的墓多數都有銅容器隨葬，但有的墓，如張家坡 M370 隨葬容器僅陶鬲、罐、簋各一，M347 隨葬品爲陶鬲、盂、簋、豆各一②，M326 陶鬲、罐、豆、盂各一，後者棺外西南、東南角各有蚌飾一組：上述諸墓時代均位於灃西 A 區，時代在西周中期。另有灃西 D 區殷遺墓 97M13，隨葬品僅有陶鬲、罐、盂各一，時代在西周晚期偏早③。上曲村墓地 M6049、M7026 時代在西周中期早段，也無銅容器隨葬。這顯示出，自西周中期開始，有一些非銅器墓"逾制"，以棺角綴飾作爲喪葬儀節之一。

3. 棺罩上的其他綴飾

(1)銅魚。

西周中期以銅魚爲棺飾的墓葬，有灃西張家坡墓地 M161④，周原黃堆老堡子 M58 等⑤、上康村 M2⑥，琉璃河燕國墓地 M1093⑦，曲阜魯國故城 M57⑧。

至西周晚期，周人的主要墓地如扶風北呂墓地、西安少陵原墓地、洛陽北

---

① 中國社會科學院考古研究所編著：《張家坡西周墓地》，中國大百科全書出版社 1999 年版，第 259 頁。報告以爲棺角作爲棺椁飾物的"蚌魚是仿銅魚、玉魚而製作的，其功能與之相同"，這種看法是錯誤的，銅魚、玉魚等應是仿蚌魚製作的。

② 中國社會科學院考古研究所編著：《張家坡西周墓地》，中國大百科全書出版社 1999 年版，第 62~63 頁。

③ 中國社會科學院考古研究所豐鎬工作隊：《1997 年灃西發掘報告》，《考古學報》 2000 年第 2 期。

④ 中國社會科學院考古研究所編著：《張家坡西周墓地》，中國大百科全書出版社 1999 年版，第 232 頁。

⑤ 周原博物館：《1995 年扶風黃堆老堡子西周墓清理簡報》，《文物》2005 年第 4 期。周原博物館：《1996 年扶風黃堆老堡子西周墓清理簡報》，《文物》2005 年第 4 期。羅紅俠：《扶風黃堆老堡三座西周殘墓清理簡報》，《考古與文物》1994 年第 3 期。羅紅俠：《扶風黃堆老堡西周殘墓清理簡報》，《文博》1994 年第 5 期。

⑥ 陝西省文物管理委員會：《陝西岐山、扶風周墓清理記》，《考古》1960 年第 8 期。

⑦ 琉璃河考古隊：《1981—1983 年琉璃河西周燕國墓地發掘簡報》，《考古》1984 年第 5 期。斷代參考周海峰：《燕文化研究——以遺址、墓葬爲中心的考古學觀察》，吉林大學博士學位論文，2011 年，第 24 頁。

⑧ 山東省文物考古研究所、山東省博物館等編：《曲阜魯國故城》，齊魯書社 1982 年版，第 227 頁。

窰墓地、平頂山應國墓地、三門峽虢國墓地、聞喜上郭村墓地、北趙及曲村墓地、梁帶村芮國墓地，均有大中型墓葬出土棺飾銅魚。中晚期之際銅魚的迅速普及，可能也是周王室統一推進的結果。

魯國故城墓葬的銅魚，均出在乙組即周人墓中，甲組則未見，後者有濃重的殷商風格。我們提出的銅魚爲周人及其同盟特有葬俗的推論，驗之他處墓地，也基本可以成立。西周早期幾處墓地的情況前文已經有過討論。

中晚期的情況，豐鎬以銅魚爲棺飾的墓中，1967 年張家坡發掘的 M115①、大原村 M4②，或設腰坑，或有殉人，不過二者均位於澧西 A 區，墓主當爲周人，或受周人影響較深的殷遺民。周原黃堆老堡 M25 情況與之類似③。

目前所見殷人用銅魚者，唯有扶風北鄉上康村西周中期 M2，其椁蓋的四邊分布著薄片銅魚④。另安陽龍安區王古道村西周末春秋初 M1 棺外有大量銅魚⑤，該墓與 M2 爲夫妻异穴合葬墓，均有腰坑殉狗，墓主爲女性，墓主族屬可能並非周人。有學者據其離辛村墓地不是很遠，推測爲衛國貴族⑥。衛爲周人同姓，其宗室不流行腰坑等葬俗，該墓地主人或爲分封康叔時所賜予的殷遺民後裔，或是後來遷至衛國的其他部族。M2，即 M1 墓主丈夫之墓保存完整，却未見銅魚的痕迹，由此推測，M1 隨葬銅魚可能襲自其母家葬俗。

鄭玄以爲“士去魚”，即士級貴族不得以銅魚爲棺飾。考古發現也證明，棺飾用銅魚與否，同墓主的身份等級有關。以三門峽墓地第二次發掘材料爲例，此次發掘的西周晚期 12 座墓中，隨葬兩件銅鼎以上者，皆有銅（鉛）魚出土；出兩件銅鼎的 M2017、M2016 則未見銅魚，另花園北街 M1 也是西周晚期虢國貴族墓，隨葬銅鼎 1 件，也無銅魚出土。不過三座墓都有一定數量的陶珠

①　中國社會科學院考古研究所澧西發掘隊：《1967 年長安張家坡西周墓葬的發掘》，《考古學報》1980 年第 4 期。

②　中國社會科學院考古研究所豐鎬發掘隊：《陝西長安縣澧西大原村西周墓葬》，《考古》2004 年第 9 期。

③　羅紅俠：《扶風黃堆老堡三座西周殘墓清理簡報》，《考古與文物》1994 年第 3 期。

④　陝西省文物管理委員會：《陝西岐山、扶風周墓清理記》，《考古》1960 年第 8 期。馬賽：《周原遺址西周時期人群構成情況研究》，北京大學中國考古學研究中心、北京大學震旦古代文明研究中心編：《古代文明》第 8 卷，文物出版社 2010 年版，第 143 頁。

⑤　安陽市文物考古研究所：《河南安陽市王古道村東周墓葬發掘報告》，《華夏考古》2008 年第 1 期。

⑥　井中偉、和菲菲：《安陽王古道村周代貴族墓四題》，《考古與文物》2015 年第 5 期。

出於棺椁間，可能陶珠較銅魚更方便易得。不同地域葬俗略有差異，曲村墓地西周晚期晚段銅器墓僅 M5189、M5150 兩座，墓內都發現銅魚，前者隨葬二鼎，後者僅一鼎，身份約當士一級。從曲村和三門峽墓地的情況，可見銅魚棺飾於西周晚期在特定等級中已經十分普及了。

每座墓銅魚數量多少不一，但與墓葬等級應無嚴格對應關係。三門峽國君墓 M2001 盜餘銅魚 384 件；太子墓 M2011 爲 316 件；M2010 隨葬五鼎四簋，報告以爲墓主爲大夫，銅魚 310 件①；M2013 三鼎二簋，銅魚 76 件（可能有銹蝕者）②；M2006 墓主爲女性，隨葬包括銅鼎三、鬲四、盨二等，該墓出銅魚 381 件。曲村墓 M5189 出銅魚 100 件，M5150 銅魚 20 件，與虢國差距頗大。晉國銅魚的使用和虢國有明顯的等級和數量差異。

墓內銅魚分布有一定的規律：第一，多沿墙柳即木質棺罩的走向設置，前文已有介紹；第二，同一列銅魚，頭向基本一致，如應國墓地 M1 "放置在椁頂板同一側的銅魚頭向大體一致"③；第三，銅魚多兩兩成對置於一處，北窑 M534 銅魚 "等距放置，且成對出土"④，應國 M1 銅魚 "大多是兩兩成對的疊放或並列在一起"，虢國 M2001 所出銅魚也 "多半是每兩件放在一處"，M2119 "銅魚兩兩成對"，M2010 "銅魚往往兩件放在一起，且頭向一致，或相互平行，或相互疊壓，或相互交叉"⑤。

據上述幾條，本書推測，荒帷上銅魚，大概是兩兩成對等距離串成一串（兩組銅魚之間也可雜以其他飾物），沿頂面墙柳走向布置而成。附麗於墙柳，大概是防止銅魚等數量過多，由於重力作用導致荒帷變形；兩兩成對，是使之在柩車行進過程中發出樂音。

當然，有的墓葬的銅魚則比較雜亂，這是至墓地 "除飾"、下棺之後，置荒帷等於墓內時，並未再次罩在棺上，前文已多次述及。

三門峽 M2118 以鉛魚代銅魚，二者並無區別。東周以後鉛錫材質的魚形

① 河南省文物考古研究所、三門峽市文物工作隊：《三門峽虢國墓地 M2010 的清理》，《文物》2000 年第 12 期。
② 河南省文物考古研究所、三門峽市文物工作隊：《三門峽虢國墓地 M2013 的發掘清理》，《文物》2000 年第 12 期。
③ 河南省文物研究所、平頂山市文管會：《平頂山市北滍村兩周墓地一號墓發掘簡報》，《華夏考古》1988 年第 1 期。
④ 洛陽市文物工作隊編著：《洛陽北窑西周墓》，文物出版社 1999 年版，第 258 頁。
⑤ 河南省文物考古研究所、三門峽市文物工作隊：《三門峽虢國墓地 M2010 的清理》，《文物》2000 年第 12 期。

綴飾更加多見。

(2)蚌魚及其他。

西周中晚期蚌魚、蛤蜊依舊是重要的棺飾綴飾。不用銅魚的商人後裔，依舊以蚌魚作爲主要飾物。魯國故城乙組周人墓 M30、M48、M49 等均同時使用銅魚和蚌魚，而甲組墓如 M310、M320 等則棺椁間僅見蚌魚。蚌魚的分布也有一定的規律，如洛陽中州路 M123，"棺椁上兩邊有蚌魚和蚌圭，從頭至脚，兩兩對稱"①。

石魚(圭等)是仿蚌魚製作的棺飾。周原黃堆老堡子墓地，多見石魚綴飾。1992 年發掘的 M26、M31、M39，以及 1996 年發掘的 M69、M70，均有石魚出土②。灃西張家坡 M301 銅魚石魚同出③，少陵原 M465 出蚌魚、蛤蜊的同時也有石魚出土④。三門峽虢國墓地 M1617、M1689、M1710⑤，北趙晉侯墓地 M1、M2⑥、M62⑦、M92 等也有石魚出土⑧。石魚似乎也是周人特有的棺飾。

以海貝爲串飾者，如張家坡 M152、M170，前者外棺東西南三壁有整齊的串貝，共 420 枚⑨；M170 外棺東側有一行貝，報告推測此墓原來也是三面有貝⑩。兩墓墓主皆爲井叔，王室重臣，從墓道皆爲南向推測墓主頭北向的可能

① 中國社會科學院考古研究所：《洛陽中州路(西工段)》，科學出版社 1959 年版，第 54 頁。

② 羅紅俠：《扶風黃堆老堡西周殘墓清理簡報》，《文博》1994 年第 5 期。周原博物館：《1996 年扶風黃堆老堡子西周墓清理簡報》，《文物》2005 年第 4 期。

③ 中國社會科學院考古研究所灃西發掘隊：《1984 年灃西大原村西周墓地發掘簡報》，《考古》1986 年第 11 期。

④ 陝西省考古研究院編著：《少陵原西周墓地》，科學出版社 2009 年版，第 676~677 頁。

⑤ 中國科學院考古研究所編著：《上村嶺虢國墓地》，科學出版社 1959 年版，第 57、64、66 頁。

⑥ 北京大學考古系、山西省考古研究所：《1992 年春天馬—曲村遺址墓葬發掘報告》，《文物》1993 年第 3 期。

⑦ 北京大學考古系、山西省考古研究所：《天馬—曲村遺址北趙晉侯墓地第四次發掘》，《文物》1994 年第 8 期。

⑧ 北京大學考古系、山西省考古研究所：《天馬—曲村遺址北趙晉侯墓地第五次發掘》，《文物》1995 年第 7 期。

⑨ 中國社會科學院考古研究所編著：《張家坡西周墓地》，中國大百科全書出版社 1999 年版，第 327 頁。

⑩ 中國社會科學院考古研究所編著：《張家坡西周墓地》，中國大百科全書出版社 1999 年版，第 32 頁。

性更大，由此來看其棺飾類似"三池"的形制。

石貝、蚌貝等皆爲海貝的模仿，陶珠可能也淵源於海貝。銅鈴依舊是荒帷及褚綴飾的重要内容。

4. 高級墓葬棺飾綴飾的組合及懸挂

梁帶村西周晚期 M502 荒帷綴飾以銅魚、石貝爲主，另有少量石牛首飾和蚌飾點綴其間，銅鈴主要置於橫向與縱向綴飾結合部位①；M586 與之類似，不過綴飾内容僅包括銅魚、蚌殼和銅鈴②。

春秋早期，該墓地諸墓的荒帷綴飾愈加複雜，M19"可分爲兩種：一種由兩條青銅魚和 3~4 串瑪瑙珠串飾相間組成，瑪瑙珠串飾則由陶珠、瑪瑙珠和兩枚海貝穿聯而成，懸挂於南、北擋板；另一種由青銅魚和陶珠串飾相間組成，陶珠串飾則由陶珠和兩顆石墜穿聯而成，懸挂於東、西側板"③。則其南北和東西兩側的綴飾也存在一定差別。M26、M27 的組合"一種由銅魚、陶珠、瑪瑙珠、海貝組成，另一種由銅魚、料珠、瑪瑙珠、海貝組成"④。M28 墓主頭北向，其棺飾串飾主要由銅鈴、銅魚和石墜組成：

> 從分散布局看，其平面呈"目"字形。由東側起順時針編爲 6 組：其中東側爲 1 組，有銅鈴 23 個，銅魚 48（條）、石墜 146 個；南側爲 2 組，有銅鈴 5 個，銅魚 94 條、石墜 110 個；西側爲 3 組，有銅鈴 7 個，銅魚 52 條、石墜 157 個；北側爲 4 組，有銅鈴 4 個，銅魚 22 條、石墜 104 個；中間北側爲 5 組，東西向排列，有銅魚 47 條、石墜 115 個；中間南側爲 6 組，東西向排列，有銅魚 55 條、石墜 142 個。從排列看，似可復原爲每隔兩條銅魚，中間挂一兩組由 5 至 6 個石墜組成的串飾，

①　陝西省考古研究院、渭南市文物保護考古研究所、韓城市景區管理委員會編著：《梁帶村芮國墓地》，文物出版社 2010 年版，第 14 頁。

②　陝西省考古研究院、渭南市文物保護考古研究所、韓城市景區管理委員會編著：《梁帶村芮國墓地》，文物出版社 2010 年版，第 55~57 頁。

③　陝西省考古研究所、渭南市文物保護考古研究所、韓城市文物旅游局：《陝西韓城梁帶村遺址 M19 發掘簡報》，《考古與文物》2007 年第 2 期。報告以爲這些墜飾綴於椁室木壁上，本書上文已經指出此說之誤。

④　陝西省考古研究所、渭南市文物保護考古研究所、韓城市文物旅游局：《陝西韓城梁帶村遺址 M26 發掘簡報》，《文物》2008 年第 1 期。陝西省考古研究所、渭南市文物保護考古研究所、韓城市文物旅游局：《陝西韓城梁帶村遺址 M27 發掘簡報》，《考古與文物》2007 年第 6 期。

中間兩組沒有配銅鈴①。

各組綴飾數目並不均勻，東側銅鈴多於其他三側數倍，北側則銅魚偏少；其排列組合方式，諸墓也各有不同，可能當時棺飾綴飾組合有一定的隨意性。不過，銅魚均是綴飾的必要成分，此一點也同文獻記載突出"魚躍"不記他物符合。銅魚的重要性，當是從早期主要綴飾蚌魚繼承而來的。銅鈴不置於荒帷頂面，是因爲失去了發聲的效果。

西周晚期至東周早期高級墓的棺飾綴飾組合與設置大致當與上三墓的情況基本類似，不過飾物種類略有不同。

（三）翣

兩周的銅翣，前人多有討論②。本書僅略作申述。

目前可確定的最早的銅翣，出於平頂山應國墓地 M84。該墓墓主爲約在西周中期恭王時期的應侯。該翣出於槨室西側中部，"其下面叠壓著一塊木板，此木板可能是用來支撐銅翣的框架。這件銅翣爲一塊較厚的透雕式銅片，大體輪廓呈上寬下窄的梯形，正面飾有不同形狀的裝飾紋樣，與透雕孔組合成一幅有竪棱式鼻部的獸面紋"（圖 3-2）③。該墓地西周晚期墓 M95、M1 分別出 6、8 層透雕銅片。M1 所出銅片"上面都有壓印的獸帶紋和鏤孔共同成的獸面紋"，每兩層都可綴合在一起，故當爲 4 件；M95 銅片紋飾與之相似。他們大概由 M84 銅翣發展而來。M1 還出土一些形狀不規則的殘銅片，有可能是上述翣附屬的飾件。

灃西張家坡 M157 時代在西周中期早段約穆王時期，該墓爲雙墓道大墓，墓主是第一代井叔，當爲王室重臣，在墓內槨蓋上發現一些薄銅片④，這些銅

---

① 陝西省考古研究院、渭南市文物保護考古研究所、韓城市景區管理委員會編著：《梁帶村芮國墓地》，文物出版社 2010 年版，第 101~102 頁。

② 孫華：《中山王礜墓銅器四題》，《文物春秋》2003 年第 1 期。王龍正、倪愛武、張方濤：《周代喪葬禮器銅翣考》，《考古》2006 年第 9 期。井中偉、和菲菲：《安陽王古道村周代貴族墓四題》，《考古與文物》2015 年第 5 期。喬卓俊：《兩周時期中原地區的棺飾研究》，山東大學碩士學位論文，2009 年，第 45~51 頁。

③ 南省文物考古研究所、平頂山市文物管理局編：《平頂山應國墓地》第 1 卷，大象出版社 2012 年版，第 604 頁。

④ 中國社會科學院考古研究所編著：《張家坡西周墓地》，中國大百科全書出版社 1999 年版，第 19 頁。

0 1 2 3 4 5厘米

圖 3-2　平頂山應國墓地 M84 出土銅翣
圖片來源:《平頂山應國墓地》第 1 卷圖 286①。

片當同辛村衛國墓地西周早期 M1 所出一樣，是銅翣的遺痕。稍晚，恭懿孝時
期的 M170，墓主也是一代井叔，椁頂蓋上出薄銅片，"這些薄銅片集中在椁
頂的北半部，有的還可以看出似獸面狀"②，與 M157 情況頗爲類似。該墓地
西周晚期晚段 M301，墓主略低於前二墓，約當大夫一級貴族③，在墓内棺蓋
中部，有一件銅飾，"形狀略似'山'字形，銅飾很薄，稍觸即碎"，其下有布
痕，可能是荒帷遺迹，按從平面圖看，此翣的形制，當與下文所講"三叉形"

①　河南省文物考古研究所、平頂山市文物管理局編:《平頂山應國墓地》第 1 卷，大
象出版社 2012 年版，第 605 頁。
②　中國社會科學院考古研究所編著:《張家坡西周墓地》，中國大百科全書出版社
1999 年版，第 31 頁。
③　張禮艷:《豐鎬地區西周墓葬研究》，社會科學文獻出版社 2015 年版，第 311 頁。

翣形制相同；M303 等級與 M301 類似，墓内也有類似的銅飾①。同一等級的中期晚段或晚期早段的 M129 出組合型薄銅片，其主體爲一寫實性很强的獸面，其上左右兩邊爲類似獸角的銅片，中間則可能是圭形銅片——由此構成“山”字形結構②。這是目前所見最早的復原較好的銅翣。該翣山字形、組合型的特點，爲後世銅翣所繼承。

本書認爲，銅翣山字形的結構，實際是由獸面形態演化而來。銅翣主體上面的三叉，分別由獸角和額發展而成。西安老牛坡晚商墓 M41 及 M10 各出青銅牛面飾 2、1 件，所謂“牛面飾”當爲“獸面飾”，此類獸面飾雙角巨大，“額部正中附加以方形銅片飾”③，總體略呈“山”字形。它們雖然可能與銅翣無關，但其“山”字形獸面形象，應是“山”形銅翣的前導。而這種“山”字形銅翣，也是《喪大記》中國君翣“戴圭”的源頭。

西周中晚期獸面紋流行程度已經下降，晚商至西周早期是其流行時期。因此推測，翣的原型，應産生在獸面紋流行的晚商至西周早期。這種原型在産生之初，應爲日常所用器物，不過移植至喪禮中。西周中晚期的翣，擺脱獸面形態而以新的面貌流行，表明其已脱離日常器用而成爲喪葬禮俗活動中特有的事物④。

三門峽虢國墓地第二次發掘的墓葬，已經公布的有 17 座⑤，均爲西周晚期墓，其中僅 M2012、M2013、M2016~M2019、M2122，以及花園北街 M1 未發現銅翣痕迹。除 M2012 爲國君夫人墓，其餘諸墓墓主，報告以爲不高於士一級貴族；以翣隨葬諸墓，則爲大夫以上⑥。M2013、M2016、M2017 諸墓均

① 中國社會科學院考古研究所編著：《張家坡西周墓地》，中國大百科全書出版社1999 年版，第 37 頁。

② 中國社會科學院考古研究所編著：《張家坡西周墓地》，中國大百科全書出版社1999 年版，第 232 頁。王龍正、倪愛武、張方濤：《周代喪葬禮器銅翣考》，《考古》2006年第 9 期。

③ 劉士莪編著：《老牛坡——西北大學考古專業田野發掘報告》，陝西人民出版社2002 年版，第 269~270 頁。

④ 《既夕》中有“燕器”即日常使用的器物，包括“翣”，指扇。結合平頂山 M84 所出銅翣形制考慮，喪禮用翣可能與其同源。

⑤ 即《三門峽虢國墓》第 1 卷公布的 M2001、M2012、M2011、M2016~M2019、M2118~M2112，以簡報形式公布的 M2006、M2008、M2010、M2013，以及花園北街 M1。

⑥ M2006 簡報以爲墓主爲元士夫人，該墓隨葬銅容器有銅鼎三、鬲四、簋二、圓壺二、甗、簠各一件，銅翣四件。

有 2~3 件銅鼎出土，墓主應屬士級貴族，據《喪大記》可以兩件翣隨葬，墓中不見，或士級所用翣不爲銅質，因而腐朽無存；或此時用翣制度不同於《喪大記》①。而國君(包括太子)、大夫銅翣的使用，除去被盜的幾座墓，則大致與《喪大記》《禮器》的記載相合②。

　　虢國墓地上述諸墓的銅翣多嚴重腐朽，難以復原。根據介紹大致知道，他們多爲組合型翣，下部近長方形，上面壓印獸面紋，頂部向上接三件銅片，其中中部銅片爲圭形，兩側有刀型者(如 M2119)，有的則爲立鳥形(如 M2118)。該墓地於 20 世紀 50 年代發掘的 M1052、M1701(圖 3-3)、M1706 所出銅翣則有保存比較完整者，其形制應與 M2118 同。王龍正等《周代喪禮銅翣考》公布了 M2010 所出銅翣綫圖(圖 3-4)，M2119 銅翣頂部所謂刀型銅片，當與之同，其形制同梁帶村春秋早期 M28 所謂“翣角”形制類似。立鳥形銅飾在梁帶村春秋墓也可見到近似形態，表明芮國與虢國採用的葬俗相似。

圖 3-3　上村嶺虢國墓地 M1701 出土銅翣③

---

①　我們傾向於後一種可能，《喪大記》反映的應爲東周時期的情況。

②　王龍正、倪愛武、張方濤：《周代喪葬禮器銅翣考》，《考古》2006 年第 9 期。喬卓俊：《兩周時期中原地區的棺飾研究》，山東大學碩士學位論文，2009 年，第 47 頁。

③　中國科學院考古研究所編著：《上村嶺虢國墓地》，科學出版社 1959 年版，圖版 3。

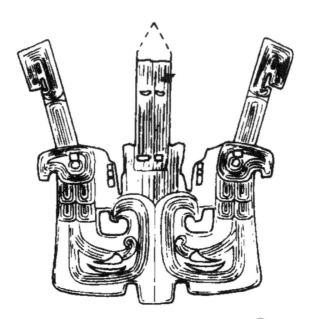

圖 3-4　上村嶺虢國墓地 M2010 出土銅翣①

　　梁帶村墓地西周晚期 M502、M586 銅翣整體爲三叉狀：M502 銅翣翣體中間竪一圭形大銅片，兩側下部接向上彎曲的兩叉，叉上有頭向外的勾喙大鳥（圖 3-5）②；M586 銅翣細部結構相對更爲簡單③。這類銅翣（下文稱爲三叉形翣）應該也是前面山字形銅翣發展而來，不過減省其主體部分而突出其"山"字三叉結構。春秋早期該墓地 M28、M17、M18 諸墓又採用"山"字形銅翣，可能是受外來因素的影響。不過三叉形翣並沒有消失，西周末春秋初山東莒縣西大莊、春秋時期陝西禮縣秦國墓地，甚至戰國時期河北平山中山國墓地，都發現此類器物的存在④。

　　①　王龍正、倪愛武、張方濤：《周代喪葬禮器銅翣考》，《考古》2006 年第 9 期。
　　②　陝西省考古研究院、渭南市文物保護考古研究所、韓城市景區管理委員會編著：《梁帶村芮國墓地》，文物出版社 2010 年版，第 32 頁。
　　③　陝西省考古研究院、渭南市文物保護考古研究所、韓城市景區管理委員會編著：《梁帶村芮國墓地》，文物出版社 2010 年版，第 69~70 頁。
　　④　王龍正、倪愛武、張方濤：《周代喪葬禮器銅翣考》，《考古》2006 年第 9 期。

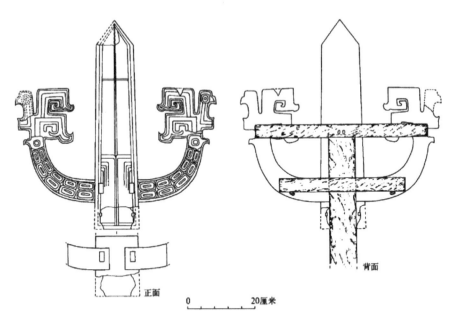

圖 3-5 梁帶村芮國墓地 M502 出土銅翣①

北趙晉侯墓地 M8，時代約在宣王時，槨室東側南段散布鏤空薄銅片②；約春秋初年的 M93"外棺蓋上放置石戈 5 件，北部 1 件鋒朝南，不帶銅片。餘 4 件内部均加兩層長方形薄銅片，戈鋒一南一北相錯，内部和銅片相接處夾有薄木片"③。兩墓均爲晉侯墓，所出薄銅片即銅翣遺留。M93 銅翣以石戈代圭形銅片，周邊墓地也有類似的例子。聞喜上郭村墓地 M373 出 4 件薄銅片，旁邊皆有石圭 1 件④，説明以石質圭戈作爲翣首，是具有一定地方特色的葬俗。此外，洪洞永凝堡 M7 爲西周晚期墓，隨葬銅器包括鼎三簋四，在隨葬器物上

① 陝西省考古研究院、渭南市文物保護考古研究所、韓城市景區管理委員會編著：《梁帶村芮國墓地》，文物出版社 2010 年版，第 30 頁圖 30。

② 北京大學考古系、山西省考古研究所：《天馬—曲村遺址北趙晉侯墓地第二次發掘》，《文物》1994 年第 1 期。

③ 北京大學考古系、山西省考古研究所：《天馬—曲村遺址北趙晉侯墓地第五次發掘》，《文物》1995 年第 7 期。

④ 朱華：《聞喜上郭村古墓群試掘》，山西省考古研究所編：《三晉考古》第 1 輯，山西人民出版社 1994 版，第 99 頁。

發現兩件薄銅片，可能也是翣的遺迹①。

南方的棗陽郭家廟曾國墓地，西周晚期 M21，墓主可能爲一代曾侯，在南側槨底板上發現銅牌飾，"器型呈獸面形，由四層薄銅片疊合在一起，分爲上下兩部分，中部有一段方形殘木柄，在木柄的上端開有深 8 釐米的槽，夾住上部分銅牌"②。這些銅牌飾可能爲數件銅翣，其具體情況已經不得而知。不過在隨州文峰塔東周墓地 M35，棺蓋板上出 6 件銅翣③，可證曾國在西周晚期也採用中原的銅翣制度。

總體而言，西周時期的銅翣，應産生於晚商至西周早期。其最初形態應是一種獸面紋儀仗，這種儀仗可能也用在日常生活中。西周時期，獸面儀仗逐漸發展成"山"字形翣，進而又進一步發展出三叉形翣。到了西周晚期，銅翣在周王朝主要墓地都有發現。此時銅翣使用已經形成一定的制度，這一制度，同東周文獻記載的情況，差距不大。

小　　結

《喪大記》對棺飾的記載，與《士喪禮》基本一致而更爲繁縟且自成體系，可能是作者在所見材料的基礎上，對其進行了整合。其記國君棺飾"龍帷"，當爲"黼帷"的訛寫。"黼荒"是指於荒的邊緣加黼紋邊條，"畫荒"則指於荒的邊緣加雲氣之類紋飾邊條，"布荒"則不加紋飾；翣與之相同。前人對經文中"池"的解釋有誤；揄絞與振容並非一物，後者已不可考，前者也稱"搖絞"，即"青質五色皆備成章"之絞；齊爲荒中央的綴飾，考古材料中有"齊"的發現；鄭玄對翣形制的解釋參考的是漢禮，而漢代翣的製作又是時人對禮書的演繹，故多有不可信之處。

棺飾在商代以前已經萌芽，但比較少見。晚商時期棺飾制度基本形成，覆棺之褚，用蚌魚、蛤蜊做成的棺角綴飾，銅鈴，以及一些儀仗類棺飾，都已經出現並形成了比較複雜的系統。此時棺飾的使用有明顯的等級特徵。

---

① 臨汾地區文化局：《洪洞永凝堡西周墓葬發掘報告》，山西省考古研究所編：《三晉考古》第 1 輯，山西人民出版社 1994 版，第 73~74 頁。

② 襄樊市考古隊、湖北省文物考古研究所、湖北孝襄高速公路考古隊編著：《棗陽郭家廟曾國墓地》，科學出版社 2005 年版，第 56 頁。

③ 湖北省文物考古研究所、隨州市博物館：《湖北隨州市文峰塔東周墓地》，《考古》2014 年第 7 期。

　　西周時期棺飾較商代又有了進一步發展，主要表現在棺飾種類增加，形制更加複雜，同時棺飾的使用有下移的趨勢。目前所見材料顯示早中期之際，是西周棺飾制度的轉變時期，荒帷、銅魚的出現，以及非銅容器墓棺角綴飾的使用，都在這一時期，表明具有西周特色的棺飾制度此時正在形成。荒帷來源於褚，銅魚則是以蚌魚爲原型的周族人常用綴飾。西周晚期，主要姬姓墓地高級墓葬，用翣及棺飾綴飾，呈現出一致的特徵，側面反映了周人禮制可能有統一的規劃。

第四章 毀 兵

"毀兵"①是考古學給商周禮制研究帶來的新課題，在沒有文獻支撐的條件下，出土實物成爲研究其發生發展過程的唯一材料。本章首先釐清毀兵葬俗的内涵，討論商周"毀兵"的種類、方式等，在此基礎上，根據已有材料及相關成果，考察其發展流變及反映的基本規律。

第一節 "毀兵"的内涵

如緒論所述，"毀兵"葬俗首先在濬縣辛村墓地發掘時發現，郭寶鈞據《周禮·方相氏》經文稱之爲"毆墓"；《洛陽北窑西周墓》從墓地出土銅兵器毀壞種類、程度、傷痕等分析，推斷"絶非因方相氏在墓中驅逐魔鬼、兩戈相擊才受到破壞的"，因而採用了"毀兵"這一更爲客觀的稱謂②；此前唐嘉弘也據琉璃河墓地"一些兵器被砸折彎曲後放入墓中"，稱之爲"折兵"以與拆車等"毀器"葬俗對文。

"毀兵"葬俗的定義，以井中偉"在死者入斂或下葬前，先將用於隨葬的青銅兵器如戈、戟、矛、劍等人爲地進行不同程度的毀壞，再有意識地放置在棺椁内或墓室内不同的位置"最爲完善③，較好地反映了毀兵葬的基本屬性。前人對毀兵葬俗特徵的探討業已達成基本共識，但論者多就事論事，較少全面搜集勘比材料，故仍有細緻討論的必要。本節擬對該葬俗的内涵作一全面分析如下。

---

① 商周墓葬中也有將玉質兵器折毀的現象，如盤龍城 PLZM2、PLWM4 均將隨葬玉戈折毀，但此類玉戈的功能主要是禮儀用具，同本書討論的青銅兵器略有區別，限於篇幅，這裏不作討論。湖北省文物考古研究所編著：《盤龍城：1963—1994 年考古發掘報告》，科學出版社 2001 年版，第 155、370 頁。

② 洛陽市文物工作隊編著：《洛陽北窑西周墓》，文物出版社 1999 年版，第 368 頁。

③ 井中偉：《西周墓中"毀兵"葬俗的考古學觀察》，《考古與文物》2006 年第 4 期。

1. 被毀兵器的種類

戈、戟、矛、劍、鉞、殳等青銅或鉛錫兵器形制較大，人爲毀壞的痕迹也比較明顯，這裏不再討論。西周早期有些沿用殷制隨葬兵器刀的墓葬，如鹿邑太清宮長子口墓，出管銎刀、棱脊大刀各一，也均被折斷①。

形制較小的鏃，也有人工損毀的痕迹，比較典型的，出在西安老牛坡晚商墓地。該墓地 M7、M10、M21、M33、M44 中，每墓出 8~43 枚銅鏃，這些鏃中均有 1~4 枚前鋒彎曲成鈎狀，另有前鋒折斷者②。從 M15 所出戈"援被彎曲成半圓形"③，可以斷定此地存有毀兵葬俗，因而這些箭鏃也是其表現之一。上述諸墓，年代均相當於殷墟四期④。天馬—曲村西周 M6032 出戈一、箭鏃五，戈被折爲兩段，鏃則置於戈附近陶壺上，單翼或雙翼殘⑤，也應是有意折毀的。

前人所忽視的是有些墓中出的小刀也有折毀的痕迹。小刀，考古報告或徑稱爲刀，或稱之爲削。按《禮記·内則》子事父母、婦事姑舅，鷄初鳴即整裝佩用，其中"左佩紛帨、刀、礪、小觿"等，鄭玄注刀爲"小刀"⑥。上述佩物皆日常所用，墓中出土的這類刀應即經文中的"刀"，稱之爲"小刀"，可與作爲兵器的大刀區分開來，更便於叙述。

澧東普渡村 M14 屬中型墓，簡報云其所出小刀"刀身因長期埋藏擠壓，已彎曲變形"，從簡報所附圖看，其刀身彎曲程度大於 90°，且附近的陶罐尚未破碎，絶不可能是因擠壓而變形，只能是人爲造成的。附近花園村 M13 二層臺上殉一人，墓主爲女性或青少年，出小刀 2 件，刀身均殘，從圖版看斷茬比較規整，也應是被有意損毀的⑦。上兩墓皆爲西周早期墓，墓主爲殷遺民。

周人墓中也有類似情況，崇信于家灣西周早期 M128 在該墓地爲較高等級墓葬，被盜，出有銅鼎片、盆片等，另出小刀 1 件，其末端有圓環，已殘缺，

① 河南省文物考古研究所、周口市文化局編：《鹿邑太清宮長子口墓》，中州古籍出版社 2000 年版，第 127~129 頁。

② 劉士莪編著：《老牛坡——西北大學考古專業田野發掘報告》，陝西人民出版社 2002 年版，第 291~292 頁。

③ 劉士莪編著：《老牛坡——西北大學考古專業田野發掘報告》，陝西人民出版社 2002 年版，第 288 頁。

④ 劉士莪編著：《老牛坡——西北大學考古專業田野發掘報告》，陝西人民出版社 2002 年版，第 335 頁。

⑤ 北京大學考古系商周組、山西省考古研究所編著：《天馬—曲村（1980—1989）》，科學出版社 2000 年版，第 771 頁。

⑥ 《禮記正義》卷 27，阮元校刻：《十三經注疏》，中華書局 1980 年影印本，第 1461 頁。

⑦ 陝西省文物管理委員會：《西周鎬京附近部分墓葬發掘簡報》，《文物》1986 年第 1 期，第 16、17 頁，圖 46-3、5。

刀尖殘缺並彎曲①。于家灣墓地先周時期的墓葬中即見毀兵現象。M128 小刀刀尖殘缺尤其是彎曲的形式，同被折銅戈相同。

　　張家坡墓地 M152 時代在共懿孝時期，墓主爲一代井叔，該墓雖被盜，仍殘存不少隨葬品，其中頭廂内的銅戈“大都殘斷，應是有意砸斷後再放入廂内的”，另有小刀 2 件，其中的 M152：14 刀身前部斷爲兩段，從圖版看，斷茬平直②。M290 屬宣幽時期，葬具爲二棺一椁，等級較高，所出小刀“刀身後半截及柄部殘缺”，其斷茬也比較規整③。張家坡這兩例小刀基本可以確定不是自然損毀，而是人力所爲。

　　商周時代的小刀，因其爲日用器，不似實用兵器厚重堅實，從隨身携帶的角度看，也以刀身輕薄爲宜。因而在墓葬自然條件下即多有殘斷者，即使人爲毀壞，也不易爲人所注意，故毀折小刀的現象以往被忽略了。小刀不爲兵，這於文獻中也可找到證據，所以“毀兵”這個概念事實上並不能完全概括商周時期的這一葬俗。

　　鏃爲小件器物，小刀易自然損毀，人工損毀的痕迹不如戈戟等兵器顯而易見，所以在本章的討論中一般不再涉及。

　　另有學者以爲，“西周的馬車也多用於戰爭，可看作一種‘重型’武器”，因而將西周流行的拆車也歸入毀兵葬俗④。按商周墓隨葬的馬車並不全是戰車⑤，

---

　　①　甘肅省文物考古研究所編著：《崇信于家灣周墓》，文物出版社 2009 年版，第 79、82、160 頁，圖版 23-3。

　　②　中國社會科學院考古研究所編著：《張家坡西周墓地》，中國大百科全書出版社 1999 年版，第 183~184 頁，圖版 124-3。

　　③　中國社會科學院考古研究所編著：《張家坡西周墓地》，中國大百科全書出版社 1999 年版，第 183~184 頁。

　　④　張應橋：《河南地區西周墓葬研究》，鄭州大學博士學位論文，2006 年，第 114 頁。

　　⑤　如滕州前掌大車馬坑 M41，與 M40、M45 兩坑並列且面積最大，隨葬器物種類最多，有銅瓢、爵各一件等，車輿正中有傘蓋痕迹，報告據其隨葬兵器推斷爲戰車，然戰車安裝傘蓋，必不利於驅馳，所以這些車應當是一般出行所乘之車。西周賞賜類金文中常見周王等高級貴族賞賜臣下的車、馬的例子。其中有奉上級之命出使，使成後受命者賞賜的情況，如小臣夌鼎(《集成》2775)記載王命夌“先省楚应”，夌順利完成使命，王賜其“貝、馬兩”。另有出使後受被使者的賜馬、車的情況，如小臣守簋(《集成》4179)記器主奉王命使于夷，受夷賜馬兩；小臣宅簋(《集成》4201)記小臣宅受同公命使伯懋父，後者給他的賞賜有“畫册、戈九、易金、車、馬兩”。金文記載賞賜均有一定的規律，表明當時賞賜也有一定的禮制，車馬的賞賜，恰與被賜者受命出行有關。因此，上述車、馬賞賜，均爲日常乘車而不會是戰車。尤其是伯懋父給小臣宅的賞賜，戈、盾俱全，它們本就是乘車上的裝備，故據車上有兵器斷定車爲戰車是錯誤的。中國社會科學院考古研究所編著：《滕州前掌大墓地》，文物出版社 2005 年版，第 127~128、564、618~619 頁。

且西周時期有將損毀戈矛置入車馬坑的現象，但馬車却是整車入葬的①，即坑中有毀兵却無拆車，因此還是應該將二者分開討論。

2. 毀兵方式及損毀程度

《洛陽北窑西周墓》描述該墓地毀兵："被毀壞的情況是：有的砸成鈎狀，有的刃部致殘，有的斷成幾節，有的缺援少内。從創傷分析，有砸痕，有撞擊痕，有截傷等等。"②目前所見各墓地毀兵情況之類似。總體而言，各類兵器毀壞程度不外彎、斷、殘三種形式。細分，彎者彎曲程度又有不同，有略曲者，也有彎成90°至180°者。據此分析，毀兵方式主要是通過對器身的擊打使之殘損、彎曲甚至斷爲兩段或數段，或者通過割截的方式使之斷開。擊彎或斷兵器的現象十分常見；割截兵器比較明顯的例子，見於灃西張家坡 M187，該墓銅戈 M187：1 援中部有明顯的錯截痕迹③。

需要説明的是，有些兵器雖有打擊的痕迹，却未見明顯彎曲或殘斷的現象。仍以洛陽北窑墓地爲例，戈 M370：1"援本有多次被砸痕"，戈 M273：3"上刃被砸，但未殘斷"，戈 M440：10"援上兩面有砸擊痕"，戈 M241：8"下刃被砸擊達七次"④。這些例子即上文所謂"有的刃部致殘"的情況，若考古報告不作詳細説明，則讀者無從瞭解。

井中偉曾懷疑"毀兵"中也應有鏃和盾，其推測的依據是，三門峽 M2001

① 如張家坡 35 號車馬坑(中國社會科學院考古研究所灃西隊：《1967 年張家坡西周墓葬的發掘》，《考古學報》1980 年第 4 期)，長安花園村 M15、M17 附屬車馬坑(陝西省文物管理委員會：《西周鎬京附近部分墓葬發掘簡報》，《文物》1986 年第 1 期)，漢唐昆明池遺址 K2(阿房宫與上林苑考古隊：《西安市漢唐昆明池遺址區西周遺存的重要考古發現》，《考古》2013 年第 11 期)，藍田泄湖車馬坑(曹永斌、樊維岳：《藍田泄湖鎮發現西周車馬坑》，《文博》1986 年第 5 期)，洛陽林校 C3M230(河南省文物局編：《國王與諸侯：中國河南青銅文明》，中州古籍出版社 2013 年版，第 80 頁。該書第 70、78、80 頁收錄三件器物均爲"洛陽林校出土"，前二者可以確定爲 C3M230 出土四管座與鉞，後者與 C3M230 卷首刀形制同而斷裂位置不同，由此該卷首刀也是 C3M230 出土)，洛陽老城中部車馬坑(中國社會科學院考古研究所洛陽唐城隊：《洛陽老城發現四座西周車馬坑》，《考古》1988 年第 1 期)，西菴遺址車馬坑(山東省昌濰地區文物管理組：《膠縣西菴遺址調查試掘簡報》，《文物》1977 年第 4 期)。

② 洛陽市文物工作隊編著：《洛陽北窑西周墓》，文物出版社 1999 年版，第 368 頁。

③ 中國科學院考古研究所編著：《灃西發掘報告》，文物出版社 1963 年版，第 118 頁，圖版 69-4。

④ 洛陽市文物工作隊編著：《洛陽北窑西周墓》，文物出版社 1999 年版，第 95、100、222 頁。

隨葬的矛均被有意識地折斷木柲，故同出銅鏃也可能是被折斷箭杆後隨葬的，而長子口及其他周墓隨葬銅鏃應該與之類似，只不過因箭杆爲木或葦的，易於腐朽，而盾皮革部分也容易腐爛而僅留下錫，故不易被發掘者判定①。按除三門峽 M2001 矛外，似乎確有其他西周墓葬存在折斷兵器木柲的現象。如于家灣先周墓 M60 椁頂及棺椁間南側隨葬兵器多件，"其中銅戈均被有意砸斷或砸彎"，另有五孔銎内鉞 1，出土時銎内有朽木，"可能係人爲折斷後隨葬"②。《呦呦鹿鳴：燕國公主眼裏的霸國》曾刊布山西翼城縣大河口西周墓地某墓葬二層臺隨葬數件銅矛的照片，圖中個别矛葉彎曲，有的殘存有柲痕，其柲可能也是人爲截斷的③。

我們不認爲上述毀壞木柲的現象與毀兵葬俗有直接關係。商周墓葬出土的青銅禮器上經常有絲麻織物的痕迹，這應是用織物將隨葬品包裹起來埋葬的。同樣，兵器上也多見織物或席子的痕迹，且多成堆隨葬，可能爲了便於將這些兵器由祖廟包裹、携帶至墓地，才將過長的木柲截去部分。上述折柲者，或矛或鉞，都是高等級，或者説隨葬兵器較多的墓才有的現象，或可作爲一個旁證。這從洛陽林校車馬坑 C3M230 隨葬銅矛也可看出④。C3M230 位於瀍河東岸，與北窑鑄銅遺址隔河相望，坑内埋一車四馬，車輿寬 150 釐米，5 件矛横向堆放在輿内。矛是長兵，其柲長絶不能僅 1.5 米⑤，所以一定是被截去部分後才被置入輿内的，發掘報告云其"柲殘長 120 釐米"，不知是否爲人工截斷後的長度。

3. 隨葬毀兵墓墓主的性别及年齡特徵

一般而言，西周時只有男性墓才隨葬兵器，因而有的報告以出兵器作爲判别墓主爲男性的手段之一。這當然在大多數西周墓地是成立的，但仍有一些例

① 井中偉：《西周墓中"毀兵"葬俗的考古學觀察》，《考古與文物》2006 年第 4 期，第 57 頁。

② 甘肅省文物考古研究所編著：《崇信于家灣周墓》，文物出版社 2009 年版，第 41~42、74 頁。

③ 山西省考古研究所、山西博物院、首都博物館編：《呦呦鹿鳴：燕國公主眼裏的霸國》，科學出版社 2014 年版，第 145 頁。

④ 洛陽市文物工作隊：《洛陽林校西周車馬坑》，《文物》1999 年第 3 期。

⑤ 如北趙晉侯墓 1 號車馬坑 32 號車車輿與左輪之間銅矛，帶柲長約 270 釐米；稍晚上馬墓地 3 號車馬坑出矛也長 2.7~2.8 米，甚至可能有長 5 米餘者。山西省考古研究所、北京大學考古系：《山西北趙晉侯墓地一號車馬坑發掘簡報》，《文物》2010 年第 2 期，第 8、10 頁。山西省考古研究所編：《上馬墓地》，文物出版社 1994 年版，第 253~254 頁。

外，需略作説明。

少陵原墓地“爲一處平民性質的族墓地”，且出兵器墓比例相當高，“若以早期兩段的 136 座墓計算，出兵器的墓約有 60 多座，幾乎占 50%的比率”，遠高於隨葬兵器墓較多的北吕周人墓地Ⅰ區的 27%①。該墓地的另一特點是女性墓也隨葬兵器。在出戈墓葬可鑒定的人骨中，男性 21 例，女性 7 例，占 25%。女性墓分别是 M47、M145、M181、M248、M254、M298、M373，其時代除 M181 不能分期，餘皆在中期早段以前，從年齡看，墓主多爲成年，僅 M298 墓主年齡稍小爲 14~16 歲，這些墓均有毀兵現象。

少陵原西周墓地有一個特點，“可鑒定的人骨標本性別明確者 187 例”，“男性個體 85 例，女性個體 102 例，男女性别比爲 0.83：1”②，女性比例明顯較其他墓地高。如考古工作者觀察鑒定了天馬—曲村墓地 524 個個體，男女性别比爲 1.14：1③，此外，殷都平民墓地男女比例大約爲 1.25：1 至 1.5：1 或略低④，滕州前掌大墓地比例爲 1.04：1⑤，鳳翔南指揮西村周墓 42 個個體比例爲 2.23：1⑥。與少陵原墓地類似的，僅有扶風北吕墓地，其 47 個個體男女比例約爲 0.81：1⑦。如能排除鑒定誤差，則少陵原墓地性質確有進一步討論的必要，發掘報告由該墓地出土兵器比例過高及女性墓出兵器的情況，推測這裏是“西六師駐守宗周的某師駐地之一”，“女性也曾充當過戰士”⑧。

昌平白浮 M2、M3 等級較高，隨葬品豐富，包含戈、矛、劍、戟等兵器，其中一些有損毀現象，比較明顯的，墓中出殘鉛戈“扭成彎曲狀”、M2：29 戈

---

① 陝西省考古研究院編著：《少陵原西周墓地》，科學出版社 2009 年版，第 720~721 頁。

② 陳靚：《少陵原西周墓地人骨鑒定報告》，陝西省考古研究院編著：《少陵原西周墓地》，科學出版社 2009 年版，第 789 頁。

③ 潘其風：《天馬—曲村遺址西周墓地出土人骨的研究報告》，北京大學考古系商周組、山西省考古研究所編著：《天馬—曲村（1980—1989）》，科學出版社 2000 年版，第 1138 頁。

④ 羅琨：《試論商代殷都人口的自然構成》，《考古》1995 年第 4 期。

⑤ 王明輝：《前掌大人骨研究報告》，中國社會科學院考古研究所編著：《滕州前掌大墓地》，文物出版社 2005 年版，第 675 頁。

⑥ 焦南峰：《鳳翔南指揮西村周墓人骨的初步研究》，《考古與文物》1985 年第 3 期。

⑦ 黃象洪：《北吕村周人遺骸研究》，寶雞市周原博物館：《北吕周人墓地》，西北大學出版社 1995 年版，第 200 頁。

⑧ 陝西省考古研究院編著：《少陵原西周墓地》，科學出版社 2009 年版，第 723、721 頁。

援末殘、M2：38 内殘等。M2 墓主"係中年女性"①。報告將 3 座墓的時代定在西周早期，林澐則以爲 M2、M3 當在西周中期或更晚，並將之作爲北方青銅器斷代的標尺②。

殷商時期多有女性墓隨葬兵器的例子，最著名的當屬殷墟婦好墓。滕州前掌大墓地是山東地區商代晚期至西周早期的墓地，該墓地商代晚期的女性墓中就有隨葬兵器的現象，如 M49、M108 等。西周時期 M110、M119、M17、M120 等幾座兵器墓是女性墓，但其明顯是前代遺俗，且這幾座墓未見明顯毀兵現象③。而昌平白浮 M2"和北京房山琉璃河 I 區墓葬基本一致"，因此可以判斷其爲商遺民墓葬，同時，它"已與姬周以及土著因素融合成燕文化，就連隨葬的陶鬲也已是周式鬲，所以發掘者最早判斷白浮墓葬爲燕國墓是正確的"④。由此推測，M2 墓主應當是西周時期少見的女性高級軍事將領。

天馬—曲村 M6378 墓主爲 40～45 歲女性，墓中出小刀 1 件，該刀環首、刀尖殘，可能是人工損毀⑤。另上文討論小刀時，引長安區鎬京遺址花園村 M13，墓主爲女性或青少年。

洛陽北窯墓地西周中期中型墓 M421 與 M417 東西並列，二者葬具、葬式、隨葬器物種類及擺放位置基本相同，後者墓主腰部有柄形器而前者有更多的蛤蜊裝飾物，報告認爲兩墓可能是夫婦墓⑥。其中 M417 出殘援戈 2 件、援尖 1 件，M421 出殘援戈 2 件。

毀兵墓墓主的年齡與隨葬兵器墓墓主年齡在某種程度上是同一個問題。

天馬—曲村墓地墓葬保存較好者都有性別和年齡鑒定，林永昌曾對該墓地性別年齡差异作過系統研究。他以男子 20 歲爲成年標準，12～19 歲爲少年，6～11 歲爲小童。該文發現，西周早期"隨葬兵器與否，和（成年）男性墓主的年齡並無太大關聯，不同年齡的男性，隨葬兵器的比例皆在 30%～40% 左右"，

① 北京市文物管理處：《北京地區的又一重要考古收穫——昌平白浮西周木椁墓的新啓示》，《考古》1976 年第 4 期。
② 林澐：《早期北方系青銅器的幾個年代問題》，《林澐學術文集》，中國大百科全書出版社 1998 年版，第 291～293 頁。
③ 中國社會科學院考古研究所編著：《滕州前掌大墓地》，文物出版社 2005 年版。
④ 韓建業：《略論北京昌平白浮 M2 墓主人身份》，《中原文物》2011 年第 4 期。
⑤ 北京大學考古系商周組、山西省考古研究所編著：《天馬—曲村（1980—1989）》，科學出版社 2000 年版，第 903 頁，圖 1497-2。
⑥ 洛陽市文物工作隊編著：《洛陽北窯西周墓》，文物出版社 1999 年版，第 191 頁。

中期男性隨葬兵器與墓主年齡仍不明顯①。據其統計，西周早期"小童組"13
座墓中 M6123、6122 隨葬兵器，少年組也有 4 座墓隨葬銅戈，對此，他認爲
"當時的貴族男性只有在舉行冠禮之後，才有資格參加戰爭，因此出現在未成
年墓葬中的兵器，很可能只是承襲自他們父輩之物，不一定代表他們真的具有
武士一類的身份"②。按 M6123(墓主 6 歲)、M6122(墓主 8~9 歲)均隨葬鍪斧
1 件，曲村墓地共出鍪斧 3 件，另一墓爲 M6231，隨葬銅容器有二鼎、二鬲、
二簋、一甗、一爵、一觶、一尊、一卣、一壺等，顯示其等級較高。以此推
測，二兒童墓墓主當出於貴族家庭。再從隨葬物看，M6123 出銅鬲一、漆器
五、盾錫二等，並殉一 6 歲兒童，M6122 隨葬品雖略少，僅骨鏃 3 件、漆器 1
件等，若從未成年人死亡喪禮降殺的角度考慮，兩者身份也不會很低。以鍪斧
出土數量極少判斷，這種兵器的實用性不會很高，其更大的價值可能在於象徵
意義。M6123 隨葬援殘銅戈 1 件。

10 歲以下兒童隨葬兵器者，尚有于家灣 M63 一例，該墓也屬西周早期，
墓室長 3.8、寬 2.5 米，葬具一棺一椁，該墓被盜，僅存殘戈尖 1 件、銅鈴 1
件、銅泡 35 件，以及玉蟬、蚌泡、海貝等③。于家灣墓地存在毀兵現象，出
土的戈大多是隨葬前被有意砸斷或砸彎的殘戈，故該墓出土的戈也是毀兵遺
迹。報告判斷墓主一爲少年，經鑒定其年齡在 8~9 歲④。該墓較上天馬—曲
村兩墓規格要高得多，隨葬兵器的原因當與之類似。

于家灣墓另有一墓主爲少年的隨葬兵器墓，即先周 M58。該墓爲小型墓，
無葬具，僅隨葬鍪内戈 1 件。鍪内戈在該墓地僅此一見，該墓的内涵有待進一
步探討。

與之類似的，是鳳翔南指揮西村一"小孩墓"隨葬銅戈者，該墓於 1980 年
發掘，編號 M125，小型單棺，報告定其時代爲先周晚期，隨葬品除戈外，僅
有陶鬲、貝各一。該墓地發掘"小孩墓"16 座，隨葬兵器者僅此一座，從隨葬

① 林永昌：《兩周時期晉國墓葬所見性別差異初探》，北京大學中國考古學研究中心、北京大學震旦古代文明研究中心編：《古代文明》第 7 卷，文物出版社 2008 年版，第126、135 頁。
② 林永昌：《兩周時期晉國墓葬所見性別差異初探》，北京大學中國考古學研究中心、北京大學震旦古代文明研究中心編：《古代文明》第 7 卷，文物出版社 2008 年版，第126 頁。
③ 甘肅省文物考古研究所編著：《崇信于家灣周墓》，文物出版社 2009 年版，第155頁。
④ 魏東、張林虎：《崇信于家灣周墓出土人骨鑒定報告》，甘肅省文物考古研究所編著：《崇信于家灣周墓》，文物出版社 2009 年版，第 204 頁。

品數量看它並無特別之處。

濬縣辛村 M61 墓室填土中出土的戈、鑾鈴"不到一般尺度之一半",報告以爲"童子墓"①,按該墓長 2.7、寬 1.35、深 4.05 米,棺長 2、寬 0.6~0.7 米,較他墓大小並無太大差別,應當不是兒童墓。該墓共出戈 4 件,2 件援斷。

再回到天馬—曲村墓地,林文所謂早期"少年組"4 座隨葬銅戈的墓葬,分別是 M6243(17~18 歲)、M6132(12~14 歲)、M7102(14~15 歲)、M6134(14 歲),而早期少年男性墓僅 7 座,即使加上不能確定性別的,也不過 10 座,這一年齡段兵器墓占男性墓葬的 40%以上,較成年墓並無太大差異。似乎可以説,男子 14 歲左右即可確定其是否具有隨葬兵器的權利。這同文獻中所謂"古者十五受兵"的記載是比較吻合的②。上述 4 墓兵器皆有折毀現象。中期 4 座"少年組"墓葬,僅 1 座隨葬兵器,也與同期平民男性隨葬兵器 21%的比例接近③。

綜上,西周時期主要是男性墓隨葬兵器,個別地區有女性墓存在這一現象;14 歲左右爲隨葬兵器墓墓主的年齡下限,少量等級較高兒童墓也有將損毀兵器置於墓中的情況。將兵器作爲隨葬品,代表了墓主的社會地位和身份。

第二節 自東而西——商代的毀兵葬俗及其西傳

以往的研究,多注重對毀兵現象的陳述,相對忽視了對其源流演變的探研;因而,對於毀兵的性質、它與"毀器"葬俗的關係,尚未取得一致的意見;毀兵葬俗所反映的社會歷史面貌,也沒有被充分揭示出來。本節的首要目的,是釐清毀兵葬俗的形成過程,進而探討它與毀器葬俗的關係,並試圖以此顯示商周之間文化的繼承和嬗變。首先從先周的毀兵葬説起。

一、先周時期的毀兵葬俗

先周文化的考古學探索,自 20 世紀 30 年代開始④,經過約 80 年的努力,

---

① 郭寶鈞:《濬縣辛村》,科學出版社 1964 年版,第 24 頁。

② 《後漢書》卷 47《班超傳》,中華書局 1973 年版,第 1585 頁。

③ 林永昌:《兩周時期晉國墓葬所見性別差異初探》,北京大學中國考古學研究中心、北京大學震旦古代文明研究中心編:《古代文明》第 7 卷,文物出版社 2008 年版,第 126 頁。

④ 中國社會科學院考古研究所編著:《中國考古學·兩周卷》,中國社會科學出版社 2004 年版,第 17 頁。

先周文化的面貌愈加清晰，但有些問題，如先周與西周的分界，尚未有一個明確的標準。這當然容易理解，因爲從"小邦周"到天下共主，短期內在考古學文化上不見得會有直觀明顯的表現。而周人毀兵葬俗的採用，恰好在商末周初這一時間段內，所以張東明以爲部分毀兵墓屬先周時期，而井中偉則持審慎態度。

稍晚，雷興山在對先周相關遺址居址、墓葬分期分段的基礎上，"樹立了統一的年代分期標尺"①。他將先周文化分爲 5 期 10 段，雖不能對商末、周初作完全分析，但也足以證明先周毀兵葬俗的存在。

先周兵器墓並不多見，此時墓中兵器出土狀況見表 4-1（盾錫在報告中或被稱作"銅泡"等，均列入"其他主要隨葬品"一欄）。

表 4-1　先周周人墓兵器出土狀況

墓地	墓號	葬具	兵器種類數量	損毀情況	主要隨葬品	備注
寶鷄鬥鷄臺②	B3	棺	戈 4	1 件鋒微卷，2 件鋒殘，1 件卷缺	銅鼎 1 當盧 2 泡 19，陶鬲 1 等	當盧有銘"矢"
	E4	?	戈 1	鋒卷缺	銅泡 1，陶鬲 1 等	
岐山賀家村③	73M1	?	戣 1、戈 3、鏃 11	戣鋒殘斷，1 件戈斷	銅鼎 1 簋 1 卣 2 瓶 1 罍 1 斧 1 錛 1 鑿 1 弓形器 1，石磬 1 等	被盜
	73 小墓	棺	戈 1	援彎（圖 4-1-1）	盾錫 1，陶鬲 1	
	73 小墓	棺	戈 1	援彎斷（圖 4-1-2）	盾錫 1，陶鬲 1	

---

① 李伯謙：《〈先周文化探索〉讀後的若干思考》，雷興山：《先周文化探索》，科學出版社 2010 年版，第 1 頁。

② 蘇秉琦：《鬥鷄臺溝東區墓葬》，北平研究院史學研究所 1948 年版，第 22~23、29 頁。

③ 陝西省博物館、陝西省文物管理委員會：《陝西岐山賀家村西周墓葬》，《考古》1976 年第 1 期。

续表

墓地	墓號	葬具	兵器種類數量	損毀情況	主要隨葬品	備注
鳳翔南指揮西村①	79M62	棺	戈 2	1 件援斷，1 件彎（圖 4-1-4、4-1-5）	銅鼎 1 簋 1 泡 1 鏡 1，陶鬲 1	
	80M47	棺	戈 1	似完好	陶鬲 1	
	80M111	棺	戈 1	鋒殘（圖 4-1-6）	陶鬲 1	
	80M128	棺	戈 1	鋒斷	銅泡 1，陶鬲 1，貝 2	
武功黃家河②	M23	棺	戈 2	1 件援彎、殘（圖 4-1-7），另 1 件殘	銅鏡 1 泡 1，陶鬲 1	
	M25	棺	戈 2	援均殘（圖 4-1-3、4-1-8）	銅泡 1，陶鬲 1，骨器 1，蛤蜊 1	
	M50	棺	戈 1	殘	陶鬲 1	被擾
扶風北呂③	ⅡM14	棺	戈 1	斷	陶鬲 1	
崇信于家灣④	M3	棺	戈 2	1 件斷，1 件鋒殘	礪石 1，蛤蜊 2	
	M60（圖 4-2）	棺槨	鉞 1	木柄人爲折斷	大銅泡 2 等	被盜
			戈 3、戈尖 2	戈被砸斷或砸彎		
	M79	無	戈 1	援大部殘		被盜
	M112	棺	戈 1	援斷，鋒微殘	陶鬲 1，含貝 2，蛤蜊 2	
	M58	無	戈 1	完	含貝 3	墓主爲一少年

① 雍城考古隊：《鳳翔南指揮西村周墓的發掘》，《考古與文物》1982 年第 4 期。
② 中國社會科學院考古研究所武功發掘隊：《1982—1983 年陝西武功黃家河遺址發掘簡報》，《考古》1988 年第 7 期。
③ 寶鷄市周原博物館：《北呂周人墓地》，西北大學出版社 1995 年版，第 43~44 頁。
④ 甘肅省文物考古研究所編著：《崇信于家灣周墓》，文物出版社 2009 年版，第 51、41~42、74、57、76、56 頁。斷代參考劉靜：《試析崇信于家灣周墓》，《文物》2013 年第 7 期。

需要説明的是，鳳翔南指揮西村另有數座先周晚期墓出銅戈，因報告過於簡略，無法得知兵器出土狀況，故未在表 4-1 中列出；另豐鎬地區數座時代相近的兵器墓葬，不屬於典型的周人墓，也不在討論範圍之内。

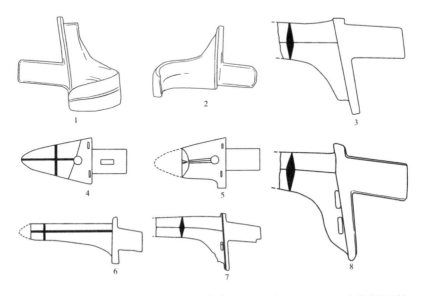

1、2. 賀家村 73 小墓出土　3、8. 黄家河 M25 出土　4、5. 南指揮西村 79M62 出土　6. 南指揮西村 80M111 出土　7. 黄家河 M23 出土

圖 4-1　先周周人墓出土被損毀銅戈

依據雷著的分期標準，上述諸墓的時代，大致集中在先周晚期，即 5 期中的第 5 期，部分墓葬可能已經進入西周，另賀家村 1973 年發掘部分小墓的時代可能早至先周第 4 期①，但其具體情況不詳。賀家村 73M1 被盗，從遺留銅器判斷，時代可能早至殷墟三期或稍晚，但該墓應略晚於銅器年代②，所以雷著亦將其暫定在先周晚期。總體而言，先周晚期是周人隨葬兵器的開始。

從地域上看，此時隨葬兵器的習俗主要出現在寶鷄市區及周原的周邊地區，這裏是周文化的核心地帶；但在距離較遠的甘肅崇信于家灣，也發現了兵器墓，于家灣文化內涵也以周文化爲主。先周晚期主要的周人墓地，基本上出現了以兵器隨葬的現象。

① 陝西省博物館、陝西省文物管理委員會：《陝西岐山賀家村西周墓葬》，《考古》1976 年第 1 期。雷興山：《先周文化探索》，科學出版社 2010 年版，第 181~182 頁。

② 雷興山：《先周文化探索》，科學出版社 2010 年版，第 182 頁，注 2。

表4-1 所列諸墓隨葬的兵器，除上揭南指揮西村部分墓葬情況不明，以及其 80M47 和崇信于家灣 M58 所出兩件銅戈外，大多數被損毀。于家灣 M58 隨葬銅戈可能是完整的，但該墓情況比較特殊，墓主爲一少年，無葬具，無二層臺，與他墓不類，故其性質尚有進一步討論的必要。武功黃家河 M23 隨葬銅戈兩件，報告只介紹了其中一件彎、殘，另一件與 M50 出的銅戈情況不明；但從該墓地共出 8 件戈，而簡報介紹幾件標本均殘，可推測二者都不是完好的。于家灣 M60 銅鉞雖然完整，但該墓出戈均有損毀現象（圖 4-2）。這説明，周人自隨葬兵器之初，就比較嚴格地採用了毀兵葬俗，隨葬兵器多被毀壞。

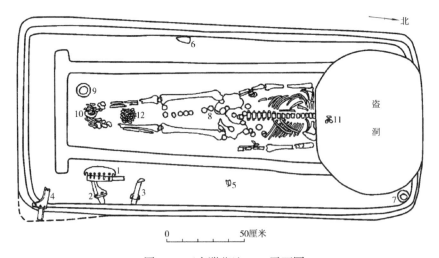

圖 4-2 于家灣墓地 M60 平面圖

從損毀兵器種類、數量來看，實用性銅戈，占了隨葬兵器的絕大多數，且數量多爲一至兩件，這也是先周時期隨葬兵器的特點之一。目前僅鬥鷄臺墓 B3 出戈 4 件，賀家村 73M1 以及于家灣 M60 又分別有鏃和鉞出土。這三墓隨葬兵器數量種類略多，可能跟墓葬等級有關。

上三墓及南指揮西村 79M62 均有銅容器出土，表明墓葬等級較高，墓主身份屬於貴族。其餘諸墓則少出銅器，除銅戈、盾鍚外，多數僅以陶鬲等隨葬，葬具均爲單棺，墓主身份等級不高，有的報告推測爲“當時的武士”，“或者武裝起來的奴隸”[1]。這些墓埋葬的很可能是當時的自由民，他們有服兵役

———————————

[1] 陝西省博物館、陝西省文物管理委員會：《陝西岐山賀家村西周墓葬》，《考古》1976 年第 1 期。

的義務，或者爲職業軍人，所以才得享隨葬兵器的權利。

從毀兵方式上看，兵器彎曲、斷裂和缺損的情況都有發現。從表 4-1 可以看出，戈援是主要的損毀部位。其損毀方式以折彎爲主，部分折彎者有斷裂或者殘損的情況；另部分斷裂或殘損者則不見明顯折曲；總之折彎兵器在毀兵方式中占有較大比重①。黃家河墓地出土戈均殘缺，可能該地流行以殘缺兵器隨葬的習俗。

上述兵器墓遍及當時周人各主要墓地，時間集中在先周晚期，且均存在毀兵葬俗。這說明毀兵是較短的時間内在其活動區域普及的，流風至於一般平民。這些區域既包括當時的周都，也有先後成爲周人諸侯的與國——鬥鷄臺墓 B3 出土當盧有銘文"夨"，證明該墓跟夨(虞)有關，墓主是夨人；于家灣墓地發掘報告認爲該墓地在殷商時很可能是屬周的阮國所有②。毀兵葬俗短期在周文化範圍内大行，應不僅僅是文化自然傳播的結果，可能跟行政推行有一定關係。這容易讓人聯想到，先周晚期周人的喪葬活動應該有一個通用的"禮典"，這種喪葬禮典的存在，保證了周人喪葬活動中劃一般實行毀兵之俗③。另一方面，於此亦可見商周之際周人對附屬部族的控制比較强力，周文化各部族之間的聯繫非常緊密。

上文提到，周人自隨葬兵器初始就採用毀兵之俗，若此係周人原生，則其形成必有相當的過程，如隨葬兵器當先於毀兵之俗出現，喪葬毀兵先於一地出現而後逐步擴散等。但目前並未發現這方面的綫索。由此推測，毀兵葬俗是外來的，它甫一進入周人視野，即被推廣開來。能夠被周人傾心接受的，當時恐怕只能是輝煌的商文化了。通過梳理材料，可以證明這一推論。

二、商代墓葬中的"毀兵"現象

商代有將兵器損毀隨葬的現象，這一點張明東已經指出，但他認爲此時毀兵葬主要集中在"關中西部商代晚期"，其餘爲"有特殊原因"的個別現象。郜向平也以爲"從總體上看，殷墟墓葬中可能屬於毀兵的現象極少見，個別毀兵

---

①　之所以强調毀兵是否被折彎扭曲，因爲我們認爲折斷與扭曲兩種方式有不同的來源，詳下。但因爲有些發掘報告介紹不夠詳細，所以這種區分不能有準確的數據支持。

②　甘肅省文物考古研究所編著：《崇信于家灣周墓》，文物出版社 2009 年版，第 145 頁。

③　沈文倬：《略論禮典的實行和〈儀禮〉書本的撰作》，《宗周禮樂文明考論》，浙江大學出版社 1999 年版，第 1~54 頁。這種禮典，可能如後世的《月令》及《葬律》一般，由政府頒布，有一定的强制性。

的做法不排除是受到其他文化傳統的影響所致"①。

隨著考古材料的豐富，該說有了修正的必要：商人以毀兵隨葬不是偶見現象，它在商墓中有相當多的發現，毀兵葬俗是在商文化中孕育形成的。

(一)商代的兵器隨葬

我國古代以青銅兵器隨葬，最早見於偃師二里頭遺址墓葬Ⅵ KM3，墓中隨葬完整銅戈 1 件、銅鉞 1 件②。該墓時代爲二里頭三期，一般認爲其絶對年代屬於夏紀年。此戈是中原地區最早發現的兩件銅戈之一，另一件爲採集品，時代同爲二里頭三期，説明銅兵器自其産生之初就具備了作爲隨葬品的功能。

與周人類似，商人墓内隨葬兵器，也是在其"家天下"前後。所不同者，它不是同時大面積出現的，早期僅是零星的現象。

鄭州商城 97T166M6 是目前所見最早的商人兵器墓，該墓可能是"鄭州商城内年代最早的一座商墓"，其時代在二里頭四期偏晚階段③。李伯謙認爲它屬於"湯滅夏前始居亳時"的遺存④，多數學者認爲二里頭四期偏晚階段已經進入商代⑤。該墓爲一座中型貴族墓，葬式比較特殊。爲三人合葬，頭北向，中間爲一男性，其北側一女性處於從屬地位。南側是一青少年，"兩隻手臂在頭頂向上交叉，爲被捆綁狀"，當爲陪葬者，他的腰部隨葬一堆骨鏃和 1 件銅戈，此戈出土時斷爲兩截，被分置於不同位置(圖 4-3)⑥。除玉柄形飾下端殘外，隨葬銅鬲、盉以及骨鏃等未見明顯損毁現象。

稍晚的 C8M7 時代在二里崗下層二期，也曾出土 1 件銅戈，該墓遭到嚴重破壞，是一座中型墓，殘存的隨葬品有銅斝 1 件、爵 3 件、戈 1 件，以及石戈、玉戈、大量的貝等⑦。

① 郜向平：《商系墓葬研究》，科學出版社 2011 年版，第 261 頁。

② 中國社會科學院考古研究所編著：《偃師二里頭——1959—1978 年考古發掘報告》，中國大百科全書出版社 1999 年版，第 249 頁。

③ 河南省文物考古研究所：《鄭州商城新發現的幾座商墓》，《文物》2003 年第 4 期。

④ 李伯謙：《對鄭州商城的再認識》，《古代文明研究通訊》總第 23 輯，第 31~32 頁。轉引自井中偉：《先秦時期青銅戈、戟研究》，吉林大學博士學位論文，2006 年，第 42 頁。

⑤ 中國社會科學院考古研究所編著：《中國考古學·夏商卷》，中國社會科學出版社 2003 年版，第 81 頁。岳洪彬：《二里頭文化第四期及相關遺存再認識》，中國社會科學院考古研究所夏商周考古研究室編：《三代考古(一)》，科學出版社 2004 年版，第 73~92 頁。

⑥ 河南省文物考古研究所：《鄭州商城新發現的幾座商墓》，《文物》2003 年第 4 期，第 9 頁，圖 14。

⑦ 河南省文物考古研究所編著：《鄭州商城：1953—1985 年考古發掘報告》，文物出版社 2001 年版，第 564~565 頁。

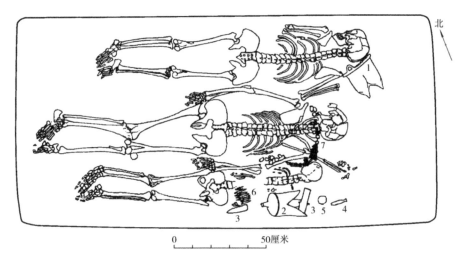

1. 銅鬲　2. 銅盉　3. 銅戈　4. 玉柄形飾　5. 圓陶片　6. 骨（蚌）鏃　7. 貝飾

圖 4-3　鄭州商城 97T166M6 平面圖

　　以上兩例均出於鄭州商城，墓主身份爲貴族，後者屬於王朝初建時。在此之後即二里崗上層期開始，隨葬兵器的現象增多，表現爲貴族兵器墓的比例升高，同時兵器的數量和種類也有所增加。至殷墟時期，不少平民墓也開始隨葬兵器。直到殷墟文化第三期，平民等級墓隨葬兵器比例開始下降；殷墟四期則兵器墓所占比重顯著減少①。

（二）商都的毀兵葬現象

　　鄭州商城 97T166M6 是商人最早的兵器墓，同時也是最早有意損毀兵器隨葬的墓葬。商代隨葬毀兵墓雖不如西周那樣流行，但仍有相當數量的存在。此時王都所見墓葬毀兵情況如表 4-2。

　　從二里頭四期偏晚的 T166M6 算起，直至殷墟四期晚段，有商一代都存在以毀兵隨葬的風氣。從數量上看，早商發現的毀兵墓較少；殷墟時期，毀兵墓分布範圍幾乎遍及王都所有墓區，尤其是殷墟三期，殷人的墓葬毀兵現象達到頂峰；四期相對於三期，數量明顯下降，顯示出商人墓內毀兵開始衰落，這和商墓隨葬兵器的發展趨勢是基本相同的。

---

　　①　郜向平：《商系墓葬研究》，科學出版社 2011 年版，第 166~174 頁。

表 4-2　商王都墓葬的毀兵情況

地點	墓號	時代	葬具	兵器種類數量	損毀情況	其他主要隨葬品	備注
鄭州商城	T16M6①	二里頭四期偏晚	?	戈1	斷爲兩段	銅鬲1盉1,蚌鏃2,骨鏃41,玉柄形飾1等	中型貴族墓。柄形飾殘
	CNM6②	二里崗上層一期	棺	戈1	殘爲兩段	玉塊1,石斧1	
	C7M54③	人民公園一期	棺?	戈3	戈2僅存援前端一部分（圖4-4,1）	玉柄形器6琖1璧1戚1	
安陽武官村北	M1④	殷墟一期	棺槨	直內戈2,曲內戈1,鋬內戈1,削2	曲內戈"質輕薄,似非實用器","全戈折爲五段",削一件殘殘,另一刀尖稍殘	銅鼎2甗1瓿1尊1瓠2爵2鋬1陶甗1簋2盉3罐1	中小奴隸主墓。甗算遺失,上部被壓扁,爵一件殘破
殷墟苗圃北地	M118⑤	殷墟一期偏晚	棺槨	直內戈1,曲內戈1	曲內戈僅存內後半段（圖4-4,2）	陶瓠爵各1,石器2等	被打破。陶器出土時破碎且爵略殘

① 河南省文物考古研究所:《鄭州商城新發現的幾座商墓》,《文物》2003年第4期。
② 河南省文物考古研究所編著:《鄭州商城:1953—1985年考古發掘報告》,文物出版社2001年版,第586、713頁。
③ 河南省文物考古研究所編著:《鄭州商城:1953—1985年考古發掘報告》,文物出版社2001年版,第893、895、918~919頁。
④ 中國社會科學院考古研究所安陽工作隊:《安陽武官村北的一座殷墓》,《考古》1959年第3期。
⑤ 中國社會科學院考古研究所安陽隊:《1984年秋安陽苗圃北地殷墓發掘簡報》,《考古》1989年第2期。

續表

地點	墓號	時代	葬具	兵器種類數量	損毀情況	其他主要隨葬品	備注
	M19①	殷墟二期	棺	直內戈1、曲內戈3	2件曲內戈冠"援末部均已殘缺"(圖4-4,4,5)	陶觚1爵1銅鈴3,玉援銅戈1等	陶觚爵破碎且爵且殘
殷墟王陵東區	M260②	殷墟二期	棺槨	戈內13、鏃36	戈僅存內的後半段,歧冠曲內	殘銅片,玉器骨器等	被盜。墓主或是商王配偶。玉戈被砸碎
殷墟小屯村北	M5③	殷墟二期	棺槨	戈91、鉞4、鏃47、大刀刀1	戈"其中四十一件援部保存較好,但內皆斷折殘損";曲內歧冠"大部稍有殘缺"④;大刀刀身中部斷爲兩截⑤	隨葬器物共1928件,其中銅器468件,玉器755件	婦好墓。出土銅器、玉器等有殘損現象

① 中國社會科學院考古研究所安陽工作隊:《1980—1982年安陽苗圃北地遺址發掘簡報》,《考古》1986年第2期。另此次發掘M80時代下限爲三期,其曲內戈也是援末殘缺。

② 中國社會科學院考古研究所安陽隊:《殷墟259、260號墓發掘報告》,《考古學報》1987年第1期。報告據此墓傳出后母戊方鼎認爲墓主是商王配偶,則此又一商周時女性墓出土兵器的例子。

③ 中國社會科學院考古研究所編著:《殷墟婦好墓》,文物出版社1980年版。

④ 中國社會科學院考古研究所編著:《殷墟婦好墓》,文物出版社1980年版,第105、107頁。

⑤ 中國社會科學院考古研究所、首都博物館,河南博物院:《王后·母親·女將——紀念殷墟婦好墓考古發掘四十周年》,科學出版社2016年版,第182頁。

续表

地點	墓號	時代	葬具	兵器種類數量	損毀情況	其他主要隨葬品	備注
	M18①	殷墟二期	棺椁	歧冠曲內戈7、直內戈2，鏃10	曲內戈"質較薄，出土時有的殘斷變形"	銅鼎2瓶2簋1尊2罍1卣1斝2爵5觚1等，陶觚爵豆盆各1，玉器11，骨器28等	墓主或爲女性。陶盆似有意砸碎，銅觚、爵有殘損者
殷墟大司空村	M539②	殷墟二期	棺椁	直內戈1、歧冠曲內戈12、鉞1、鑾斧1、矛1	曲內戈中有3件"援部在墓主腰右側，內部則與斗柄在一起"，另一戈"援部則在墓主右肩上，其內部則在右肘旁"	銅鼎甗簋盤盉卣斝斗箕形器各1觚2爵2工具4,陶盤、豆,玉石器2等	銅斗打碎後被分開放置
殷墟花園莊東地墓地	M54③	殷墟二期偏晚	棺椁	鉞7、戈73、矛78、卷首刀3、鏃881	鉞131柄中部斷開,582柄斷開;矛37出土時折爲兩段,25中部斷裂;直內戈310援大部殘缺,225援鋒殘,歧冠曲內戈大多扭曲變形(或援及內部變形,或援部變彎曲);鉞內戈246援部斷裂,卷首刀88斷爲兩段,94斷爲三段	銅鼎8簋2方尊1方斝1瓶2盂2方彝1觚1爵9觚9大量樂器車馬器等,陶器可辨器型有兩罍盆觚爵豆簋等,玉石器	"地位極高的貴族"。銅分檔鼎可能下葬前已變形;爵165殘鋬和一柱,153足斷,爵165殘破損目分置;陶方尊破損目分置,器多被打碎

① 中國社會科學院考古研究所安陽工作隊：《安陽小屯村北的兩座殷代墓》，《考古學報》1981年第4期。
② 中國社會科學院考古研究所安陽工作隊：《1980年河南安陽大司空村M539發掘簡報》，《考古》1992年第6期。
③ 中國社會科學院考古研究所編著：《安陽殷墟花園莊東地商代墓葬》，科學出版社2007年版,第68～231頁。

续表

地點	墓號	時代	葬具	兵器種類數量	損毀情況	其他主要隨葬品	備注
殷墟戚家莊東	M269①	殷墟三期偏早	棺槨	戈13，其中10件爲冠曲內戈，爲一組明器，其中10件爲一組明器；大刀2；削1	戈"僅一件鋬完整"，歧冠曲內戈"四件戈內變斷離，餘者部分內彎曲變形，部分援殘"；矛除27完整，餘多矛尖或援鋒略殘，或彎曲變形；鉞一件腰部斷離，中部殘斷，變形，尖部殘數載，刀部、尖部殘缺	銅鼎4瓶罍盤斝各1尊2方彝1觚1觶2爵3觚1鬥1器蓋1銅鐃3工具等，陶豆簋瓿爵罐，玉石器	中型貴族墓。陶簋罐破碎，似有意砸碎，瓿豆殘，爵碎；銅尊一件出土時破碎零散
殷墟大司空村②	T206M10	殷墟三期偏早	棺	歧冠曲內戈4、矛2	戈兩件援斷，一件僅存援部，矛一件尖卷起	銅瓿1爵1鈴等，陶瓿1爵1豆1	
	M166	殷墟三期偏早	棺槨	銅戈2，矛1	戈一件援尖殘	陶瓿爵盉罐，銅鼎等	
殷墟王裕口村南地	M94③	殷墟三期	一槨二棺	鉞1，鏊曲冠內戈1，歧冠曲內戈32，矛3，鏃15，三棱刀1	鉞刀部殘一角（圖4-4,8）；曲內戈"均爲明器"，"質地輕薄，多彎曲變形或斷裂"，"大多數明器戈都在入葬前被有意受壞"（圖4-9）	銅瓿1爵1鼎1尊1斗1等，陶瓿爵高各1	銅鼎葬前被打碎成數塊，尊葬前腹變形，口部被重擊變形破損

① 安陽市文物工作隊：《殷墟戚家莊東269號墓》，《考古學報》1991年第3期。

② 中國社會科學院考古研究所編著：《安陽大司空：2004年發掘報告》，文物出版社2014年版，第257、265、371頁。

③ 中國社會科學院考古研究所安陽工作隊：《河南安陽市殷墟王裕口村南地2009年發掘簡報》，《考古》2012年第12期。

续表

地點	墓號	時代	葬具	兵器種類數量	損毀情況	其他主要隨葬品	備注
殷墟郭家莊東南蠆金格地①	M13	殷墟三期	棺椁	歧冠曲內戈3、矛4	戈"一完一殘，一僅存殘援；4件矛鋒殘"	銅鼎簋觚卣觶罍各1、瓿2爵，陶盤1豆1，玉石器7等	
	M17	殷墟四期	棺椁	戈6	歧冠曲內戈3"斷三截，內尾尖殘"，5"彎曲變形，無法測量"，6殘	陶盤瓿爵各1等	被盜
	M18	殷墟三期	棺椁	歧冠曲內戈1、矛1、鏃1	戈"彎曲變形，內尾尖殘"	陶簋瓿爵豆，銅鈴玉璋等	被盜
殷墟王裕口村②	1號樓M2	殷墟三期	棺	歧冠曲內戈1	戈前後斷爲四截，但缺損不多，援彎曲	陶爵1豆1	被盜
	1號樓M6	殷墟三期	棺	歧冠曲內戈1	戈"援內斷爲兩截"，"內彎曲"，"援彎曲"，"鋒尖有缺損"	陶爵瓿各1，貝等	

① 安陽市文物考古研究所編著:《安陽殷墟徐家橋郭家莊商代墓葬:2004—2008年殷墟考古報告》，科學出版社2011年版，第61~75頁。

② 安陽市文物考古研究所編著:《安陽殷墟徐家橋郭家莊商代墓葬:2004—2008年殷墟考古報告》，科學出版社2011年版，第122~127頁。

续表

地點	墓號	時代	葬具	兵器種類數量	損毀情況	其他主要隨葬品	備註
殷墟郭家莊	M160①	三期偏晚	棺椁	戈119,矛97,鉞3,大刀2,鏃856	曲內戈15~17,138 內多有殘損;鑾內戈333~337 前鋒殘,313 援尖稍殘,338~343 殘缺,矛 158,200,259~262,275,289,352 或尖殘或莖殘	銅鼎5甗1盨1方尊2圓尊1罍1卣1方罍2圓罍1觶1方觚10角10盤1,陶簋1豆1爵1罐2罍10,漆器1等	
殷墟劉家莊北地宜家苑小區	M33②	殷墟三、四期	一椁兩棺	鉞1,戈、戟	鉞肩部及刃部被敲碎	銅罍1瓿1方彝1觚2爵2簋1鼎1器蓋1弓形器1削1等	觚均被截成兩段;爵2腿被人為打斷,盤被敲碎

① 中國社會科學院考古研究所編著:《安陽殷墟郭家莊商代墓葬:1982年—1992年考古發掘報告》,中國大百科全書出版社1998年版,第70~126頁。本書中M1:10,11號戈可能也斷為兩段(殷墟三期,第9頁圖6),另M137:7(四期早段,第49~50頁),M230:6(殷墟三期,第49~50頁)兩件矛矛尖殘缺,另該墓地隨葬鉛戈12件,集中葬於5座殷墟三期墓(M27,M32,M45,M91,M166),製作粗糙,"大部分扭曲或破碎"(第49頁):這些兵器或折斷或殘缺或扭曲,也應是人為造成的。

② 安陽市文物考古研究所編著:《安陽殷墟徐家橋郭家莊商代墓葬:2004—2008年殷墟考古報告》,科學出版社2011年版,第130~135頁。

续表

地點	墓號	時代	葬具	兵器種類數量	損毀情況	其他主要隨葬品	備注
殷墟大司空村①	M289	殷代晚期		曲内戈 1	折爲兩段	銅鈴 1,陶簋罐 各 1	"權貴們的親從或家臣"
	M304	殷代晚期		曲内戈 10,矛 1	矛葉折爲兩段	銅觚爵各 1,陶簋豆觚爵各 1 等	
	M136			曲内鉛戈 1 對	1 件折爲三段	陶豆觚爵各 1	
殷墟大司空村	M303②	四期晚段	棺槨	戈 30,矛 38,鏃 97	長胡直内戈 146 援殘、銎内戈 145 援殘,曲内戈 31 援殘,歧冠曲内戈 27 内殘,另平面圓中銎内戈 60,63~65,67 可能斷;寬葉亞腰形矛 47,19,8,10,23 以及細柳葉形矛 M303:(一)、(二)、(三)葉殘	銅鼎 7 簋 2 甗 1 觚 6 爵 10 斝 2 尊 2 卣 2 提梁壺 1 盃 1 罍 1 觶 1 盤 1 斗 2,樂器 1,車馬器等,陶觚爵簋各 1 罐 5 罍 6 觶 4 瓿 2	
殷墟薛家莊	M1③	晚期或周初		戈 1	僅援,已彎曲	陶豆 1,蚌鐮 1,玉柄形器 1	

① 馬得志、周永珍、張云鵬:《一九五三年安陽大司空村發掘報告》,《考古學報》第 9 册,科學出版社 1955 年版。
② 中國社會科學院考古研究所安陽工作隊:《殷墟大司空墓 303 發掘報告》,《考古學報》2008 年第 3 期。
③ 河南省文化局文物工作隊:《河南安陽薛家莊殷代遺址、墓葬和唐墓發掘簡報》,《考古通訊》1958 年第 8 期。

續表

地點	墓號	時代	葬具	兵器種類數量	損毀情況	其他主要隨葬品	備注
殷墟大司空村①	M034	殷後半期		戈2	其一援尖殘損,中部亦折斷		
	M050	殷周之際		戈1,矛2	1件矛鋒已折損		
殷墟徐家橋村	M3②		棺槨	歧冠曲內戈10,矛1	戈11"戈受壓彎曲變形","其餘均殘缺不完整";矛"本部有散部"③	蚌器1	被盜
殷墟劉家莊北地④	M20		棺槨	戈3	直內戈3殘缺成兩截	銅觚1爵1鈴2,陶觚爵豆各1等	
	M89		棺槨	直內戈2,歧冠曲內戈6,矛1	曲內戈多殘或扭曲變形	銅觚1爵1,玉器等	

注:"損毀情況"及"備注"欄兵器種類後的阿拉伯數字,表示該兵器的器號。

① 高去尋遺稿,杜正勝、李永迪整理:《大司空村第二次發掘報告》,臺灣"中央研究院"歷史語言研究所 2008 年版。
② 安陽市文物考古研究所編著:《安陽殷墟徐家橋郭家莊商代墓葬:2004—2008 年殷墟考古報告》,科學出版社 2011 年版,第 2~11 頁。
③ 安陽市文物考古研究所編著:《安陽殷墟徐家橋郭家莊商代墓葬:2004—2008 年殷墟考古報告》,科學出版社 2011 年版,第 8~9 頁。同書郭家莊東南部分墓葬如文源綠島小區 M5、12、15、41、46、79、物華公寓 M25,以及博地苑小區 M17,出土之矛等或斷或殘或變形,也應是人爲造成的(第 19~37、50~51、91、115 頁)。
④ 安陽市文物考古研究所:《河南安陽劉家莊北地商代遺址墓葬 2009—2010 年發掘簡報》,《文物》2017 年第 6 期。

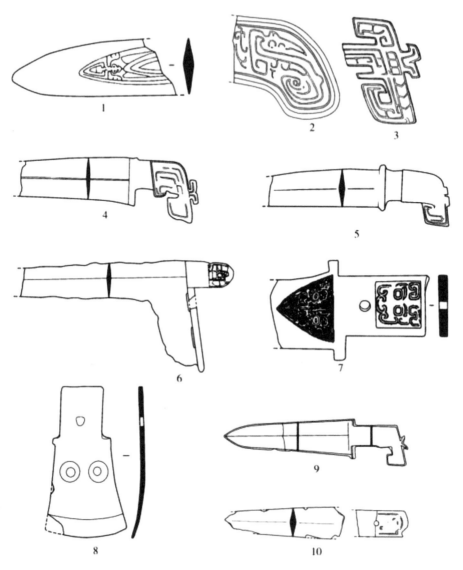

1. 鄭州商城 C7M54 出土銅戈　2. 苗圃北地 M118 出土銅戈　3. 王陵區東區 M260 出
土銅戈　4、5. 苗圃北地 M19 出土銅戈　6、7. 花園莊東地 M54 出土銅戈　8. 王裕
口村南地 M94 出土銅鉞　9. 王裕口村南地 M94 出土銅戈　10. 劉家莊北地 M20 出
土銅戈

圖 4-4　商都地區墓葬出土毀兵

　　毀兵種類，目前所見早商墓中的主要是戈，同当时隨葬兵器比較單一有一

定關係。盤庚遷殷後，隨著墓内兵器種類的豐富，戈、矛、鉞、大刀，甚至削都被納入損毀的對象之中。

損毀兵器的方式與周人相似，分爲折斷與折彎兩種：早期均將其折爲兩段或數段後，全部或選取部分置入墓中，此時不見折彎的損毀方式；自殷墟二期小屯村 M18 始，才出現將戈或矛扭曲使之變形的方法。

被折彎的戈，基本都是曲内戈，這類戈多數質地輕薄，製作粗糙，一般被認爲是專門用於隨葬的"明器"。除了援部被損毀之外，内部殘損或折斷也是這類兵器的常見毀壞形式。如王陵東區 M260 僅存 13 件戈戈内的後半段，該墓傳出后母戊方鼎，墓主可能是武丁或祖甲的配偶姄戊；婦好墓(小屯村 M5)時代、墓主身份地位與之類似，墓中内部殘損的 41 件戈可能也是曲内戈，它們與 M260 正好相反，不見戈内。損毀明器兵器，是殷都毀兵葬俗的一個特點①。

從墓主的身份等級看，殷墟地區商王級别的墓葬因多被盜毀，故不能確定是否有毀兵現象；婦好、姄戊均爲商王配偶，花園莊 M54 等墓室面積較大，隨葬品豐富，屬高等級貴族墓葬；餘者墓主多爲中小貴族；另有少量墓如王裕口村 1 號樓 M2、M6，大司空村 M136 等隨葬品數量品種單一，葬具多爲單棺，可能爲平民墓，他們多屬於殷墟三四期。早商墓約半數無隨葬品，隨葬兵器者應有相當社會地位。可以説，商人毀兵葬俗主要在貴族等級中實行，殷墟晚期才有少量平民墓出現毀兵葬的現象。

同一墓内，同類兵器有的被毀有的完好。如戚家莊東 M269 隨葬銅戈 13件，僅榁室中部 1 鑾内戈完整，12 件矛僅 1 件完整，大刀 2 件均完整，鉞 2 件中 1 件完整；大司空 M303 戈共 30 件，其中長胡直内戈、鑾内戈、曲内戈各有 1 件援殘，歧冠曲内戈僅 1 件，内殘，矛 38 件分兩型，亦各有完、殘者。這一特點在商周毀兵葬俗中都存在，隨葬兵器損毀與否的標準和内涵，有待進一步研究。

商都以外，周邊考古學文化墓葬中也發現一些毀兵現象。

(三)商王都周邊考古學文化中的毀兵葬現象

相對於鄭州商城，尤其是殷墟地區，其他地區以損毀兵器隨葬的現象比較少見。目前所見數例如表 4-3(先周毀兵諸墓不再列入)。

---

① 西周時雖也有隨葬並損毀明器兵器的現象，但數量比較少。

表 4-3　商代周邊考古學文化毀兵葬情況

地點	墓號	時代	葬具	兵器種類數量	損毀情況	主要隨葬品	備注
湖北武漢盤龍城	PYZM3①	二里崗上層二期		曲內戈1	援殘	陶尊1,玉戈1柄形器1等	玉戈殘
湖北黃州下窰嘴②		商代前期		戈1、鏃6	戈僅存鋒	銅斝觚爵斝瓿斧鑿削刀各1等,陶斝1圈足2,原始瓷器殘片	被破壞。銅斝觚瓿部均殘,陶器均殘
河南羅山天湖	M11③	殷墟二期		削1、戈1、矛2	削"出土時刃彎"	銅鼎1瓿2爵2卣1,陶斝1	

① 湖北省文物考古研究所編著:《盤龍城:1963—1994年考古發掘報告》,科學出版社2001年版,第345、354~355、445頁。
② 黃岡地區博物館、黃州市博物館:《湖北省黃州市下窰嘴商墓發掘簡報》,《文物》1993年第6期。
③ 河南省信陽地區文管會、河南省羅山縣文化館:《羅山天湖商周墓地》,《考古學報》1986年第2期。另該墓地M12、M28、M1等可能也存在毀兵葬俗,前二者時代屬二期,M1則爲殷墟四期偏早。

续表

地點	墓號	時代	葬具	兵器種類數量	損毀情況	主要隨葬品	備注
江西新幹大洋洲程家村①		殷墟中期	棺槨	鉞6、戈28、刀15、矛35、勾戟1、鏃123、銎刀劍1、匕首2、鏤空錞刀器1、胄1	鉞333 鉞體彎曲（圖4-5、2），338 斷爲兩截；劍被折成兩段；矛數件前鋒稍殘；刀108"嚴重彎曲變形，刀部及前鋒有殘損"，110 援部斷爲兩截，112 內殘去大半，116 援前部殘失，117 上下闌殘且近援基斷，122 斷爲三截，123 前鋒內後均殘，124 援部略有彎曲變形，125 前鋒殘，126 援部斷成兩段；短柄翹首刀"多被折成數截，叠置成一堆"	銅鼎 30 高 5 瓶 2 盤 1 豆 1 壺 2 卣 3 罍 1 甗 1 樂器 4 農具及工具 143，陶器 139，玉器 754 等	墓主可能是"與商王朝並存發展的地域政權的""最高統治者或其家族"，部分器物有人爲破壞的痕迹
山東濟南市劉家莊②	M121	殷墟三期	棺槨	直內戈2、曲內戈15、銎內戈5、矛10、刀12	直內戈 7 援前殘失	銅鼎 5 簋 1 瓹 1 爵 3 觚 2 斝 1 卣 1 壺 1、漆木器，玉器等	中等貴族墓

① 江西省博物館、江西省文物考古研究所、新幹縣博物館：《新幹商代大墓》，文物出版社 1997 年版。
② 濟南市考古研究所：《濟南市劉家莊遺址商代墓葬 M121，M122 發掘簡報》，《中國國家博物館館刊》2016 年第 7 期。

续表

地點	墓號	時代	葬具	兵器種類數量	損毀情況	主要隨葬品	備注
山東益都蘇埠屯	M122	殷墟三期	棺椁	銎內戈 3、矛 13、環首刀 1	銎內戈一鋒一內殘，環首刀前鋒殘	銅鼎簋觚爵器蓋等，陶簋豆觚爵各 1，玉器 3 等	中等貴族墓。銅容器除兩件器蓋外均殘損，應是葬故意破壞
	M8①	殷墟三期	二椁一棺	戈 16、矛 10、鏃 2、刀 2、削 1 等	戈 54 援胡斷為數段，矛 70 斷	銅鼎 5 簋 1 觚 2 爵 4 斝 1 尊 1 罍 1 卣 1 觶 1，陶簋 2 罐 1	"墓主生前握有一定的兵權"
陝西西安老牛坡②	M10	殷墟三期	單棺	鏃 9、戈 1	2 件鏃前鋒成鉤狀（圖 4-5，5）	銅鼎 1，陶鬲 3 等	
	M15	殷墟三期	單棺	銎內戈 1	援彎成半圓形（圖 4-5，1）	陶鬲 1	
	M7	殷墟四期		鏃 8	前鋒彎、殘斷者各 1	銅矛 1 鑿 1 和碎銅片，玉璜 1 等	被盜，殉人 3
	M21	殷墟四期晚段	單棺	鏃 7、戈 1	部分鏃前鋒成鉤狀（圖 4-5，4）	銅斧 2，陶鬲 3	

① 山東省文物考古研究所、青州市博物館：《青州市蘇埠屯商代墓發掘報告》，張學海主編：《海岱考古》第 1 輯，山東大學出版社 1989 年版。矛 M8：70 斷從圖八觀察所得。

② 劉士莪編著：《老牛坡》，陝西人民出版社 2002 年版，第 241、288、289~292 頁。另時代在殷墟一期~一期前段的 M44 出盉內戈 1 件，僅存戈援，也應是有意損毀的。

续表

地點	墓號	時代	葬具	兵器種類數量	損毀情況	主要隨葬品	備注
	M33	殷墟四期晚段	單棺	鏃9、戈1	2件鏃鋒鈎狀,另有2件殘斷(圖4-5,3,6)	銅觚爵各1,陶鬲2	小型墓
	M41	殷墟四期晚段	二槨一棺	鏃43、戈1、鉞2	4件鏃前鋒彎曲		嚴重被盜
山西靈石旌介①	M3	殷墟四期之初	棺槨	鉞3、戈3	1件鉞刃兩側殘(圖4-5,7);1件戈援中、胡殘(圖4-5,8),另2件殘爲四或五片	銅鼎3觚1尊1爵3卣1觥1觶1,石磬1	被擾
	M1	殷墟四期	一槨三人三棺	矛6、戈2、鏃4	1件矛出土時完全彎曲,另1件柲部稍彎曲;長胡直內戈內斷	銅鼎2簋1尊1卣2觚2爵10罍1斝1等,陶鬲1,玉器等	
	M2	商周之際	一槨二人二棺	矛19、戈11、鏃16	矛15/48、13/32兩件均折斷前後分置兩處	銅鼎1簋1罍1觚1卣1觥4爵10,陶鬲1,貝2等	銅罍被破碎分置

① 山西省考古研究所、海金樂、韓炳華編著:《靈石旌介商墓》,科學出版社2006年版,第75~76,78,97,123,175~178頁。

续表

地點	墓號	時代	葬具	兵器種類數量	損毀情況	主要隨葬品	備注
河南輝縣琉璃閣	M123①	安陽小屯期		戈2	一戈出土時援內分別置放	陶鬲1大口罐1銅刀1玉柄形飾2	
山東壽光古城公社②		商末		戈10、矛4、鏃15、刀3等	2件鋆內戈胡殘,其中1件胡且斷;8件曲內戈歧冠戈及4件矛均殘	銅鼎5甂1簋1爵5觚3卣2尊2罍1斝1等,陶鼎甂罐爵尊各1	陶器均殘

注:"損毀情況"欄兵器種類後的阿拉伯數字,表示兵器的器號。

① 中國科學院考古研究所:《輝縣發掘報告》,科學出版社1956年版,第25頁。
② 壽光縣博物館:《山東壽光縣新發現一批銅國銅器》,《文物》1985年第3期。

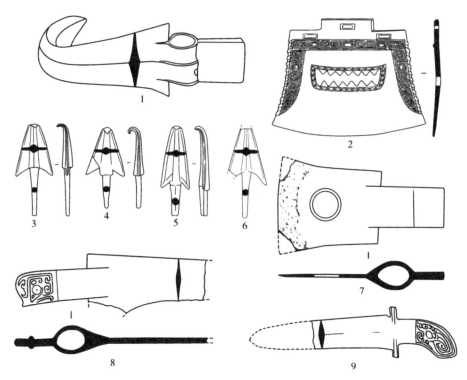

1. 老牛坡 M15 出土銅戈　2. 大洋洲商墓出土銅鉞　3、6. 老牛坡 M33 出土銅鏃　4. 老牛坡 M21 出土銅鏃　5. 老牛坡 M10 出土銅鏃　7. 靈石旌介 M3 出土銅鉞　8. 靈石旌介 M3 出土銅戈　9. 盤龍城 PYZM3 出土銅戈

圖4-5　商代周邊考古學文化墓葬出土毀兵

　　與商都類似，早商時期毀兵而葬的現象在地方文化中也不多見，且集中在湖北地區，當然這可能跟材料的限制有關；晚商時期毀兵葬俗在更多的地區實行，今河南、山西、陝西、山東，甚至江西，都發現有毀兵葬墓，尤其是殷墟四期王都地區此俗顯現衰象時，周邊地區，如老牛坡及靈石旌介等地，則方興未艾。

　　戈是主要的毀兵對象，其次是矛，另高等級墓所出鉞、刀、削等也有被損毀的現象。西安老牛坡墓地將隨葬鏃折彎或折斷，這種現象比較少見，是一種頗具地方特色的毀兵行爲。同殷墟地區多明器相比，地方文化中被毀者以實用兵器占絕大多數，這一方面可能跟墓葬等級、葬俗有關，另外也反映出地方的經濟發展水平略低，專業化生產不够發達。

　　兵器損毀方式以折斷爲主，將折斷兵器部件隨葬，這同商都基本類似。因地方墓葬多不以明兵器隨葬，所以晚商出現的折彎兵器的損毀方式不甚多見，因而採用此法的老牛坡墓地等就顯示出鮮明的地域特色。無論折斷還是彎曲，地方文化的毀兵方式都晚於商都地區，説明此兩種方式可能皆自中原習得。

從葬具和隨葬品來看，大多數墓葬有多件銅容器置於墓中，它們多爲中高級貴族墓，一些墓主還可能是地方政權的最高統治者。同時，商晚期個別地區也有一些小貴族甚或平民墓以毀兵隨葬。老牛坡墓地最爲典型，其 M10、M15、M21 等幾座墓，至多出一件銅容器，葬具僅爲單棺，其墓主應相當於士及自由民。老牛坡毀兵葬俗下及平民階層，可能是周人平民毀兵葬的先導。

濟南劉家莊墓地兩墓出矛基本完好，戈却多有殘損；靈石旌介商墓多於各類兵器中選擇 1~2 件毀壞；老牛坡墓地隨葬兵器(戈、鏃等)墓葬共 10 座，其中部分墓未見明顯毀兵現象，毀箭鏃墓內同出者也多有完好的。選擇性毀兵，這點同殷墟地區相似。

三、毀兵葬俗的性質及其流變

上文大致梳理了商代及先周毀兵葬俗的基本情况，在此基礎上，本書對毀兵葬俗的性質及早期流變作一簡單推測。

(一)毀兵葬俗的本質

以往對毀兵現象的解釋，緒論部分已有詳細介紹，總結起來，主要有殛墓、"偃五兵"、顯示財富、防止盜墓、毀器幾種説法。上述諸説，主要是針對西周時期而發的，多未考慮商代存在的墓內兵器損毀現象，淵源不清，故猜想的成分較多。現在來看，從毀兵種類上，就可確定方相氏殛墓説不合理；而毀兵開始時代則可推翻"偃五兵"之説；從防止墓葬被盜角度考慮，顯然去題過遠。因此，上述諸説與實際情况多有抵牾。而將毀兵與毀器結合起來考慮，則可謂豁然貫通。

井中偉認爲毀兵與毀器無關，他指出，毀兵葬俗是西周時期獨特的葬俗，而仰韶文化早期即存在的毀器葬俗則延續非常久遠；同時與毀兵共出的其他隨葬品並無人爲破壞的迹象。緒論也已述及，這裏略作辨析。

從現有材料看，最早以銅兵器隨葬，見於偃師二里頭遺址墓葬ⅥKM3，稍晚的鄭州商城 T166M6 即出現毀兵現象。毀兵略晚於以兵器隨葬，即作爲隨葬品的兵器迅速成爲毀器葬俗的對象之一，恰可説明商代早期毀器葬俗的盛行①。此時

① 郜向平：《商系墓葬研究》，科學出版社 2011 年版，第 257~260 頁。

的毀兵明顯爲毀器葬俗的一種表現形式，是毀器葬俗在新的隨葬品種上的投射。

至於井文認爲的西周時期與毀兵同出的其他器物少見損毀迹象，這是由於商周時期毀器葬俗日益衰落①，不再爲周人重視；而另一方面，西周時候的毀兵已經從毀器葬俗中脫離出來而獨立存在，二者不再有直接聯繫。

將商代毀兵定爲毀器葬俗的一種，主要有兩點原因。第一，早商毀兵與其他毀器形式基本相同：都是將器物打破（兵器主要是折斷，部分長柄器物，如大司空村 M539 的銅斗也是將柄折斷）；有時還將破碎的部件分置兩處或多處；隨葬器物殘缺不全的現象，在毀兵與毀器中也都有見到。晚商西周多見的將兵器折彎的方式，在毀器葬俗中不易找到類似的情況，因此，僅將西周毀兵葬作爲研究對象的學者不能及時確定其本質。

第二，很多墓葬在毀兵的同時也存在毀器的現象。早期毀兵墓葬數量少，每墓隨葬品數量也相對較低，毀器現象發現較少；但從殷墟早期開始，如武官村 M1、苗圃北地 M118 與 M19、小屯 M18、王陵區東區 M260、戚家莊東 M269、濟南劉家莊 M121 及 M122、新幹大洋洲墓、旌介 M2 等諸多墓葬，都有明顯的毀器現象，詳見表 4-2、表 4-3；婦好墓可能部分銅器也有損毀的現象②。此外老牛坡墓葬多遭擾亂，不少隨葬物殘缺，難以判定是否爲毀器所致。

這樣看來，殷墟時期時代稍早的幾座毀兵墓葬幾乎都存在毀器的現象，這在各地方墓葬中可能表現得更明顯。毀兵與毀器多同出，呈現出較大的相關性，這應當不是偶然的。尤其是大司空村 M539 三件銅戈的戈援置於墓主腰右側，内部則與打碎分置的銅斗斗柄在一起，更可證明戈斗可能是同時處理的。

前文提出西周時候毀兵葬已經從毀器葬俗中脫離出來，那麽，這兩種葬俗何時開始分道揚鑣的呢？這一趨勢的出現，應該也是在晚商殷墟時期。這要從毀器和"明器"的關係説起。如今學者對喪葬活動中"明器"的定義，側重其"器不成用"的特點，即以製作粗糙簡陋不能使用的器物，來代替人世使用的器物隨葬；被有意損毀的隨葬品有時也被稱作明器；而廣義的明器則包括所有墓中隨葬品。本書使用的是其第一種含義。毀器和使用明器，是先秦時兩項重要的葬俗。黄衛東以京山屈家嶺遺址爲例指出，"打碎的器物可以充當冥器"，專門爲死者做的冥器則不必打碎③。

---

① 鄭向平：《商系墓葬研究》，科學出版社 2011 年版，第 264 頁。
② 中國社會科學院考古研究所編著：《殷墟婦好墓》，文物出版社 1980 年版，第 12 頁。
③ 黄衛東：《史前碎物葬》，《中原文物》2003 年第 2 期。

商墓的毀器習俗於殷墟時期趨於衰落，而隨葬品明器化則正當其勃興之時。殷墟一期晚段，銅兵器開始明器化①，如武官村北 M1 隨葬曲內戈，即被認爲是明器。按照黃衛東的結論，此時的明器兵器，自然不必損毀；但實際情況則正好相反，一些非明器如直內、鑾內戈保存完好，而明器曲內戈則多出現彎、斷、殘的情況。如果把這些損毀兵器的現象從毀器葬俗中剝離出來，將其理解爲一種正在形成中的新葬俗，則該問題則似乎不再扞格。喪葬禮中毀兵受到特別強調，相對於實用兵器，質量粗劣的明器兵器自然更容易折損，因而成爲毀兵的首選對象②。

晚商時期，一方面，明器戈被損毀顯示毀兵葬俗開始得到重視；但另一方面，同墓內其他隨葬品也多有損毀的現象，則表明此時的毀兵尚未完全脫離毀器葬俗。

(二) 由俗入禮——商周毀兵葬俗的傳承

前文述及，商代的毀兵葬俗是由商都向外傳播的，"小邦周"也繼承了"大邑商"的這一習俗。那麼，商周間毀兵葬是如何傳承的呢？

從地理位置上看，殷都位於中原地區，先周文化則主要在關中西部，二者之間，恰好有西安老牛坡商文化。三地的毀兵葬俗各有異同，見表 4-4。

表 4-4　殷墟、老牛坡、關中西部墓葬毀兵异同

地點	殷墟	老牛坡	關中西部
起始時間	殷墟一期	殷墟三期	不早於先周四期
毀兵種類	戈、矛、鉞、刀等	戈、鏃	以戈爲主
毀兵方式	斷、殘、變形	以折彎爲主	彎、斷、殘
墓主身份	貴族爲主，包括少量平民	平民較多	平民多

按照雷興山的分期，先周三四期文化中不見商文化因素，不能直接與殷墟文化分期對應，但一二期年代約當商文化小雙橋至殷墟二期偏早階段，五期偏

---

① 劉一曼：《安陽殷墓青銅禮器組合的幾個問題》，《考古學報》1995 年第 4 期。郜向平：《商系墓葬研究》，科學出版社 2011 年版，第 264~265 頁。

② 郜向平指出，有些商墓明器陶器也有被毀壞的現象，此現象尚待進一步討論，可能是毀器觀念不斷強化，以至明器也被損毀。明器兵器被毀也與之類似。

晚則在商末①。那麼先周文化始用毀兵葬俗必然晚於殷墟，很大可能晚於老牛坡商文化。

從毀兵方式上看，老牛坡諸墓兵器大多數均彎成鈎狀，先周文化兵器被折彎或彎斷的數量也較多，這都是仿自殷人扭曲明器兵器的做法。

殷墟地區隨葬兵器的習俗下移，但平民毀兵葬俗仍不多見，老牛坡平民毀兵墓比例較高，而周人則有相當數量的平民隨葬毀兵。

從毀兵葬俗在兵器墓的普及程度看，商人墓毀兵現象並不多見，所以没能引起足够的注意；老牛坡商墓採用毀兵葬俗的墓葬則占兵器墓的半數以上，但同墓中的兵器有毀有不毀，被毀者占少數；而周人則更加流行毀兵葬俗，絶大多數兵器墓，都將全部或大部分兵器破壞後才置於墓中，以至毀兵與否，成爲商周之際墓葬時代、族屬的判別依據之一②。先周毀兵葬的普及和嚴格，説明它已經成爲周族人普遍遵守的禮儀規則之一，實現了由俗入禮的轉變③；因而也完成了殷墟以來的自毀器葬俗中獨立的進程。

可以看出，先周毀兵同殷墟地區有比較明顯的傳承關係，但又存在一定的差異，老牛坡墓地則恰好處在二者之間。由此推測，周人的毀兵葬俗，跟殷墟毀兵葬是流與源的關係；老牛坡商文化則可能是殷周之間此葬俗傳播的橋梁。當然，同前兩者相比，老牛坡墓地又有一定的特色。如將鏃折彎的現象，基本不見於其他商人墓地，周人也未採用。但其 M15 將戈援彎曲成半圓形，與周人毀兵並無二致，且其時代屬於殷墟三期，比先周周人應用毀兵葬俗可能要早些。因此，周人的毀兵葬俗習自老牛坡商文化的可能性很大。總之，商周之間毀兵葬有個自東而西傳播的過程。

(三)得其形而忘其意——殷周毀兵葬性質的差異

作爲毀器葬的一種，毀兵葬俗在前者日益衰落的殷墟早期繼續傳承發揚，

① 雷興山：《先周文化探索》，科學出版社 2010 年版，第 214 頁。

② 張明東：《略論商周墓葬的毀兵葬俗》，《中國歷史文物》2005 年第 4 期。

③ 這裏的"禮"，指被普遍接受的具有一定約束力的儀式化活動。對於"禮"與"俗"的關係，陳戍國有比較精當的表述："俗不等於禮"，"只有某項活動具備禮的三要素，即通過禮物、禮儀恰當地表示出禮意的時候，才能説合禮"；民間的風俗，"爲相當範圍內的大衆所普遍地遵循，而又具備禮的要素，那就成了民間的禮制"(陳戍國：《中國禮制史·先秦卷》，湖南教育出版社 2011 年版，第 13~14 頁)。毀兵葬俗至先周時期才"爲相當範圍內的大衆所普遍的遵循"，成爲喪葬活動中儀式化的行爲，具備了禮物、禮儀、禮意三要素(雖然其中的禮儀、禮意如今已不得而知)，因此説其實現了由禮入俗的轉變。

可能跟此時戰事頻仍、兵器受到特別重視有關。此時的毀兵現象雖在殷墟各個墓地均有發現，但其多分布在高等級墓葬中，更主要的是數量有限，沒有成爲時人普遍遵守的社會風俗。

毀兵行爲傳至先周文化後，被大力推廣，各等級兵器墓幾乎都實行毀兵葬。在周人建立全國性政權後，周式毀兵葬俗於整個王朝範圍內推行開來。從大的範圍講，早周時期，毀兵葬又實現了自西徂東，由關中向東方推進的傳播過程。此時的殷遺民墓，如琉璃河燕國Ⅰ區墓、洛邑和豐鎬及周原地區的殷遺民墓①，以及部分其他部族墓地，如甘肅靈臺百里洞山墓地②、山西臨汾翼城縣大河口墓地的兵器墓③，所出兵器多有損毀現象。這表明，殷墟晚期本已衰落的毀兵葬，在西周時候，又被失勢的商人重新撿起。但他們撿起的，是具有周人特色的毀兵葬。

經過早商至殷墟、中原至關中的流傳演變，所謂“齊一變”“魯一變”，西周毀兵與鄭州商城或殷墟有了相當的區別。周人舉行此葬儀時，恐怕早已失却了該習俗的本意，而賦予了其新的內涵。對於這一活動，殷遺數典忘祖，抑或生出黍離之嘆，已不得而知了。周因於殷禮，得其(毀兵之)形而忘其(毀器之)意，這恐怕是周禮形成中的一個重要特色。

(四)西周毀兵禮制化的原因

毀兵葬俗始自早商，至殷墟時一變，至先周又一變。它隆於西周，而一直延續至戰國、兩漢，綿歷十多個世紀，並多次向外擴散，以至遠屆巴楚④。由

① 北京市文物研究所編：《琉璃河西周燕國墓地(1973—1977)》，文物出版社 1995 年版，第 251 頁。郜向平：《洛陽地區西周墓葬研究》，吉林大學碩士學位論文，2003 年，第 56~58 頁。馬賽：《周原遺址西周時期人群構成情況研究》，北京大學中國考古學研究中心、北京大學震旦古代文明研究中心編：《古代文明》第 8 卷，文物出版社 2010 年版，第 138~158 頁。張禮艷：《從墓葬材料看豐鎬地區西周時期的人群構成》，《華夏考古》2015 年第 2 期。

② 甘肅省博物館文物隊、靈臺縣文化館：《甘肅靈臺縣兩周墓葬》，《考古》1976 年第 1 期。該墓墓主爲妘姓周人，參董珊：《試論殷墟卜辭之“周”爲金文中的妘姓之琱》，《中國國家博物館館刊》2013 年第 7 期。

③ 大河口墓地墓主族羣應爲狄人系統的一支。山西省考古研究所大河口墓地聯合考古隊：《山西翼城縣大河口西周墓地》，《考古》2011 年第 7 期。山西省考古研究所、山西博物院、首都博物館編：《呦呦鹿鳴：燕國公主眼裏的霸國》，科學出版社 2014 年版，第 145、150、152 頁。

④ 朱世學：《巴楚墓葬中“毀兵”現象的考察及相關認識》，《長江師範學院學報》2015 年第 2 期。

於文獻不足，以往的研究矚意於考古材料較爲豐富的兩周時期。我們則對毀兵葬早期的演變作了一次簡單梳理，認爲商周中原和關中的毀兵葬俗，經歷了商代由東向西和早周自西徂東（詳下節）的兩次傳播。

這裏有一個問題是，爲何殷墟晚期衰落的毀兵葬俗，在先周文化中反而成爲被普遍遵循的禮儀活動。根據現有材料和研究成果，本書推測如下。

首先，殷墟毀兵葬俗的衰落，跟兵器在殷人社會生活中的重要性下降有關。前文述及商代墓葬隨葬兵器，自殷墟三期開始，平民墓比例首先下滑，四期則總體顯著減少，顯示出社會各個階層對軍事的注意力有所下降①。由此來看，殷人毀兵葬俗的衰落也就帶有相當的必然性了。另一方面，剛剛興起的周人，則銳意進取、積極擴張，毀兵葬對兵器的重視，正切合了周人致戎於四方的社會背景。這是商周毀兵葬發展差異的根本原因，它與二者所處社會發展階段密切相關。

其次，文化由一地擴散至另一地，必然消耗一定的時間。先周晚期周人習得的毀兵葬，自殷墟四期前，即毀兵葬興盛時期，已經向西傳播。西進的毀兵葬俗與殷墟本地走上了不同的道路，前者日益發揚，而後者則衰落下去。歸根結底，也是商周生產力發展程度、社會環境的差異，導致了毀兵葬的不同結局。

最後，周人對商文化的景仰，可能也是毀兵葬西傳後受到重視的原因。"有典有冊"的殷人，是周人模仿的對象，前人多有討論，不再贅述。

第三節　自西徂東——西周早期的毀兵葬

與周族同時或稍晚，其同盟姜戎部族也開始採用毀兵葬俗。2012 年寶鷄石鼓山發現一處西周墓地，發掘者認爲該墓地爲姜戎家族墓，在這裏發掘的 M1、M3 隨葬兵器均被損毀，後者的時代"有可能上至商末周初"，它是目前"寶鷄市區西周早期規模最大的墓葬"②。此前寶鷄峪泉曾發現一處商周墓地③，也有學者將其歸爲姜姓部族文化④。其西周早期的 M1、M6 出土兵器也

---

① 文獻記載商王帝乙的時候（當殷墟四期早段），"殷益衰"，武備廢弛或爲其表現之一。《史記》卷 3《殷本紀》，中華書局 2014 年版，第 135 頁。

② 石鼓山考古隊：《陝西省寶鷄市石鼓山西周墓》，《考古與文物》2013 年第 1 期。

③ 王永光：《陝西省寶鷄市峪泉生產隊發現西周早期墓葬》，《文物》1975 年第 3 期。陝西省考古研究所、寶鷄市考古隊：《陝西省寶鷄市峪泉周墓》，《考古與文物》2000 年第 5 期。

④ 辛怡華：《寶鷄市區附近出土商周銅器銘文研究》，西北大學文化遺產與考古學研究中心編：《西部考古》第 4 輯，三秦出版社 2009 年版。

彎斷或殘缺。部分姜戎文化跟周族文化關係密切，也屬廣義周文化的範疇，二者同時採用這一葬俗也是可以理解的①。

克商之後，隨著周王朝的建立，毀兵葬俗迅速在其統治範圍內流行開來。本節試圖描述西周早期這一葬俗的傳播過程及其所反映的社會背景。

一、周人毀兵葬俗的東漸

作爲一方諸侯的小邦周，經過王季、文王一心經營，與武王、成王兩次東征，一而取代殷商成爲天下共主，再而粉碎殷遺叛亂使海內絕望，終於取得王朝的暫時穩定。在這一過程中，周人的各種禮俗隨著周人的出鎮而從岐周地區遷播四方，毀兵葬俗也隨之東漸。

(一)關中及以西地區的周人毀兵葬

渭水流域周邦故地，除上節所列先周及本節前文幾例墓地依然流行毀兵葬外，新出現的周人墓地也普遍採用這一葬俗。該地區西周早期出現的存在毀兵葬的墓地，主要有寶雞市區附近的石嘴頭②、鳳翔孫家南頭③、隴縣南坡及板橋溝④、周公廟遺址周圍的樊村⑤、周原王家嘴⑥，以及扶風皇甫鄉⑦、飛鳳山⑧、白

---

① 有學者以爲前文鳳翔南指揮、岐山賀家與王家嘴墓地也屬於劉家即姜戎文化墓葬。丁岩、王占奎：《石鼓山商周墓地 M4 再識》，《文物》2016 年第 1 期。

② 高次若：《寶雞石嘴頭發現西周早期墓葬》，《文物》1993 年第 7 期。

③ 陝西省考古研究所、寶雞市考古工作隊、鳳翔縣博物館：《鳳翔縣孫家南頭周墓發掘簡報》，《考古與文物》2007 年第 1 期。

④ 盧連成、尹盛平：《古夨國遺址、墓地調查記》，《文物》1982 年第 2 期。肖琦：《陝西隴縣出土周代青銅器》，《考古與文物》1991 年第 5 期。另隴縣店子村曾發掘四座西周早期墓葬，簡報認爲此墓地爲"夨國國人墓葬"，但此 4 座墓中 3 座有腰坑，而南坡墓地則不見腰坑，二者的應當族屬有別。店子墓地 M136 出土銅戈，出土時是否完整不詳。陝西省考古研究所寶中鐵路考古隊：《陝西隴縣店子村四座周墓發掘簡報》，《考古與文物》1995 年第 1 期。

⑤ 龐文龍、劉少敏：《岐山縣北郭鄉樊村新出土青銅器等文物》，《文物》1992 年第 6 期。

⑥ 楊軍昌、孫秉君、王占奎、韓汝玢：《陝西岐山王家咀先周墓 M19 出土銅器的實驗研究》，《考古與文物》2003 年第 5 期。

⑦ 高西省：《扶風唐西原出土青銅器》，《考古與文物》1989 年第 1 期。

⑧ 寶雞市考古隊、扶風縣博物館：《扶風縣飛鳳山西周墓發掘簡報》，《考古與文物》1996 年第 3 期。

龍村①等。

作爲新都的豐鎬兩京及其周邊新發現的周人墓，也有地顯見的毀兵現象。依據張禮艷的研究，張家坡墓地中灃西 A 區墓葬時代最早的一批大致在武成康時期。1967 年發掘的 M111、M130，即該地區最早使用的墓葬，兩墓均爲小型墓，皆有援部彎曲的銅戈隨葬②。在西安少陵原墓地西周早期偏早階段，約爲武王、成王時期或略晚墓葬中，M105、M113、M118、M131、M145、M169 等，都有隨葬毀兵的現象。該墓地共發掘 429 座墓，在可分期的 241 座中，西周早期墓136 座，出兵器的墓約 30 座，占 22.06%③。除去 M234、M239、M254 外，餘墓均可見兵器損毀的現象。隨葬兵器多殘缺是該墓地毀兵葬俗比較明顯的特點。

從地域上看，與先周相比，採用毀兵葬俗的周人墓的範圍向西向北並沒有明顯擴大；而東方則出現了大型的豐鎬及少陵原墓地。這正與周人著意東方、政治中心東移相吻合。

從身份等級考慮，墓葬以中小型墓尤其是小型墓爲主，大型墓則相對較少，尤其少陵原墓地均爲小型墓。這當然跟大墓發現不多有很大關係；但另一方面，很多墓葬，如南指揮西村、北呂、賀家村、少陵原等地墓中，直至西周中期，仍有很多隨葬損毀兵器的墓，其他隨葬品却僅有一件陶鬲。這在後面介紹的各類墓地中比較少見。由此可看出，宗周王畿地區隨葬兵器及毀兵葬俗在低等級墓葬中延續的時間比較久。這可能跟墓主的職業爲士兵有關，折射出宗周地區周族人對武備的重視，文獻中所謂"縱馬於華山之陽，放牛於桃林之虛，偃干戈，振兵釋旅，示天下不復用也"④，很大概率是後人對周初史事的美化。

此時被毀兵器種類也不再局限於先周時期僅見的戈，劍、戟等頗具周人特色的兵器，商墓多見的矛、鉞等在一些高等級墓葬中也不斷出現，常見被破壞的痕迹。顯示周人經濟軍事水平大幅提升。

(二)東都洛陽地區的毀兵葬

伐商之後，依照武王的構想，周人"營周居於雒邑"⑤，洛陽地區成爲其

---

① 羅西章：《扶風白龍大隊發現西周早期墓葬》，《文物》1978 年第 2 期。
② 中國社會科學院考古研究所灃西發掘隊：《1967 年張家坡西周墓葬的發掘》，《考古學報》1980 年第 4 期。
③ 《少陵原西周墓地》的統計數據、結果有問題，該墓地隨葬兵器墓的比重並不明顯高於其他西周墓地。陝西省考古研究院編著：《少陵原西周墓地》，科學出版社 2009 年版，第 720~721 頁。
④ 《史記》卷 4《周本紀》，中華書局 2014 年版，第 166 頁。
⑤ 《史記》卷 4《周本紀》，中華書局 2014 年版，第 166 頁。

統治東方的政治中心。該地區西周早期的周人墓，目前僅見北窰墓地。

　　北窰墓地被毀兵器比重達95%①，是周人毀兵葬俗的典型代表。該墓地共發掘西周墓葬348座，在可分期的207座中，早期墓116座，隨葬兵器者多達60座，占該期墓葬總數的50%以上，這是同期其他墓地遠不能及的。有學者推測北窰墓地可能是成周八師墓地②，其説或是。然而該墓地墓葬隨葬品豐富，大中型墓占絶大多數，顯示其等級普遍較高；墓主身份、族屬、國別複雜③，且爲周人在洛陽唯一一處墓地，因此，這裏更可能是服事於洛邑的周人的公共墓地。這些墓隨葬的兵器以戈爲大宗，另有少量的矛、戟、劍、鉞等。60座墓中，M129、M322兩墓各出一件戈，M28、M278兵器存銅鉞各一件，前三墓隨葬戈、鉞完殘情況不詳，且四者均曾被盜，未知是否隨葬毀兵；餘墓均有折損兵器的現象。被損毀的兵器部分彎曲，大部分斷爲兩段或數段，有的分置不同位置。折斷兵器隨葬不全，是該墓地十分常見的現象④，除M39、M103、M418外，餘墓均有殘缺兵器出土，這當然有墓葬被盜擾導致兵器部件缺失的可能，但它顯然不能解釋爲何出殘缺兵器墓比例如此之高，這只能是該墓地毀兵葬俗的又一特點。

(三)諸侯分封與東方諸侯國的毀兵葬

　　克商前後周人的數量没有發生大的變化，如何以有限的人力去統治廣大的"新占區"，保證國家的穩定，成爲武成時期擺在統治者面前最重要的問題。設置東都而外，吸收歷史經驗⑤，周人創造性地採用了分封諸侯於各地，以達到控制戰略要地、以點馭面的目的。由周分封出去的諸侯，便將毀兵葬俗帶到了其統治區域内。考古發現西周早期同姓諸侯毀兵情況如下：

　　(1)平頂山墓地爲"應國國君應侯的家族墓地"⑥，目前發掘西周早期墓葬

　　①　洛陽市文物工作隊編著：《洛陽北窰西周墓》，文物出版社1999年版，第368頁。

　　②　張應橋：《河南地區西周墓葬研究》，鄭州大學博士學位論文，2006年，第113~115頁。

　　③　張應橋：《河南地區西周墓葬研究》，鄭州大學博士學位論文，2006年，第113頁。

　　④　張明東：《略論商周墓葬的毀兵葬俗》，《中國歷史文物》2005年第4期。

　　⑤　先周時期周人就存在分邦建國的現象，如太伯、仲雍在其父公亶父在位時出建虞國(有學者認爲即考古發現的矢國，金文材料中矢有稱王的記載)，與周合作開疆拓土，二者成爲配對互助的國家。楊寬：《西周史》，上海人民出版社2003年版，第62~63頁。

　　⑥　河南省文物考古研究所、平頂山市文物管理局編：《平頂山應國墓地》第1卷，大象出版社2012年版，第334頁。

6 座。其中 M232 的年代爲西周早期晚段，約當康王晚期，墓主爲成王之弟，應國始封君；M231 爲女性墓，M48 損毀嚴重，僅徵集四件隨葬銅器。其餘 3 座墓的墓主報告以爲其分別爲應侯及兩位大夫級貴族，它們與 M232 均發現毀兵葬俗，出土被毀兵器種類主要有戈、矛、劍等。

(2)衛爲武王母弟康叔封的封國，是周初重要的諸侯國。濬縣辛村墓地即西周時期衛國貴族墓地，另其西北約一千米的龐村曾出墓葬一座，墓主也是衛國貴族：兩處墓地共發現墓葬 69 座，早期墓 54 座①，其中兵器墓 20 座。早期的 5 座大型墓除 2 座被盜嚴重，未出兵器外，餘 3 座均出毀兵；可以確定的早期中型墓 5 座，均有毀兵現象；小型墓 45 座，12 座隨葬兵器，M48、M54、M68 兵器是否完好未知，餘皆有毀兵現象。毀兵主要種類是戈、矛、劍、戟等②。

(3)天馬—曲村晉國墓地是目前發現的最大型的周代諸侯國墓地，曲村墓地西周、春秋時期墓葬 641 座，除去 K4 西區商文化明顯的數座墓葬，西周早期墓葬 115 座，隨葬兵器者 36 座(有 2 座墓僅隨葬銅鏃，未計入)，約 31.30%。除 M6078、M6222、M6227 各隨葬銅戈 1 件，毀兵現象不明顯外，餘墓均有或彎或斷或殘的戈出土，少數墓也出彎折的矛③。

(4)琉璃河燕國墓地 II 區墓葬，一般被認爲是"滅商後被分封到燕地的周人墓葬"，是"燕侯家族的墓地"。1973—1977 年共發掘早期墓 16 座，其中大型墓 1 座，以及 4 座中型墓中的 3 座、11 座小型墓中的 4 座，有兵器隨葬，除 M264 情況不明(該墓隨葬戈 3 件，報告僅介紹其一，所以該墓存在毀兵現象的可能性很大)，餘墓都發現損毀的兵器。兵器種類有戈、矛、劍、戟等④。之後考古工作者又清理相當數量的墓葬，因信息過於簡略，具體情況不得而知，不過其中部分墓葬有毀兵隨葬存在，如 M1029、M1193 等，其中 M1193

---

① 墓葬的分期，參朱鳳瀚：《中國青銅器綜論》，上海古籍出版社 2009 年版，第 1336~1351 頁。

② 郭寶鈞：《濬縣辛村古殘墓之清理》，《田野考古報告》，商務印書館 1936 年版。郭寶鈞：《濬縣辛村》，科學出版社 1964 年版。周到、趙新來：《河南鶴壁龐村出土的青銅器》，文物編輯委員會編：《文物資料叢刊》第 3 輯，文物出版社 1980 年版。

③ 北京大學考古系商周組、山西省考古研究所編著：《天馬—曲村(1980—1989)》，科學出版社 2000 年版。K4 區商系墓葬的西周早期的毀兵情況見下文"東方諸侯國商系墓的毀兵葬"部分。

④ 北京市文物研究所：《琉璃河西周燕國墓地：1973—1977》，文物出版社 1995 年版。

可能是成康時期的一代燕侯①。

　　（5）隨州葉家山墓地出土兵器的墓有 M1②、M65③、M28④、M107 等⑤，兵器種類包括戈、矛、戟、劍、鉞等，這些墓均有典型的毀兵現象。其中 M1 在整個墓地中時代最早，大體在成康之世，故知毀兵葬俗自該墓地使用之初就存在。其所出戈援彎曲成 180°，形式與同時代張家坡墓地灃西 A 區 M130、少陵原 M105 出戈相同：由此可以確定，這一葬俗與豐鎬地區周人墓應有共同的來源。M1 墓主身份屬於“方國國君或王室重臣”，M65、M28 墓主則可確定爲早期兩代曾侯，M107 墓主也爲曾國貴族，與 M28 有較爲親密的關係。該墓地中低等級墓也有隨葬兵器的現象，具體情況尚待報告的出版。

　　此外，邢臺葛家莊邢國墓地“很多墓出土的銅戈被砸彎、砸斷”，這也應爲周公旦子侯於邢後，周人帶來的葬俗⑥。石家莊元氏縣西張村曾清理昭王時墓葬一座⑦，北向，隨葬銅容器有鼎、簋、甗、尊、盤、盉各一件，爵、卣各二件，墓內隨葬車馬器，銅器銘文中有“叔趯父”“皇文考”等稱謂：這些都具有周文化特色。另簋銘有邢侯“誕令臣諫以□□亞旅處于軧”，表明臣諫（李學勤以爲即“叔趯父”）受邢侯節制，是周初具有一定軍事權力的中高級貴族。從銅器銘文看，該墓墓主當爲“攸”，他與叔趯父關係密切⑧，即便不是周人，

---

　　① 琉璃河考古隊：《1981—1983 年琉璃河西周燕國墓地發掘簡報》，《考古》1984 年第 5 期。琉璃河考古隊：《北京琉璃河 1193 號大墓發掘簡報》，《考古》1990 年第 1 期。

　　② 湖北省文物考古研究所、隨州市博物館：《湖北隨州葉家山西周墓地發掘簡報》，《文物》2011 年第 11 期。

　　③ 湖北省文物考古研究所、隨州市博物館：《湖北隨州葉家山 M65 發掘簡報》，《江漢考古》2011 年第 3 期。

　　④ 湖北省文物考古研究所、隨州市博物館：《湖北隨州葉家山 M28 發掘報告》，《江漢考古》2013 年第 4 期。

　　⑤ 湖北省文物考古研究所、隨州市博物館、出土文獻與中國古代文明研究協同創新中心：《湖北隨州葉家山 M107 發掘簡報》，《江漢考古》2016 年第 3 期。另曾侯墓 M111 也有大量兵器出土。湖北省文物考古研究所、隨州市博物館：《隨州葉家山西周墓地第二次考古發掘的主要收穫》，《江漢考古》2013 年第 3 期，圖版 2。

　　⑥ 任亞珊、郭瑞海、賈金標：《1993—1997 年邢臺葛家莊先商遺址、兩周貴族墓地考古工作的主要收穫》，《三代文明研究》編輯委員會編：《三代文明研究（一）——1998 年河北邢臺中國商周文明國際學術研討會論文集》，科學出版社 1999 年版，第 22 頁。

　　⑦ 李學勤、唐云明：《元氏銅器與西周的邢國》，《考古》1979 年第 1 期。

　　⑧ 李學勤等文根據尊、卣銘文推測攸爲叔趯父之弟，按銘文叔趯父言己年邁不能繼續治理政事，意即將委政事於攸，並告誡他不要再像未成年人一樣（幼稚），從語氣看叔趯父確當爲攸父兄之類長輩親屬。

也必然在周文化的強力輻射之中，故墓葬呈現出强烈的周文化風格。墓中隨葬戈僅餘援，戟殘存曲鈎，削也僅有中段。

河南鄭州窪劉清理西周早期墓葬一座，有學者從地理位置、葬俗考慮，認爲該墓墓主可能是武王弟管叔封國的貴族。該墓出土 3 件銅戈，援均殘①。

上面介紹了兩京及諸侯國典型周人墓的毀兵情況。與先周時期類似，西周早期幾乎所有的兵器墓都部分或全部兵器被損壞，毀兵葬俗實行得相當嚴格。

二、商系墓葬對毀兵葬俗的再接受

毀兵而葬的習俗，是商人最早實行的，但其流行程度不高，尤其到了殷墟四期，隨著兵器隨葬比例的下降，它也更加少見，所以前人多不認爲商代有毀兵葬俗。殷周易代後，周人又將其發揚的毀兵葬俗帶至整個統治區域，殷遺民墓在短期內也開始全面實行這一葬俗，是爲商系墓葬對毀兵葬的再接受。對殷人部族來説，這一過程應當是被動的。

(一) 豐鎬地區商系墓的毀兵葬俗

1. 先周時期

前文曾述及，先周時即有商人奔於周，他們去世後必然也要葬於周地，灃西地區的部分先周墓葬可能就是他們的遺存。這些墓葬中隨葬兵器者包括灃西 C 區的 67M54、灃西 E 區的 83SCKM1。前者位於張家坡墓地北區中部，墓底中央有長圓形腰坑，內殉狗 1 條，二層臺上殉 2 人，椁內隨葬銅鼎和銅簋各 1 件，頭端二層臺放置陶鬲、罐各 1 件。墓主腰部有銅戈 1 件，出土時比較完整，此戈另有銅鐏 1 件，位於墓主脚端②。83SCKM1 有腰坑、殉狗，二層臺殉 2 人，墓主頭端椁室部分被擾，青銅禮器遺失，出土銅弓形器、鏃以及陶鬲等；另左右棺椁間各出銅戈 1 件，形制大小相同，直內，內部飾以鳳鳥紋，未見明顯人爲毀壞痕迹③。67M54 附屬車馬坑兩座，分別爲隨葬二車四馬的 55

---

① 鄭州市文物考古研究所：《鄭州市窪劉村西周早期墓葬(ZGW99M1)發掘簡報》，《文物》2001 年第 6 期。

② 中國社會科學院考古研究所灃西發掘隊：《1967 年張家坡西周墓葬的發掘》，《考古學報》1980 年第 4 期。王巍、徐良高：《先周文化的考古學探索》，《考古學報》2000 年第 3 期。中國社會科學院考古研究所、陝西省考古研究院、西安市周秦都城遺址保護管理中心編著：《豐鎬考古八十年》，科學出版社 2016 年版，第 54 頁。

③ 中國社會科學院考古研究所豐鎬發掘隊：《長安灃西早周墓葬發掘記略》，《考古》1984 年第 9 期。王巍、徐良高：《先周文化的考古學探索》，《考古學報》2000 年第 3 期。

號坑與一車二馬的 65 號坑，前者一號車的車輿上有一套兵器，包括戈 1 件、鏃 5 件、大銅泡 1 件，該戈可能也是完整的①。

另灃西馬王村東 1 座殘墓曾出數件青銅器，包括鼎 2 件、簋 1 件、甗 1 件、爵 2 件、卣 1 件、觚 1 件、觶 1 件、戈 9 件、矛 10 件等。其中的戈、矛形制大小均相同，前者爲明器②。報告未對二者作詳細介紹，可能出土時比較完整。該墓的時代應在商末周初③，屬於灃西 D 區墓葬。

與同期周人墓相比，這些墓葬似乎都沒有採用毀兵葬俗。

2. 西周時期

大致自周初開始，豐鎬地區商系墓葬開始將隨葬兵器損毀，如 1967 年在張家坡發掘的灃西 C 區 M16、M87④，以及 1955—1957 年發掘的客省莊灃西 E 區墓 K12，均爲周初至成康時期商系墓毀兵的典型例子。這可能反映出周人開始加強對商人的喪葬活動的影響。

由於報告對兵器的介紹不夠詳細，毀兵的具體比例不能統計。1955—1957 年在灃西張家坡和客省莊發掘的墓葬，"隨葬的銅戈大部分在援的中部彎曲成鈎狀，或是折成兩段"⑤；1961—1962 年灃西 C 區發掘的 31 座墓中，4 座墓共出戈、矛 15 件，其中僅 M106 所出銅戈情況不明，餘皆殘損；1967 年張家坡發掘的墓葬，包括灃西 A 區墓 42 座，C 區墓 74 座，在報告介紹的戈、矛兵器中，僅 M54、M85 出銅戈與 M87 出矛可能是完好的，其中 M54 屬先周墓，前文已有介紹，M87 内另出 1 件援部彎曲的戈，故僅 M85 的情況不能確定；1984—1985 年於張家坡、客省莊、馬王村等發掘的墓葬，分屬灃西 C、D、E 區，有 4 墓共出三戈一鉞，其中 M20 出戈情況不明，其餘或彎或殘⑥。餘例不備舉。由此推測，豐鎬地區的殷遺民，進入西周時期後，比較嚴格地實行了

---

① 中國社會科學院考古研究所灃西發掘隊：《1967 年張家坡西周墓葬的發掘》，《考古學報》1980 年第 4 期，圖 20-3。

② 梁星彭、馮孝堂：《陝西長安、扶風出土西周銅器》，《考古》1963 年第 8 期。

③ 中國社會科學院考古研究所等編著：《豐鎬考古八十年》，科學出版社 2016 年版，第 54 頁。

④ 中國社會科學院考古研究所灃西發掘隊：《1967 年張家坡西周墓葬的發掘》，《考古學報》1980 年第 4 期。

⑤ 中國科學院考古研究所編著：《灃西發掘報告》，文物出版社 1963 年版，第 116 頁。

⑥ 中國社會科學院考古研究所灃西發掘隊：《1984—85 年灃西西周遺址、墓葬發掘報告》，《考古》1987 年第 1 期。

毀兵葬俗。

　　同周人相比，殷遺民墓隨葬兵器還有以下特徵：①時代多集中在西周早期，在可確定時代的墓葬中，隨葬兵器者多屬於西周早期，不晚於昭穆時期，目前僅 1992 年灃西發掘的 M34①，以及灃東漢唐昆明池遺址車馬坑 K1、K2②，時代屬於西周晚期；②墓葬等級要求較高，多有銅容器隨葬，未見銅容器者，則隨葬陶器數量較多，有相當數量的墓葬存在殉人，表明墓主身份不低於中小貴族，同周人較多平民隨葬兵器有區別；③隨葬兵器比例低，根據張禮艷對豐鎬地區西周墓葬的統計③，商系墓葬集中且數量較多的灃西 C 區，可以確定爲西周早期(包括早中期之際)的墓葬共 129 座，其中兵器墓 15 座，占總數的 11.63%，而周人墓集中的灃西 A 區早期(包括早中期之際)兵器墓 18 座，占總數 76 座的 23.68%。

　　由此推測，西周時期居住在豐鎬地區的故殷遺民，墓葬使用兵器，似乎受到約束。他們不但要採用周人發展出來的新葬俗，隨葬兵器的資格也受到限制。

(二)周原地區商系墓的毀兵葬

　　周原地區商系墓隨葬兵器的數量和比例也明顯低於周人墓。據馬賽統計④，賀家、黃堆、王家嘴三處周人墓地兵器墓共 22 座，占總墓葬 164 座的 13.4%，其中前二者的比例分別爲 16.5% 和 12.5%；而被認爲是殷遺墓地的齊家、李家、云塘等墓地共 263 座墓，僅 10 座兵器墓，約占 3.8%，其中云塘兵器墓比例最高，約爲 5.3%，也明顯低於周人墓。從墓葬等級看，周原地區商系墓隨葬兵器的 10 座墓中，僅有 2 座爲 4 平方米以下的小型墓，餘皆爲 4~7 平方米的墓葬；而周人 22 座兵器墓中，前者占 10 座，4~7 平方米的占 3 座，9 座爲 7 平方米以上的墓葬：這說明商系墓葬中隨葬兵器墓的等級特徵鮮明⑤。

---

　　① 中國社會科學院考古研究所灃鎬隊：《1992 年灃西發掘簡報》，《考古》1994 年第 11 期。

　　② 阿房宮與上林苑考古隊：《西安市漢唐昆明池遺址區西周遺存的重要考古發現》，《考古》2013 年第 11 期。

　　③ 張禮艷：《豐鎬地區西周墓葬研究》，社會科學文獻出版社 2015 年版，第 277~341、347~376 頁，附表 1、3。

　　④ 馬賽：《聚落與社會——商周時期周原遺址的考古學研究》，北京大學博士學位論文，2009 年，第 96 頁，表 3-13。

　　⑤ 馬賽：《聚落與社會——商周時期周原遺址的考古學研究》，北京大學博士學位論文，2009 年，第 97 頁，表 3-15。

目前來看，西周早期的召李 M1①、齊家 60M8②、云塘 M20③、齊鎮墓④，以及中期莊白白家東南墓⑤，5 座商系墓出土兵器均有人工損毀的痕迹。餘因材料過於簡略，不能詳細分析。

(三)宗周周圍其他商系墓的毀兵葬

涇陽高家堡戈族墓地，該墓地西距周原八九十千米，南距豐鎬兩京六十多千米⑥，該墓地 6 座墓中，M1 的時代最早，可能屬與先周墓，其餘除去 M6 不能判定時代外，皆在武成，不晚於康王時期。報告認爲 M1、M4 的墓主爲戈國國君，M5 則爲武士，是自由民。其中 M1、M5 均隨葬銅戈 1 件，M4 隨葬戈 2 件，戟、劍、鉞各 1 件，這些兵器都有損毀迹象，除 M4 出土的劍與 M5 出戈折斷外，餘皆折彎。戈族商末已經遷居此地，受周文化影響較深，故其採用毀兵葬俗的時間可能略早。

與高家堡墓地類似，旬邑縣下魏洛康王時期 M1 墓主也爲殷族，其身份地位“和君主相當或略低”，該墓隨葬兵器戈 1 件、鉞 2 件、戟 2 件，其中 2 件戟或鋒、胡斷，或援、胡斷，1 件鉞彎⑦。

隴縣店子村發掘西周墓 4 座，時代在西周初年至成康時期。報告以爲該墓地爲矢國國人墓葬，但此 4 座墓中 3 座有腰坑、殉牲，且其隨葬陶器以鬲、簋、罐爲基本組合，這與張家坡灃西 C 區墓地類似，而同典型的周人墓鬲、罐組合略有差別。因此，該墓區應是商族或與殷商關係密切的部族的遺存。四墓的隨葬品多爲陶器，僅 M136 出土銅戈 1 件，從平面圖看，該戈也有被損毀的迹象⑧。

---

① 羅西章、吳鎮烽、尚志儒：《陝西扶風縣召李村一號周墓清理簡報》，《文物》1976年第 6 期。

② 陝西省文物管理委員會：《陝西扶風、岐山周代遺址和墓葬調查發掘報告》，《考古》1963 年第 12 期。

③ 陝西周原考古隊：《扶風云塘西周墓》，《文物》1980 年第 4 期。

④ 羅西章：《扶風出土商周青銅器》，《考古與文物》1980 年第 4 期。

⑤ 羅西章、吳振烽、雒忠如：《陝西扶風出土西周伯或或諸器》，《文物》1976 年第 6 期。

⑥ 陝西省考古研究所編著：《高家堡戈國墓》，三秦出版社 1995 年版，第 2 頁。

⑦ 咸陽市文物考古研究所、旬邑縣博物館：《陝西旬邑下魏洛西周早期墓發掘簡報》，《文物》2006 年第 8 期。

⑧ 陝西省考古研究所寶中鐵路考古隊：《陝西隴縣店子村四座周墓發掘簡報》，《考古與文物》1995 年第 1 期。

甘肅靈臺縣北的慶陽縣韓家灘廟嘴發現一座武成時期的小型墓，墓底挖腰坑並殉狗 1 隻，墓主俯身直肢，隨葬銅銅器有鼎、爵、觚、戈各 1 件，另有鏃、銅泡等，其中戈援尖殘①。

目前發現西周早期毁兵葬俗的最西最北界至於寧夏固原縣，1981 年固原文物工作站在中河公社孫家莊林場清理車馬坑 1 座，並於車馬坑西北 7 米處發現成康時期墓葬 1 座，該墓墓底挖腰坑並殉狗 1 隻，隨葬品有銅鼎、簋各 1 件，另有陶鬲、車馬器及大量蚌貝等飾品，兵器爲戈、戟各 1 件，其中戟刺被折彎②。該墓腰坑殉狗以及使用車馬坑的習俗，當自從商人習得；而墓内隨葬戟及車馬器的現象，又可看出墓主與周人關係密切。由此推測，墓主在周初或先周時受命至此，以爲宗周屏藩，防止戎狄的侵擾。

上述墓地，墓主或爲商人後裔，或是受商人較大影響的其他民族，他們靠近周人的核心區域，隨葬兵器墓的等級大多數較高，常常伴出青銅容器，具有一定的政治、軍事實力，多承擔著屏藩王室的作用。在西周初年，他們都已經比較嚴格地執行毁兵葬俗。

(四)殷墟、洛陽地區商系墓的毁兵葬俗

武王克商後，立紂王子武庚禄父，同時設立三監監視殷人的活動。《逸周書·作雒》云：“武王克殷，乃立王子禄父，俾守商祀。建管叔於東，建蔡叔、霍叔於殷，俾監殷臣。”③清華簡《繫年》第三章也記載：“周武王既克殷，乃設三監于殷。”④成王時期，平定管蔡、武庚之亂後，周人“遷殷民于雒邑”，同時“建衛叔封于康丘，以侯殷之餘民”⑤。殷墟地區的遺民基本維持了原來的生活習俗，殷墟文化四期五段的遺存，就是商王朝覆滅後殷民在殷墟生活的遺迹⑥。

---

① 慶陽地區博物館：《甘肅慶陽韓家灘廟嘴發現一座西周墓》，《考古》1985 年第 9 期。

② 固原縣文物工作站：《寧夏固原縣西周墓清理簡報》，《考古》1983 年第 11 期。

③ 黄懷信、張懋鎔、田旭東：《逸周書彙校集注》卷 5，上海古籍出版社 2007 年版，第 544~545 頁。

④ 清華大學出土文獻研究與保護中心編：《清華大學藏戰國竹簡(貳)》，中西書局 2010 年版，第 141 頁。

⑤ 清華大學出土文獻研究與保護中心編：《清華大學藏戰國竹簡(貳)》，中西書局 2010 年版，第 141 頁。

⑥ 唐際根、汪濤：《殷墟第四期文化年代辨微》，劉慶柱主編：《考古學集刊》第 15 輯，文物出版社 2004 年版，第 36~50 頁。

這些遺存雖已進入西周紀年，但其文化面貌主要還是商文化的特徵。這一階段的墓葬未見明顯的毀兵葬俗。

除此以外，殷墟地區的西周時期墓葬，早期的僅有劉家莊北地西周墓地和孝民屯遺址西周墓①。前者位於殷墟遺址南部，26 座墓中 7 座有腰坑，其中 4 座各殉狗 1 條；孝民屯遺址西周墓位於殷墟西北部，9 座墓中 5 座有腰坑，其中 2 座墓的腰坑内殉狗。兩處墓地均爲小型墓，葬具爲單棺，隨葬品也比較簡單，以陶器爲主，器類主要是鬲、簋、罐，劉家莊出土相當數量的豆。這些墓腰坑殉狗、隨葬品組合等特徵，與豐鎬、周原、洛陽、琉璃河、曲阜魯國故城等地西周時期殷人墓類似，因此，其墓主更可能是殷人遺民或與商人關係密切。孝民屯西周墓發掘者指出，兩處墓地均緊鄰鑄銅作坊，由此推測，這些墓葬或許是鑄銅作坊工人，他們在進入西周後爲新的王朝服務。兩處墓地均不見隨葬青銅容器，出土兵器略有區別，孝民屯墓地僅出銅戈 1 件，劉家莊墓地則出土銅戈 13 件，另有鏃 1 件、銅泡 5 件。劉家莊墓地以較低等級而出土相當數量的銅戈，這在其他西周的商系墓中是罕見的。發掘簡報也未提到這 14 件銅戈有人爲毀壞的迹象，可能他們沒有採用周人流行的毀兵葬俗。

與周原、豐鎬地區類似，成周洛邑地區商系墓葬分布範圍大且比較零散。墓中隨葬兵器的比例與周人墓相比也低得多②。目前所見該地區西周早期商系隨葬兵器墓僅 10 座，分別介紹如下：

（1）瀍河以東隴海鐵路以北的擺駕路口 M2，該墓爲帶墓道甲字形大墓，等級較高，但受到嚴重盜擾，隨葬品所剩無幾。兵器有銅鏃 24 枚，另擾土中有銅戈殘片③。

（2）隴海綫以南，瀍河下游東西兩岸商系墓。主要有如下幾座。

下窑村西區 M159，該墓墓口長 4.15、寬 2.5 米，被盜，隨葬鉛戈 4 件，應均爲曲内戈，或援殘，或内殘，部分有援部彎曲的現象；M160，墓口長 3.95、寬 1.75 米，隨葬鉛戈 1 件，該戈援殘。兩墓所出鉛戈都是明器④。

① 中國社會科學院考古研究所安陽工作隊：《安陽殷墟劉家莊北地殷墓與西周墓》，《考古》2005 年第 1 期。殷墟孝民屯考古隊：《河南安陽市孝民屯遺址西周墓》，《考古》2014 年第 5 期。

② 郜向平：《洛陽地區西周墓葬研究》，吉林大學碩士學位論文，2003 年，第 57 頁。

③ 郭寶鈞、林壽晉：《一九五二年秋季洛陽東郊發掘報告》，《考古學報》第 9 册，科學出版社 1955 年版。

④ 郭寶鈞、林壽晉：《一九五二年秋季洛陽東郊發掘報告》，《考古學報》第 9 册，科學出版社 1955 年版。

　　洛陽鐵道·龍錦嘉園 C3M1507，也位於下窑村，該墓長 2.7、寬 1.2 米，被盜擾，僅殘存玉片 2 件，銅戈 1 件，戈援中部斷開。墓室面積與之類似的 M1501 隨葬陶器有鬲 4 件、簋 4 件、罐 8 件、豆 2 件、爵 2 件、尊 1 件等，可見該墓等級不會很低①。

　　稍北的中窑村曾清理一座西周墓，編號 C3M575，該墓長約 3、寬 1.8 米，隨葬銅容器有爵 1 件、觶 1 件，陶禮器有陶尊 1 件，頭端右側銅戈 1 件，援大部殘②。

　　瀍河西岸唐城花園 C3M417，該墓墓室長 3、寬 1.9 米，隨葬銅鼎、鬲、觶各 1 件，爵 2 件，陶鬲 4 件、簋 2 件、罐 11 件，銅兵器包括戈、矛各 1 件，兩件兵器均完好③。

　　(3)洛陽東郊鋼鐵廠西周墓，該墓長 3.5、寬 1.5 米，出土有銅鼎、尊、爵各 2 件，甗、簋、瓿、觶各 1 件。另出 1 件銅戈，比較完整④。

　　(4)澗水下游商系墓葬。主要包括五女冢西周墓和瞿家屯西周墓。

　　五女冢墓地共發掘了 4 座墓葬，其中 IM1519 與 HM359 隨葬兵器。前者隨葬曲內戈 3 件、銎內戈 1 件；後者長 2.8、寬 1.4 米，隨葬銎內戈 1 件。5 件戈均完好⑤。

　　瞿家屯墓 CIM8952 時代可能爲西周早期，隨葬銎內戈 1 件，該戈完好⑥。晚期 CIM8633 隨葬馬鑣、鑾鈴等車馬器，另出銅戈 1 件，援殘⑦。

　　上述洛陽地區商系墓葬，例(1)(2)位於瀍河兩岸，靠近周人生活區域，受其影響較大，故多採用毀兵葬俗；(3)(4)距周人生活區有一定的距離，可

　　①　洛陽市文物考古研究院：《洛陽鐵道·龍錦嘉園西周墓發掘簡報》，《中國國家博物館館刊》2015 年第 11 期。

　　②　洛陽市文物工作隊：《洛陽瀍河東岸西周墓的發掘》，《文物》2006 年第 3 期。

　　③　洛陽市文物工作隊：《洛陽市唐城花園 C3M417 西周墓發掘簡報》，《文物》2004 年第 7 期。簡報將墓葬時代定爲西周中期，張應橋以爲時代應在西周早期 I 段即武成康時期，張應橋：《河南地區西周墓葬研究》，鄭州大學博士學位論文，2006 年，第 77 頁。按從銅器銘文字體來看，其時代定爲西周早期是正確的。

　　④　傅永魁：《洛陽東郊西周墓發掘簡報》，《考古》1959 年第 4 期。

　　⑤　洛陽市第二文物工作隊：《洛陽五女冢西周墓發掘簡報》，《文物》1997 年第 9 期。洛陽市第二文物工作隊：《洛陽五女冢西周早期墓葬發掘簡報》，《文物》2000 年第 10 期。

　　⑥　洛陽市文物工作隊編著：《洛陽瞿家屯發掘報告》，文物出版社 2010 年版，第 166～167 頁。

　　⑦　洛陽市文物工作隊編著：《洛陽瞿家屯發掘報告》，文物出版社 2010 年版，第 149～152 頁。

能初年周人葬俗尚未及此，故早期隨葬兵器未見毀壞現象①。

上述墓葬多爲中小型墓，但有青銅容器隨葬，或出多件陶器，墓主是中小貴族。擺駕路口墓的墓主身份更高一些，當屬於大貴族。

從毀兵方式上看，被毀諸戈多爲折斷或殘缺，折彎者較少，另下窑村明器鉛曲內戈的使用，都顯示其與商代殷墟地區的毀兵葬俗可能有相當的關係。我們推測這些殷遺在從周毀兵葬俗的同時，可能部分地恢復了其舊有的傳統。而兵多殘、斷的現象，甚或可能對北窑周人墓產生一定的影響。

（五）東方諸侯國商系墓的毀兵葬

周初幾次大規模分封，是全國範圍內文化布局的一次重新洗牌。在周人文化向外擴張的同時，殷墟的商文化也隨之更加廣泛地深入各地。西周初年商人或與其有密切關係的部族，通過分封的方式布局至整個王朝統治範圍內，在東方諸國的他們，也逐漸接受了周人的毀兵葬俗。本部分簡單討論東方商系墓的毀兵葬。

1. 同姓諸侯國中的商系墓葬

《左傳》等文獻記載周初分封授土之時，也將部分殷民頒賜於諸侯，這些殷民隨新封諸侯與當地土著共同建立起周人在地方的統治秩序，成爲周王朝重要的統治基礎。部分諸侯國土著居民可能也本與商王朝有密切關係，在其文化中表現出與商文化一致的特性。考古材料也爲我們揭示了這些人對毀兵葬俗的接受情況。

（1）天馬—曲村墓地 K4 區西部墓墓主頭向多數朝西，大部分腰坑墓及部分殉狗墓集中在這裏②，可以歸爲商系墓葬。根據林永昌的劃分，K4 西區 39 座墓葬，其中早期 10 座，中期 17 座，晚期 2 座，年代不明 10 座③。隨葬兵器墓僅有西周早期晚段 M7185 及不能確定時代的 M7126，二者各出銅戈 1 件。

---

① 有學者認爲五女冢四墓的時代有屬於商晚期的可能（郜向平：《商系墓葬研究》，科學出版社 2011 年版，第 40 頁，注 209），瞿家屯 20 座周墓僅 CIM8952 被定爲西周早期，其出戈與五女冢銎內戈形制同，所以不排除上述諸墓爲晚商墓的情況。則澗水下游西周初期未見毀遺民墓葬。

② 北京大學考古系商周組、山西省考古研究所編著：《天馬—曲村（1980—1989）》，科學出版社 2000 年版，第 295、333~334 頁。

③ 林昌文：《西周時期晉國墓葬所見性別差异初探》，北京大學中國考古學研究中心、北京大學震旦古代文明研究中心編：《古代文明》第 7 卷，文物出版社 2008 年版，第 116 頁。

該墓區早期隨葬銅戈的比例僅 10%，遠低於墓地 29.6%（早期共 125 座墓，隨葬兵器 37 座）的平均值。M7185 與 M7126 均爲小型墓，前者隨葬品有銅鼎 1 件、錫器 1 件、漆器 1 件等，後者則包括錫器 1 件、漆器 2 件，墓主當爲中小貴族。M7185 銅戈胡部略殘，毁兵現象不明顯，M7126 戈出土時被砸彎。

（2）琉璃河墓地 I 區墓葬，從墓葬等級來看，該區早期墓 18 座，其中中型墓 5 座，隨葬兵器者 4 座，均有毁兵現象；小型墓 13 座，隨葬兵器者 4 座，毁兵現象明顯者 2 座（M20、M31），其餘 2 座（M1、M22）兵器均爲單一戈，後者戈完好，前者爲銎内戈，可能未毁。兩墓是該墓地最早的一批墓葬，其下限在西周早期偏早①，這可能也折射出琉璃河商系墓對毁兵葬的接受過程。

與 II 區周人墓葬相比，該區墓葬隨葬兵器的比例並無明顯偏低的現象，與豐鎬及周原地區形成明顯區别。當然這可能與墓葬數量少有一定關係，但也可略見西周前期殷遺民在燕國社會地位並不低。昌平白浮 M2、M3 墓主是商遺民，甚至可以"擔任燕國北部邊境守衛者的重任"②。事實上，前文講到，關中以西周王室多用與殷人有一定關係的人來守衛邊疆，"屏藩周室"。這與《左傳》文公十八年傳説堯舜時期"流四凶族"，"投諸四裔以禦螭魅"比較類似③。嚴格限制王畿殷遺民的武備，統治邊緣地區則允許相應的發展，或許是周人對故商人分而治之策略的體現。

有趣的是，報告劃定的西周早期偏早的幾座墓葬均爲殷遺民墓，不過其中的 M26 隨葬銅戈援部折彎，這明顯是採用了周人的葬俗，表明該墓地是周人到來之後才開始啓用的。

（3）山東滕州莊里西西周墓地的情況與之類似，莊里西遺址位於滕州市姜屯鎮，其東南 1.5 千米處爲滕國故城，曾出土滕侯方鼎、滕侯簋、吾禹等一批滕國銅器。1989 年考古工作者在這裏清理 7 座墓葬，均爲小型墓。其中 M1、M3 存在腰坑，坑内殉狗；M4 隨葬銅器組合爲瓿、爵、觶各一件；M7 遭到嚴重破壞，但其東南可能有一車馬坑，另出土銅器銘文多有"父癸""亞晨"：這些都説明其與商人有密切關係。有學者認爲這幾座墓是殷人"亞晨"族的族墓

① 北京市文物研究所：《琉璃河西周燕國墓地：1973—1977》，文物出版社 1995 年版，第 127 頁。
② 韓建業：《略論北京昌平白浮 M2 墓主人身份》，《中原文物》2011 年第 4 期。
③ 《春秋左傳正義》卷 20，阮元校刻：《十三經注疏》，中華書局 1980 年影印本，第 1863 頁。

地，他們是周初隨滕侯被分封至此的①，"莊里西遺址西周墓葬的分布情況，墓主與北京琉璃河西周燕國墓地 I 區墓葬的墓主人很可能是殷民，II 區的墓葬應是燕侯家族的墓地的情況一致"②。7 座墓中隨葬兵器者爲 M3、M4、M5、M7，M4 隨葬瑴内戈 1 件，完整，餘墓兵器皆有損毀現象。簡報根據隨葬銅器組合，推斷 M4 的時代爲西周初期，是諸墓中時代最早的墓葬，也許同琉璃河 M1、M22 類似，當時周王室尚未注意在諸侯國商遺民中推行毀兵葬俗。

2. 故商方國

鹿邑太清宮長子口墓，長子口的情況前文有過介紹，報告以爲他是"商周高級貴族，身份地位高於一般的諸侯"，"在商爲高級貴族，與商王朝關係密切，在周仍有很高的社會地位，爲一地的封君"。該墓出土兵器均爲實用器，其中包括刀 2 件，均折斷，其中 1 件分置於不同位置；鉞 1 件，内殘缺且偏向一側；5 件銅戈除 1 件完整外，其餘前鋒或内後端殘；劍 1 件，殘碎。另出削 5 件，均殘損③。槨室東西兩側有些陶器碎片分置多處，應是打碎後隨意放置的；原始瓷豆的圈足也都被打掉④。毀兵與毀器葬俗同時存在，兵器多爲折斷或殘缺，彎曲者少，這些都與典型周人墓略有差別，其葬俗或許也受商代餘風的影響。

湖北黄陂魯臺山墓地，發掘西周墓 5 座。墓葬具有濃厚的殷遺風，如部分墓挖腰坑，出土銅陶容器多酒器，銅器銘文"長子狗作文父乙尊彝"等。M30 方鼎銘文"公大史作姬桊寶尊彝"，表明該族同姬姓周人通婚。隨葬兵器墓爲兩座康昭時期小型墓，兩墓均隨葬有銅爵。M31 出土戈 2 件、鏃 1 件，M34 出土戈 1 件，3 件戈前鋒均殘⑤。

---

① 李魯滕：《鬲鼎及其相關問題》，謝治秀主編：《齊魯文博》，齊魯書社 2003 年版，第 116 頁。按"亞矣"銘文僅見於 M7 出出的一件卣上，並不足以作爲該墓地族屬的證明（該卣銘文與鬲鼎諸器銘文字體並不相同，且作器者一爲"對"，一爲"鬲"，明顯是兩人），但作者推測墓主是周初隨滕侯被分封至此的殷民則可能是正確的。

② 杜傳敏等：《1989 年山東滕州莊里西西周墓發掘報告》，《中國國家博物館館刊》2012 年第 1 期。

③ 河南省文物考古研究所、周口市文化局編：《鹿邑太清宮長子口墓》，中州古籍出版社 2000 年版，第 127~132、135 頁。

④ 河南省文物考古研究所、周口市文化局編：《鹿邑太清宮長子口墓》，中州古籍出版社 2000 年版，第 127~21 頁。

⑤ 黄陂縣文化館、孝感地區文化館、湖北省博物館：《湖北黄陂魯臺山兩周遺址與墓葬》，《江漢考古》1982 年第 2 期。墓葬時代，參考張亞初：《論魯臺山西周墓的年代和族屬》，《江漢考古》1984 年第 2 期。

此外，山東新泰①、河南淮陽泥河村②、山西浮山橋北等墓地③，可能都存在毀兵葬俗。

三、其他部族與毀兵葬俗

與商周部族雜處的其他部族，對毀兵葬俗的態度，則各有不同。

張家坡灃西 B 區墓地④，該墓區墓主可能是翦商過程周人的新盟友，或是入周後被遷至此地的先代貴族。在發掘的 21 座墓中，可判定時代者均爲西周早中期墓葬。隨葬兵器墓 6 座，M285、M284 時代最早⑤，在武成康時期，M183 約在昭穆時期，M112 則屬於共懿孝時期。6 座墓的墓葬等級都比較高，隨葬品豐富，未被盜者均有銅鼎、簋、車馬器，部分另有漆器隨葬，顯示墓主屬於中高級貴族。出土兵器種類主要是戈、矛、劍、鏃等，未見明顯的損毀現象，説明這些墓不流行毀兵葬俗。有趣的是，該區緊鄰灃西 A、C 區，二者分屬周人和商遺民墓區，甚至與 A 區有所交叉，其葬俗却保留了相當的特色。

寶鷄強族墓地⑥，墓地由位於寶鷄市區渭水兩岸的茹家莊、竹園溝、紙坊頭三個墓地組成，共有墓葬 27 座，車馬坑 2 座，馬坑 4 座。墓地的使用時間由商周之際一直延續到西周中期。強族人是周族的盟友之一。竹園溝、茹家莊 26 座墓中，有 14 座墓隨葬兵器，這些墓葬等級相對較高，多有銅容器或數件

---

① 魏國：《山東新泰出土商周青銅器》，《文物》1992 年第 3 期。該墓隨葬銅戈 1 件，自闌處斷爲兩段，可能是人爲毀壞的。

② 劉東亞：《河南淮陽出土的西周銅器和陶器》，《考古》1964 年第 3 期。按該墓時代約在武成康時期，出土銅陶器組合都具有殷墓特徵，張應橋從墓地地理位置的角度，推測該墓爲可能爲陳國遺存(張應橋：《河南地區西周墓葬研究》，鄭州大學博士學位論文，2006 年，第 68、105 頁)。按武王將長女大姬嫁給胡公滿並封其於陳，《左傳》襄公二十五年、《國語·魯語下》等多有記載。然而泥河村墓並沒有相應的材料證明墓主族屬，所以我們將其歸入商系墓葬一併討論。墓中出土銅戈僅存一段。

③ 橋北考古隊：《山西浮山橋北商周墓》，北京大學中國考古學研究中心、北京大學震旦古代文明研究中心編：《古代文明》第 5 卷，文物出版社 2006 年版，第 347~394 頁。該墓地自商代晚期即開始使用，本屬“商王朝管轄下的位於其西北部的方國”墓地，西周時期繼續存在，其下限不晚於西周中期。大多數墓葬被盜，未出兵器，僅西周中期小型墓 M14 發現銅戈 1 件，該戈胡殘，可能有毀兵葬俗的存在。

④ 中國社會科學院考古研究所編著：《張家坡西周墓地》，中國大百科全書出版社 1999 年版。

⑤ 發掘報告將 M284 定爲昭穆時期，張禮艷改定爲西周早期偏早階段。張禮艷：《豐鎬地區西周墓葬研究》，社會科學文獻出版社 2015 年版，第 342 頁。

⑥ 盧連成、胡智生編著：《寶鷄強國墓地》，文物出版社 1988 年版。

陶器隨葬。自成康時期出現隨葬兵器的墓葬①，就有毀兵的例子，如竹園溝 M21 隨葬戟戈鋒"被捲曲"；康王時竹園溝 M1 隨葬矛"鋒部人爲彎曲"。值得注意的是，該墓地雖位於周人生活的腹心地區，但強族受周人毀兵葬俗的影響似乎並不十分突出：出土兵器雖多有斷開、殘損的情況，但周人墓中常見的折彎兵器的現象，在該墓地僅上面兩例；甚至不少成康時期的墓根本不存在毀兵之俗。強國墓地的另一特點是，除 M22 擾亂嚴重，情況不清外，竹園溝隨葬兵器墓在隨葬實用戈的同時，都有"明器銅戈"隨葬。這些"明器戈"形制很小，明顯不具有實用的功能，也未見故意毀壞的迹象②。

華縣東陽西周墓地自西周早期開始使用，延續至西周晚期，墓葬具有鮮明的商文化遺風③，但同時又存在迥異於商周部族的葬俗。該墓地兵器墓比例很低，發掘 72 座西周墓，僅 M64 與 M128 隨葬戈，M64 爲國君級別墓，時代在西周早期偏早，被盜嚴重，出土銎内戈 1 件，該戈保存較好。中期 M128 爲一小型墓，未見容器隨葬，墓主可能是平民，所出 2 件戈 1 件援鋒彎殘，另 1 件援斷，另出青銅劍 1 柄，比較完整。M64 之所以未見毀兵，或因盜擾導致被毀兵器遺失，或者該墓時代較早，毀兵葬俗尚未傳入。

甘肅靈臺白草坡墓地共發現西周墓 9 座④，除 M6、M9 爲小型墓外，均爲中型墓。這些墓隨葬品十分豐富，尤其早期的 M1、M2 未被盜，僅隨葬銅戈就分別有 32、21 件。另 M7 大致屬於穆王時期，M8 不能確定具體時代，二墓雖然被盜，也有少量兵器遺留。M1、M2、M8 均可看到明顯的毀兵現象⑤。白草坡墓地是姜姓申人的墓地，姜姓申人是興周滅紂過程中的一股重要力量，是周人的同盟。

甘肅靈臺縣什字公社姚家河與百里洞山西周早期墓⑥，姚家河距白草坡墓

---

① 紙坊頭 M1 爲強族墓地時代最早者，約在成王前期，墓葬受到擾亂，未有兵器出土。

② 竹園溝和茹家莊墓地有諸多明顯不同的葬俗，如前者無墓道、腰坑、殉人、殉狗等俗，部分高等級墓另有馬坑，後者則有挖建墓道、腰坑、車馬坑，以及殉人、殉狗的習慣，墓中不隨葬明器戈，二者的族屬差別是需要進一步討論的。

③ 陝西省考古研究所、秦始皇兵馬俑博物館編著：《華縣東陽》，科學出版社 2006 年版，第 405 頁。

④ 甘肅省博物館文物隊：《甘肅靈臺白草坡西周墓》，《考古學報》1977 年第 2 期。

⑤ 雖然 M7 出土 3 件戈比較完整，可能未被人爲毀壞，但 M7：1 戈輕薄粗劣，或是一件明器。

⑥ 甘肅省博物館文物隊、靈臺縣文化館：《甘肅靈臺縣兩周墓葬》，《考古》1976 年第 1 期。

地約 10 千米，但發掘的 4 座墓葬未見腰坑殉狗，且以車馬器隨葬，與白草坡明顯不同，二者當屬於不同部族。姚家河 M1 時代在成康時期，其出土容器有銅鼎、簋、陶鬲各 1 件，隨葬兵器爲戈、矛各 1 件。其中的銅鼎有銘“乖叔作”，可以推測墓地當爲“乖”氏族人所有。乖氏銅器，尚有著名的恭王時器乖伯簋①，簋銘（《集成》4331）中時王謂乖伯“朕丕顯祖文、武，膺受大命，乃祖克弼先王，翼自他邦”，乖伯則拜周王“弗忘小裔邦”，反映出乖伯先祖在文武時期即自他邦投奔周人，爲其伐商定鼎貢獻了自己的力量。從隨葬器物看，乖族深受周文化影響，但其兵器戈、矛却無折毁迹象。

　　甘肅靈臺縣百里洞山墓東北距姚家河墓地約 7 千米②，時代也在成康時期，該墓墓主本爲岐地土著妘姓周人③，西周初年被封於百里洞山附近。該墓出土戈 2 件，均殘，折射出妘姓周人較上揭乖族受周文化影響更深。另該縣獨店公社、中臺公社都有發現西周中期前段墓葬，後者隨葬戈、戟均殘④，二者族屬不清。從靈臺衆多不同部族墓葬看，該地可能是周王朝分封其子弟功臣的采邑之地。

　　山西臨汾翼城縣大河口墓地，共發現墓葬 579 座，車馬坑 24 座。該墓地“商、周文化因素都比較明顯，獨具自身文化特色，墓葬時代貫穿西周，晚期進入西周初年其人群應爲狄人系統的一支，是被中原商周文化同化的狄人”。從出土銅器銘文看，這一部族的最高首領是霸伯，“霸”族同燕、晉、倗，以及周王朝都有往來關係⑤。墓中部分隨葬的戈、矛、戟等兵器有折曲、殘斷的現象⑥。

　　① 羅運環：《乖伯簋的年代與國別》，《出土文獻與楚史研究》，商務印書館 2011 年版，第 101 頁。
　　② 甘肅省博物館文物隊、靈臺縣文化館：《甘肅靈臺縣兩周墓葬》，《考古》1976 年第 1 期。
　　③ 董珊：《試論殷墟卜辭之“周”爲金文中的妘姓之琱》，《中國國家博物館館刊》2013 年第 7 期。
　　④ 甘肅省博物館文物隊、靈臺縣文化館：《甘肅靈臺縣兩周墓葬》，《考古》1976 年第 1 期。劉得禎：《甘肅靈臺紅崖溝出土西周銅器》，《考古與文物》1983 年第 6 期。
　　⑤ 山西省考古研究所大河口墓地聯合考古隊：《山西翼城縣大河口西周墓地》，《考古》2011 年第 7 期。
　　⑥ 山西省考古研究所、山西博物院、首都博物館編：《呦呦鹿鳴：燕國公主眼裏的霸國》，科學出版社 2014 年版，第 145、150、152 頁。

　　山東濟陽劉臺子西周早墓地，該墓地共發現墓葬 6 座，清理了其中 4 座①，其 M2、M3、M6 均出帶族氏銘文"夆"銅器，可知該地爲"夆"族人所有，報告認爲"夆"即文獻中的"逢"②。此說得到了廣泛認同。逢爲姜姓部族，商代長期活動於東方齊地。周王朝建立後逢、周存在婚媾關係：M2、M3 出土的季鼎、王季鼎，爲周王少女季姬作器，M6 出土王姜鼎的作器者爲周王后妃③。M3 的時代約在早期偏晚，當穆恭時期，墓地有腰坑並殉狗，該墓被盜擾，出土銅器有鼎、簋各 1 件及車書，另有原始瓷豆、玉飾、蚌飾等。該墓棺槨間隨葬銅戈 1 件，未見明顯損毀痕迹，可見該族可能不流行毀兵葬俗。

　　總之，從豐鎬、琉璃河、滕州莊里西等墓地看，西周時期商人遺民對於周人毀兵葬俗似有一個接受的過程：先周或剛入西周時這些墓地不見毀兵葬俗；但這種情況未持續多久，新逝者墓内兵器就開始被損毀。或許此時周人開始對商人遺民的葬俗進行干涉。這應該是周王朝在軍事領域取得決定性勝利之後，轉而關注"制禮作樂"的表現之一。其目的在於改造潛在的敵對勢力，使之迅速成爲自己的統治基礎。《書·周書·康誥》中周公就在分封康叔封去統治殷人的時候，告誡他要"助王宅天命，作新民"④，即協助周王按照上帝的命令，使殷民成爲周朝的新臣民。《召誥》中也說"王先服殷御事，比介于我有周御事，節性，惟日其邁"⑤，即周王重視任用殷商遺民，使之親近周人的臣工，節制、改造他們的習性，使他們天天進步。至於爲何周人對商遺民"毀兵"葬俗的推行特別重視，可能根源還是在於兵器的軍事價值。

　　因所處環境的差異，不同地區的殷遺民對毀兵葬俗的採用也有差異，宗周以及隨周人分封到各地的部族執行得比較嚴格；而主、客觀原因造成的周人影響力不足的地區，則自身特點明顯，如洛陽地區墓葬及長子口墓，而殷墟故地

---

① 德州行署文化局文物組、濟陽縣圖書館：《山東濟陽劉臺子西周早期墓發掘簡報》，《文物》1981 年第 9 期。德州地區文化局文物組、濟陽縣圖書館：《山東濟陽劉臺子西周墓地第二次發掘》，《文物》1985 年第 12 期。山東省文物考古研究所：《山東濟陽劉臺子西周六號墓清理報告》，《文物》1996 年第 12 期。

② 山東省文物考古研究所：《山東濟陽劉臺子西周六號墓清理報告》，《文物》1996 年第 12 期。

③ 朱繼平：《金文所見商周逢國相關史實研究》，《考古》2012 年第 1 期。

④ 《尚書正義》卷 14，阮元校刻：《十三經注疏》，中華書局 1980 年影印本，第 203 頁。

⑤ 《尚書正義》卷 15，阮元校刻：《十三經注疏》，中華書局 1980 年影印本，第 213 頁。

等居民隨葬的銅戈甚至是完好的。

商周以外的其他部族，則情況比較複雜。有居於京畿、密邇殷周部族而不實行毀兵葬俗的，如灃西 B 區墓葬；也有僻處西北却遵守此俗的墓葬；而弒族對這一葬俗更是無可無不可的態度。相對於商系墓葬，就可看出周人對他們禮俗方面的控制是比較薄弱的。向核心地區商人強力推行毀兵葬，表明相較於其他部族，周人對其戒備之心比較强。

第四節　隨葬兵器的嚴格與毀兵葬俗的衰落
——西周中晚期至春秋

一般認爲西周中期以後，毀兵葬俗走向衰落，如張明東以爲“西周墓葬中的毀兵現象主要見於西周早期，西周中期開始急劇下降，到西周晚期比較少見”①；井中偉也提出“主要流行於西周早期，西周中期開始逐漸衰退，到西周晚期就很少見到了”②。

上述兩位學者的結論，是基於毀兵墓葬的絕對數量而言的。然而，目前考古發現西周早期的墓葬數量，是高於中、晚期的。所以，上述觀點尚有進一步檢驗的必要。這裏，我們選擇幾處比較大型的墓地爲例，討論西周中晚期毀兵葬俗的變化情況，並闡述其中的基本規律。同時，略論春秋時期中原地區毀兵葬的情況。

一、西周中晚期的毀兵葬

1. 關中及其西部地區的毀兵葬

（1）豐鎬地區。

在豐鎬地區發掘的 927 座墓葬中，以周人爲主的灃西 A 區 394 座，以殷遺民爲主的灃西 C 區 300 座③，兩個墓區占了該地區墓葬總數的 74.9%，同時也是隨葬兵器最多的墓區。下面我們以兩區爲主討論豐鎬地區墓地隨葬兵器的情況。

按照張禮艷的研究，灃西地區墓葬可以分爲六期：“第一期年代相當於

---

① 張明東：《略論商周墓葬的毀兵葬俗》，《中國歷史文物》2005 年第 4 期。
② 井中偉：《西周墓中“毀兵”葬俗的考古學觀察》，《考古與文物》2006 年第 4 期。
③ 張禮艷：《豐鎬地區西周墓葬研究》，社會科學文獻出版社 2015 年版，第 183 頁。

西周早期偏早，即武王、成王和康王早期；第二期年代相當於西周早期偏晚，大致爲康王晚期和昭王時期；第三期的年代相當於西周中期偏早，大致應當在昭王以後的穆王時期；第四期年代相當於西周中期偏晚，大致在共懿孝夷時期；第五期的年代相當於西周晚期偏早，大致應爲厲王、共和時期；第六期的年代相當於西周晚期偏晚，大致爲宣王和幽王時期。"①灃西 A 區可分期墓葬共 241 座，其中隨葬兵器墓 30 座，各期隨葬兵器墓數量及其比例詳見表 4-5。

表 4-5　灃西 A 區各期隨葬兵器墓統計

期別	一	二	二、三	三	四	四、五	五	六	總計
兵器墓	7	5	5	2	4	3	0	4	30
總數	31	18	21	18	40	35	23	55	241
百分比(%)	22.6	27.8	23.8	11.1	10	8.6	0	7.3	12.4

數據來源：《豐鎬地區西周墓葬研究》第 22 頁表 31、第 128~130 頁表 14、附表一。

表 4-5 的統計數據表明，自二期以後，即西周中期開始，該區兵器墓的比重迅速下降。此後，隨葬兵器墓比例雖略有下滑，但直至墓地弃用，兵器墓一直存在。

商代殷墟地區墓葬兵器墓的比例是與其等級有關係的：等級越高的墓葬，隨葬兵器比例越高；同時各等級兵器墓的比例隨時間的發展逐漸降低②。那麼，周人墓地是否也有這種情況呢？張禮艷將豐鎬地區墓葬劃分爲 5 個等級③，按照她的劃分，我們作出灃西 A 區兵器墓等級統計表如表 4-6。

---

① 張禮艷：《豐鎬地區西周墓葬研究》，社會科學文獻出版社 2015 年版，第 92~93 頁。

② 郜向平：《商系墓葬研究》，科學出版社 2011 年版，第 171~174 頁。

③ 各等級墓主的身份，張氏以爲，第一等級屬於王朝卿士，第二等級相當於大夫一級的貴族，第三、四等級大概屬於士或與士相當的階層，第五等級基本爲平民。按：灃西 A 區可斷代的 241 座墓葬中，第五等級墓共 3 座，顯然不符合當時社會發展狀況，本書傾向於第四、五等級均爲平民。第四等級墓葬具多爲單棺或單槨，無青銅容器隨葬，應當是平民階層的特徵。張禮艷：《豐鎬地區西周墓葬研究》，社會科學文獻出版社 2015 年版，第 221 頁。

表 4-6　灃西 A 區各等級兵器墓數量統計

期別	第一等級	第二等級	第三等級	第四等級	第五等級	合計
一	—	1	3	2	1	7
二	—	1	2	2	—	5
二、三		0	4	1		5
三	1	0	1	0	0	2
四	1	1	1	1	—	4
四、五	—	0	3	0		3
五		0	0	0	0	0
六	—	2	2	0	—	4
總計	2	5	16	6	1	30

説明：表中"—"表示本等級墓葬在此期不存在。

數據來源：《豐鎬地區西周墓葬研究》第 222 頁表 31、第 128~130 頁表 14、附表一。

通過表 4-6，可大致得出一個印象，即第五等級僅於西周早期有隨葬兵器的現象，第四等級墓中期以後不再以兵器爲隨葬品。這明顯可以看出墓主階級狀況對隨葬品的影響。

表 4-7 反映的是灃西 A 區不同等級兵器墓在各個時期所占墓葬總數的比重。

表 4-7　灃西 A 區各等級兵器墓比重

期別	第一等級	第二等級	第三等級	第四等級	第五等級	合計
一	—	50%	18.8%	16.7%	100%	22.6%
二		33.3%	22.2%	33.3%	—	27.8%
三	100%	0	17.2%	25%	0	17.9%
四	33.3%	20%	3.4%	33.3%	—	10%
五	—	0	8.6%	0	0	5.2%
六		18.2%	7.1%	0		7.3%
總計	50%	15.6%	11.0%	10.7%	33.3%	12.4%

説明：表中第二、三期歸入三期，第四、五期歸入五期。"—"表示本等級墓葬在此期不存在。

由於基數過小，數據變化較大。但仍可清楚地看到，該區各等級兵器墓的變化同商代殷墟地區墓葬的趨勢是相同的，各等級墓葬兵器墓的比例都在下降；同時等級越低，兵器墓的比例越低，一些低等級的墓葬最終不再隨葬兵器：革殷之命的周人，自覺或不自覺地沿著商人的路前行。這顯示出周人的等級差異日益明顯，周禮逐漸完備起來。

該區墓地兵器至西周晚期一直流行毀兵葬俗，然報告多有不詳者，故不能作出詳細統計。

以商系墓葬爲主的灃西 C 區，則完全是另一種情況。

在灃西 C 區可分期的 196 座墓葬中，隨葬兵器墓共 15 座，其中 14 座屬西周早期偏早（包括先周時期），1 座屬於早期偏晚：大致康王時期，該區墓主隨葬兵器的習俗就受到嚴格限制。早期偏早 14 座墓中，第二等級墓 1 座，第三等級墓 12 座，第四等級 1 座。該區各等級兵器墓占各等級墓葬比重如表 4-8。

表 4-8　灃西 C 區西周早期各等級兵器墓分布

		第一等級	第二等級	第三等級	第四等級	第五等級	合計
早期偏早	數量	—	1	12	1	0	14
	比重	—	100%	42.9%	3.6%	0	20.6%
早期偏晚	數量	—	—	0	1	0	1
	比重	—	—	0	7.6%	0	4.8%

說明："—"表示本等級墓葬在此期不存在。

數據來源：《豐鎬地區西周墓葬研究》第 223 頁表 32、第 128～130 頁表 14、附表三。

從表 4-8 可以看出，灃西 C 區墓葬兵器墓的等級特徵比較明顯：兵器墓集中在第三等級墓葬。第四等級，即平民階層兵器墓比例很低，這與殷墟四期墓葬的情況比較類似①，而與 A 區有相當的區別。這一點或可看出商人與周人社會階層分化的程度差異。

同 A 區相比，西周早期偏早階段 C 區第二等級、第三等級墓隨葬兵器的比例要高一倍以上。C 區第三等級墓如此高的比例，只有殷墟三期郭家莊和殷

---

① 郜向平：《商系墓葬研究》，科學出版社 2011 年版，第 174 頁。

墟西區第三等級墓葬與之相近(分别爲 46.8% 和 42.9%①)，而二者墓主身份大致相當，均爲中小貴族。這更證明灃西 C 區墓地墓主部族與商人有密切關係。

灃西 B 區 6 座兵器墓中，可以確定爲早期偏早者 2 座，早期偏晚者 1 座，中期偏晚者 1 座，等級均較高，屬於中高級貴族墓，前文已經述及。

在可確定時代的墓葬中，西周中晚期兵器墓，除去灃西 A、B 兩區墓葬外，只有未分區的 92M34(中期偏晚)一座②。該墓屬於第四等級墓③，墓主仰身屈肢，該墓區墓主多有採用屈肢葬者，應是新遷來部族的墓地。該墓隨葬兵器有毀兵現象，表明他們接受了這一葬俗。

需要説明的是，上述統計是基於可分期墓葬進行的，此外尚有相當數量的不可分期墓。因此統計結果可能略有偏差，如西周早期以後少量高等級商系墓仍存在隨葬毀兵的葬俗，鎬京遺址南端漢唐昆明池發現的隨葬殘銅戈車馬坑④，可能就是殷遺民的遺迹，説明西周早期以後商系墓也仍遵守毀兵的習俗。

總之，丰鎬地區西周墓隨葬兵器比例在西周中期開始迅速下降，商系墓葬尤其明顯，但隨葬兵器的墓，無論是周族還是殷商遺民，都沒有捨棄毀兵葬俗。

(2)周原地區。

周原地區兵器墓，前文已經有所討論，這裏周人墓地"貴族和平民都有較高比例的兵器隨葬"，商系墓葬"隨葬兵器比例極低，且大多爲貴族階層"⑤。這一特徵與豐鎬地區是一致的。

從時代特徵上看，馬賽曾考察兵器墓的年代，發現屬於先周時期的 1 座，商末周初 2 座，西周早期 7 座，中期偏早 7 座，中期偏晚 1 座，西周晚期 2 座，認爲兵器墓"主要集中在西周早期和西周中期偏早，從西周中期偏晚以後兵器的數量就很少了"⑥。我們的統計結果，西周早期(包括先周)兵器墓 13

---

① 邰向平：《商系墓葬研究》，科學出版社 2011 年版，第 171 頁。

② 中國社會科學院考古研究所灃鎬隊：《1992 年灃西發掘簡報》，《考古》1994 年第 11 期。

③ 張禮艷：《豐鎬地區西周墓葬研究》，社會科學文獻出版社 2015 年版，第 395 頁。

④ 阿房宮與上林苑考古隊：《西安市漢唐昆明池遺址區西周遺存的重要考古發現》，《考古》2013 年第 11 期。

⑤ 馬賽：《聚落與社會——商周時期周原遺址的考古學研究》，北京大學博士學位論文，2009 年，第 97 頁。

⑥ 馬賽：《聚落與社會——商周時期周原遺址的考古學研究》，北京大學博士學位論文，2009 年，第 96 頁。

座以上，其中商系墓 3 座，召李、白家、齊家各一座①，其餘均屬於賀家周人墓地；中期墓 4 座，其中莊白商系墓 1 座②，其餘均爲黃堆墓地墓葬③，這 4 座墓均爲高等級墓葬。該區兵器墓出土兵器基本都有損毀現象。

（3）其他墓地。

北呂也是宗周地區重要的墓地，該墓地内均爲小型墓，墓主應當都是周人平民。在可分期的墓地，西周早期早段（包括先周時期，即報告的 1~3 期）兵器墓 11 座，早期偏晚（即報告的 4 期）7 座，中期偏早（即報告 5 期）4 座，中期偏晚（即 6 期）1 座。各期隨葬兵器墓數量及其所占比例詳見表 4-9。

表 4-9　北呂墓地各期隨葬兵器墓數量

期別	早早	早晚	中早	中晚	總計
兵器墓	11	7	4	1	23
墓葬總數	110	28	20	15	173
百分比	10%	25%	20%	6.7%	13.3%

數據來源：《北呂周人墓》④。

從表 4-9 可以發現，該墓地西周中期早段以後，兵器墓比例迅速下降。大概西周中期偏晚開始，周人對平民墓中隨葬兵器的葬俗加强了限制。這同灃西 A 區的情況大致是相符的。

少陵原墓地同樣均爲小型墓，其兵器墓的比例高於北呂墓地。各期兵器墓數量及其比例如表 4-10。

---

① 羅西章、吳鎮烽、尚志儒：《陝西扶風縣召李村一號周墓清理簡報》，《文物》1976 年第 6 期。陝西省文物管理委員會：《陝西扶風、岐山周代遺址和墓葬調查發掘報告》，《考古》1963 年第 12 期。陝西周原考古隊：《扶風云塘西周墓》，《文物》1980 年第 4 期。

② 羅西章、吳振烽、雒忠如：《陝西扶風出土西周伯㎏諸器》，《文物》1976 年第 6 期。曹瑋主編：《周原出土青銅器》，巴蜀書社 2005 年版，第 1401 頁。

③ 陝西周原考古隊：《扶風黃堆西周墓地鑽探清理簡報》，《文物》1986 年第 8 期。周原博物館：《1995 年扶風黃堆老堡子西周墓清理簡報》，《文物》2005 年第 4 期。

④ 寶鷄市周原博物館：《北呂周人墓地》，西北大學出版社 1995 年版。按報告數據多有不能彌合處，表 4-9 兵器墓數據、墓葬總數分別依據第 151、140~145 頁論述。

表 4-10　少陵原墓地各期隨葬兵器墓數量

期別	早早	早晚	中早	中晚	晚早	總計
兵器墓	8	22	16	7	0	53
總數	44	92	77	36	9	258
百分比	18.2%	23.9%	20.8%	19.4%	0	20.3%

數據來源：《少陵原西周墓地》。

　　同灃西 A 區墓地相比，二者有一些相同之處，如西周早期偏晚階段較早段兵器墓比重略有上升，之後開始下降；但該區早期略低於灃西 A 區，另一方面，當三、四期灃西 A 區兵器墓比例明顯下降時，少陵原墓地僅略有下滑。兵器在西周早中期一直是該墓地重要的隨葬品之一，作爲以平民爲主的墓葬，這一點是其他墓地所未見的，這反映出該墓地有濃重的軍事色彩。少陵原和北呂西周中期毀兵葬俗也很明顯，僅少陵原 M224 隨葬銅戈可能完整，其餘均可發現毀兵痕迹。

　　寶雞陽平鎮高廟村西周墓地也存在類似的情況，該墓地爲典型的周人墓葬，報告以爲此地屬文王弟虢叔封地。在發掘的 20 座墓葬中，西周早期的 4 座大中型墓幾乎被盜掘一空，小型墓多屬西周中期，多無隨葬品或僅隨葬一二件陶鬲、罐，只有 GM11 隨葬陶鬲 1 件、殘援戈 1 件，GM17 出陶鬲 1 件、援彎曲銅戈 1 件。宗周地區平民墓西周中期尚有隨葬兵器之風。

　　甘肅寧縣焦村西溝發現一座西周晚期中型墓，該墓被破壞，但仍出土器物 169 件，包括銅戈 2 件、戟 7 件，以及車馬器、玉器等，顯示墓主身份等級較高，隨葬兵器有明顯的損毀現象①。從墓地挖有腰坑並殉狗的情況看，墓主不是姬姓周人。同縣湘樂鎮宇村發現西周晚期墓葬一座，該墓出土銅容器有鬲、盨、尊各一，墓內隨葬銅劍 1 柄，劍莖被折爲四段②。此兩墓墓主在西周晚期仍有相當高的社會地位，他們應該是在西方屏藩王室，防止西戎侵擾的貴族。

　　2. 洛陽地區的毀兵葬

　　在可判定年代的墓葬中，北窑墓地中期墓共 57 座，其中大型墓 7 座，中

①　慶陽地區博物館：《甘肅寧縣焦村西溝出土的一座西周墓》，《考古與文物》1989 年第 6 期。

②　許俊臣、劉得禎：《甘肅寧縣宇村出土西周青銅器》，《考古》1985 年第 4 期。

型墓 46 座,小型墓 3 座,另有一座大小不清,隨葬兵器墓分別爲 3、21、0
座;晚期墓共 34 座,其中大型墓 8 座,中型墓 26 座,隨葬兵器墓 5 座,均爲
中型墓;而早期墓大中小型分別爲 20、91、4 座,另有一座大小不清,隨葬兵
器墓數量分別爲 13、45、2 座。西周時該墓地可判定年代各型隨葬兵器墓所占
百分比如表 4-11。

表 4-11 北窰西周墓地兵器墓百分比

	大型	中型	小型	總計
早期	65%	49.5%	50%	51.7%
中期	42.9%	45.7%	0%	42.1%
晚期	0%	19.2%	—	14.7%
合計	45.7%	43.6%	28.6%	46.9%

分析上述統計數據可知,該墓地隨葬兵器的比重,西周中期起略有下降,
而晚期則大規模下降。具體來説,中型墓的基數較大,統計數據更能反映歷史
的真實變化,早中期的變化並不十分明顯;大型墓由於數量較少,且盜擾情況
嚴重,統計結果與實際情況可能略有偏差,其各階段隨葬兵器的比例應不低於
中型墓;小型墓自中期開始,不再有兵器隨葬。小型兵器墓的減少早於中型
墓,與豐鎬地區的情況相同。

中晚期隨葬兵器的墓葬,也均有明顯的毀兵現象。西周時洛陽地區周人墓
也一直嚴格實行毀兵葬俗。

北窰墓地外,洛陽地區西周中期新出現的周人墓,有下窰村東區墓葬及楊
文鎮葬,前者的中期墓 M154①,後者的晚期墓 C5M1135、C5M1139②,三者
墓室面積均大於 10 平方米,隨葬品豐富,墓主爲中高級貴族。各墓隨葬兵器
均有人工損毀痕迹。

中晚期商系墓葬中,僅瞿家屯西周晚期 CIM8633 隨葬殘援戈 1 件,該墓
爲中型墓,隨葬品豐富③。前文介紹西周早期此墓地 CIM8952 出土銅戈是完好

① 郭寶鈞、林壽晋:《一九五二年秋季洛陽東郊發掘報告》,《考古學報》第 9 册,科
學出版社 1955 年版。
② 洛陽市文物工作隊:《洛陽東郊西周墓》,《文物》1999 年第 9 期。
③ 洛陽市文物工作隊編著:《洛陽瞿家屯發掘報告》,文物出版社 2010 年版,第
149~154 頁。

的，大約這裏的居民接受該葬俗的時間比較晚。

3. 天馬—曲村、北趙與西南呈墓地

天馬—曲村墓地可分期周人墓共 422 座，按照銅錫容器的有無，可將其大致分爲兩個等級，統計該墓地兵器墓情況如表 4-12。

表 4-12　天馬—曲村墓地兵器墓分布

時代		早期早段	早期晚段	中期早段	中期晚段	晚期早段	晚期晚段	合計
銅(錫)容器墓	兵器墓	7	7	6	0	1	0	22
	墓葬總數	21	10	8	2	2	2	45
	百分比	33.3%	70%	75%	0%	50%	0%	48.9%
非銅(錫)容器墓	兵器墓	8	14	2	3	0	0	26
	墓葬總數	78	106	72	40	36	45	377
	百分比	10.3%	13.2%	2.8%	7.5%	0%	0%	4.8%
總計	兵器墓	15	21	8	3	1	0	48
	墓葬總數	99	116	80	42	38	47	422
	百分比	15.2%	18.1%	10%	7.1%	2.6%	0%	10.6%

需要説明的是，有些墓葬出土錫器，因銹蝕嚴重，不辨器型①，在統計時均不作爲容器處理，因此表 4-12 的統計可能略有偏差。

天馬—曲村墓地也是於西周早期晚段兵器墓的比例達到最高值，中期早段開始出現大幅度下降，西周晚期晚段則最終消失，這當然同晉國政治重心轉移，該墓地墓葬等級降低有關。

具體來看，銅錫容器墓隨葬兵器的比例要明顯高於非銅容器墓，而且其兵器墓比例下降幅度也不如後者明顯(中期晚段 3 座兵器墓均有錫器隨葬，他們可能全部或部分爲容器)；晚期前段之前，該等級墓葬一直有半數以上的墓葬隨葬兵器。非容器墓則自早期晚段兵器墓比重略爲上升之後，中期即迅速下降，晚期早段，這一等級的墓葬中就不再有隨葬兵器的現象了。這可能反映了

---

① 本墓地隨葬錫器，有的是容器，如早期早段的 M6496、M7005，早期晚段的 M7165，中期早段的 M7092，也有隨葬錫兵器者，如中期早段的 M7176。

晉國自西周中期開始對喪葬禮俗等級的控制，而這同中央王朝的步調基本是一致的。

該墓地西周中晚期 12 座兵器墓，除 M7174 外，均有明顯毀兵現象。M7174 出土完整銅戈 1 件，但該墓西半被破壞，不確定是否有其他兵器隨葬。可見天馬—曲村墓地的毀兵葬俗在整個西周時期都是被嚴格執行的。

北趙墓地自早中期之際的 M114，一直沿用至春秋初年，是晉侯及其夫人的專用墓地，在 9 座晉侯墓中，8 座均有兵器隨葬，僅宣王時期的 M8 因被盜不能確定，但其附屬車馬坑 K1 內有多件戈矛等出土。晚期 M1 出土的 3 件銅戈和 2 件矛均有殘損，可以確定爲人爲造成的；K1 出土兵器可能完整。餘墓毀兵情況，有待詳細報告的出版①。

同屬"晉文化墓葬範疇"的，還有長子縣西南呈墓地，該墓地的使用時間在西周中晚期，共有墓葬 15 座，其中 M15 爲單墓道大墓，隨葬品被盜一空，報告以爲墓主爲"高等級貴族，可能也是姬姓諸侯"。其餘 14 座墓中期者 8 座，晚期者 6 座。銅容器墓兩座（M6、M11），均隨葬殘援戈 1 件，另 1 座西周中期墓 M8 隨葬殘戈 1 件。該墓地毀兵葬發展情況與天馬—曲村墓地基本一致，因墓葬等級相對後者較高，故兵器墓比例略高②。

4. 琉璃河、辛村、莊頭、平頂山、李家窑墓地

天馬—曲村墓地自西周中期開始高等級墓葬數量下降，琉璃河墓地與之類似，在 20 世紀 70 年代發掘的 61 座墓葬中，中期 7 座、晚期 8 座均爲小型墓，其中 I 區 8 座均無兵器隨葬，II 區僅晚期墓 M268 隨葬銅戈 1 件，該戈援中部斷爲兩段。可見燕國也加強了對殷遺及本族平民隨葬兵器的控制。但同時，高等級貴族包括殷人後裔中社會地位較高者，則享有隨葬兵器的權利。昌平白浮發現的 3 座墓中，M2、M3 墓地挖有腰坑，隨葬大量銅陶禮

---

① 北京大學考古系、山西省考古研究所：《1992 年春天馬—曲村遺址墓葬發掘報告》，《文物》1993 年第 3 期。北京大學考古系、山西省考古研究所：《天馬—曲村遺址北趙晉侯墓地第二次發掘》，《文物》1994 年第 1 期。北京大學考古系、山西省考古研究所：《天馬—曲村遺址北趙晉侯墓地第四次發掘》，《文物》1994 年第 8 期。北京大學考古系、山西省考古研究所：《天馬—曲村遺址北趙晉侯墓地第五次發掘》，《文物》1995 年第 7 期。北京大學考古文博學院、山西省考古研究所：《天馬—曲村遺址北趙晉侯墓地第六次發掘》，《文物》2001 年第 8 期。山西省考古研究所、北京大學考古系：《山西北趙晉侯墓地一號車馬坑發掘簡報》，《文物》2010 年第 2 期。

② 山西省考古研究所：《山西長子縣西南呈西周墓地發掘簡報》，《考古》2016 年第 3 期。

器，車馬器及兵器①，墓主爲擔任燕國北部邊境守衛者的殷商遺民。昌平白浮至順義牛欄山一綫，已經是當時燕國的北境②，燕國能够任用殷遺鎮守邊界，可見在非中原文化面前，殷遺與周人在政治上已經融合無間，完全站在相同的立場。兩墓所出部分兵器有彎折殘損現象。

濬縣辛村衛國墓地 M4、M10、M35 爲中期兵器墓，三墓均被盗，前者爲中型墓，後二者爲小型墓，M4、M35 兵器有損毁現象，但 M10 墓主足旁出戈似乎完好。

膠東半島的黄縣莊頭西周中期偏早墓，出土銅器 17 件，銅器銘文中有"芮公叔"。芮國遠在成周以西，該國器物的出現，表明芮國與墓主有婚姻關係，本地"上層統治者是接受周王朝統治的"③。墓中出土的銅戈僅剩内部，也證明當時周文化已經輻射到膠東地區部族④。

應國墓地西周中期墓葬共發掘 13 座，報告將其分爲應侯（M84、M86）及夫人、下大夫（M50、M210、M213）、士（M201、M205、M207）及夫人等幾個類型⑤。其中，應侯、下大夫等級的墓葬均有兵器隨葬，士一級僅 M207 有銅戈隨葬。可見西周中期應國兵器隨葬也顯現出等級差異。目前已經公布的西周晚期墓葬，有晚期偏早的 M95，隨葬 5 件銅鼎，同出戈 1 件，僅殘存内⑥；屬王時期的 M257，報告推測墓主爲低級貴族，墓内出亦出銅戈 1 件。⑦除 M95 外，上述諸墓隨葬銅戈均自援中部殘缺，這一點與西周早期諸墓毀兵形式略有不同，表明此時毀兵葬俗形成了不同於中央王朝的地方特色。宣王時期的 M1，出土有五鼎六簋，發掘簡報認爲墓主爲下大夫，該墓隨葬銅戈 1 件，

① 北京市文物管理處：《北京地區的又一重要考古收穫——昌平白浮西周木椁墓的新啓示》，《考古》1976 年第 4 期。報告以爲幾座墓葬時代屬西周早期，林澐以爲 M2、M3 時代當在西周中期或更晚，參林澐：《早期北方系青銅器的幾個年代問題》，《林澐學術文集》，中國大百科全書出版社 1998 年版，第 291~293 頁。

② 韓建業：《略論北京昌平白浮 M2 墓主人身份》，《中原文物》2011 年第 4 期。

③ 曹斌：《商周時期的政權更迭與海岱地區文化格局的變動》，《東岳論叢》2016 年第 11 期。

④ 王錫平、唐禄庭：《山東黄縣莊頭西周墓清理簡報》，《文物》1986 年第 8 期。

⑤ 河南省文物考古研究所、平頂山市文物管理局編：《平頂山應國墓地》第 1 卷，大象出版社 2012 年版，第 763 頁。

⑥ 河南省文物考古研究所、平頂山市文物管理委員會：《平頂山應國墓地九十五號墓的發掘》，《華夏考古》1992 年第 3 期。

⑦ 河南省文物考古研究所、平頂山市文物管理局、河南大學歷史文化學院：《河南平頂山應國墓地 M257 發掘簡報》，《華夏考古》2015 年第 3 期。

則比較完整①。這是目前發現的西周時期應國唯一一座未見毀兵的兵器墓，但該戈戈柲被折斷，柲痕呈曲尺形。不過，春秋早期早段的應侯墓 M8，隨葬銅戈 6 件，其中 5 件都被折成兩截或數截。這説明直至春秋時期，應國都比較嚴格地遵從毀兵葬俗。

三門峽李家窑遺址曾先後兩次清理多座西周墓葬，目前晚期墓僅公布三座，三墓隨葬品較爲豐富，墓主爲低級貴族②。其中首次清理的 M44 以及第二次清理的 M37 各隨葬銅戈 1 件，前者援部折彎，後者可能完好。第二次的兩座墓均有腰坑，表明墓主很可能不是姬姓周人。西周早中期在東方國家嚴格執行的毀兵葬俗，可能此時衰落下來，它不再是喪葬活動中被重視的一個儀節。

之後不久，李家窑遺址成爲東遷後虢國都城所在地。李家窑稍北的上村嶺墓地，即虢國墓葬遺存。上村嶺墓地墓葬(包括車馬坑、祭祀坑)總數在 500 座以上，時代集中在西周晚期至春秋早期。目前共清理發掘墓葬 253 座、車馬坑 7 座、馬坑 3 座③。在所有兵器墓中，除嚴重被盜者，均有銅容器出土。由於第一次發掘報告過於簡略，兵器出土時的情況不能完全瞭解。不過通過對之後清理的墓葬進行分析，可以發現在 6 座西周晚期兵器墓(國君墓 M2001，太子墓 M2011，大夫墓 M2119、M2010、M2008，士墓花園北街 M1)中，M2011、M2008④，以及花園北街 M1⑤，出土兵器都比較完整。可能當時虢國人已經不再嚴格執行毀兵葬俗。

---

① 河南省文物研究所、平頂山市文管會：《平頂山市北滍村兩周墓地一號墓發掘簡報》，《華夏考古》1988 年第 1 期。

② 三門峽市文物工作隊：《三門峽市李家窑四十四號墓的發掘》，《華夏考古》2000 年第 3 期。河南省文物考古研究所、三門峽市文物考古研究所：《河南三門峽李家窑西周墓發掘簡報》，《文物》2014 年第 2 期。

③ 中國科學院考古研究所編著：《上村嶺虢國墓地》，科學出版社 1959 年版。河南省文物考古研究所、三門峽市文物工作隊：《三門峽虢國墓》第 1 卷，文物出版社 1999 年版。三門峽市文物工作隊：《三門峽市花園北街發現一座西周墓葬》，《文物》1999 年第 11 期。河南省文物考古研究所、三門峽市文物工作隊：《三門峽虢國墓地 M2010 的發掘清理》，《文物》2000 年第 12 期。河南省文物考古研究所、三門峽市文物工作隊：《河南三門峽虢國墓地 M2008 發掘簡報》，《文物》2009 年第 2 期。

④ 河南省文物考古研究所、三門峽市文物工作隊：《三門峽虢國墓》第 1 卷，文物出版社 1999 年版。

⑤ 三門峽市文物工作隊：《三門峽市花園北街發現一座西周墓葬》，《文物》1999 年第 11 期。

通過上面的討論，可以總結出西周時期隨葬兵器及毀兵葬俗的發展規律如下。

第一，西周早期晚段是隨葬兵器習俗最爲流行的時期，此時兵器墓占墓葬總數的比例最高；此後比例迅速下降，西周中期平民墓多不見兵器，晚期則高級墓的隨葬兵器比例也出現大幅下滑。墓主社會地位和族屬同隨葬兵器與否的關係愈加密切。這反映了周人"親親尊尊"觀念在王朝政治社會生活中的重要影響。

第二，毀兵葬俗在西周早中期大部分部族中一直執行得比較嚴格。無論在王畿還是諸侯國地區，多數兵器墓都會有全部或部分兵器被人爲毀壞。毀兵葬俗短期内在全國範圍内推行——尤其是商系墓葬對毀兵葬的迅速接受，顯然不符合文化擴散的一般規律，可能是周人借用了政治力量推行這一葬俗。由此，可以聯想到文獻中的周公制禮作樂，對此前人多有討論①，周初統治者通過行政手段將周人一些生活禮俗推行開來，以利於減少統治阻力，在現實中是可能的，也是必要的。

在全國範圍内推行繁縟的葬俗，僅僅依靠口頭傳達明顯是不能奏效的。因此，本書推測，西周時期周人在推行禮制活動的時候，應是有相關文書作爲輔助的。東周文獻多有周王室頒布月令、法律文書等(這些都屬於廣義的禮制内容)於諸侯國的記載，出土文獻中也發現漢政府頒布的《葬律》②。這些文書活動，應是西周遺制。故本書懷疑，西周時期已經存在撰成文本的禮儀規定，不過這種規定多存於政府有司手中。

二、禮失求諸野——春秋時期毀兵葬的繼續衰落與回傳

西周晚期，毀兵在喪葬活動中的重要性下降，春秋時期則繼續這一趨勢。

2007 年考古工作者在陝西韓城梁帶村清理兩周之際墓葬 36 座，其中大型墓 2 座，中型墓 8 座，小型墓 26 座。僅有大墓及 1 座中型墓隨葬兵器：大墓 M502 時代在西周晚期宣王時期，墓主身份爲國君或略低，M28 墓主推測爲春秋早期偏晚的一代國君，兩墓都有毀兵迹象。中型墓 M18 時代與 M28 接近，其所出一戈二矛則都比較完整，可能没有受到人工毀壞③。此前發掘的春秋早

---

① 楊華：《先秦禮樂文化》，湖北教育出版社 1996 年版，第 58~76 頁。

② 彭浩：《讀云夢睡虎地 M77 漢簡〈葬律〉》，《江漢考古》2009 年第 4 期。

③ 陝西省考古研究院、渭南市文物保護考古研究所、韓城市景區管理委員會編著：《梁帶村芮國墓地》，文物出版社 2010 年版。

期國君墓 M27 也有銅鉞 1 件、戈 4 件、矛 1 件等隨葬，從簡報看，其中的鉞、矛以及 1 件戈是完好的，另 3 件戈的情況未知①。在該墓地，矛似乎不在損毀之列，具體情況，還要詳細材料公布之後才能確定。

但此時有的諸侯國則仍比較嚴格地執行毀兵葬俗。上馬晉國墓地"在西周晚期作爲新田地區的一個墓地開始使用，晉國遷都新田後墓地繼續使用較長一段時間"②，該墓地自春秋早期早段至春秋戰國之際，共有兵器墓 11 座，出戈 27 件，"除 M5128 出土的 8 件戈體輕，製作粗糙，M3079 出土的小戈爲明器外，其餘各墓出土的戈均爲實用器，其中多數出土時已殘斷或彎曲"③。這 11 座墓，除 M1005 嚴重被盜、春秋早期早段 M3079 僅陶鬲 1 件外（該墓一棺一槨，在同期墓中等級相對較高），多數都有鼎簋等兩件以上銅容器出土。

南方的曾國，是周王朝延續時間較長的同姓諸侯國，曾國自西周早期將毀兵葬俗帶到隨棗走廊，至戰國時期仍然流行，但其發展也有一定的曲折。

棗陽郭家廟墓地自西周晚期開始使用，目前該墓地共發現 7 座兵器墓④。其中 GM21 的時代最早，約在西周晚期晚段，大致當宣幽時期，墓主可能爲一代曾侯，該墓出土兵器有鉞 1 件、戈 16 件、矛 4 件等，其中的戈"多數變形或斷爲數截，有兩件僅存胡部中下段"⑤。餘 5 座墓［GM5、GM6、GM22、GM25、（2014）M13］爲士一級貴族，未被盜墓出土一至二件銅鼎；1 墓（GM11）爲平民墓，不出銅容器。GM22、GM11 時代爲春秋早期偏早，出土兵器都比較完整，似乎下葬前沒有經過毀兵環節；GM5、（2014）M13、GM6、GM25 時代略晚，屬於春秋早期偏晚，後 2 座墓隨葬戈內及前鋒略殘。

此外，京山蘇家壟周末春初墓 M2 隨葬銅戈 2 件，其一內斷，另一胡殘，"有人爲的缺損，刃呈鋸齒狀"，該墓墓主爲大夫一級中等貴族⑥。

---

① 陝西省考古研究所、渭南市文物保護考古研究所、韓城市文物旅游局：《陝西韓城梁帶村遺址 M27 發掘簡報》，《考古與文物》2007 年第 6 期。

② 山西省考古研究所編：《上馬墓地》，文物出版社 1994 年版，第 301 頁。

③ 山西省考古研究所編：《上馬墓地》，文物出版社 1994 年版，第 82 頁。

④ 襄樊市考古隊、湖北省文物考古研究所、湖北孝襄高速公路考古隊編著：《棗陽郭家廟曾國墓地》，科學出版社 2005 年版。湖北省文物考古研究所等：《湖北棗陽郭家廟墓地曹門灣墓區(2014)M10、M13、M22 發掘簡報》，《江漢考古》2016 年第 5 期。

⑤ 襄樊市考古隊、湖北省文物考古研究所、湖北孝襄高速公路考古隊編著：《棗陽郭家廟曾國墓地》，科學出版社 2005 年版，第 19 頁。

⑥ 湖北省文物考古研究所：《湖北京山蘇家壟墓地 M2 發掘簡報》，《江漢考古》2011 年第 2 期。

　　春秋中晚期曾國的政治中心轉移到隨州城區附近，隨州義地崗、擂鼓墩墓群即曾國春秋中期至戰國中期的主要墓地。在公布的義地崗墓地材料中，有 9 座墓出土兵器（79 年季氏梁墓及 80 年八角樓墓①，94M1②，11M6③，以及文峰塔 M1④、M4⑤、M21、M34、M35⑥），其時代自春秋早期至春秋晚期（也可能有墓葬時代進入戰國時期），這些墓盜擾不嚴重者均有銅容器出土，墓主爲貴族階層。上述諸墓，除 M35 出土戟 1 件較爲完整外，其他均有所出兵器殘損的現象。這表明春秋中期以後，曾國毀兵葬俗實施的是比較嚴格的。

　　此外，著名的曾侯乙墓更有大量戈矛戟等兵器出土，其時代在戰國早期。該墓出土兵器中，僅有雙戈戟 N.71：1 鋒尖略殘⑦，頗類毀兵。但 66 件戈、30 柄戟、49 件矛等衆多兵器僅此一件被毀，似乎不太合情理；且該戟有銘"曾侯郎"，曾侯郎是乙的先輩，這件戟的鑄造至隨葬時間間隔不短，也可能是在使用過程中受到損傷，因此該戟殘損應同毀兵葬俗無關。可能在文峰塔 M35 或曾侯乙墓時代，毀兵葬俗終於在曾國消失了。

　　我們在搜集曾國毀兵葬俗材料的過程中發現，春秋早期前段的兩座兵器墓 GM22、GM11，均無明顯毀兵現象，早期偏晚的 GM5、（2014）M13 兵器也比較完整，此後直到春秋戰國之際，凡兵器墓均有戈、矛等被毀。另一方面，從兵器損毀情況來看，西周晚期郭家廟 GM21 戈多彎曲變形或折爲數段，而春秋早期開始曾國兵器多以鋒尖殘缺方式被毀，與此前或中原上馬墓地兵器折彎變形或援部折斷、殘缺略有不同。因此本書懷疑，曾國可能春秋早期早段放棄（至少是部分放棄）了喪葬毀兵儀節，後來再次流行，則是周邊文化的影

---

①　隨縣博物館：《湖北隨縣城郊發現春秋墓葬和銅器》，《文物》1980 年第 1 期。

②　湖北省文物考古研究所、隨州市曾都區考古隊、隨州市博物館：《湖北隨州義地崗墓地曾國墓 1994 年發掘簡報》，《文物》2008 年第 2 期。

③　湖北省文物考古研究所、隨州市博物館：《湖北隨州義地崗曾公子去疾墓發掘簡報》，《江漢考古》2012 年第 3 期。

④　湖北省文物考古研究所、隨州市博物館：《隨州文峰塔 M1（曾侯與墓）、M2 發掘簡報》，《江漢考古》2014 年第 4 期。

⑤　湖北省文物考古研究所、隨州市博物館：《湖北隨州文峰塔墓地 M4 發掘簡報》，《江漢考古》2015 年第 1 期。

⑥　湖北省文物考古研究所、隨州市博物館：《湖北隨州市文峰塔東周墓地》，《考古》2014 年第 7 期。

⑦　湖北省博物館編：《曾侯乙墓》，文物出版社 1989 年版，第 283、285 頁。

響——東周時期曾國的毀兵方式與楚墓基本相同①。而春秋早中期之際正是楚文化對曾國强勢影響開始的時期。

　　春秋晚期平頂山墓地也出現類似情況。如上節所述，應國兩周之際毀兵葬開始衰落，及至春秋早中期之際，應國被楚國兼併，但此時該墓地並沒有被廢棄，它依然是故應國貴族葬身之所②。M301 墓主即春秋晚期"應國王室貴族的後裔"，該墓是一座典型的楚式墓葬，隨葬三鼎二簠在內的銅容器 10 件，另有兵器戈、矛各 1 件出土。銅戈"胡部已殘斷，鋒尖折彎"，矛前鋒殘斷，其毀兵形式異於以往應國兵器墓而同楚墓並無二致③。

　　很明顯，政治上處於弱勢的應人和曾人走了商人的老路，他們被動地撿起了本已拋下而又被他人包裝了的舊俗——這或許可稱作"禮失而求諸野"。

三、西周時期可能未實行毀兵葬俗的墓地

　　前文論述了西周時期周人統治範圍內不實行毀兵葬俗的墓葬，主要有殷墟地區小型墓、灃西 B 區墓、部分寶雞強國墓等。後二者爲周人同盟，前者可能是殷遺民，相對於豐鎬、周原及燕國等大量聚居的商人後裔，他們可能受周人的監控較少，所以毀兵葬執行得不嚴格，甚或不採用此葬俗。此外，還有幾處墓地，對於理解西周政治格局有重要意義，他們沒有實行毀兵葬俗，或材料不夠充分不能得出結論，僅羅列於此，以待更多材料和討論。

　　滕州前掌大墓地自商代晚期開始使用，最晚不晚於西周中期。墓地出兵器墓葬 31 座，另有車馬坑 6 座也出兵器，雖有 M11、M40、M201 等出土戈矛有殘損或斷開的現象，但未見周人墓典型的折彎的現象，且多數墓兵器比較完整。因此推測該墓地並沒有採用毀兵葬俗④。考慮到前掌大西北 20 余千米莊里遺址殷遺民墓則採用毀兵葬俗，很有可能，前掌大墓地所屬部族，一直與周人處於對立狀態，並未臣服於周王朝。

　　同在山東的齊魯兩國，是兩周尤其西周時期具有崇高政治地位的諸侯國，

　　①　黃鳳春、黃婧：《楚器名物研究》，湖北教育出版社 2012 年版，第 197~202 頁。

　　②　王龍正：《從應國墓地發掘看應國的滅國與復國》，楚文化研究會編：《楚文化研究論集》第 7 集，岳麓書社 2007 年版，第 361~376 頁。

　　③　河南省文物考古研究所、平頂山市文物管理局、河南大學歷史文化學院：《河南平頂山春秋晚期 M301 發掘簡報》，《文物》2012 年第 4 期。

　　④　中國社會科學院考古研究所編著：《滕州前掌大墓地》，文物出版社 2005 年版。滕州市博物館：《滕州前掌大村南墓地發掘報告（1998—2001）》，山東省文物考古研究所編：《海岱考古》第 3 輯，科學出版社 2010 年版。

可惜現有材料不能確定他們是否實施毀兵葬俗。高青縣陳莊遺址西周中期偏早墓 M18 出土鼎、簋、甗、爵、觶等銅容器 9 件，銅器銘文多有"厥祖齊公""文祖齊公""祖甲齊公"等内容①，甲字形墓 M35 出土銅簋有周王命器主引承襲先祖"司齊師"的銘文②。這些都證明該墓地爲齊國貴族墓地③。M18 出銅戈 2 件，銹蝕嚴重，可能完整。臨淄齊國故城曾發現西周晚期至春秋早期墓葬一座，該墓出銅鼎 3 件、簋 2 件、盤 1 件、匜 1 件及車馬器、兵器等，其兵器一戈一矛均完好④。

曲阜魯國故城遺址乙組墓可以確定是周人墓，甲組與商人墓的作風類似。甲組墓西周時無兵器墓。乙組出銅戈墓有 M11、M20、M30、M31、M42、M46、M48 等，這些墓時代從西周晚期延續春秋早期⑤，報告公布的 3 件戈中，M30：56 胡殘，M20：4、M30：2 可能完整⑥；從 M48 平面圖看，該墓隨葬銅戈也完整⑦。魯國是否實行毀兵葬，尚待更多材料的出土。

湖北安居羊子山墓地爲鄂國公室墓地⑧，該墓地與葉家山曾國墓地相距僅 25 千米⑨。鄂國是臣服於周人的商代諸侯國，它與曾國一同作爲周人經營南方的據點。1980 年清理西周早期墓 1 座，出土銅鼎、簋、尊、爵、觶各 1 件，卣 2 件、戈 4 件等⑩。4 件戈是否有人爲損毀痕迹未知。

　　①　山東省文物考古研究所：《高青縣陳莊西周遺存發掘簡報》，山東省文物考古研究所編：《海岱考古》第 4 輯，科學出版社 2011 年版。

　　②　李學勤：《高青陳莊引簋及其歷史背景》，《文史哲》2011 年第 3 期。

　　③　山東省文物考古研究所：《高青縣陳莊西周遺存發掘簡報》，山東省文物考古研究所編：《海岱考古》第 4 輯，科學出版社 2011 年版。

　　④　齊國故城遺址博物館、臨淄區文物管理所：《山東臨淄齊國故城西周墓》，《考古》1988 年第 1 期。

　　⑤　魯國故城周墓的分期，目前尚無統一意見，但上述諸墓大致時代可以確定在西周晚期至春秋早期。參許宏：《先秦城市考古學研究》，北京燕山出版社 2000 年版，第 174~179 頁。王青：《海岱地區周代墓葬研究》，山東大學出版社 2002 年版，第 23~27 頁。

　　⑥　山東省文物考古研究所、山東省博物館等編：《曲阜魯國故城》，齊魯書社 1982 年版，圖版 85-1、2、3。

　　⑦　山東省文物考古研究所、山東省博物館等編：《曲阜魯國故城》，齊魯書社 1982 年版，第 121 頁，圖 74。

　　⑧　李學勤：《由新見青銅器看西周早期的鄂、曾、楚》，《文物》2010 年第 1 期。

　　⑨　黃鳳春：《湖北隨州葉家山新出西周曾國銅器及相關問題》，《文物》2011 年第 11 期。

　　⑩　隨州市博物館：《湖北隨縣安居出土青銅器》，《文物》1982 年第 12 期。

小　結

　　所謂"毀兵"，並不能完全概括本書所討論葬俗的内涵，商周有的墓葬也將小刀等工具類物品人爲折毀。隨葬毀兵墓以男性爲主，個别墓地有相當數量的女性墓出兵器，可能跟墓主的政治身份有關；14 歲左右爲隨葬兵器墓墓主的年齡下限，個别等級較高兒童墓也以兵器隨葬。

　　以兵器爲陪葬品産生不久的商代早期，毀兵現象就已經存在，它本是毀器葬俗的新形式。鄭州商城主要採用折斷的毀兵方式，殷墟時出現將兵器扭曲的方法。商代毀兵葬從王都向周邊傳播的過程中，形成一定的地域特色。周人這一葬俗可能是由殷墟經老牛坡商文化傳來的。毀兵葬脱離毀器葬俗的歷程，自晚商殷墟時期已經開始，至先周晚期最終完成，同時毀兵葬實現了由俗入禮的轉變。殷周間毀兵葬的傳播反映了周人對商人禮俗的繼承和損益。

　　西周時毀兵葬隨著周人王朝的建立而遍布其統治區域。早期是隨葬兵器的頂峰時期；中期除個别地區外，平民墓不再以兵器爲隨葬品，但此時毀兵葬俗仍得到比較嚴格的執行；晚期貴族墓出兵器的比例也迅速下降，因兵器陪葬的重要性下降，故毀兵所受重視程度也降低，部分地區毀兵葬俗呈現衰落的迹象；春秋時這一進程繼續發展，但南方靠近楚國的曾國、應國等在本國毀兵葬低落之後，似乎開始採用楚式毀兵葬俗，顯示出毀兵葬俗的回傳。

　　同時，殷遺民墓的毀兵現象有其特色。如其對毀兵的接受略晚於周王朝的建立；隨葬兵器的比例和等級較周人嚴格，主要墓地毀兵葬俗執行得也比較認真，可能是兵器的使用受到政府限制。其他部族則相對較爲寬鬆，有的墓地甚至不見毀兵葬的存在。

結　語

一、從喪葬禮俗看殷周禮制的關係

1917 年 9 月，王國維撰成《殷周制度論》，指出“中國政治與文化之變革，莫劇於殷、周之際”①。此說一出，在學界產生深遠影響，“曾被新舊史學家奉爲圭臬”②。在檢討王說的過程中，產生了一批討論殷周關係的高水平成果。通過喪葬禮俗的研究，探索商周禮制的關係，是本書的目標之一。

以口含物、棺飾、動物，以及毀器隨葬的現象，在商代以前就已經產生，有的甚至可以上溯至新石器時代早中期。其中多數現象遍布中國大部分地區，這一方面是由於文化遷徙和傳播，另一方面則是古人樸素的“事死如生”觀念在不同地區產生的相似行爲。就此種意義而言，新石器時代是中華文化喪葬禮俗的萌芽期。

夏、商的飯含、棺飾、用牲、毀兵葬俗，多由新石器時代相關現象或習俗傳承而來。同時，這些葬俗逐漸形成了不同於以往的特色。例如，飯含玉、貝兼用，用牲重前肢、分左右側，以魚形飾物、銅鈴等作爲飾棺，毀兵日益從毀器中分離出來，等等。這些特色被西周繼承，並延續至東周時期，大多被禮書記載下來並禮典化，嵌入華夏文明的基因中。

這些來源不同的葬俗，在商代尤其是晚期，會聚整合成一套比較完備的體系。前代偶見的，或普及程度不高的埋葬習慣，經過殷墟時期的發展，日益爲社會成員所接受。因此可以說，晚商是我國喪葬禮俗大發展的時期③。西周時代的諸多葬俗幾乎都可以在殷墟墓葬中找到。商文明對華夏文化的形成居功至

---

① 王國維：《殷周制度論》，《觀堂集林》卷 10，中華書局 1959 年版，第 451 頁。
② 周書燦：《〈殷周制度論〉新論——學術史視野下的再考察》，《清華大學學報》(哲學社會科學版) 2012 年第 5 期，第 58 頁。
③ 李學勤將商後期稱爲“青銅器發展的第一高峰”，這恰說明物質文明同精神文明基本是同步發展的。李學勤：《青銅器入門》，商務印書館 2013 年版，第 31 頁。

偉。中晚商尤其是晚商，是傳統喪葬體系的形成期。

西周則是我國喪葬禮俗的發達期。周人對殷墟喪葬文化的繼承，顯然是經濟政治實力雄厚的商文化輻射的結果。商晚期，殷墟文化如日中天，僻居西部，發展水平落後的周人也浸淫於商文化之中。伐紂時，武王謂其"毀壞其三正""斷弃其先祖之樂""自弃其先祖肆祀不答"①，儼然以商禮樂文化守護者自居；《尚書·酒誥》《多士》《無逸》諸篇可見，周統治者對殷商史事也是熟稔於心、信手拈來。

周人對殷商葬俗的繼承，主要在先周晚期。此時周人墓内的含貝、毀兵葬俗，在殷墟地區都可見到原型；西周早期早段發現的棺飾，也與殷墟並無二致，可能飾棺制度也於先周即流傳至此。從考古發現看，含貝、毀兵葬俗在關中老牛坡晚商墓葬都有發現，先周墓與之無太大差別，因此老牛坡墓地或許是商文化西傳的橋頭堡之一。先周時期對商文化葬俗的採用，表明其尚未形成"非我族類"的"文化自覺"。

但對於商文化葬俗，周人並非一味承襲。商周部族的葬俗仍有明顯差別，隨葬牲腿以外，商墓常見的腰坑、殉狗，以及隨葬器物組合等，基本不見周人採用②。

二、禮俗的族屬與區域差异

周王朝建立後，周人同故殷商遺民雜居，有了更全面的接觸，但葬俗上的差異却是顯而易見的。豐鎬、周原、洛陽，以及琉璃河、曲村等墓地，不同部族的葬俗，如腰坑、殉人殉狗、用牲習慣等截然不同，雖有少量周人墓葬對商人習俗有模仿，但多是個例，並未形成習俗。此時周人實力迅速增强，在强勢

---

① 《史記》卷4《周本紀》，中華書局2014年版，第157~158頁。

② 周人對商人不同葬俗態度迥异的原因，我們推測，周人採用者，多爲一些細小的、踵事增華性質的葬俗，如含貝、棺飾，爲對含飯及葬具的裝飾，毀兵則可能是模擬商人兵器隨葬葬俗時習得的副產品。喪葬是古人重要的社會活動之一，《孟子·離婁下》"惟送死可以當大事"；《禮記·檀弓》"大事斂用昏"，鄭注："大事謂喪事也。"出於對新逝者的强烈情感，喪主在舉行喪葬活動時多傾向於採用成俗，以求"必誠必信，勿之有悔焉"，而對新鮮事物有本能的抗拒。所以説"喪禮是許多禮制中生命力最强的一種"，最易廣泛持久地傳承。相對含貝等小規模的增補，腰坑、殉牲等則可能對喪葬儀式有較大規模的改動，故不易爲他族採用。這也是前者在其他部族如灃西B區可以較快流行的原因。另一方面，或許是早期受經濟水平的限制，以及西周時總結商王朝覆滅的教訓，周人不再流行大規模用牲、反對酗酒，故其腰坑、殉狗以及隨葬器物組合會有差异。當然，如果没有商周鼎革打斷殷周文化故有的交流趨勢，周人的葬俗最終可能會爲强大的商文化所同化。

的商文化面前，似乎有一定的自覺，反不如先周對商文化的接納①。由此造成同一墓地不同族屬墓葬的差异明顯。灃西 B 區、強國墓地等葬俗同商人、周人又有所不同，屬於與殷、周人雜處的其他部族。

同屬商或周人文化，如死者屬於不同族氏，葬俗也有一定差异。以牲腿隨葬來説，殷墟地區不同墓區的動物物種差异，以及西周時期周原、豐鎬、琉璃河商系墓用牲組合與放置位置差异，都可作爲證明。曲村墓地西周中晚期，不同墓區飯含比例迥异，以及口含物的差别，也是明徵。這種葬俗上的差异，展示出商周時期宗族在社會生活中具有相當的獨立性。

相同生活環境下的不同宗族，同一葬俗尚有小异，地域不同則差别愈加明顯。春秋時期，作爲兄弟之國的魯、衛，喪祭葬俗細節上存在諸多區别。見於文獻者，如覆棺之幕，"布幕，衛也；綃幕，魯也"②；新死者的神主祔於宗廟，"衛人之祔也，離之；魯人之祔也，合之"③。本書所討論的幾種葬俗，不同時期和地域的差异都比較明顯。

禮書中常將不同禮俗分隸於虞夏殷周，其中恐有相當部分，是同源而因族屬、地域區别而异流者。自然環境、經濟水平是造成差异的重要原因，另政治環境也是影響禮俗的重要因素。

三、政治對葬俗的影響與西周早、中期的王室"制禮"活動

政治活動對葬俗有直接的影響。這在西周時期表現的較爲明顯。商遺民隨葬兵器及毀兵葬俗的採用是比較典型的例子。毀兵是先周時期開始流行的葬俗，商代墓中損毀兵器的現象並不常見。西周時商遺民以兵器隨葬受到一定的限制，且自早期早段開始，就普遍接受了毀兵葬俗，這種接受，應當是強制性的。周人對殷民的刻意提防，對其葬俗產生了影響。這種影響，自周原、豐鎬、洛陽，以至北方的房山琉璃河、東方的滕州莊里西、南方的黄陂魯臺山等，遍及周人統治區域。由此來看，所謂周初"周公制禮"，應當是有所本的。當然，此時"制禮"的重點當在於規定不同社會集團的行爲準則，以消除族群矛盾，最終實現統

---

① 相反，此時商系墓葬有些葬俗表現出與周人墓一致的現象，除下文講到的毀兵葬俗外，西周中期周原和丰鎬地區商系含玉墓也多以碎玉爲口含，灃西 B 區也採用了這種本是周人特色的葬俗。此時宗周王畿地區的含玉形式基本一致，顯示新的地域特徵正在形成。
② 《禮記正義》卷6，阮元校刻：《十三經注疏》，中華書局1980年影印本，第1276頁。
③ 鄭玄注祔"合葬也"，今從楊天宇説(楊天宇：《禮記譯注》，上海古籍出版社2004年版，第140頁)。《禮記正義》卷10，阮元校刻：《十三經注疏》，中華書局1980年影印本，第1317頁。

治的穩定。這種制禮作樂的活動，首先是以周人的軍事實力作後盾的。

　　許多學者注意到西周中晚期禮制的變化，認爲西周早期多沿用殷制，禮樂制度至穆王前後方完備①；西方有學者認爲西周晚期約厲王時期發生了禮制改革②，甚至有的學者提出公元前 880 年前後有“禮制革命”之説③。前人的討論多從青銅器類型、組合、紋飾及銘文入手。從本書討論的喪葬禮俗看，自西周中期開始，平頂山應國墓地墓主均以玉石作爲口含物，西周晚期開始使用的三門峽虢國、梁帶村芮國、晉侯，以及湖北的曾國諸墓地都流行含玉，而不見含貝墓的存在。上述諸國墓地所出棺飾如銅魚和翣等，也呈現出高度一致性。由此推測，西周中期周王室可能確實重新制定過喪葬儀禮，並頒行於諸侯國。結合東周秦漢存在政府頒布《月令》與《葬律》之類文書的情況，西周王室制定推行新的喪葬禮儀，也頗爲可能。這大概就是孔子“禮樂征伐自天子出”所本之一。《周禮》中多有王室頒布各項制度的記載，如《太宰》“布治于邦國”“施典于邦國”“施則于都鄙”等④，自有其歷史或現實依據。尤其是“頒朔”制度，更是一年一度。因此，本書認爲西周的禮制，不是一成不變的，也不是在某一時期產生了突變，而是在王室的主導下，不斷地發生著改變。周王室的“制禮”活動，自早期開始，並未間斷，時代愈後愈加繁複，它是周王室强化認同，維繫對諸侯控制的手段之一。之所以西周早期禮制變化没有在考古材料上有足夠的顯示，主要在於當時周人可能專注於在政治、軍事領域建立秩序，而喪祭等角度的建設則在中期才成了重點內容之一。不過中晚期口含玉貝的改變，似乎集中在姬姓諸侯及其族墓內，這或許同王室的控制力有關⑤。

---

　　①　劉雨：《西周金文中的“周禮”》，《金文論集》，紫禁城出版社 2008 年版，第 147 頁。楊華：《先秦禮樂文化》，湖北教育出版社 1996 年版，第 60~68 頁。

　　②　[美]羅泰：《宗子維城：從考古材料的角度看公元前 1000 至前 250 年的中國社會》，吳長青、張莉、彭鵬等譯，上海古籍出版社 2017 年版，第 66 頁。

　　③　[英]杰西卡·羅森：《祖先與永恒：杰西卡·羅森中國考古藝術文集》，鄧菲、黄洋、吳曉筠等譯，生活·讀書·新知三聯書店 2011 年版，第 38~43 頁。

　　④　《周禮注疏》卷 2，阮元校刻：《十三經注疏》，中華書局 1980 年影印本，第 648~649 頁。

　　⑤　這裏另有一個問題是，如果周人有不斷的“制禮”活動並頒行於邦國，那麼商王朝是否也有類似的舉動？從殉牲、飯含的角度看，周邊商文化與殷墟地區並無較大差別，由此推測，商人的葬俗也是靠這類“制禮”活動來保持各地葬俗基本一致的。此外，本書討論的諸多葬俗，在商代多呈現出由中央向地方傳播的特點，也可作爲商代存在中央政府“制禮”的證據。進入西周以後，周原、豐鎬、琉璃河等殷人後裔墓地用牲，呈現出不同的特點，可能就是缺乏統一的規定來糾正約束所造成的。

西周時期周原、豐鎬與琉璃河等地，殷遺民隨葬兵器葬俗興衰的差異，也是周人從政治軍事角度考慮而造成的。統治中心區域，防範殷遺叛亂是周人的中心議題之一，所以對其採用"偃兵"的策略；而燕國地處中原與北方游牧文化交流的前沿，部族矛盾讓位於民族矛盾，共同抵制外敵入侵，是商周部族的共同目標，故而殷遺民持有兵器的限制不如王畿嚴格。

四、禮俗文化的等級性、普及與"禮壞樂崩"

中國古代禮儀制度最重要的特徵之一，就是其等級性①。但這種等級性，最初並不是人爲規定的，而是社會成員經濟地位出現差別之後自然形成的。在喪葬活動中，經濟水平高者，隨葬品種類數量自然較多，條件較差者，則數量相對較少或無力置辦隨葬品。中高級社會成員以某物隨葬，首先本階層內流傳，形成一定規模，從一種埋葬現象變爲葬俗。由此產生自然分層。而隨著生產水平的提高，較低等級社會成員具備了相當的經濟能力，也必然會效仿高等級成員的葬俗。這便是葬俗的"下移"。

葬俗的下移是其普及過程中的必然現象之一，此時思想保守的舊貴族就會產生"禮壞樂崩"的感慨。事實上，禮俗從來都是變動不居、因時因地所制宜的，所以"禮崩樂壞"的現象也時時在發生，但這恰恰是生產進步的重要表現。

葬俗的等級性在商周飯含上表現最爲明顯。飯含採用者由貴族而平民，含玉、貝數量由一枚而數枚而數十枚。飯含墓葬比例增加的同時，不斷突破等級和數量的限制，表明其正處在迅速普及和發展時期。

五、《儀禮》對時禮的"糾正"

東周時期，王室衰微，諸侯紛爭。面對攻伐不已的局面，諸子蜂起，紛紛提出自己的見解，試圖恢復想象中的舊日和平。以孔子爲代表的儒家，主張"克己復禮"，期望通過踐行禮制而實現"天下有道"的理想。但此時禮俗的地方性特徵大大加強，以至於呈現出"家殊俗"的局面。因此，重新制定一套完備的禮制，就成爲孔子及其門徒的重要任務。

《史記·孔子世家》記齊景公欲用孔子，晏子謂"孔子盛容飾，繁登降之禮，趨詳之節，累世不能殫其學，當年不能究其禮。君欲用之以移齊俗，非所

---

① 楊華：《中國古代禮儀制度的幾個特徵》，《武漢大學學報》(人文科學版)2015 年第 1 期。

以先細民也"①，又記"孔子去曹適宋，與弟子習禮大樹下"，② 則孔門確有制禮行動，並已經形成一定的體系。《禮記·雜記》"恤由之喪，哀公使孺悲之孔子學士喪禮，《士喪禮》於是乎書"③，則明確講了《士喪禮》的成書背景，説明《士喪》諸篇的撰作有孔子的直接參與④。

認爲天"未喪斯文"，以"爲東周"自期的孔子，必然會在"制禮"的活動中攙入自己的價值觀。在孔子看來，當時"天下無道"⑤，"君不君，臣不臣，父不父，子不子"，"爲政"必以"正名"爲先，即重新確定不同階層的等級差異。

孔門制禮，自然是以先代禮制爲藍本，即徵於虞夏殷周。《禮記》中多有不同時代禮制的記載，當即孔氏及後學所記。這些不同時代的禮制，除徵諸典册外，多數可能採擷不同族屬所行時禮，即"夏禮"採於杞，"殷禮"集自宋，更大的可能是向雜居一處而族屬明確的中小貴族的禮儀活動取經。

從目標和採用藍本可以推知，孔子制禮必然多有對時禮的糾正，同時也雜採不同來源的儀節編入其中。《禮記·雜記》："鬠巾以飯，公羊賈爲之也。"鄭注："記士失禮所由始也。士親飯，必發其巾。大夫以上，賓爲飯焉，則有鬠巾。"⑥據此可反推，當時士級貴族飯含時流行鬠巾，而《士喪》特記布巾"環幅不鬠"，即爲糾正時禮而加的説明。《既夕》中棺飾"齊三采無貝"，强調不用貝，也是對當時士級棺飾以貝制齊的糾正，《喪大記》恰記"齊三采一貝"，即爲證明。在對考古所見商周喪葬禮俗材料的梳理中，我們也發現一些相關的證據。

在魯國故城遺址發現的自西周晚期至戰國時期的墓葬中，只有乙組即周人12 座墓葬中發現飯含的現象，其中含石蟬墓 1 座，含石子墓 11 座，"除 M26 加工成貝形，M22 個別的呈磬形以外，其餘都是自然圓石子"⑦。甲組墓有海

---

① 《史記》卷 47，中華書局 2014 年版，第 2316 頁。

② 《史記》卷 47，中華書局 2014 年版，第 2328 頁。

③ 《禮記正義》卷 43，阮元校刻：《十三經注疏》，中華書局 1980 年影印本，第 1567 頁。

④ 沈文倬：《略論禮典的實行和〈儀禮〉書本的撰作》，《宗周禮樂文明考論》，浙江大學出版社 1999 年版，第 23~24 頁。

⑤ 如《論語》中孔子屢有"天下有道，則丘不與易也""天下有道，則禮樂征伐自天子出""天下有道則政不在大夫""天下有道，則庶人不議"等議論。

⑥ 《禮記正義》卷 42，阮元校刻：《十三經注疏》，中華書局 1980 年影印本，第 1562 頁。

⑦ 山東省文物考古研究所、山東省博物館等編：《曲阜魯國故城》，齊魯書社 1982 年版，第 120 頁。

貝出土，但並非用作含。

　　事實上到了西周晚期，中原地區幾個主要墓地，都流行以玉石材料作爲口含物，實行含貝葬俗的墓，也不以三枚爲限，含貝 1～3 枚者反爲少數。《士喪》含貝數目與考古發現有异，而與《雜記》"天子飯九貝，諸侯七，大夫五，士三"的規定相合，由此可知，《士喪》的含貝數量並非當時實行，而是整合禮俗後用以顯示逝者等級的新規定。當然可能在《士喪禮》的撰作者看來，士含貝三，就是原本的"周禮"之規定。

　　魯國故城甲組西周至春秋早期墓中，"不少墓發現了獸的肢骨和肩胛骨，一般都放在頭側椁底的棺椁之間"①，而陶器也多放在"椁底頭側的棺椁之間"，用牲的部位和放置位置，與《既夕》記載的苞牲十分類似。乙組，甚至整個兩周時期周族人都不流行墓内隨葬動物。可以推測，《既夕》苞牲，當是兼採殷人後裔的葬俗。但二者也有一定差别，考慮到苞牲又象徵既饗歸賓（逝者）②，可以推測這是制禮過程中，在採用舊俗的同時也對其儀節有所改造與附會。

　　總之，《儀禮》的《士喪禮》諸篇，是周代喪葬禮俗的反映，但在具體儀節的設置上，又有一定的改造和附會。

---

　　①　山東省文物考古研究所、山東省博物館等編：《曲阜魯國故城》，齊魯書社 1982 年版，第 92 頁。
　　②　苞牲象大饗歸賓的説法，來源於孔子弟子曾子，當説是苞牲含義的權威解釋。且從儀節上看，它也確實與《儀禮》諸篇載歸賓禮基本相同。

主要參考文獻

(一)基本古籍

班固：《漢書》，中華書局 1962 年版。

陳立：《白虎通疏證》，中華書局 1994 年版。

段玉裁：《說文解字注》，上海古籍出版社 1981 年影印本。

范祥雍：《古本竹書紀年輯校訂補》，上海人民出版社 1957 年版。

范祥雍：《戰國策箋證》，上海古籍出版社 2006 年版。

范曄：《後漢書》，中華書局 1965 年版。

顧頡剛、劉起釪：《尚書校釋譯論》，中華書局 2005 年版。

郭慶藩：《莊子集釋》，中華書局 1961 年版。

何寧：《淮南子集釋》，中華書局 1998 年版。

胡培翬：《儀禮正義》，江蘇古籍出版社 1993 年版。

黃伯思：宋本《東觀餘論》，中華書局 1988 年版。

黃懷信、張懋鎔、田旭東：《逸周書彙校集注》，上海古籍出版社 2007 年版。

黃以周：《禮書通故》，中華書局 2007 年版。

孔廣森：《大戴禮記補注》，中華書局 2013 年版。

黎翔鳳：《管子校注》，中華書局 2004 年版。

凌廷堪：《禮經釋例》，北京大學出版社 2012 年版。

劉熙撰，畢沅疏證，王先謙補：《釋名疏證補》，中華書局 2008 年版。

阮元校刻：《十三經注疏》，中華書局 1980 年影印本。

山東中醫學院、河北醫學院校釋：《黃帝內經素問校釋》，人民衛生出版社 1982 年版。

司馬遷：《史記》，中華書局 1959 年版。

孫希旦：《禮記集解》，中華書局 1989 年版。

孫詒讓：《墨子閒詁》，中華書局 2001 年版。

孫詒讓：《十三經注疏校記》，齊魯書社 1983 年版。

孫詒讓：《周禮正義》，中華書局 1987 年版。

王聘珍：《大戴禮記解詁》，中華書局 1983 年版。

王先謙：《荀子集解》，中華書局，1988 年版。

向宗魯校證：《說苑校證》，中華書局 1987 年版。

許慎撰，徐鉉校訂：《說文解字》，中華書局 2013 年影印本。

許維遹：《呂氏春秋集釋》，中華書局 2009 年版。

徐元誥：《國語集解》，中華書局 2002 年版。

顏師古：《匡謬正俗》，中華書局 1985 年影印本。

楊伯峻：《春秋左傳注》，中華書局 1990 年版。

(二)考古資料與出土文獻

阿房宮與上林苑考古隊：《西安市漢唐昆明池遺址區西周遺存的重要考古發現》，《考古》2013 年第 11 期。

安亞偉：《河南洛陽市唐城花園西周墓葬的清理》，《考古》2007 年第 2 期。

安陽市博物館：《安陽郭家莊的一座殷墓》，《考古》1986 年第 8 期。

安陽市博物館：《安陽鐵西劉家莊南殷代墓葬發掘簡報》，《中原文物》1986 年第 3 期。

安陽市博物館：《殷墟梅園莊幾座殉人墓葬的發掘》，《中原文物》1986 年第 3 期。

安陽市文物工作隊、安陽市博物館：《安陽市梯家口村殷墓的發掘》，《華夏考古》1992 年第 1 期。

安陽市文物工作隊：《1983—1986 年安陽劉家莊殷代墓葬發掘報告》，《華夏考古》1997 年第 2 期。

安陽市文物工作隊：《1995—1996 年安陽劉家莊殷代遺址發掘報告》，《華夏考古》1997 年第 2 期。

安陽市文物工作隊：《安陽市殷代墓葬發掘簡報》，《華夏考古》1995 年第 1 期。

安陽市文物工作隊：《安陽徐家橋村殷代遺址發掘報告》，《華夏考古》1997 年第 2 期。

安陽市文物工作隊：《河南安陽郭莊村北發現一座殷墓》，《考古》1991 年第 10 期。

安陽市文物工作隊：《殷墟戚家莊東 269 號墓》，《考古學報》1991 年第 3 期。

安陽市文物考古研究所：《河南安陽劉家莊北地商代遺址墓葬 2009—2010 年發掘簡報》，《文物》2017 年第 6 期。

安陽市文物考古研究所：《河南安陽市王古道村東周墓葬發掘報告》，《華夏考古》2008 年第 1 期。

安陽市文物考古研究所：《河南安陽市殷墟郭家莊東南五號商代墓葬》，《考古》2008 年第 8 期。

安陽市文物考古研究所編著：《安陽殷墟徐家橋郭家莊商代墓葬：2004—2008 年殷墟考古報告》，科學出版社 2011 年版。

安陽亦工亦農文物考古短訓班、中國科學院考古研究所安陽發掘隊：《安陽殷墟奴隸祭祀坑的發掘》，《考古》1977 年第 1 期。

安志敏：《鄭州市人民公園附近的殷代遺存》，《文物參考資料》1954 年第 6 期。

寶雞市周原博物館：《北呂周人墓地》，西北大學出版社 1995 年版。

寶雞市考古隊、扶風縣博物館：《扶風縣飛鳳山西周墓發掘簡報》，《考古與文物》1996 年第 3 期。

寶雞市考古隊：《陝西寶雞高家村劉家文化墓地發掘報告》，北京大學中國考古學研究中心、北京大學震旦古代文明研究中心編：《古代文明》第 7 卷，文物出版社 2008 年版。

寶雞市考古工作隊、寶雞縣博物館：《寶雞縣陽平鎮高廟村西周墓群》，《考古與文物》1996 年第 3 期。

寶雞市考古工作隊：《陝西寶雞市高家村遺址發掘簡報》，《考古》1998 年第 4 期。

北京大學考古文博學院、河南省文物考古研究所編著：《登封王城崗考古發現與研究（2002—2005）》，大象出版社 2007 年版。

北京大學考古文博學院、山西省考古研究所：《天馬—曲村遺址北趙晉侯墓地第六次發掘》，《文物》2001 年第 8 期。

北京大學考古文博學院編著：《洛陽王灣——考古發掘報告》，北京大學出版社 2002 年版。

北京大學考古系、山西省考古研究所：《1992 年春天馬—曲村遺址墓葬發掘報告》，《文物》1993 年第 3 期。

北京大學考古系、山西省考古研究所：《天馬—曲村遺址北趙晉侯墓地第二次發掘》，《文物》1994 年第 1 期。

北京大學考古系、山西省考古研究所：《天馬—曲村遺址北趙晉侯墓地第三次發掘》，《文物》1994 年第 8 期。

北京大學考古系、山西省考古研究所：《天馬—曲村遺址北趙晉侯墓地第四次發掘》，《文物》1994 年第 8 期。

北京大學考古系、山西省考古研究所：《天馬—曲村遺址北趙晉侯墓地第五次發掘》，《文物》1995 年第 7 期。

北京大學考古系、烟臺市文管會、乳山縣文管所：《山東乳山縣南黃莊西周石板墓發掘簡報》，《考古》1991 年第 4 期。

北京大學考古系商周實習組、陝西省考古所商周研習室：《陝西米脂張坪墓地試掘簡報》，《考古與文物》1989 年第 1 期。

北京大學考古系商周組、山西省考古研究所編著：《天馬—曲村 (1980—1989)》，科學出版社 2000 年版。

北京大學考古系商周組、陝西省考古研究所：《陝西禮泉朱馬嘴商代遺址試掘簡報》，《考古與文物》2000 年第 5 期。

北京大學考古系商周組、陝西省考古研究所：《陝西耀縣北村遺址 1984 年發掘報告》，北京大學考古系編：《考古學研究 (二)》，北京大學出版社 1994 年版。

北京市文物管理處：《北京地區的又一重要考古收穫——昌平白浮西周木椁墓的新啓示》，《考古》1976 年第 4 期。

北京市文物管理處：《北京市平谷縣發現商代墓葬》，《文物》1977 年第 11 期。

北京市文物研究所、北京大學考古系：《1995 年琉璃河遺址墓葬區發掘簡報》，《文物》1996 年第 6 期。

北京市文物研究所：《琉璃河西周燕國墓地：1973—1977》，文物出版社 1995 年版。

北京市文物研究所：《鎮江營與塔照》，中國大百科全書出版社 1999 年版。

曹發展、景凡：《陝西旬邑崔家河遺址調查記》，《考古與文物》1984 年第 4 期。

曹永斌、樊維岳：《藍田泄湖鎮發現西周車馬坑》，《文博》1986 年第 5 期。

昌濰地區文物管理組、諸城縣博物館：《山東諸城呈子遺址發掘報告》，《考古學報》1980 年第 3 期。

程學華：《寶鷄扶風發現西周銅器》，《文物》1959 年第 11 期。

淳化縣文化館：《陝西淳化史家原出土西周大鼎》，《考古與文物》1980 年第 2 期。

戴尊德、劉岱瑜：《山西芮城柴村出土的西周銅器》，《考古》1989 年第 10 期。

戴尊德：《山西靈石縣旌介村商代墓和青銅器》，文物編輯委員會編：《文物資料叢刊》第 3 輯，文物出版社 1980 年版。

德州地區文化局文物組、濟陽縣圖書館：《山東濟陽劉臺子西周墓地第二次發掘》，《文物》1985 年第 12 期。

德州行署文化局文物組、濟陽縣圖書館：《山東濟陽劉臺子西周早期墓發掘簡報》，《文物》1981 年第 9 期。

杜傳敏等：《1989 年山東滕州莊里西西周墓發掘報告》，《中國國家博物館館刊》2012 年第 1 期。

鳳凰山(周公廟)考古隊：《2004 年夏鳳凰山(周公廟)遺址調查報告》，北京大學中國考古學研究中心、北京大學震旦文明研究中心編：《古代文明》第 6 卷，文物出版社 2007 年版。

傅永魁：《洛陽東郊西周墓發掘簡報》，《考古》1959 年第 4 期。

甘肅省博物館：《甘肅酒泉漢代小孩墓清理》，《考古》1960 年第 6 期。

甘肅省博物館：《甘肅武威皇娘娘臺遺址發掘報告》，《考古學報》1960 年第 2 期。

甘肅省博物館：《武威皇娘娘臺遺址第四次發掘》，《考古學報》1978 年第 4 期。

甘肅省博物館文物隊、靈臺縣文化館：《甘肅靈臺縣兩周墓葬》，《考古》1976 年第 1 期。

甘肅省博物館文物隊：《甘肅靈臺白草坡西周墓》，《考古學報》1977 年第 2 期。

甘肅省文物工作隊、北京大學考古學系：《甘肅甘谷毛家坪遺址發掘報告》，《考古學報》1987 年第 3 期。

甘肅省文物工作隊：《甘肅崇信于家灣周墓發掘簡報》，《考古與文物》1986 年第 1 期。

甘肅省文物考古研究所編著：《崇信于家灣周墓》，文物出版社 2009 年版。

高次若：《寶鷄石嘴頭發現西周早期墓葬》，《文物》1993 年第 7 期。

高去尋遺稿，杜正勝、李永迪整理：《大司空村第二次發掘報告》，臺灣"中央研究院"歷史語言研究所 2008 年版。

高西省：《扶風唐西原出土青銅器》，《考古與文物》1989 年第 1 期。

鞏啓明：《西安袁家崖發現商代晚期墓葬》，文物編輯委員會編：《文物資料叢刊》第 5 輯，文物出版社 1981 年版。

固原縣文物工作站：《寧夏固原縣西周墓清理簡報》，《考古》1983 年第 11 期。

郭寶鈞、林壽晉：《一九五二年秋季洛陽東郊發掘報告》，《考古學報》第 9 册，科學出版社 1955 年版。

郭寶鈞：《濬縣辛村》，科學出版社 1964 年版。

郭寶鈞：《濬縣辛村古殘墓之清理》，《田野考古報告》，商務印書館 1936 年版。

郭寶鈞：《一九五〇年春殷墟發掘報告》，《中國考古學報》第 5 册，中國科學院 1951 年版。

郭沫若主編，胡厚宣總編輯：《甲骨文合集》，中華書局 1978—1982 年版。

國家文物局、山西省考古研究所、吉林大學考古系編著：《晉中考古》，文物出版社 1998 年版。

國家文物局田野考古領隊培訓班：《泗水天齊廟遺址發掘的主要收穫》，《文物》1994 年第 12 期。

河北省文物管理處：《磁縣下七垣遺址發掘報告》，《考古學報》1979 年第 2 期。

河北省文物管理處：《河北元氏縣西張村的西周遺址和墓葬》，《考古》1979 年第 1 期。

河北省文物考古研究所編著：《邢臺商周遺址》，文物出版社 2011 年版。

河北省文物研究所、保定地區文物管理所：《定州北莊子商墓發掘簡報》，《文物春秋》1992 年增刊。

河北省文物研究所、河北文化學院：《武安趙窑遺址發掘報告》，《考古學報》1992 年第 3 期。

河北省文物研究所、邢臺市文物管理處：《河北邢臺南小汪周代遺址發掘簡報》，《文物》2012 年第 1 期。

河北省文物研究所、邢臺市文物管理處：《邢臺南小汪周代遺址西周遺存的發掘》，《文物春秋》1992年增刊。

河北省文物研究所：《河北滿城要莊發掘簡報》，《文物春秋》1992年增刊。

河北省文物研究所編：《藁城臺西商代遺址》，文物出版社1985年版。

河北省文物研究所編著：《河北重要考古發現：1949—2009》，科學出版社2009年版。

河北省邢臺市文物管理處編著：《邢臺糧庫遺址》，科學出版社2005年版。

河南省博物館：《河南省襄縣西周墓發掘簡報》，《文物》1977年第8期。

河南省文化局文物工作隊：《河南安陽薛家莊殷代遺址、墓葬和唐墓發掘簡報》，《考古通訊》1958年第8期。

河南省文化局文物工作隊：《河南新鄉潞王墳商代遺址發掘報告》，《考古學報》1960年第1期。

河南省文化局文物工作隊：《河南鄭州上街商代遺址發掘報告》，《考古》1966年第1期。

河南省文化局文物工作隊：《鄭州上街商代遺址的發掘》，《考古》1960年第6期。

河南省文化局文物工作隊編著：《鄭州二里崗》，科學出版社1959年版。

河南省文化局文物工作隊第二隊：《洛陽的兩個西周墓》，《考古通訊》1956年第1期。

河南省文化局文物工作隊第一隊：《河南上蔡出土的一批銅器》，《文物參考資料》1957年第11期。

河南省文化局文物工作隊第一隊：《鄭州洛達廟商代遺址試掘簡報》，《文物參考資料》1957年第10期。

河南省文物工作隊：《1958年春河南安陽市大司空村殷代墓葬發掘簡報》，《考古通訊》1958年第10期。

河南省文物管理局、河南省文物考古研究所編：《黃河小浪底水庫考古報告（一）》，中州古籍出版社1999年版。

河南省文物局編：《國王與諸侯：中國河南青銅文明》，中州古籍出版社2013年版。

河南省文物局編著：《滎陽官莊遺址》，科學出版社2015年版。

河南省文物考古研究所、平頂山市文物管理局、河南大學歷史文化學院：

《河南平頂山春秋晚期 M301 發掘簡報》，《文物》2012 年第 4 期。

河南省文物考古研究所、平頂山市文物管理局、河南大學歷史文化學院：《河南平頂山應國墓地 M257 發掘簡報》，《華夏考古》2015 年第 3 期。

河南省文物考古研究所、平頂山市文物管理局：《河南平頂山應國墓地八號墓發掘簡報》，《華夏考古》2007 年第 1 期。

河南省文物考古研究所、平頂山市文物管理局編：《平頂山應國墓地》第 1 卷，大象出版社 2012 年版。

河南省文物考古研究所、平頂山市文物管理委員會：《平頂山應國墓地九十五號墓的發掘》，《華夏考古》1992 年第 3 期。

河南省文物考古研究所、平頂山市文物局：《平頂山應國墓地十號墓發掘簡報》，《中原文物》2007 年第 4 期。

河南省文物考古研究所、三門峽市文物工作隊：《河南三門峽虢國墓地 M2008 發掘簡報》，《文物》2009 年第 2 期。

河南省文物考古研究所、三門峽市文物工作隊：《三門峽虢國墓地 M2010 的清理》，《文物》2000 年第 12 期。

河南省文物考古研究所、三門峽市文物工作隊：《三門峽虢國墓地 M2013 的發掘清理》，《文物》2000 年第 12 期。

河南省文物考古研究所、三門峽市文物工作隊：《上村嶺虢國墓地 M2006 的清理》，《文物》1995 年第 1 期。

河南省文物考古研究所、三門峽市文物工作隊編著：《三門峽虢國墓》第 1 卷，文物出版社 1999 年版。

河南省文物考古研究所、三門峽市文物考古研究所：《河南三門峽李家窑西周墓發掘簡報》，《文物》2014 年第 2 期。

河南省文物考古研究所、周口市文化局編：《鹿邑太清宮長子口墓》，中州古籍出版社 2000 年版。

河南省文物考古研究所：《安陽市西高平遺址商周遺存發掘報告》，《華夏考古》2006 年第 4 期。

河南省文物考古研究所：《河南鄧州市穰東遺址的發掘》，《華夏考古》1999 年第 2 期。

河南省文物考古研究所：《河南洛陽市南陳遺址西周文化遺存的發掘》，《華夏考古》2008 年第 3 期。

河南省文物考古研究所：《河南温縣陳家溝遺址發現的西周墓》，《華夏考古》2007 年第 2 期。

河南省文物考古研究所：《河南伊川縣南寨二里頭文化墓葬發掘簡報》，《考古》1996 年第 12 期。

河南省文物考古研究所：《河南滎陽市關帝廟遺址商代晚期遺存發掘簡報》，《考古》2008 年第 7 期。

河南省文物考古研究所：《鄭州商城新發現的幾座商墓》，《文物》2003 年第 4 期。

河南省文物考古研究所編：《輝縣孟莊》，中州古籍出版社 2003 年版。

河南省文物考古研究所編著：《鄭州商城：1953—1985 年考古發掘報告》，文物出版社 2001 年版。

河南省文物考古研究所編著：《鄭州小雙橋：1990—2000 年考古發掘報告》，科學出版社 2012 年版。

河南省文物考古研究院、河南省文物局南水北調文物保護辦公室：《河南淅川龍山崗遺址西周遺存發掘簡報》，《中國國家博物館館刊》2015 年第 7 期。

河南省文物考古研究院、河南省文物局南水北調文物保護辦公室：《鄭州市馬良寨遺址晚商文化遺存發掘簡報》，《考古》2017 年第 4 期。

河南省文物考古研究院、平頂山市文物局：《河南平頂山市蒲城店遺址西周遺存的發掘》，《考古》2016 年第 6 期。

河南省文物考古研究院、信陽市博物館、羅山縣博物館：《河南羅山天湖商周墓地 M57 發掘簡報》，《華夏考古》2016 年第 2 期。

河南省文物考古研究院、鄭州市文物考古研究院、滎陽市文物保護管理中心編著：《滎陽西司馬墓地》，大象出版社 2016 年版。

河南省文物考古研究院：《河南滎陽小胡村墓地商代墓葬發掘簡報》，《華夏考古》2015 年第 1 期。

河南省文物考古研究院：《鄭州市正興商務大廈商代遺存發掘簡報》，《華夏考古》2016 年第 4 期。

河南省文物研究所、長江流域規劃辦公室考古隊河南分隊：《淅川下王崗》，文物出版社 1989 年版。

河南省文物研究所、平頂山市文管會：《平頂山市北滍村兩周墓地一號墓發掘簡報》，《華夏考古》1988 年第 1 期。

河南省文物研究所、澠池縣文化館：《澠池縣鄭窑遺址發掘報告》，《華夏考古》1987 年第 2 期。

河南省文物研究所、郾城縣許慎紀念館：《郾城郝家臺遺址的發掘》，《華夏考古》1992 年第 3 期。

河南省文物研究所、禹縣文管會：《禹縣吳灣西周晚期墓葬清理簡報》，《中原文物》1988 年第 3 期。

河南省文物研究所、中國歷史博物館考古部編：《登封王城崗與陽城》，文物出版社 1992 年版。

河南省文物研究所：《河南鞏縣稍柴遺址發掘報告》，《華夏考古》1993 年第 2 期。

河南省文物研究所：《河南偃師灰嘴遺址發掘報告》，《華夏考古》1990 年第 1 期。

河南省文物研究所：《河南榮陽豎河遺址發掘報告》，《考古》編輯部編：《考古學集刊》第 10 集，地質出版社 1996 年版。

河南省文物研究所：《許昌縣大路陳村發現商代墓》，《華夏考古》1988 年第 1 期。

河南省文物研究所：《陝縣西崖村遺址的發掘》，《華夏考古》1989 年第 1 期。

河南省文物研究所：《信陽楚墓》，文物出版社 1986 年版。

河南省文物研究所：《鄭州北二七路新發現三座商墓》，《文物》1983 年第 3 期。

河南省文物研究所：《鄭州黃委會青年公寓考古發掘報告》，河南省文物研究所編：《鄭州商城考古新發現與研究（1985—1992）》，中州古籍出版社 1993 年版。

河南省文物研究所：《鄭州洛達廟遺址發掘報告》，《華夏考古》1989 年第 4 期。

河南省文物研究所：《鄭州市商代製陶遺址發掘簡報》，《華夏考古》1991 年第 4 期。

河南省信陽地區文管會、河南省羅山縣文化館：《羅山天湖商周墓地》，《考古學報》1986 年第 2 期。

河南省信陽地區文管會、羅山縣文管會：《羅山蟒張後李商周墓地第三次發掘簡報》，《中原文物》1988 年第 1 期。

河南文物工作隊第一隊：《鄭州市白家莊商代墓葬發掘簡報》，《文物參考資料》1955 年第 10 期。

湖北省博物館編：《曾侯乙墓》，文物出版社 1989 年版。

湖北省荊沙鐵路考古隊：《包山楚簡》，文物出版社 1991 年版。

湖北省荊州地區博物館：《江陵馬山一號楚墓》，文物出版社 1985 年版。

湖北省文物考古研究所、北京大學中文系編：《望山楚簡》，中華書局
1995 年版。

湖北省文物考古研究所、荆門市博物館、襄荆高速公路考古隊編著：《荆
門左冢楚墓》，文物出版社 2006 年版。

湖北省文物考古研究所、隨州市博物館、出土文獻與中國古代文明研究協
同創新中心：《湖北隨州葉家山 M107 發掘簡報》，《江漢考古》2016 年第 3 期。

湖北省文物考古研究所、隨州市博物館：《湖北隨州市文峰塔東周墓地》，
《考古》2014 年第 7 期。

湖北省文物考古研究所、隨州市博物館：《湖北隨州市葉家山西周墓地》，
《考古》2012 年第 7 期。

湖北省文物考古研究所、隨州市博物館：《湖北隨州文峰塔墓地 M4 發掘
簡報》，《江漢考古》2015 年第 1 期。

湖北省文物考古研究所、隨州市博物館：《湖北隨州葉家山 M28 發掘報
告》，《江漢考古》2013 年第 4 期。

湖北省文物考古研究所、隨州市博物館：《湖北隨州葉家山 M65 發掘簡
報》，《江漢考古》2011 年第 3 期。

湖北省文物考古研究所、隨州市博物館：《湖北隨州葉家山西周墓地發掘
簡報》，《文物》2011 年第 11 期。

湖北省文物考古研究所、隨州市博物館：《湖北隨州義地崗曾公子去疾墓
發掘簡報》，《江漢考古》2012 年第 3 期。

湖北省文物考古研究所、隨州市博物館：《隨州文峰塔 M1（曾侯與墓）、
M2 發掘簡報》，《江漢考古》2014 年第 4 期。

湖北省文物考古研究所、隨州市博物館：《隨州葉家山西周墓地第二次考
古發掘的主要收穫》，《江漢考古》2013 年第 3 期。

湖北省文物考古研究所、隨州市曾都區考古隊、隨州市博物館：《湖北隨
州義地崗墓地曾國墓 1994 年發掘簡報》，《文物》2008 年第 2 期。

湖北省文物考古研究所：《湖北京山蘇家壟墓地 M2 發掘簡報》，《江漢考
古》2011 年第 2 期。

湖北省文物考古研究所編著：《盤龍城：1963　1994 年考古發掘報告》，
科學出版社 2001 年版。

湖北省文物考古研究所等：《湖北棗陽郭家廟墓地曹門灣墓區（2014）M10、
M13、M22 發掘簡報》，《江漢考古》2016 年第 5 期。

黃陂縣文化館、孝感地區文化館、湖北省博物館：《湖北黃陂魯臺山兩周

遺址與墓葬》,《江漢考古》1982 年第 2 期。

黃岡地區博物館、黃州市博物館:《湖北省黃州市下窑嘴商墓發掘簡報》,
《文物》1993 年第 6 期。

黃河水庫考古隊河南分隊:《河南陝縣七里鋪商代遺址的發掘》,《考古學
報》1960 年第 1 期。

黃宣佩:《福泉山遺址發現的文明迹象》,《考古》1993 年第 2 期。

吉林大學邊疆考古研究中心、河北省文物局:《河北邯鄲薛莊遺址發掘報
告》,《考古學報》2014 年第 10 期。

濟南市考古研究所:《濟南市劉家莊遺址商代墓葬 M121、M12 發掘簡
報》,《中國國家博物館館刊》2016 年第 7 期。

濟青公路文物考古隊寧家埠分隊:《章丘寧家埠遺址發掘報告》,山東省
文物考古研究所編:《濟青高級公路章丘工段考古發掘報告集》,齊魯書社
1993 年版。

賈連敏等:《河南滎陽胡村發現晚商貴族墓地》,《中國文物報》2007 年 1
月 5 日,第 5 版。

江西省博物館、江西省文物考古研究所、新幹縣博物館:《新幹商代大
墓》,文物出版社 1997 年版。

荊門博物館編:《郭店楚墓竹簡》,文物出版社 1998 年版。

荊州博物館:《湖北荆州谢家桥一号汉墓发掘简报》,《文物》2009 年第 4
期。

莒縣博物館:《山東莒縣西大莊西周墓葬》,《考古》1999 年第 7 期。

巨萬倉:《陝西岐山王家嘴、衙裏西周墓葬發掘簡報》,《文博》1985 年第
5 期。

開封地區文管會、新鄭縣文管會、鄭州大學歷史系考古專業:《河南省新
鄭縣唐户兩周墓葬發掘簡報》,文物編輯委員會編:《文物資料叢刊》第 2 輯,
文物出版社 1978 年版。

考古研究所洛陽發掘隊:《1958 年洛陽東乾溝遺址發掘簡報》,《考古》
1959 年第 10 期。

考古研究所洛陽發掘隊:《一九五四年秋季洛陽西郊發掘簡報》,《考古通
訊》1955 年第 5 期。

孔繁銀:《山東滕縣井亭煤礦等地發現商代銅器及古遺址、墓葬》,《文
物》1959 年第 12 期。

李軍:《邢臺南小汪 28 號西周墓》,《文物春秋》2005 年第 2 期。

李衛星、賀福順：《山東嘉祥發現一座新石器時代墓葬》，《考古》1993 年第 2 期。

李元章：《山東栖霞縣大北莊發現東周墓》，《文物》1979 年第 5 期。

梁思永未完稿，高去尋輯補：《侯家莊第二本·1001 號大墓》，臺灣"中央研究院"歷史語言研究所 1990 年影印本。

梁思永未完稿，高去尋輯補：《侯家莊第九本·1129、1400、1443 號大墓》，臺灣"中央研究院"歷史語言研究所 1996 年版。

梁思永未完稿，高去尋輯補：《侯家莊第六本·1217 號大墓》，臺灣"中央研究院"歷史語言研究所 1968 年版。

梁思永未完稿，高去尋輯補：《侯家莊第七本·1500 號大墓》，臺灣"中央研究院"歷史語言研究所 1974 年版。

梁曉景、馬三鴻：《洛陽澗濱 AM21 西周墓》，《文物》1999 年第 9 期。

梁星彭、馮孝堂：《陝西長安、扶風出土西周銅器》，《考古》1963 年第 8 期。

遼寧省博物館文物工作隊：《遼寧朝陽魏營子西周墓和古遺址》，《考古》1977 年第 5 期。

遼寧省文物考古研究所：《遼寧喀左縣高家洞商周墓》，《考古》1998 年第 4 期。

臨汾地區文化局：《洪洞永凝堡西周墓葬發掘報告》，山西省考古研究所編：《三晉考古》第 1 輯，山西人民出版社 1994 年版。

臨沂市博物館：《山東臨沂中洽溝發現三座周墓》，《考古》1987 年第 8 期。

臨淄區文物局、臨淄區齊故城遺址博物館：《臨淄齊國故城河崖頭村西周墓》，山東省文物考古研究所編：《海岱考古》第 6 輯，科學出版社 2013 年版。

琉璃河考古隊：《1981—1983 年琉璃河西周燕國墓地發掘簡報》，《考古》1984 年第 5 期。

琉璃河考古隊：《北京琉璃河 1193 號大墓發掘簡報》，《考古》1990 年第 1 期。

劉得禎：《甘肅靈臺紅崖溝出土西周銅器》，《考古與文物》1983 年第 6 期。

劉得禎：《甘肅靈臺兩座西周墓》，《考古》1981 年第 6 期。

劉東亞：《河南淮陽出土的西周銅器和陶器》，《考古》1964 年第 3 期。

劉士莪編著：《老牛坡——西北大學考古專業田野發掘報告》，陝西人民出版社 2002 年版。

　　劉曉燕、孫承晉：《山東榮成市學福村商周墓葬的清理》，《考古》2004 年第 9 期。

　　劉雲輝：《陝西出土東周玉器》，文物出版社 2006 年版。

　　劉震：《河北遵化縣發現一座商代墓葬》，《考古》1995 年第 5 期。

　　盧連成、胡智生編著：《寶鷄強國墓地》，文物出版社 1988 年版。

　　盧連成、尹盛平：《古夨國遺址、墓地調查記》，《文物》1982 年第 2 期。

　　羅紅俠：《扶風黃堆老堡三座西周殘墓清理簡報》，《考古與文物》1994 年第 3 期。

　　羅紅俠：《扶風黃堆老堡西周殘墓清理簡報》，《文博》1994 年第 5 期。

　　羅西章、吳振烽、雒忠如：《陝西扶風出土西周伯戔諸器》，《文物》1976 年第 6 期。

　　羅西章、吳鎮烽、尚志儒：《陝西扶風縣召李村一號周墓清理簡報》，《文物》1976 年第 6 期。

　　羅西章：《扶風白龍大隊發現西周早期墓葬》，《文物》1978 年第 2 期。

　　羅西章：《扶風出土商周青銅器》，《考古與文物》1980 年第 4 期。

　　羅西章：《扶風齊家村西周墓清理簡報》，《文博》1990 年第 3 期。

　　羅西章：《陝西扶風楊家堡西周墓清理簡報》，《考古與文物》1980 年第 2 期。

　　洛陽博物館：《洛陽東馬溝二里頭類型墓葬》，《考古》1978 年第 1 期。

　　洛陽博物館：《洛陽龐家溝五座西周墓的清理》，《文物》1972 年第 10 期。

　　洛陽市第二文物工作隊：《洛陽五女冢西周墓發掘簡報》，《文物》1997 年第 9 期。

　　洛陽市第二文物工作隊：《洛陽五女冢西周早期墓葬發掘簡報》，《文物》2000 年第 10 期。

　　洛陽市文物工作隊：《河南洛陽吉利東楊村遺址》，《考古》1983 年第 2 期。

　　洛陽市文物工作隊：《河南洛陽市潤陽廣場 C1M9950 號東周墓葬的發掘》，《考古》2009 年第 12 期。

　　洛陽市文物工作隊：《洛陽北窑西周車馬坑發掘簡報》，《文物》2011 年第 8 期。

　　洛陽市文物工作隊：《洛陽瀍河東岸西周墓的發掘》，《文物》2006 年第 3 期。

洛陽市文物工作隊：《洛陽東車站兩周墓發掘簡報》，《文物》2003 年第 12 期。

洛陽市文物工作隊：《洛陽東關五座西周墓的清理》，《中原文物》1984 年第 3 期。

洛陽市文物工作隊：《洛陽東郊西周墓》，《文物》1999 年第 9 期。

洛陽市文物工作隊：《洛陽澗河東岸西周晚期墓》，《文物》2007 年第 9 期。

洛陽市文物工作隊：《洛陽老城北大街西周墓》，《文物》2010 年第 8 期。

洛陽市文物工作隊：《洛陽林校西周車馬坑》，《文物》1999 年第 3 期。

洛陽市文物工作隊：《洛陽市東郊發現的兩座西周墓》，《文物》1992 年第 3 期。

洛陽市文物工作隊：《洛陽市唐城花園 C3M417 西周墓發掘簡報》，《文物》2004 年第 7 期。

洛陽市文物工作隊編著：《洛陽北窑西周墓》，文物出版社 1999 年版。

洛陽市文物工作隊編著：《洛陽瞿家屯發掘報告》，文物出版社 2010 年版。

洛陽市文物考古研究院：《洛陽林校西周車馬坑發掘簡報》，《洛陽考古》2015 年第 1 期。

洛陽市文物考古研究院：《洛陽鐵道·龍錦嘉園西周墓發掘簡報》，《中國國家博物館館刊》2015 年第 11 期。

馬承源主編：《上海博物館藏戰國楚竹書(四)》，上海古籍出版社 2004 年版。

馬承源主編：《上海博物館藏戰國楚竹書(五)》，上海古籍出版社 2005 年版。

馬得志、周永珍、張雲鵬：《一九五三年安陽大司空村發掘報告》，《考古學報》第 9 冊，科學出版社 1955 年版。

馬全：《焦作南朱村發現商代墓》，《華夏考古》1988 年第 1 期。

馬璽倫：《山東沂水發現一座西周墓葬》，《文物》1986 年第 8 期。

南京博物院、徐州博物館、邳州博物館：《江蘇邳州梁王城遺址西周墓地發掘簡報》，《東南文化》2016 年第 2 期。

南京博物院：《1987 年江蘇新沂花廳遺址的發掘》，《文物》1990 年第 2 期。

南京博物院：《江蘇句容縣浮山果園西周墓》，《考古》1977 年第 5 期。

南京博物院編著：《北陰陽營》，文物出版社 1993 年版。

南水北調中綫幹綫工程建設管理局、河北省南水北調工程建設委員會辦公室、河北省文物局編著：《唐縣南放水：夏、周時期遺存發掘報告》，文物出版社 2011 年版。

南陽市文物考古研究所：《河南南陽市萬家園 M202 發掘簡報》，《中原文物》2007 年第 5 期。

龐文龍、劉少敏：《岐山縣北郭鄉樊村新出土青銅器等文物》，《文物》1992 年第 6 期。

彭適凡、李玉林：《江西新幹縣的西周墓》，《文物》1983 年第 6 期。

平陰縣博物館籌建處：《山東平陰洪范商墓清理簡報》，《文物》1992 年第 4 期。

祁建業：《岐山縣博物館近幾年來徵集的商周青銅器》，《考古與文物》1984 年第 5 期。

齊國故城遺址博物館、臨淄區文物管理所：《山東臨淄齊國故城西周墓》，《考古》1988 年第 1 期。

橋北考古隊：《山西浮山橋北商周墓》，北京大學中國考古學研究中心、北京大學震旦古代文明研究中心編：《古代文明》第 5 卷，文物出版社 2006 年版。

青海省文物管理處考古隊、中國社會科學院考古研究所：《青海柳灣》，文物出版社 1984 年版。

清華大學出土文獻研究與保護中心編：《清華大學藏戰國竹簡(貳)》，中西書局，2011 年版。

慶陽地區博物館：《甘肅寧縣焦村西溝出土的一座西周墓》，《考古與文物》1989 年第 6 期。

慶陽地區博物館：《甘肅慶陽韓家灘廟嘴發現一座西周墓》，《考古》1985 年第 9 期。

任相宏：《濟南大辛莊龍山、商遺址調查》，《考古》1985 年第 8 期。

任亞珊、郭瑞海、賈金標：《1993—1997 年邢臺葛家莊先商遺址、兩周貴族墓地考古工作的主要收穫》，《三代文明研究》編輯委員會編：《三代文明研究(一)——1998 年河北邢臺中国商周文明国际学术研讨会论文集》，科學出版社 1999 年版。

三門峽市文物工作隊：《三門峽市花園北街發現一座西周墓葬》，《文物》1999 年第 11 期。

三門峽市文物工作隊：《三門峽市李家窯四十四號墓的發掘》，《華夏考古》2000 年第 3 期。

山東大學東方考古研究中心、山東省文物考古研究所、濟南市考古研究所：《濟南市大辛莊商代居址與墓葬》，《考古》2004 年第 7 期。

山東大學東方考古研究中心：《大辛莊遺址 1984 年秋試掘報告》，山東大學東方考古研究中心編：《東方考古》第 4 集，科學出版社 2008 年版。

山東大學考古系、淄博市文物局、沂源縣文管所：《山東沂源縣姑子坪周代墓葬》，《考古》2003 年第 1 期。

山東大學考古系：《山東長清縣仙人臺周代墓地》，《考古》1998 年第 9 期。

山東大學歷史文化學院考古系、山東省文物考古研究所：《濟南大辛莊遺址 139 號商代墓葬》，《考古》2010 年第 10 期。

山東大學歷史文化學院考古學系、青島市文物保護考古研究所、即墨市博物館：《山東即墨市北阡遺址 2007 年發掘簡報》，《考古》2011 年第 11 期。

山東大學歷史系考古專業、山東省文物考古研究所、濟南市博物館：《1984 年秋濟南大辛莊遺址試掘述要》，《文物》1995 年第 6 期。

山東大學歷史系考古專業：《山東鄒平丁公遺址第二、三次發掘簡報》，《考古》1992 年第 6 期。

山東大學歷史系考古專業教研室：《泗水尹家城》，文物出版社 1990 年版。

山東省博物館：《山東益都蘇埠屯第一號奴隸殉葬墓》，《文物》1972 年第 8 期。

山東省昌濰地區文物管理組：《膠縣西菴遺址調查試掘簡報》，《文物》1977 年第 4 期。

山東省濰坊市博物館、山東省昌樂縣文管所：《山東昌樂岳家河周墓》，《考古學報》1990 年第 1 期。

山東省文物考古研究所、廣饒縣博物館：《廣饒縣五村遺址發掘報告》，張學海主編：《海岱考古》第 1 輯，山東大學出版社 1989 年版。

山東省文物考古研究所、齊城遺址博物館：《臨淄東古墓地發掘簡報》，張學海主編：《海岱考古》第 1 輯，山東大學出版社 1989 年版。

山東省文物考古研究所、齊城遺址博物館：《臨淄兩醇墓地發掘簡報》，張學海主編：《海岱考古》第 1 輯，山東大學出版社 1989 年版。

山東省文物考古研究所、青州市博物館：《青州市蘇埠屯商代墓發掘報告》，張學海主編：《海岱考古》第 1 輯，山東大學出版社 1989 年版。

山東省文物考古研究所、山東省博物館等編：《曲阜魯國故城》，齊魯書社 1982 年版。

山東省文物考古研究所：《高青縣陳莊西周遺存發掘簡報》，山東省文物考古研究所編：《海岱考古》第 4 輯，科學出版社 2011 年版。

山東省文物考古研究所：《山東高青縣陳莊西周遺址》，《考古》2010 年第 8 期。

山東省文物考古研究所：《山東濟陽劉臺子西周六號墓清理報告》，《文物》1996 年第 12 期。

山東省文物考古研究所等：《山東陽信縣李屋遺址商代遺存發掘簡報》，《考古》2010 年第 3 期。

山東省烟臺地區文管組：《山東蓬萊縣西周墓發掘簡報》，文物編輯委員會編：《文物資料叢刊》第 3 輯，文物出版社 1980 年版。

山東省烟臺地區文物管理委員會：《烟臺市上夼村出土貳國銅器》，《考古》1983 年第 4 期。

山西大學歷史文化學院、洛陽市文物工作隊：《河南洛陽市潤陽廣場東周墓 C1M9934 發掘簡報》，《考古》2010 年第 12 期。

山西省考古研究所、北京大學考古系：《山西北趙晉侯墓地一號車馬坑發掘簡報》，《文物》2010 年第 2 期。

山西省考古研究所、海金樂、韓炳華編著：《靈石旌介商墓》，科學出版社 2006 年版。

山西省考古研究所、靈石縣文化局：《山西靈石旌介村商墓》，《文物》1986 年第 11 期。

山西省考古研究所、曲沃縣文物局：《山西曲沃羊舌晉侯墓地發掘簡報》，《文物》2009 年第 1 期。

山西省考古研究所、山西博物院、首都博物館編：《呦呦鹿鳴：燕國公主眼裏的霸國》，科學出版社 2014 年版。

山西省考古研究所、運城市文物工作站、絳縣文化局：《山西絳縣橫水西周墓地》，《考古》2006 年第 7 期。

山西省考古研究所、運城市文物工作站、絳縣文化局：《山西絳縣橫水西周墓發掘簡報》，《文物》2006 年第 8 期。

山西省考古研究所：《靈石旌介發現商周及漢代遺迹》，《文物》2004 年第 8 期。

山西省考古研究所：《山西長子縣西南呈西周墓地發掘簡報》，《考古》2016 年第 3 期。

山西省考古研究所：《聞喜上郭村 1989 年發掘簡報》，山西省考古研究所編：《三晉考古》第 1 輯，山西人民出版社 1994 年版。

山西省考古研究所編：《上馬墓地》，文物出版社 1994 年版。

山西省考古研究所大河口墓地聯合考古隊：《山西翼城縣大河口西周墓地》，《考古》2011 年第 7 期。

山西省文物工作委員會、洪洞縣文化館：《山西洪洞永凝堡西周墓葬》，《文物》1987 年第 2 期。

山西省文物管理委員會：《山西洪趙縣坊堆村古遺址墓葬群清理簡報》，《文物參考資料》1955 年第 4 期。

陝西省博物館、陝西省文物管理委員會：《陝西岐山賀家村西周墓葬》，《考古》1976 年第 1 期。

陝西省考古研究所、寶鷄市考古隊：《陝西省寶鷄市峪泉周墓》，《考古與文物》2000 年第 5 期。

陝西省考古研究所、寶鷄市考古工作隊、鳳翔縣博物館：《鳳翔縣孫家南頭周墓發掘簡報》，《考古與文物》2007 年第 1 期。

陝西省考古研究所、北京大學考古實習隊：《銅川市王家河墓地發掘簡報》，《考古與文物》1987 年第 2 期。

陝西省考古研究所、秦始皇兵馬俑博物館編著：《華縣東陽》，科學出版社 2006 年版。

陝西省考古研究所、渭南市考古所、韓城市文物局：《陝西韓城梁帶村芮國墓地西區發掘簡報》，《考古與文物》2010 年第 1 期。

陝西省考古研究所、渭南市文物保護考古研究所、韓城市文物旅游局：《陝西韓城梁帶村遺址 M19 發掘簡報》，《考古與文物》2007 年第 2 期。

陝西省考古研究所、渭南市文物保護考古研究所、韓城市文物旅游局：《陝西韓城梁帶村遺址 M26 發掘簡報》，《文物》2008 年第 1 期。

陝西省考古研究所、渭南市文物保護考古研究所、韓城市文物旅游局：《陝西韓城梁帶村遺址 M27 發掘簡報》，《考古與文物》2007 年第 6 期。

陝西省考古研究所寶鷄工作站、寶鷄市考古工作隊：《陝西隴縣邊家莊五號春秋墓發掘簡報》，《文物》1988 年第 11 期。

陝西省考古研究所寶中鐵路考古隊：《陝西隴縣店子村四座周墓發掘簡報》，《考古與文物》1995 年第 1 期。

陝西省考古研究所編著：《高家堡戈國墓》，三秦出版社 1995 年版。

陝西省考古研究院、寶鷄市考古研究所、寶鷄市渭濱區博物館：《陝西寶鷄石鼓山商周墓地 M4 發掘簡報》，《文物》2016 年第 1 期。

陝西省考古研究院、寶鷄市考古研究所、鳳翔縣博物館：《鳳翔孫家南頭：周秦墓葬與西漢倉儲建築遺址發掘報告》，科學出版社 2015 年版。

陝西省考古研究院、寶鷄市考古研究所、鳳翔縣博物館：《鳳翔西關新區西周墓葬考古發掘簡報》，《文博》2014 年第 2 期。

陝西省考古研究院、商洛市博物館編著：《商洛東龍山》，科學出版社 2011 年版。

陝西省考古研究院、渭南市文物保護考古研究所、韓城市景區管理委員會編著：《梁帶村芮國墓地——二〇〇七年度發掘報告》，文物出版社 2010 年版。

陝西省考古研究院：《陝西韓城市梁帶村芮國墓地 M28 的發掘》，《考古》2009 年第 4 期。

陝西省考古研究院編著：《少陵原西周墓地》，科學出版社 2009 年版。

陝西省文物管理委員會：《長安普渡村西周墓的發掘》，《考古學報》第 1 冊，科學出版社 1957 年版。

陝西省文物管理委員會：《陝西長安澧西張家坡西周遺址的發掘》，《考古》1964 年第 9 期。

陝西省文物管理委員會：《陝西扶風、岐山周代遺址和墓葬調查發掘報告》，《考古》1963 年第 12 期。

陝西省文物管理委員會：《陝西岐山、扶風周墓清理記》，《考古》1960 年第 8 期。

陝西省文物管理委員會：《西周鎬京附近部分墓葬發掘簡報》，《文物》1986 年第 1 期。

陝西周原考古隊：《扶風黃堆西周墓地鑽探清理簡報》，《文物》1986 年第 8 期。

陝西周原考古隊：《扶風劉家姜戎墓葬發掘簡報》，《文物》1984 年第 7 期。

陝西周原考古隊：《扶風雲塘西周墓》，《文物》1980 年第 4 期。

陝西周原考古隊：《陝西扶風齊家十九號西周墓》，《文物》1979 年第 11 期。

陝西周原考古隊：《陝西岐山賀家村西周墓發掘報告》，文物編輯委員會編：《文物資料叢刊》第 8 輯，文物出版社 1983 年版。

上海市文物保管委員會：《崧澤——新石器時代遺址發掘報告》，文物出版社 1987 年版。

上海市文物管理委員會：《青浦福泉山遺址崧澤文化遺存》，《考古學報》1990 年第 3 期。

尚友德、薛東星：《陝西銅川市清理一座西周墓》，《考古》1986 年第 5 期。

石從枝、李軍：《河北邢臺市南小汪發現西周墓》，《考古》2003 年第 12 期。

石鼓山考古隊：《陝西寶鷄石鼓山西周墓葬發掘簡報》，《文物》2013 年第 2 期。

石鼓山考古隊：《陝西省寶鷄市石鼓山西周墓》，《考古與文物》2013 年第 1 期。

石興邦：《長安普渡村西周墓葬發掘記》，《考古學報》第 8 册，中國科學院 1954 年版。

石璋如：《河南安陽後岡的殷墓》，臺灣《"中央研究院"歷史語言研究所集刊》第 13 本，商務印書館 1948 年版。

石璋如：《侯家莊第十本·小墓分述之一》，臺灣"中央研究院"歷史語言研究所 2001 年版。

石璋如：《小屯第一本·遺址的發現與發掘丙編·丙區墓葬》，臺灣"中央研究院"歷史語言研究所 1960 年版。

石璋如：《小屯第一本·遺址的發現與發掘丙編·乙區基址上下的墓葬》，臺灣"中央研究院"歷史語言研究所 1976 年版。

石璋如：《小屯第一本·遺址的發現與發掘丙編·中組墓葬》，臺灣"中央研究院"歷史語言研究所 1972 年版。

四川省博物館：《巫山大溪遺址第三次發掘》，《考古學報》1981 年第 4 期。

蘇秉琦：《鬥鷄臺溝東區墓葬》，北平研究院史學研究所 1948 年版。

隨縣博物館：《湖北隨縣城郊發現春秋墓葬和銅器》，《文物》1980 年第 1 期。

隨州市博物館：《湖北隨縣安居出土青銅器》，《文物》1982 年第 12 期。

隨州市博物館：《湖北隨州市安居鎮發現春秋曾國墓》，《江漢考古》1990 年第 1 期。

隨州市博物館編著：《隨州擂鼓墩二號墓》，文物出版社 2008 年版。

唐禄庭、姜國鈞：《山東黃縣東營周家村西周殘墓清理簡報》，張學海主編:《海岱考古》第 1 輯,山東大學出版社 1989 年版。

唐山市文物管理處、遷安縣文物管理所:《河北遷安縣小山東莊西周時期墓葬》,《考古》1997 年第 4 期。

陶榮:《甘肅崇信香山寺先周墓清理簡報》,《考古與文物》2008 年第 2 期。

滕縣博物館:《山東滕縣發現滕侯銅器墓》,《考古》1984 年第 4 期。

滕州市博物館:《山東滕州前掌大遺址新發現的西周墓》,《文物》2015 年第 4 期。

滕州市博物館:《山東滕州市發現商代青銅器》,《文物》1993 年第 6 期。

滕州市博物館:《山東滕州市薛河下游出土的商代青銅器》,《考古》1996 年第 5 期。

滕州市博物館:《滕州前掌大村南墓地發掘報告(1998—2001)》,山東省文物考古研究所編:《海岱考古》第 3 輯,科學出版社 2010 年版。

天津市歷史博物館考古部:《天津薊縣張家園遺址第三次發掘》,《考古》1993 年第 4 期。

萬樹瀛、楊孝義:《山東滕縣出土西周滕國銅器》,《文物》1979 年第 4 期。

王長啓:《西安豐鎬遺址發現的車馬坑及青銅器》,《文物》2002 年第 12 期。

王桂枝:《寶雞下馬營旭光西周墓清理簡報》,《文博》1985 年第 2 期。

王進先、楊曉宏:《山西武鄉縣上城村出土一批晚商銅器》,《文物》1992 年第 4 期。

王錫平、唐禄庭:《山東黃縣莊頭西周墓清理簡報》,《文物》1986 年第 8 期。

王永光:《陝西省寶雞市峪泉生產隊發現西周早期墓葬》,《文物》1975 年第 3 期。

魏國:《山東新泰出土商周青銅器》,《文物》1992 年第 3 期。

吳振烽編著:《商周青銅器銘文暨圖像集成》,上海古籍出版社 2012 年版。

武漢大學歷史系考古教研室、襄樊市博物館、隨州市博物館:《西花園與廟臺子(田野考古發掘報告)》,武漢大學出版社 1993 年版。

武漢大學歷史學院、湖北省文物考古研究所、盤龍城遺址博物館籌建處:《2014 年盤龍城楊家嘴遺址 M26、H14 發掘簡報》,《江漢考古》2016 年第 2

期。

武漢大學歷史學院、盤龍城遺址博物院：《武漢市盤龍城遺址楊家灣商代墓葬發掘簡報》，《考古》2017 年第 3 期。

武漢大學歷史學院等：《湖北棗陽郭家廟墓地曹門灣墓區（2015）M43 發掘簡報》，《江漢考古》2016 年第 5 期。

武漢市博物館、湖北省文物考古研究所、黃陂縣文物管理處：《1997—1998 年盤龍城發掘簡報》，《江漢考古》1998 年第 3 期。

武漢市黃陂區文管所、武漢市文物考古研究所、武漢市盤龍城遺址博物館（籌）：《商代盤龍城遺址楊家灣十三號墓清理簡報》，《江漢考古》2005 年第 1 期。

西安半坡博物館、陝西省考古研究所、臨潼縣博物館：《姜寨——新石器時代遺址發掘報告》，文物出版社 1988 年版。

西北大學文博學院編著：《城固寶山：1998 年發掘報告》，文物出版社 2002 年版。

西北大學文博學院考古專業編著：《扶風案板遺址發掘報告》，科學出版社 2000 年版。

西北大學文化遺産與考古學研究中心、陝西省考古研究院、淳化縣博物館：《陝西淳化縣棗樹溝腦遺址先周時期遺存》，《考古》2012 年第 3 期。

咸陽市文物考古研究所、旬邑縣博物館：《陝西旬邑下魏洛西周早期墓發掘簡報》，《文物》2006 年第 8 期。

襄樊市考古隊、湖北省文物考古研究所、湖北孝襄高速公路考古隊編著：《棗陽郭家廟墓地》，科學出版社 2005 年版。

襄樊市文物考古研究所：《襄樊沈崗西周墓發掘簡報》，襄樊市文物考古研究所編：《襄樊考古文集》第 1 輯，科學出版社 2007 年版。

肖琦：《陝西隴縣出土周代青銅器》，《考古與文物》1991 年第 5 期。

信陽地區文管會、固始縣文管會：《固始縣葛藤山六號商代墓發掘簡報》，《華夏考古》1991 年第 1 期。

信陽地區文管會、羅山縣文化館：《河南羅山縣蟒張商代墓地第一次發掘簡報》，《考古》1981 年第 2 期。

信陽地區文管會、羅山縣文化館：《羅山蟒張後李商周墓地第二次發掘簡報》，《中原文物》1981 年第 4 期。

徐錫臺：《岐山賀家村周墓發掘簡報》，《考古與文物》1980 年第 1 期。

許俊臣、劉得禎：《甘肅寧縣宇村出土西周青銅器》，《考古》1985 年第 4

期。

烟臺市文物管理委員會：《山東蓬萊縣柳格莊墓群發掘簡報》，《考古》1990 年第 9 期。

楊軍昌、孫秉君、王占奎、韓汝玢：《陝西岐山王家咀先周墓 M19 出土銅器的實驗研究》，《考古與文物》2003 年第 5 期。

葉萬松、余扶危：《洛陽市瀍河西周車馬坑》，中國考古學會編：《中國考古學年鑒(1985)》，文物出版社 1985 年版。

殷墟孝民屯考古隊：《河南安陽市孝民屯商代墓葬 2003—2004 年發掘簡報》，《考古》2007 年第 1 期。

殷墟孝民屯考古隊：《河南安陽市孝民屯遺址西周墓》，《考古》2014 年第 5 期。

雍城考古隊：《鳳翔南指揮西村周墓的發掘》，《考古與文物》1982 年第 4 期。

于省吾：《雙劍誃吉金圖録》，中華書局 2009 年版。

張崇寧、楊林中：《山西發掘黎城西周墓地》，《中國文物報》2007 年 4 月 25 日，第 2 版。

張劍、蔡運章：《洛陽白馬寺三座西周晚期墓》，《文物》1998 年第 10 期。

張劍、蔡運章：《洛陽東郊 13 號西周墓的發掘》，《文物》1998 年第 10 期。

趙霞光：《安陽市西郊的殷代文化遺址》，《文物參考資料》1958 年第 12 期。

趙永福：《1961—62 年灃西發掘簡報》，《考古》1984 年第 9 期。

鄭洪春、穆海亭：《長安縣花園村西周墓葬清理簡報》，《文博》1988 年第 1 期。

鄭洪春：《長安縣河迪村西周墓清理簡報》，文物編輯委員會編：《文物資料叢刊》第 5 輯，文物出版社 1981 年版。

鄭同修、隋裕仁：《山東威海市發現周代墓葬》，《考古》1995 年第 1 期。

鄭州大學歷史文化遺產保護研究中心編著：《登封南窪：2004—2006 年田野考古報告》，科學出版社 2014 年版。

鄭州大學歷史學院、河南省文物局南水北調文物保護辦公室：《河南溫縣徐堡遺址兩周墓葬發掘簡報》，《中原文物》2016 年第 2 期。

鄭州大學文博學院、開封市文物工作隊編著：《豫東杞縣發掘報告》，科學出版社 2000 年版。

鄭州市博物館：《河南滎陽西史村遺址試掘簡報》，文物編輯委員會編：

《文物資料叢刊》第 5 輯，文物出版社 1981 年版。

鄭州市博物館：《鄭州大河村遺址發掘報告》，《考古學報》1979 年第 3 期。

鄭州市博物館：《鄭州市陳莊遺址發掘簡報》，《中原文物》1986 年第 2 期。

鄭州市博物館：《鄭州市銘功路西側的兩座商代墓》，《考古》1965 年第 10 期。

鄭州市文物工作隊、鄭州市大河村遺址博物館：《鄭州大河村遺址 1893、1987 年發掘報告》，《考古學報》1996 年第 1 期。

鄭州市文物考古研究所：《鄭州大師姑》，科學出版社 2004 年版。

鄭州市文物考古研究所：《鄭州市銘功路東商代遺址》，《考古》2002 年第 9 期。

鄭州市文物考古研究所：《鄭州市窪劉村西周早期墓葬（ZGW99M1）發掘簡報》，《文物》2001 年第 6 期。

鄭州市文物考古研究所編著：《鄭州大河村》，科學出版社 2001 年版。

鄭州市文物考古研究院：《河南滎陽娘娘寨城址西周墓葬發掘簡報》，《文物》2009 年第 9 期。

鄭州市文物考古研究院：《鄭州黃河路 109 號院殷代墓葬發掘簡報》，《中原文物》2015 年第 3 期。

鄭州市文物考古研究院編著：《新鄭望京樓：2010—2012 年田野考古發掘報告》，科學出版社 2016 年版。

中國國家博物館田野考古中心、山西省考古研究所、垣曲縣博物館編著：《垣曲商城（二）：1988—2003 年度考古發掘報告》，科學出版社 2014 年版。

中國科學院考古研究所安陽隊：《1991 年安陽後岡殷墓的發掘》，《考古》1993 年第 10 期。

中國科學院考古研究所安陽發掘隊：《1958—1959 年殷墟發掘簡報》，《考古》1961 年第 2 期。

中國科學院考古研究所安陽發掘隊：《1962 年安陽大司空村發掘簡報》，《考古》1964 年第 8 期。

中國科學院考古研究所安陽發掘隊：《1971 年安陽後岡發掘簡報》，《考古》1972 年第 3 期。

中國科學院考古研究所安陽工作隊：《1972 年春安陽後岡發掘簡報》，《考古》1972 年第 5 期。

中國科學院考古研究所安陽工作隊:《1973 年小屯南地發掘報告》,《考古》編輯部編:《考古學集刊》第 9 集,科學出版社 1995 年版。

中國科學院考古研究所編著:《澧西發掘報告(1955—1957 年陝西長安縣澧西考古發掘資料)》,文物出版社 1963 年版。

中國科學院考古研究所編著:《輝縣發掘報告》,科學出版社 1956 年版。

中國科學院考古研究所編著:《上村嶺虢國墓地》,科學出版社 1959 年版。

中國科學院考古研究所山東發掘隊:《山東平陰縣朱家橋殷代遺址》,《考古》1961 年第 2 期。

中國歷史博物館考古部、山西省考古研究所、垣曲縣博物館編著:《垣曲商城(一):1985—1986 年度勘察報告》,科學出版社 1996 年版。

中國社會科學院考古所河南一隊:《河南汝州中山寨遺址》,《考古學報》1991 年第 1 期。

中國社會科學院考古研究所、棗莊市博物館:《棗莊市二疏城遺址發掘簡報》,山東省文物考古研究所編:《海岱考古》第 4 輯,科學出版社 2011 年版。

中國社會科學院考古研究所、中國歷史博物館、山西省考古研究所:《夏縣東下馮》,文物出版社 1988 年版。

中國社會科學院考古研究所:《安陽小屯》,世界圖書出版公司 2002 年版。

中國社會科學院考古研究所:《河南偃師商城商代早期王室祭祀遺址》,《考古》2002 年第 7 期。

中國社會科學院考古研究所:《洛陽中州路(西工段)》,科學出版社 1959 年版。

中國社會科學院考古研究所安陽隊:《1984 年秋安陽苗圃北地殷墓發掘簡報》,《考古》1989 年第 2 期。

中國社會科學院考古研究所安陽隊:《1986—1987 年安陽花園莊南地發掘報告》,《考古學報》1992 年第 2 期。

中國社會科學院考古研究所安陽隊:《安陽大寒村南崗遺址》,《考古學報》1990 年第 1 期。

中國社會科學院考古研究所安陽隊:《安陽殷墟西區一七一三號墓的發掘》,《考古》1986 年第 8 期。

中國社會科學院考古研究所安陽隊:《河南安陽市殷墟鐵三路 89 號墓的發掘》,《考古》2017 年第 3 期。

中國社會科學院考古研究所安陽工作隊：《1969—1977 年殷墟西區墓葬發掘報告》，《考古學報》1979 年第 1 期。

中國社會科學院考古研究所安陽工作隊：《1976 年安陽小屯西北地發掘簡報》，《考古》1987 年第 4 期。

中國社會科學院考古研究所安陽工作隊：《1978 年安陽殷墟王陵區侯家莊北地一號墓發掘報告》，《江漢考古》2017 年第 3 期。

中國社會科學院考古研究所安陽工作隊：《1979 年安陽後岡遺址發掘報告》，《考古學報》1985 年第 1 期。

中國社會科學院考古研究所安陽工作隊：《1980—1982 年安陽苗圃北地遺址發掘簡報》，《考古》1986 年第 2 期。

中國社會科學院考古研究所安陽工作隊：《1980 年河南安陽大司空村M539 發掘簡報》，《考古》1992 年第 6 期。

中國社會科學院考古研究所安陽工作隊：《1984—1988 年安陽大司空村北地殷代墓葬發掘報告》，《考古學報》1994 年第 4 期。

中國社會科學院考古研究所安陽工作隊：《1986 年安陽大司空村南地的兩座殷墓》，《考古》1989 年第 7 期。

中國社會科學院考古研究所安陽工作隊：《1987 年秋安陽梅園莊南地殷墓的發掘》，《考古》1991 年第 2 期。

中國社會科學院考古研究所安陽工作隊：《1998 年—1999 年安陽洹北商城花園莊東地發掘報告》，劉慶柱主編：《考古學集刊》第 15 集，文物出版社2004 年版。

中國社會科學院考古研究所安陽工作隊：《安陽大司空村東南的一座殷墓》，《考古》1988 年第 10 期。

中國社會科學院考古研究所安陽工作隊：《安陽武官村北的一座殷墓》，《考古》1979 年第 3 期。

中國社會科學院考古研究所安陽工作隊：《安陽武官村北地商代祭祀坑的發掘》，《考古》1987 年第 12 期。

中國社會科學院考古研究所安陽工作隊：《安陽小屯村北的兩座殷代墓》，《考古學報》1981 年第 4 期。

中國社會科學院考古研究所安陽工作隊：《安陽薛家莊東南殷墓發掘簡報》，《考古》1986 年第 12 期。

中國社會科學院考古研究所安陽工作隊：《安陽殷墟劉家莊北 1046 號墓》，劉慶柱主編：《考古學集刊》第 15 集，文物出版社 2004 年版。

中國社會科學院考古研究所安陽工作隊：《安陽殷墟三家莊東的發掘》，《考古》1983 年第 2 期。

中國社會科學院考古研究所安陽工作隊：《河南安陽高樓莊南發現一座殷墓》，《考古》1988 年第 10 期。

中國社會科學院考古研究所安陽工作隊：《河南安陽梅園莊西的一座殷墓》，《考古》1992 年第 2 期。

中國社會科學院考古研究所安陽工作隊：《河南安陽市大司空村東地商代遺存 2012—2015 年的發掘》，《考古》2015 年第 12 期。

中國社會科學院考古研究所安陽工作隊：《河南安陽市郭家莊東南 26 號墓》，《考古》1998 年第 10 期。

中國社會科學院考古研究所安陽工作隊：《河南安陽市洹北花園莊遺址 1997 年發掘簡報》，《考古》1998 年第 10 期。

中國社會科學院考古研究所安陽工作隊：《河南安陽市王裕口南地殷代遺址的發掘》，《考古》2004 年第 5 期。

中國社會科學院考古研究所安陽工作隊：《河南安陽市殷墟范家莊東北地的兩座商墓》，《考古》2009 年第 9 期。

中國社會科學院考古研究所安陽工作隊：《河南安陽市殷墟劉家莊北地 2008 年發掘簡報》，《考古》2009 年第 7 期。

中國社會科學院考古研究所安陽工作隊：《河南安陽市殷墟劉家莊北地 2010—2011 年發掘簡報》，《考古》2012 年第 12 期。

中國社會科學院考古研究所安陽工作隊：《河南安陽市殷墟王裕口村南地 2009 年發掘簡報》，《考古》2012 年第 12 期。

中國社會科學院考古研究所安陽工作隊：《河南安陽市殷墟小屯西地商代大墓發掘簡報》，《考古》2009 年第 9 期。

中國社會科學院考古研究所安陽工作隊：《河南安陽市殷墟孝民屯東南地商代墓葬 1989—1990 年的發掘》，《考古》2009 年第 9 期。

中國社會科學院考古研究所安陽工作隊：《河南安陽市殷墟新安莊西地 2007 年商代遺存發掘簡報》，《考古》2016 年第 2 期。

中國社會科學院考古研究所安陽工作隊：《河南安陽殷墟劉家莊北地殷墓與西周墓》，《考古》2005 年第 1 期。

中國社會科學院考古研究所安陽工作隊：《殷墟 259、260 號墓發掘報告》，《考古學報》1987 年第 1 期。

中國社會科學院考古研究所安陽工作隊：《殷墟大司空 M303 發掘報告》，

《考古學報》2008 年第 3 期。

中國社會科學院考古研究所編：《小屯南地甲骨》，中華書局 1980—1983 年版。

中國社會科學院考古研究所編：《殷周金文集成》（修訂增補本），中華書局 2007 年版。

中國社會科學院考古研究所編著：《安陽大司空：2004 年發掘報告》，文物出版社 2014 年版。

中國社會科學院考古研究所編著：《安陽殷墟郭家莊商代墓葬：1982 年—1992 年考古發掘報告》，中國大百科全書出版社 1998 年版。

中國社會科學院考古研究所編著：《安陽殷墟花園莊東地商代墓葬》，科學出版社 2007 年版。

中國社會科學院考古研究所編著：《安陽殷墟小屯建築遺存》，科學出版社 2010 年版。

中國社會科學院考古研究所編著：《寶雞北首嶺》，文物出版社 1983 年版。

中國社會科學院考古研究所編著：《二里頭（1999—2006）》，文物出版社 2014 年版。

中國社會科學院考古研究所編著：《膠縣三里河》，文物出版社 1988 年版。

中國社會科學院考古研究所編著：《洛陽發掘報告——1955—1960 年洛陽澗濱考古發掘資料》，北京燕山出版社 1989 年版。

中國社會科學院考古研究所編著：《南邠州·碾子坡》，世界圖書出版公司北京公司 2007 年版。

中國社會科學院考古研究所編著：《山東王因：新石器時代遺址發掘報告》，科學出版社 2000 年版。

中國社會科學院考古研究所編著：《滕州前掌大墓地》，文物出版社 2005 年版。

中國社會科學院考古研究所編著：《徐家碾寺窪文化墓地——1980 年甘肅莊浪徐家碾考古發掘報告》，科學出版社 2006 年版。

中國社會科學院考古研究所編著：《偃師二里頭——1959—1978 年考古發掘報告》，中國大百科全書出版社 1999 年版。

中國社會科學院考古研究所編著：《偃師商城》第 1 卷，科學出版社 2013 年版。

中國社會科學院考古研究所編著:《殷墟發掘報告(1958—1961)》,文物出版社 1987 年版。

中國社會科學院考古研究所編著:《殷墟婦好墓》,文物出版社 1980 年版。

中國社會科學院考古研究所編著:《張家坡西周墓地》,中國大百科全書出版社 1999 年版。

中國社會科學院考古研究所二里頭工作隊:《1980 年秋河南偃師二里頭遺址發掘簡報》,《考古》1983 年第 3 期。

中國社會科學院考古研究所二里頭工作隊:《1982 年秋偃師二里頭遺址九區發掘簡報》,《考古》1985 年第 12 期。

中國社會科學院考古研究所二里頭工作隊:《1984 年秋河南偃師二里頭遺址發現的幾座墓葬》,《考古》1986 年第 4 期。

中國社會科學院考古研究所二里頭工作隊:《1987 年偃師二里頭遺址墓葬發掘簡報》,《考古》1992 年第 4 期。

中國社會科學院考古研究所二里頭工作隊:《河南偃師二里頭二號宮殿遺址》,《考古》1983 年第 3 期。

中國社會科學院考古研究所二里頭工作隊:《河南偃師二里頭遺址三、八區發掘簡報》,《考古》1975 年第 5 期。

中國社會科學院考古研究所二里頭工作隊:《河南偃師二里頭早商宮殿遺址發掘簡報》,《考古》1974 年第 4 期。

中國社會科學院考古研究所二里頭工作隊:《河南偃師市二里頭遺址中心區的考古新發現》,《考古》2005 年第 7 期。

中國社會科學院考古研究所二里頭工作隊:《偃師二里頭遺址 1980—1981 年Ⅲ區發掘簡報》,《考古》1984 年第 7 期。

中國社會科學院考古研究所豐鎬發掘隊:《長安灃西早周墓葬發掘記略》,《考古》1984 年第 9 期。

中國社會科學院考古研究所豐鎬發掘隊:《陝西長安縣灃西大原村西周墓葬》,《考古》2004 年第 9 期。

中國社會科學院考古研究所豐鎬工作隊:《1997 年灃西發掘報告》,《考古學報》2000 年第 2 期。

中國社會科學院考古研究所灃鎬隊:《1992 年灃西發掘簡報》,《考古》1994 年第 11 期。

中國社會科學院考古研究所灃西隊:《1960 年秋陝西長安張家坡發掘簡

報》，《考古》1962 年第 1 期。

　　中國社會科學院考古研究所澧西隊：《1987、1991 年陝西長安張家坡的發掘》，《考古》1994 年第 10 期。

　　中國社會科學院考古研究所澧西發掘隊：《1967 年長安張家坡西周墓葬的發掘》，《考古學報》1980 年第 4 期。

　　中國社會科學院考古研究所澧西發掘隊：《1976—1978 年長安澧西發掘簡報》，《考古》1981 年第 1 期。

　　中國社會科學院考古研究所澧西發掘隊：《1979—1981 年長安澧西、澧東發掘簡報》，《考古》1986 年第 3 期。

　　中國社會科學院考古研究所澧西發掘隊：《1984—85 年澧西西周遺址、墓葬發掘報告》，《考古》1987 年第 1 期。

　　中國社會科學院考古研究所澧西發掘隊：《1984 年長安普渡村西周墓葬發掘簡報》，《考古》1988 年第 9 期。

　　中國社會科學院考古研究所澧西發掘隊：《1984 年澧西大原村西周墓地發掘簡報》，《考古》1986 年第 11 期。

　　中國社會科學院考古研究所澧西發掘隊：《陝西長安縣澧西新旺村西周遺址 1982 年發掘簡報》，《考古》2012 年第 5 期。

　　中國社會科學院考古研究所扶風考古隊：《一九六二年陝西扶風齊家村發掘簡報》，《考古》1980 年第 1 期。

　　中國社會科學院考古研究所河南第二工作隊：《1983 年秋季河南偃師商城發掘簡報》，《考古》1984 年第 10 期。

　　中國社會科學院考古研究所河南第一工作隊：《2002—2003 年河南偃師灰嘴遺址的發掘》，《考古學報》2010 年第 3 期。

　　中國社會科學院考古研究所河南二隊：《河南密縣新寨遺址的試掘》，《考古》1981 年第 5 期。

　　中國社會科學院考古研究所洛陽漢魏城隊：《河南洛陽市漢魏故城 M175 西周墓發掘簡報》，《考古》2014 年第 3 期。

　　中國社會科學院考古研究所洛陽唐城隊：《洛陽老城發現四座西周車馬坑》，《考古》1988 年第 1 期。

　　中國社會科學院考古研究所山西工作隊、臨汾地區文化局：《1978—1981 年山西襄汾陶寺墓地發掘簡報》，《考古》1983 年第 1 期。

　　中國社會科學院考古研究所武功發掘隊：《1982—1983 年陝西武功黃家河遺址發掘簡報》，《考古》1988 年第 7 期。

中國社科院考古研究所河南第一隊、商丘地區文物管理委員會:《河南柘城孟莊商代遺址》,《考古學報》1982 年第 1 期。

中央研究院歷史語言研究所:《安陽發掘報告》第 1 期,1929 年。

中央研究院歷史語言研究所:《安陽發掘報告》第 2 期,1930 年。

中央研究院歷史語言研究所:《安陽發掘報告》第 3 期,1931 年。

中央研究院歷史語言研究所:《安陽發掘報告》第 4 期,1933 年。

周到、劉東亞:《1957 年秋安陽高樓莊殷代遺址發掘》,《考古》1963 年第 4 期。

周到、趙新來:《河南鶴壁龐村出土的青銅器》,文物編輯委員會編:《文物資料叢刊》第 3 輯,文物出版社 1980 年版。

周原博物館:《1995 年扶風黃堆老堡子西周墓清理簡報》,《文物》2005 年第 4 期。

周原博物館:《1996 年扶風黃堆老堡子西周墓清理簡報》,《文物》2005 年第 4 期。

周原扶風文管所:《陝西扶風強家一號西周墓》,《文博》1987 年第 4 期。

周原考古隊:《1999 年度周原遺址ⅠA1 區及ⅣA1 區發掘簡報》,北京大學中國考古學研究中心、北京大學震旦古代文明研究中心編:《古代文明》第 2 卷,文物出版社 2003 年版。

周原考古隊:《2001 年度周原遺址(王家嘴、賀家地點)發掘簡報》,北京大學中國考古學研究中心、北京大學震旦古代文明研究中心編:《古代文明》第 2 卷,文物出版社 2003 年版。

周原考古隊:《2002 年周原遺址(齊家村)發掘簡報》,《考古與文物》2003 年第 4 期。

周原考古隊:《2003 年秋周原遺址(ⅣB2 區與ⅣB3 區)的發掘》,北京大學中國考古學研究中心、北京大學震旦古代文明研究中心編:《古代文明》第 3 卷,文物出版社 2004 年版。

周原考古隊:《陝西寶雞市周原遺址 2014—2015 年的勘探與發掘》,《考古》2016 年第 7 期。

周原考古隊:《陝西扶風縣周原遺址莊李西周墓發掘簡報》,《考古》2008 年第 12 期。

周原考古隊:《陝西周原遺址發現西周墓葬與鑄銅遺址》,《考古》2004 年第 1 期。

周原考古隊編著:《周原:2002 年度齊家村製玦作坊和禮村遺址考古發掘

報告》，科學出版社 2010 年版。

　　朱華：《聞喜上郭村古墓群試掘》，山西省考古研究所編：《三晉考古》第 1 輯，山西人民出版社 1994 年版。

(三)研究專著

　　曹建墩：《先秦禮制探賾》，天津人民出版社 2010 年版。

　　陳夢家：《殷虛卜辭綜述》，中華書局 1988 年版。

　　陳戍國：《中國禮制史·秦漢卷》，湖南教育出版社 2011 年版。

　　陳戍國：《中國禮制史·先秦卷》，湖南教育出版社 2011 年版。

　　高崇文：《古禮足徵：禮制文化的考古學研究》，上海古籍出版社 2015 年版。

　　邰向平：《商系墓葬研究》，科學出版社 2011 年版。

　　古文字詁林編纂委員會編纂：《古文字詁林》，上海教育出版社 1999 年版。

　　胡厚宣、胡振宇：《殷商史》，上海人民出版社 2003 年版。

　　胡進駐：《殷墟晚商墓葬研究》，北京師範大學出版社 2010 年版。

　　胡新生：《周代的禮制》，商務印書館 2016 年版。

　　黃鳳春、黃婧：《楚器名物研究》，湖北教育出版社 2012 年版。

　　[英]杰西卡·羅森：《祖先與永恒：杰西卡·羅森中國考古藝術文集》，鄧菲、黃洋、吳曉筠等譯，生活·讀書·新知三聯書店 2011 年版。

　　雷興山：《先周文化探索》，科學出版社 2010 年版。

　　李玉潔：《先秦喪葬制度研究》，中州古籍出版社 1991 年版。

　　劉國勝：《楚喪葬簡牘集釋》，科學出版社 2011 年版。

　　[美]羅泰：《宗子維城：從考古材料的角度看公元前 1000 至前 250 年的中國社會》，吳長青、張莉、彭鵬等譯，上海古籍出版社 2017 年版。

　　馬賽：《周原遺址西周時期人群構成情況研究——以墓葬材料爲中心》，北京大學中國考古學研究中心、北京大學震旦古代文明研究中心編：《古代文明》第 8 卷，文物出版社 2010 年版。

　　錢玄、錢興奇編著：《三禮辭典》，江蘇古籍出版社 1998 年版。

　　錢玄：《三禮通論》，南京師範大學出版社 1996 年版。

　　任銘善：《禮記目錄後案》，齊魯書社 1982 年版。

　　容庚、張維持：《殷周青銅器通論》，中華書局 2012 年版。

　　沈文倬：《宗周禮樂文明考論》，浙江大學出版社 1999 年版。

宋鎮豪：《商代社會生活與禮俗》，中國社會科學出版社 2010 年版。

孫慶偉：《周代用玉制度研究》，上海古籍出版社 2008 年版。

孫亞冰、林歡：《商代地理與方國》，中國社會科學出版社 2010 年版。

譚其驤主編：《中國歷史地圖集》，中國地圖出版社 1982 年版。

王國維：《觀堂集林》，中華書局 1959 年版。

王國維：《王國維全集》，浙江教育出版社 2009 年版。

王輝：《古文字與商周史新證》，中華書局 2003 年版。

王立新：《早商文化研究》，高等教育出版社 1998 年版。

王青：《海岱地區周代墓葬研究》，山東大學出版社 2002 年版。

吳麗娛主編：《禮與中國古代社會（先秦卷）》，中國社會科學出版社 2016 年版。

許宏：《先秦城市考古學研究》，北京燕山出版社 2000 年版。

徐吉軍、賀雲翱：《中國喪葬禮俗》，浙江人民出版社 1991 年版。

徐吉軍：《中國喪葬史》，江西高校出版社 1998 年版。

徐堅：《時惟禮崇：東周之前青銅兵器的物質文化研究》，上海古籍出版社 2014 年版。

楊華：《古禮新研》，商務印書館 2012 年版。

楊華：《先秦禮樂文化》，湖北教育出版社 1997 年版。

楊華等：《楚國禮儀制度研究》，湖北教育出版社 2012 年版。

楊寬：《西周史》，上海人民出版社 2003 年版。

楊寬：《中國古代陵寢制度史研究》，上海人民出版社 2003 年版。

楊樹達：《漢代婚喪禮俗考》，上海古籍出版社 2000 年版。

楊天宇：《儀禮譯注》，上海古籍出版社 2004 年版。

楊向奎：《宗周社會與禮樂文明》，人民出版社 1992 年版。

于省吾：《甲骨文字釋林》，中華書局 1979 年版。

袁靖：《中國動物考古學》，文物出版社 2015 年版。

張昌平：《曾國青銅器研究》，文物出版社 2009 年版。

張光直：《商文明》，生活·讀書·新知三聯書店 2013 年版。

張禮艷：《豐鎬地區西周墓葬研究》，社會科學文獻出版社 2015 年版。

張明東：《商周墓葬比較研究》，中國社會科學出版社 2016 年版。

中國社會科學院考古研究所、陝西省考古研究院、西安市周秦都城遺址保護管理中心編著：《豐鎬考古八十年》，科學出版社 2016 年版。

中國社會科學院考古研究所編著：《殷墟的發現與研究》，科學出版社

1994 年版。

中國社會科學院考古研究所編著:《中國考古學・兩周卷》,中國社會科學出版社 2004 年版。

中國社會科學院考古研究所編著:《中國考古學・夏商卷》,中國社會科學出版社 2003 年版。

中國社會科學院考古研究所編著:《中國考古學・新石器時代卷》,中國社會科學出版社 2010 年版。

朱鳳瀚:《中國青銅器綜論》,上海古籍出版社 2009 年版。

鄒衡:《夏商周考古學論文集》,文物出版社 1980 年版。

(四)研究論文

曹斌:《商周時期的政權更迭與海岱地區文化格局的變動》,《東岳論叢》2016 年第 11 期。

曹建墩:《略談考古發現與商周時期的牲體禮》,《中國文物報》2005 年 4 月 15 日,第 7 版。

曹建墩:《周代牲體禮考論》,《清華大學學報》(哲學社會科學版)2008 年第 3 期。

曹楠:《試論晉侯墓地出土的葬玉》,《考古》2001 年第 4 期。

陳公柔:《士喪禮、既夕禮中所記載的喪葬制度》,《考古學報》第 4 冊,科學出版社 1956 年版。

陳夢家:《西周文中的殷人身分》,《歷史研究》1954 年第 6 期。

丁岩、王占奎:《石鼓山商周墓地 M4 再識》,《文物》2016 年第 1 期。

董珊:《景初元年帳構銅考》,《故宮博物院院刊》2002 年第 3 期。

董珊:《試論殷墟卜辭之"周"爲金文中的妘姓之琱》,《中國國家博物館館刊》2013 年第 7 期。

付仲楊:《簡析華縣東陽西周墓的車馬埋葬》,中國社會科學院考古研究所夏商周考古研究室編:《三代考古(五)》,科學出版社 2013 年版。

甘肅省博物館:《甘肅省文物考古工作三十年》,文物編輯委員會編:《文物考古工作三十年(1949—1979)》,文物出版社 1979 年版。

[日]岡村秀典:《商代的動物犧牲》,劉慶柱主編:《考古學集刊》第 15 集,文物出版社 2004 年版。

高崇文:《淺談楚墓中的棺束》,《中原文物》1990 年第 1 期。

高崇文:《試論先秦兩漢喪葬禮俗的演變》,《考古學報》2006 年第 4 期。

高去尋：《殷禮的含貝握貝》，《"中央研究院"院刊》編輯委員會編：《"中央研究院"院刊》第 1 輯，臺灣"中央研究院"1954 年版。

高煒、王岩：《帷帳形棺飾溯源》，山西省考古研究所、山西省考古學會編：《鹿鳴集——李濟先生發掘西陰遺址八十周年·山西考古研究所侯馬工作站五十周年紀念文集》，科學出版社 2009 年版。

郜向平：《商墓中的毁器習俗與明器化現象》，《考古與文物》2010 年第 1 期。

顧頡剛：《"周公制禮"的傳説和〈周官〉一書的出現》，中華書局編輯部編：《文史》第 6 輯，中華書局 1979 年版。

顧頡剛：《古史辨第四册顧序》，羅根澤編著：《古史辨》第 4 册，上海古籍出版社 1982 年版。

郭志委：《史前時期腰坑葬俗試析》，《考古》2014 年第 6 期。

韓建業：《略論北京昌平白浮 M2 墓主人身份》，《中原文物》2011 年第 4 期。

胡健、王米佳：《周代喪葬禮器"翣"的再探討——關于"山"字形薄銅片的考證》，《中原文化研究》2015 年第 5 期。

胡金華：《我國史前及商周時代的"玲"略探》，《遠望集——陝西省考古研究所華誕四十周年紀念文集》，陝西人民美術出版社 1998 年版。

胡雅麗：《包山二號楚墓所見葬制葬俗考》，湖北省荆沙鐵路考古隊編：《包山楚墓》，文物出版社 1991 年版。

黄鳳春：《毁器與折兵——楚國喪葬禮俗的考古學觀察與釋疑》，陳建明主編：《湖南省博物館館刊》第 8 集，岳麓書社 2012 年版。

黄衛東：《史前碎物葬》，《中原文物》2003 年第 2 期。

黄展岳：《殷商墓葬中人殉人牲的再考察——附論殉牲祭牲》，《考古》1983 年第 10 期。

吉琨璋、宋建忠、田建文：《山西横水西周墓地研究三題》，《文物》2006 年第 8 期。

吉琨璋：《西周棹棺裝飾研究》，陳光祖主編：《金玉交輝——商周考古藝術與文化論集》，臺灣"中央研究院"歷史語言研究所 2013 年版。

紀烈敏、張柏忠、陳雍：《鳳凰山一六七號墓所見漢初地主階級喪葬禮俗》，《文物》1976 年第 10 期。

賈峨：《關于河南出土東周玉器的幾個問題》，《文物》1983 年第 4 期。

江奇艷：《再論"葬日遣奠的奠器是否送于壙内"》，《中山大學學報論叢》

2006 年第 8 期。

江奇艷：《戰國時期楚國喪禮中的棺束與棺飾》，《考古》2004 年第 6 期。

金祥恒：《甲骨文射牲圖説》，《中國文字》第 20 册，1966 年。

[日]近藤喬一：《商代海貝的研究》，中國社會科學院考古研究所編：《中國商文化國際學術討論會論文集》，中國大百科全書出版社 1998 年版。

井中偉、和菲菲：《安陽王古道村周代貴族墓四題》，《考古與文物》2015 年第 5 期。

井中偉：《西周墓中“毁兵”葬俗的考古學觀察》，《考古與文物》2006 年第 4 期。

李朝全：《口含物習俗研究》，《考古》1995 年第 8 期。

李宏飛：《安陽地區西周時期考古學文化分期研究》，《南方文物》2014 年第 3 期。

李魯滕：《鼄鼎及其相關問題》，謝治秀主編：《齊魯文博》，齊魯書社 2003 年版。

李守奎：《清華簡〈系年〉中的“繻”字與西申》，中國社会科学院语言研究所《历史语言学研究》編輯部編：《歷史語言學研究》第 7 輯，商務印書館 2014 年版。

李新城：《試論先秦含貝習俗流行地域的變遷》，《中原文物》2007 年第 2 期。

李學勤：《西周時期的諸侯國青銅器》，《中國社會科學院研究生院學報》1985 年第 6 期。

李學勤：《由新見青銅器看西周早期的鄂、曾、楚》，《文物》2010 年第 1 期。

李志鵬：《商文化墓葬中隨葬的狗牲研究二題》，《南方文物》2011 年第 2 期。

林素娟：《喪禮飲食的象徵、通過意涵及教化功能——以禮書及漢代爲論述核心》，(臺北)《漢學研究》第 27 卷第 4 期，2009 年 12 月。

林永昌：《兩周時期晉國墓葬所見性別差异初探》，北京大學中國考古學研究中心、北京大學震旦古代文明研究中心編：《古代文明》第 7 卷，文物出版社 2008 年版。

林澐：《早期北方系青銅器的幾個年代問題》，《林澐學術文集》，中國大百科全書出版社 1998 年版。

劉靜：《試析崇信于家灣周墓》，《文物》2013 年第 7 期。

劉緒、徐天進：《關于天馬—曲村遺址晉國墓葬的幾個問題》，上海博物館編：《晉侯墓地出土青銅器國際學術研討會論文集》，上海書畫出版社 2002 年版。

劉一曼：《安陽殷墓青銅禮器組合的幾個問題》，《考古學報》1995 年第 4 期。

劉雨：《西周金文中的"周禮"》，《金文論集》，紫禁城出版社 2008 年版。

羅運環：《乖伯簋的年代與國別》，《出土文獻與楚史研究》，商務印書館 2011 年版。

吕文鬱：《周代王畿考述》，《人文雜志》1992 年第 2 期。

馬賽：《周原遺址西周時期人群構成情況研究——以墓葬材料爲中心》，北京大學中國考古學研究中心、北京大學震旦古代文明研究中心編：《古代文明》第 8 卷，文物出版社 2010 年版。

馬穎等：《西周倗國墓地出土荒帷印痕的科技分析》，《中原文物》2009 年第 1 期。

彭浩：《楚墓葬制初論》，《中國考古學會第二次年會論文集》，文物出版社 1980 年版。

彭浩：《讀雲夢睡虎地 M77 漢簡〈葬律〉》，《江漢考古》2009 年第 4 期。

屈萬里：《釋菁屯》，《"中央研究院"歷史語言研究所集刊》第 37 本，臺灣"中央研究院"歷史語言研究所 1967 年版。

桑櫟、陳國梁：《偃師商城幾種喪葬習俗的探討》，《考古》2017 年第 4 期。

邵崇山：《先秦時期墓葬棺椁制度略論》，《保定學院學報》2011 年第 4 期。

沈文倬：《對〈士喪禮、既夕禮中所記載的喪葬制度〉幾點意見》，《考古學報》第 2 册，科學出版社 1958 年版。

宋艷波：《山東地區幾個周代墓葬隨葬動物分析》，《考古與文物》2011 年第 5 期。

孫華：《關于晉侯靯組墓的幾個問題》，《文物》1995 年第 9 期。

孫華：《晉侯樵/斷組墓的幾個問題》，《文物》1997 年第 8 期。

孫華：《懸魚與振容》，《中國典籍與文化》2000 年第 1 期。

孫華：《中山王響墓銅器四題》，《文物春秋》2003 年第 1 期。

唐際根、汪濤：《殷墟第四期文化年代辨微》，劉慶柱主編：《考古學集刊》第 15 集，文物出版社 2004 年版。

唐際根:《中商文化研究》,《考古學報》1999 年第 4 期。

唐嘉弘:《西周燕國墓"折兵"之解——考古札記之一》,《中國文物報》1992 年 5 月 17 日,第 3 版。

[日]田畑潤:《西周青銅戈毀兵行爲に関する研究》,[日]飯島武次編:《中華文明の考古學》,(東京)同成社 2014 年版。

王恩田:《洋西發掘與武王克商》,北京大學考古文博學院編:《考古學研究(五)》,科學出版社 2003 年版。

王龍正、倪愛武、張方濤:《周代喪葬禮器銅翣考》,《考古》2006 年第 9 期。

王龍正:《從應國墓地發掘看應國的滅國與復國》,楚文化研究會編:《楚文化研究論集》第 7 集,岳麓書社 2007 年版。

王巍、徐良高:《先周文化的考古學探索》,《考古學報》2000 年第 3 期。

[美]夏含夷:《早期商周關係及其對武丁以後商王室勢力範圍的意義》,中國古文字研究會等編:《古文字研究》第 13 輯,中華書局 1986 年版。

謝肅:《商文化墓葬二層臺上放置動物腿骨現象與"竁奠"禮比較研究》,《華夏考古》2009 年第 2 期。

辛怡華:《寶鷄市區附近出土商周銅器銘文研究》,西北大學文化遺產與考古學研究中心編:《西部考古》第 4 輯,三秦出版社 2009 年版。

徐海星:《從虢國墓地出土玉器談西周葬玉的使用特徵》,《中原文物》2005 年第 3 期。

許衛紅:《先秦時期葬具的裝飾》,《文博》2000 年第 5 期。

許子濱:《〈左傳〉所記齊莊公葬禮考釋》,(臺北)《漢學研究》第 28 卷第 3 期,2010 年 9 月。

楊華、要二峰:《商周射禮研究及其相關問題》,《史學月刊》2015 年第 12 期。

楊華:《葉家山曾侯墓地所見西周早期喪葬禮制四則》,《江漢考古》2013 年第 4 期。

楊華:《中國古代禮儀制度的幾個特徵》,《武漢大學學報》(人文科學版)2015 年第 1 期。

楊天宇:《略述〈周禮〉的成書時代與真偽》,《鄭州大學學報》(社會科學版)2000 年第 4 期。

楊錫璋:《商代的墓地制度》,《考古》1983 年第 10 期。

袁靖:《動物考古學研究所見商代祭祀用牲之變化》,《慶祝何炳棣先生九十華誕論文集》，三秦出版社 2008 年版。

張昌平：《曾侯乙墓一號陪葬坑帷帳復原研究》，《考古》2019 年第 4 期。

張長壽：《墻柳與荒帷》，《文物》1992 年第 4 期。

張長壽：《西周的葬玉》，《文物》1993 年第 9 期。

張禮艷：《從墓葬材料看豐鎬地區西周時期的人群構成》，《華夏考古》2015 年第 2 期。

張禮艷：《豐鎬地區西周墓葬分期研究》，《考古學報》2012 年第 1 期。

張明東：《略論商周墓葬的毀兵葬俗》，《中國歷史文物》2005 年第 4 期。

張天恩：《石鼓山户氏青銅器相關問題簡論》，《文物》2015 年第 1 期。

張天恩：《周代棺飾與銅翣淺識》，北京大學考古文博學院、北京大學中國考古學研究中心編：《考古學研究(八)》，科學出版社 2011 年版。

張澤瑩：《玉琀與含蟬辨析》，《文物春秋》2003 年第 2 期。

鐘柏生：《史語所藏殷墟海貝及其相關問題初探》，《“中央研究院”歷史語言研究所集刊》第 64 本第 3 分，臺灣“中央研究院”歷史語言研究所 1993 年版。

周書燦：《〈殷周制度論〉新論——學術史視野下的再考察》，《清華大學學報》(哲學社會科學版)2012 年第 5 期。

周艷明：《高家堡戈國墓地葬俗淺析》，《學理論》2010 年第 3 期。

朱世學：《巴楚墓葬中“毀兵”現象的考察及相關認識》，《長江師範學院學報》2015 年第 2 期。

鄒衡：《試論殷墟文化分期》，《北京大學學報》1964 年第 4~5 期。

(五)學位論文

包曙光：《中國北方地區夏至戰國時期的殉牲研究》，博士學位論文，吉林大學文學院，2014 年。

陳苗：《山西地區出土兩周時期青銅兵器研究》，碩士學位論文，陝西師範大學考古學及博物館學，2014 年。

郜向平：《洛陽地區西周墓葬研究》，碩士學位論文，吉林大學考古系，2003 年。

韓巍：《西周墓葬的殉人與殉牲》，碩士學位論文，北京大學考古文博學院，2003 年。

胡寶華：《中國北方出土先秦時期銅矛研究》，博士學位論文，吉林大學考古學及博物館學，2011 年。

　　井中偉：《先秦時期青銅戈、戟研究》，博士學位論文，吉林大學考古學及博物館學，2006 年。

　　李樹浪：《應國青銅器整理研究》，碩士學位論文，陝西師範大學考古學及博物館學，2013 年。

　　李軒鵬：《冀中南地區商代墓葬研究》，碩士學位論文，吉林大學文學院，2015 年。

　　李志鵬：《殷墟動物遺存研究》，博士學位論文，中國社會科學院研究生院考古系，2009 年。

　　馬賽：《聚落與社會——商周時期周原遺址的考古學研究》，博士學位論文，北京大學考古文博學院，2009 年。

　　馬志亮：《秦禮俗初探》，博士學位論文，武漢大學國學院，2017 年。

　　毛洪東：《關中地區出土西周青銅兵器研究》，碩士學位論文，陝西師範大學考古學及博物館學，2011 年。

　　歐陽怡婷：《西周時期曾國青銅器研究》，碩士學位論文，陝西師範大學考古學及博物館學，2013 年。

　　喬卓俊：《兩周時期中原地區的棺飾研究》，碩士學位論文，山東大學考古學及博物館學專業，2009 年。

　　王鍔：《〈禮記〉成書考》，博士學位論文，西北師範大學文學院，2004 年。

　　魏聰：《古代越族青銅戈研究》，碩士學位論文，湖南大學岳麓書院，2014 年。

　　謝堯亭：《晉南地區西周墓葬研究》，博士學位論文，吉林大學文學院，2010 年。

　　薛夢瀟：《早期中國的月令文獻與月令制度》，博士學位論文，武漢大學歷史學院，2014 年。

　　張琦：《商周時期口含的初步研究》，碩士學位論文，中央民族大學民族學與社會學學院，2013 年。

　　張秀華：《西周金文六種禮制研究》，博士學位論文，吉林大學古籍研究所，2010 年。

　　張應橋：《河南地區西周墓葬研究》，博士學位論文，鄭州大學考古學及博物館學專業，2006 年。

　　趙輝：《晉中地區商代遺存分析》，碩士學位論文，山東大學歷史文化學院，2012 年。

周海峰：《燕文化研究——以遺址、墓葬爲中心的考古學觀察》，博士學位論文，吉林大學文學院，2011 年。

周艷明：《高家堡銅器群綜合研究》，碩士學位論文，西北大學考古學及博物館學，2010 年。

朱明月：《商與西周時期的動物隨葬研究》，碩士學位論文，陝西師範大學考古學及博物館學，2014 年。

朱蔚：《〈儀禮·士喪禮〉、〈既夕禮〉所反映的喪葬制度研究》，碩士學位論文，廈門大學歷史文獻學專業，2008 年。

後 記

　　《史記·孔子世家》記載了一件晏子破壞孔子"爲東周"的故事，孔子三四十歲的時候，跑到齊國，見到了齊景公，多番交談之後，景公對孔子的學説很是服膺，想任用他來改革齊國。晏子知道了，就到景公面前批評儒者，説他們"崇喪遂哀，破産厚葬"等，並説他們的禮實在是繁瑣難學，幾代人都不能窮盡其中的學問，一年整年都不能探究出一套禮儀，試圖採用這種禮儀，來作爲百姓移風易俗的表率，那是根本不可能的。景公聽了之後，再見到孔子，仍然表現得很敬重，但再也不向他請教"禮"的問題了。後來又經過一些變故，孔子只好又回魯國去了。

　　從今天的眼光來看，晏子無疑是正確的，在國際國内鬥争日趨激烈的的環境下，花太多時間在禮制改革上，而且這種改革還是越改越繁，浪費大量人力物力，尤其是財力，是不現實的。

　　所以孔門想要進行的禮制改革，在當時只能停留在"學術層面"——進行小規模演習，搜集材料，編定文獻。他們搜集的這些材料，在當時政治家眼中或許價值不大，却成爲後世的經典，也是我們一窺先秦"宗廟之美，百官之富"的鑰匙。從本書來講，飯含、棺飾等在喪禮中的程序，通過先秦秦漢文獻就能有比較細緻的瞭解，而喪葬毁兵的儀程，恐怕永遠不能知道了(連孔子的父母之邦是不是實行毁兵葬目前都不清楚)。

　　蒙楊華老師不棄，博士研究生得以忝列門墻。讀博期間和工作後，楊老師不以我駑鈍，對我的學習、工作、生活各方面多加指導，循循善誘；周蕾老師也時時關心鼓勵，在我面對各種問題時出謀劃策，提供幫助。這裏首先要致以深切的謝意。本書即在博士論文的基礎上完成的，從選題到章節設置、遣詞造句，都凝聚了楊老師的心血。

　　碩士導師羅運環老師一直嚴格要求，督促我不斷進步；劉國勝、來國龍老師也自始至終關心博士論文的寫作，並在工作、生活上提出了不少建議。論文撰寫、答辯過程中，晏昌貴、黄鳳春、黄尚明、毋有江、鄭威等老師都提出了中肯的意見。在此向各位老師表示感謝。北京大學韓巍老師把碩士論文提供給我，讓我免去了很多孤陋之見，也要表示特別感謝。

讀書期間，靳騰飛、馬志亮、王翠柏、耿敬傑、程鍾書、顔世明等各位同學，氣味相投，相互砥礪，讓我在學習和生活中得到不少幫助，在此一併致謝。

爲行文簡潔，書中稱引前賢時彦一律未加"先生"。因時間精力有限，不能及時補充新的考古材料，所幸本書在統計基礎上得出的結論，應不會有太大的變動。

此書即將出版，心中未免忐忑，希望能夠對先秦史研究略有裨益，唯其中不免疏誤，敬請讀者多多批評。

要二峰

2022 年 11 月 3 日

圖書在版編目(CIP)數據

商周若干喪葬禮俗研究/要二峰著.—武漢：武漢大學出版社,2023.10
"禮學新論"叢書/楊華主編
國家出版基金項目
ISBN 978-7-307-23926-5

I.商… II.要… III.葬俗—研究—中國—商周時代 IV.K892.22

中國國家版本館 CIP 數據核字(2023)第 153523 號

責任編輯:黄河清　　　責任校對:汪欣怡　　　版式設計:馬　佳

出版發行:**武漢大學出版社**　　(430072　武昌　珞珈山)
(電子郵箱:cbs22@whu.edu.cn　網址:www.wdp.com.cn)
印刷:湖北金港彩印有限公司
開本:720×1000　1/16　印張:21.5　字數:386 千字　插頁:1
版次:2023 年 10 月第 1 版　　2023 年 10 月第 1 次印刷
ISBN 978-7-307-23926-5　　定價:98.00 元